Herwig Buntz und Elisabeth Erdmann

Fenster zur Vergangenheit

Bilder im Geschichtsunterricht

Band 1:
Von der Frühgeschichte bis zum Mittelalter

C.C. Buchner

Fenster zur Vergangenheit
Bilder im Geschichtsunterricht
Band 1: Von der Frühgeschichte bis zum Mittelalter

Von Herwig Buntz und Elisabeth Erdmann

Dieses Werk folgt der reformierten Rechtschreibung und Zeichensetzung. Ausnahmen bilden Texte, bei denen künstlerische, philologische oder lizenzrechtliche Gründe einer Änderung entgegenstehen.

1. Auflage [321] 2008 06 04
Die letzte Zahl bedeutet das Jahr dieses Druckes.

www.ccbuchner.de

Gesamtherstellung: Aktiv Druck & Verlag GmbH, Ebelsbach

ISBN 3 7661 **4606** 8

Inhalt

Vorwort 5

Steinzeitliche Höhlenmalerei in der Grotte Chauvet 16

Die Gesetzesstele des Königs Hammurapi 20

Erntearbeiten aus dem Grab des Menna 24

Totengericht: Vignette aus dem Totenbuch des Hunefer 28

Hoplitenphalanx auf der Chigi-Kanne 32

Frauentätigkeiten in Athen 36

Olympische Wettkämpfe und Sportarten 40

Das Alexandermosaik aus Pompeji 44

Sog. Kriegerplatte vom Kessel von Gundestrup 48

Die kapitolinische Wölfin 51

Grabrelief von Freigelassenen 55

Die Augustus-Statue von Primaporta 59

Tellus- oder Pax-Relief vom Altar des Augustusfriedens 64

Caelius-Grabstein 68

Togastatue eines Römers mit Ahnenbildern 71

Grabstein des Blussus und der Menimane 74

Ausschnitt von der Trajanssäule: Lagerbau 77

Schulrelief aus Neumagen an der Mosel 83

Mithras-Relief 86

Stele: Landwirtschaft und Götterverehrung 89

Porphyrgruppe der Tetrarchen in Venedig 93

Das Silbermedaillon von Ticinum 96

Der Sarkophag des Iunius Bassus 100

Gladiatorenkampf 104

Die Kaisermosaiken von Ravenna 109

Mosaikdarstellung des Palastes Theoderichs 114

Das Bildmosaik in Khirbat al Mafjar 117

Die Himmelsreise des Propheten Mohammed 121

Die Remigius-Legende und die Taufe Chlodwigs 124

Karl der Große – Reiterstatuette und Münzbild 129

Die Reichskrone 133

Das Herrscherbild Ottos III. 139

Die Bronzetüren von Gnesen 144

Das Ende Papst Gregors VII. 149

Der Teppich von Bayeux 153

Das Krönungsbild im Evangeliar Heinrichs des Löwen 157

Papst und Kaiser im „Silvesterzyklus" 161

Belehnung im Sachsenspiegel 166

Das Bild der Kurfürsten im „Codex Balduini" 171

Die Ebstorfer Weltkarte 176

Stadt und Umland: ein Monatsbild aus dem Adlerturm in Trient 182

Der Zug des Königs Balthasar 187

Die Hinrichtung des Jan Hus auf dem Konstanzer Konzil 191

Das „Dreiständebild" 198

Der Drahtzieher als mittelalterlicher Handwerker 202

Glossar 206

Nachschlagewerke 214

Bildnachweis 215

Vorwort

Bilder als historische Quelle

Die meisten der in diesem Buch versammelten Bilder sind in Geschichtsschulbüchern zu finden. Das ist Absicht, denn häufig steht der Geschichtslehrer bzw. die Geschichtslehrerin vor dem Problem, nicht genügend Informationen über ein Bild zu besitzen, um es im Unterricht angemessen einsetzen zu können, nämlich als Quelle, die entsprechend interpretiert wird. So bleibt es häufig beim rein illustrativen Einsatz der Abbildungen. Andererseits prägen sich die Bilder ein, sie werden sog. „Ikonen", doch die methodische Kompetenz der Schüler wird dadurch nicht gefördert und der Aussagewert der Bilder in den meisten Fällen nur oberflächlich erfasst. Ehe Ansätze zur Interpretation eines Bildes als historische Quelle und methodische Hinweise für den Geschichtsunterricht gegeben werden, ist es notwendig grundsätzliche Fragen anzusprechen.

Von der Schwierigkeit der Bezeichnung

Mit der Bezeichnung „Bild" werden heterogene Phänomene gekennzeichnet[1]. Es ist die Rede nicht allein von Bildern, sondern auch von Weltbild, Geschichtsbild, Sprachbild, Menschenbild, Leitbild und mentalen Bildern. Jeder macht sich ein Bild von jemandem oder von etwas. Gibt es überhaupt eine gemeinsame Eigenschaft dieser Bilder? Bereits aus dieser kurzen Auflistung wird deutlich, dass es neben dem metaphorischen Gebrauch des Wortes noch mentale Bilder und Bilder im engeren Sinne, häufig auch als materielle Bilder bezeichnet, gibt. Bis heute gibt es anders als bei der Sprachwissenschaft keine ausgebildete Bildkunde, keine Bildwissenschaft, obgleich es heißt, dass wir in einem visuellen Zeitalter leben, obgleich von „imagic turn" bzw. „visueller Wende" gesprochen wird und gesagt wird, die Bilder würden selbst zur Wirklichkeit.[2]

Ein Grund dafür liegt sicher in den Besonderheiten, die Bilder kennzeichnen. Ein weiterer Grund ist, dass mit der Bezeichnung „Bild" heterogene Phänomene gekennzeichnet werden. Ein dritter Grund für die nur in Ansätzen vorhandene Ausbildung einer Bildwissenschaft ist darin zu finden, dass sehr unterschiedliche Disziplinen dazu beitragen, wenn es um die Interpretation und die Wirkung und Verwendung von Bildern geht. Dazu gehören die Psychologie, die Neurobiologie, die Kognitionswissenschaft, die Semiotik, die Kommunikationswissenschaft und die Kunstgeschichte, aber ebenso die Philosophie und die Informatik. Dazu kommen noch die verschiedenen Unterdisziplinen.[3]

---

[1] Da die Verfasserin des Vorworts sich seit Jahren mit Bildern beschäftigt, bleibt es nicht aus, dass sich im Folgenden auch wörtliche Anklänge an bereits von ihr Veröffentlichtes finden. Es handelt sich vor allem um: Elisabeth Erdmann, Geschichte lernen durch Bilder? Erfahrungen mit Schülern und Studenten, in: Geschichtskultur. Theorie - Empirie - Pragmatik, hrsg. v. Bernd Mütter/Bernd Schönemann/Uwe Uffelmann, Weinheim 2000 (Schriften zur Geschichtsdidaktik Bd. 11), S. 201 - 214.
Dies., Bilder sehen lernen. Vom Umgang mit Bildern als historische Quelle, in: Praxis Geschichte 15, H. 2, 2002, S. 6 - 11.
Dies., Ein Bild ist ein Bild?, in: Vorstellungen und Vorgestelltes. Geschichtsdidaktik im Gespräch, hrsg. v. Manfred Seidenfuß/Arnim Reese, Neuried 2002, S. 31 - 47.
[2] Ferdinand Fellmann, Von den Bildern der Wirklichkeit zur Wirklichkeit der Bilder, in: Bild - Bildwahrnehmung - Bildverarbeitung. Interdisziplinäre Beiträge zur Bildwissenschaft, hrsg. v. Klaus Sachs-Hombach/Klaus Rehkämper, Wiesbaden 1998 (unveränd. Nachdr. 2000), S. 187 - 195, hier S. 187.
[3] Klaus Sachs-Hombach/Klaus Rehkämper, Einleitung, in: Bild - Bildwahrnehmung - Bildverarbeitung, a.a.O. (Anm. 2), S. 9ff.

Ein Definitionsversuch aus philosophischer Sicht

Die Fülle der Bilder und ihre Verschiedenheit sind sehr groß. Der Definitionsversuch im Brockhaus, wonach sich heute die gebräuchlichste Bedeutung von Bild auf eine Darstellung von etwas oder von jemandem auf einer Fläche beziehe, wobei beispielsweise an eine Zeichnung oder an eine Fotografie gedacht sei, erscheint für den täglichen Gebrauch ausreichend.[4] Danach geht es also um Bilder im engeren Sinne oder um materielle Bilder. Metaphorische Bilder und mentale Bilder bleiben nach dieser Definition ausgeschlossen. Dennoch kann dieser Definitionsversuch bei genauerem Nachdenken nicht genügen, weil die Fülle der verschiedenartigen Bilder nicht erfasst wird.

Seit seiner Dissertation beschäftigt sich der Philosoph Oliver R. Scholz mit philosophischen Theorien bildhafter Darstellung. Er stellt acht Stufen des Bildverstehens vor. Dabei schließt er alle Arten von bildlichen Darstellungen ein.[5] An den Anfang des Bildverstehens wie auch des Verstehens anderer Zeichen stellt er das sinnliche Wahrnehmen. So bezeichnet er seine erste Stufe als „perzeptives Verstehen". Über zureichende äußere und subjektive Bedingungen hinaus spiele dabei auch der Zeitfaktor eine Rolle. „Zwar kann durch ein Bild in sehr kurzer Zeit eine ungeheuer große Menge von Informationen übermittelt werden. Ein Bild ist tausend Worte wert; und bei vielen Verwendungen von Bildern macht man sich gerade diesen Vorzug zunutze. Unterschreitet die Zeit der Wahrnehmung jedoch eine bestimmte Schwelle, so ist ein vollständiges Verstehen, auch auf den noch folgenden Stufen, nicht mehr möglich."[6] Auf der zweiten Stufe wird das Bild als Zeichen, auf der dritten Stufe als bildhaftes Zeichen erfasst. Scholz trennt diese Stufen, obgleich in der Realität das Wahrnehmen eines Gegenstandes, das Auffassen als Zeichen und als bildhaftes Zeichen in vielen Fällen in Bruchteilen von Sekunden und meist so erfolgen, dass das zeitliche Nacheinander der einzelnen Verstehensschritte dabei nicht bewusst wird. Dennoch handelt es sich jeweils um eine eigene kognitive Leistung. Das Verstehen des Bildinhalts wird als vierte Stufe, das Verstehen des denotativen, begrifflichen Sachbezugs als fünfte und das Verstehen nicht denotativer Bezüge als sechste Stufe bezeichnet. Diese ist für das Verständnis eines abstrakten Bildes wichtig. Auf der siebten Stufe folgt das Erfassen der kommunikativen Rolle des Bildes, das so genannte modale Verstehen. Zuletzt auf der achten Stufe geht es um das Verstehen des indirekt Mitgeteilten.

Scholz folgert, dass es sich nur um ein Bild handelt, wenn die ersten drei Verstehenstufen – perzeptives Verstehen, Verstehen als Zeichen, Verstehen als bildhaftes Zeichen – dafür angemessen sind. Bei gegenständlichen Bildern komme zumindest die Stufe vier, manchmal auch noch fünf dazu.

Besonders interessant an diesem Ansatz von Scholz erscheint die Bestimmung, ab wann wir von einem Bild sprechen können. Im Übrigen erlaubt das systematische „Erklimmen" der einzelnen Stufen an einem konkreten Beispiel eine eingehende Interpretation und eröffnet zum Teil eher ungewohnte Perspektiven. Dabei wird auch deutlich, dass sich durchaus Bezüge zu dem ikonologischen Ansatz des Kunsthistorikers Panofsky herstellen lassen.[7]

---

4 Brockhaus, Die Enzyklopädie, Mannheim, 20. überarb. Aufl. 1996, 3. Bd., s.u. Bild.
5 Oliver R. Scholz, Was heißt es, ein Bild verstehen?, in: Bild - Bildwahrnehmung - Bildverarbeitung, a.a.O. (Anm. 2), S. 105 - 124.
6 Scholz, ebd., S. 109.
7 Vgl. Erdmann, Ein Bild ist ein Bild? a.a.O. (Anm. 1) S. 42ff. Hier werden die einzelnen Stufen am Beispiel des Blussus-Steines aus Mainz (1. Hälfte 1. Jh. n. Chr.) vorgestellt.

Vorwort

Wie wirken Bilder auf den Betrachter?

Es ist bekannt, dass die Fähigkeit, einmal gesehene Bilder wieder zu erkennen, ungeheuer groß ist. 1970 wurden in einem Experiment über zwei bzw. über vier Tage verteilt 2560 Dias ein bzw. zehn Sekunden pro Bild gezeigt. Die Wiedererkennungsrate wurde an einer Stichprobe von 280 Bildpaaren getestet. Bei den Bildern, die eine Sekunde gezeigt worden waren, wurden 85% der Bilder, bei denen, die zehn Sekunden gezeigt worden waren, wurden 95% der Bilder wieder erkannt. Bilder werden im Übrigen besser als ihre Bezeichnungen erinnert.[8] Im Folgenden werden einige Fragen, die von Psychologen experimentell untersucht wurden, aufgelistet.

1. Diskutiert wurde von Psychologen die Frage, ob wir über ein verbales und ein visuelles Gedächtnis verfügen. 1979 schlug Nelson vor, zwischen sensorischer und semantischer (konzeptueller) Information zu unterscheiden. Danach sind das verbale und das visuelle System Eingangssysteme zum konzeptuellen (semantischen) System. Duale Enkodierung ist möglich, aber optional.

Dieser Vorschlag Nelsons wurde inzwischen von Untersuchungen zum Behalten durch Engelkamp gestützt.[9] In diesem Zusammenhang wäre auch die Frage der mentalen Bilder zu diskutieren. Die Frage, ob im Geist der Person, die sich etwas bildhaft vorstellt, bildhafte Repräsentationen, so genannte mentale Bilder, existieren, wurde lange Zeit verneint. Inzwischen ist diese Annahme durch Theorien in der Kognitionswissenschaft selbst, aber auch durch Experimente ins Wanken gekommen. So konnte gezeigt werden, dass Kleinkinder bereits vor dem Spracherwerb auf der Basis insbesondere visueller Wahrnehmung Konzepte erwerben. Damit ist die Frage, ob es mentale Bilder gibt, noch nicht endgültig gelöst, immerhin scheint ihre Existenz in den Bereich des Möglichen gerückt.[10]

Die empirische Forschung zum Wissenserwerb mit Text und Bild hat erwiesen, dass sich das Verstehen und Behalten von Texten verbessert, wenn man Bilder hinzufügt. Das bestätigte 1987 eine Metaanalyse von 75 Studien. Dabei ergab sich aber auch, dass rein dekorative Bilder keinen Lernzuwachs erbringen, sondern eher vom Text ablenken.[11]

2. Bernd Weidenmann geht davon aus, dass die Ergebnisse zum Wissenserwerb mit Bildern noch besser ausfallen könnten, wenn die Versuchspersonen die Bilder optimal verwertet hätten. Anhand zweier Untersuchungen kommt er zu folgenden Schlüssen: Von seinen studentischen Versuchspersonen wurden Texte mit Bildern häufig als weniger seriös eingestuft als Texte ohne Bilder.[12] Dies entspricht einer Untersuchung mit Jugendlichen, die Salomon bereits 1984 durchführte. Die Jugendlichen lernen lieber mit Bildern, weil sie meinen, sich da weniger anstrengen zu müssen.[13] Bei Weidenmanns Untersuchungen wurde der Informationswert der Bilder unterschätzt, man gab sich

---

[8] Johannes Engelkamp, Gedächtnis für Bilder, in: Bild - Bildwahrnehmung - Bildverarbeitung, a.a.O. (Anm. 2), S. 227 - 242, S. 227. Engelkamp bezieht sich auf die Untersuchung von Standing, Conezio und Haber (1970).
[9] Engelkamp, ebd.
[10] Michel Pauen, Die Sprache der Bilder, in: Bild - Bildwahrnehmung - Bildverarbeitung, a.a.O. (Anm. 2), S. 209 - 218, S. 215f.
[11] Bernd Weidenmann, Psychologische Ansätze zur Optimierung des Wissenserwerbs mit Bildern, in: Bild - Bildwahrnehmung - Bildverarbeitung, a.a.O. (Anm. 2), S. 243 - 253, S. 243 zitiert die Metaanalyse von Levin, Anglin & Carney 1987.
[12] Bernd Weidenmann, Der flüchtige Blick beim stehenden Bild: Zur oberflächlichen Verarbeitung von pädagogischen Illustrationen. The Careless View in the Case of Standing Picture, in: Unterrichtswissenschaft, Zeitschrift für Lernforschung, Jg. 16, H. 2 (1988), S. 43 - 57. Ders., Psychische Prozesse beim Verstehen von Bildern, Bern, Stuttgart, Toronto 1988, S. 143ff.
[13] Die Veröffentlichungen Salomons werden von Weidenmann, Der flüchtige Blick, a.a.O. (Anm. 12), zitiert.

---

mit dem „natürlichen Bildverstehen" zufrieden. Die Bilder wurden offenbar nur ausgewertet unter der Frage: „Was ist da abgebildet?" Daraus zieht Weidemann den Schluss: „Ein Bild 'sagt' oft mehr als Worte, aber es braucht meist auch Worte, damit es von den Betrachtern erfolgreich zum Wissenserwerb verarbeitet wird."[14] Daher fordert er, „instruktive Bildlegenden" zu entwickeln, d.h. eine konkret auf das visuelle Argument des Bildes bezogene Lesehilfe. Danach müsste das Hauptargument des Bildes prägnant formuliert sein, weiter sollte auf besonders informative Bildelemente verwiesen werden und schließlich auch bei komplexen Bildern eine bestimmte Reihenfolge der Bildperzeption angezeigt werden.[15]

3. Unterschiede zwischen Kindern verschiedenen Alters und Erwachsenen beim Umgang mit Bildern wurden beobachtet. Die Forschung zu Beginn des 20. Jahrhunderts hatte bereits darauf verwiesen.[16] Untersuchungen, wonach Grundschulkinder stark auf Details, ungefähr ab der Mittelstufe jedoch stärker auf Form und Gestaltung eines Bildes achten, liegen schon über dreißig Jahre zurück.[17] Neuere Studien haben ergeben, dass Erwachsene sich Bilder in einer mehr systematischen und aktiven Weise ansehen. Sie nähern sich Bildern mit gewissen Erwartungen, die im Verlauf der Betrachtung wechseln und sich herausbilden. Jüngere Kinder haben bis zu einem Alter von zwölf oder 13 Jahren Schwierigkeiten, irrelevante Informationen zu ignorieren und ein komplexes Bild vollständig aufzunehmen. Erwachsene behandeln Illustrationen nicht als isolierte Informationsquelle, wozu Kinder neigen, sondern sie begreifen das Bild innerhalb eines Kontextes, sie lesen die Bildunterschrift oder den Begleittext und schauen auch nach anderen Bildern.[18] Allerdings wäre zu prüfen, ob und wie sich die zunehmende Bilderflut der letzten Jahre auf die verschiedenen Lebensalter ausgewirkt hat, denn auch die neueren Untersuchungen datieren knapp 20 Jahre zurück.

4. Es liegen auch einige Forschungsergebnisse vor, die zwischen „Verbalisierern" und „Visualisierern" bei den Betrachtern unterscheiden. So hat sich in einer Studie von 1983 gezeigt, dass gute Visualisierer Bilder genauer wiedergeben können.[19] Bei einer darauf folgenden Studie hat die Analyse der Augenbewegungen und der Wiedererkennungsleistung Anhaltspunkte dafür geliefert, dass die Visualisierer mehr Informationen aus Bildern ziehen als die Verbalisierer. Die unterschiedliche Wiedererkennungsrate bei Veränderungen der Bilder legt für Visualisierer eine eher ganzheitliche, für Verbalisierer eine eher begriffliche Verarbeitung von Bildern nahe.[20]

5. Dass Bilder nicht allein kognitiv auf den Betrachter wirken, sondern ihn auch affektiv ansprechen können, ist eine Binsenweisheit. Wie sieht es jedoch mit der Wirkung von emotionalen Bildern aus? Von Psychologen wurden bislang nur Fernsehbilder untersucht. Danach ergab sich, dass mit zeitlicher Entfernung nicht die Behaltensleistung größer war als bei anderen Bildern, sondern dass die Wirkung in einer qualitativ anderen Verarbeitung des entsprechenden Sachverhaltes liegt. Bei den Untersuchungen zeigte sich, dass bei emotionalen Bildern die Bedeutung des jeweiligen Sachverhaltes überschätzt wurde.[21]

14 Weidenmann, Psychische Prozesse, a.a.O. (Anm. 12), S. 247.
15 Ebd., S. 167ff.
16 William Stern, Psychologie der frühen Kindheit bis zum sechsten Lebensjahre, Leipzig 1930.
17 Hermann Hinkel, Wie betrachten Kinder Bilder?, Steinbach/Gießen 1972.
18 Joan Peeck, Wissenserwerb mit darstellenden Bildern, in: Wissenserwerb mit Bildern, hrsg. v. Bernd Weidenmann, Bern 1994, S. 59 - 94, referiert diese Arbeiten S. 76f.
19 Marks (1983) zit. bei Peeck, ebd., S. 78.
20 Hans-Bernd Brosius, Augenbewegungen und Informationsverarbeitung bei Verbalisierern und Visualisierern, in: Sprache & Kognition 4 (2), 1985, S. 87 - 99.
21 Jochen Paulus, Die Macht der drastischen Bilder, in: Bild der Wissenschaft, 8, 2001, S. 74 - 76. Hans-Bernd Brosius, The

Aus der Auflistung dieser Forschungen ergeben sich unmittelbar Nachfragen. So hat Bernd Weidenmann schon 1988 darauf verwiesen, dass sich die pädagogisch-psychologische Forschung durch einen zweifachen Optimismus auszeichne: Sie setze als gegeben voraus, dass der Lerner das Bild intensiv genug verarbeite und das Bild adäquat verstehe.[22]

Weiter hat sich gezeigt, dass gerade Studien zur unterschiedlichen Bildverarbeitung in verschiedenen Lebensaltern relativ lange zurückliegen und unter den gewandelten Umweltbedingungen erneut durchgeführt werden müssten. Über andere Forschungen wie zur Frage von Verbalisierern versus Visualisierern und zur Verarbeitung von emotionalen Bildern liegen erst wenige Studien vor.

Von daher wäre es im Sinne der Förderung der empirischen Lehr-Lernforschung dringend notwendig, dass sich Geschichtsdidaktiker und Psychologen, die über Bilder forschen, zusammenfinden, um gemeinsam zu aussagekräftigen Ergebnissen für Geschichtsdidaktik und damit auch für den Geschichtsunterricht zu kommen.

Geschichtswissenschaft und Bilder

Im 19. Jahrhundert hat sich Geschichte als kritische Wissenschaft an den Universitäten etabliert. In diesem Zusammenhang wurde auch nach den Grundlagen von Geschichte als Wissenschaft sowie nach der Aussagefähigkeit ihrer Quellen gefragt. In seiner „Historik" bewertet Droysen die Quellen nach ihren Eigenschaften. Dabei geht er von der Erwägung aus, dass eine Quelle entweder unbewusst-unabsichtlich oder absichtlich Zeugnis von historischen Begebenheiten ablege. Danach scheidet er die „Überreste" von den „zur Erinnerung bestimmten Quellen". Zwischen beiden Gruppen siedelt er die „Denkmäler" an, die etwas bezeugen oder für die Erinnerung fixieren, und zwar in einer bestimmten Form der Auffassung. Unter Überreste rechnet er monumentale Bau- und Kunstwerke, worunter er Werke der Architektur, Skulptur, Malerei und Mosaiken versteht. Im Übrigen betont er, dass das Kunstwerk erst in seiner historischen Beziehung ganz zu fassen sei. Der Sprache wird dabei eine sehr hohe Bedeutung zugemessen.[23] Ähnlich zugunsten der sprachlichen Überlieferung äußert sich dann Bernheim in seinem „Lehrbuch der historischen Methode". Vor allem die Überreste bedürften der Interpretation durch die erzählenden Quellen.[24]

Diese höhere Wertschätzung der schriftlichen gegenüber den bildlichen und gegenständlichen Quellen ist nicht allein durch den zufälligen und fragmentarischen Charakter der Bilder und Überreste bestimmt. Sie gründet sich auch darauf, dass sich, nach Thomas Nipperdey, im 19. Jahrhundert in der Geschichtswissenschaft die geistesgeschichtliche Betrachtungsweise durchgesetzt hat.[25]

Seit der ersten Hälfte des 20. Jahrhunderts lässt sich beobachten, dass neben den schriftlichen auch anderen Quellen wie Überresten und Bildern von den Historikern ein höherer Stellenwert zugebilligt wird. So hat Lucien Febvre, einer der Gründer der Zeitschrift „Annales", in seiner Antrittsvorlesung am Collège de France

effects of emotional pictures in television news. Die Wirkung von emotionalen Bildern, in: Communication Research, 20 (1), 1993, S. 105 - 124.

22   Weidenmann, Psychische Prozesse, a.a.O. (Anm. 12), S. 140f.

23   Johann Gustav Droysen, Historik. Vorlesungen über Enzyklopädie und Methodologie der Geschichte, hrsg. v. Rudolf Hübner, München 61971, S. 35f., zu den Überresten S. 38ff., zu den Denkmälern S. 50ff., zu den Quellen S. 61ff.

24   Ernst Bernheim, Lehrbuch der Historischen Methode und der Geschichtsphilosophie, 5. u. 6. neubearb. u. verm. Auflage, Leipzig 1908, hier S. 465, 603.

25   Thomas Nipperdey, Kulturgeschichte, Sozialgeschichte, historische Anthropologie. In: Vierteljahresschrift für Sozial- und Wirtschaftsgeschichte 55 (1968), S. 145-164, hier S. 150f.

im Jahre 1933 gefordert, die Historiker müssten sich von der alleinigen Berücksichtigung der Texte lösen und alle „Dokumente, welcher Art auch immer" heranziehen und nutzen.[26]

Jacques Le Goff knüpft daran an und geht zugleich über Febvres Forderungen hinaus. Er verwirft die Unterscheidung in Quellen und Überreste oder in Schrift- und Sachquellen zugunsten der Bezeichnung „Dokumente/Monumente". Er versteht darunter Schriftstücke aller Art, Bilddokumente, Ergebnisse archäologischer Ausgrabungen, mündliche Überlieferungen usw. Zugleich erhebt er die Forderung nach einer neuen Quellenkritik. Es genüge nicht mehr, die traditionelle Quellenkritik anzuwenden, die zur Aufdeckung von Fälschungen diente. Die Struktur der Dokumente müsse aufgelöst werden, um die Bedingungen ihrer Produktion erfassen zu können. Es müsse untersucht werden, wer über die Produktion von Zeugnissen verfügt habe, die mit oder ohne Absicht Dokumente der Geschichtswissenschaft geworden seien.[27]

In Deutschland hatte sich bereits 1930 der „Deutsche Ikonographische Ausschuß" konstituiert, 1934 war die Zeitschrift „Historische Bildkunde" begründet worden, die ihr Erscheinen mit Beginn des Zweiten Weltkriegs einstellte. Sie hatte auch nicht die wünschenswerte Beachtung gefunden. Diese Ansätze wurden nach 1945 von der Geschichtswissenschaft vernachlässigt.[28] 1969 hat Hartmut

Boockmann in einem Aufsatz gefragt, „ob diesen Zeugnissen (er bezog sich auf Abbildungen der Überreste der mittelalterlichen Geschichte; die Verf.) nicht dieselbe Sorgfalt zuzuwenden sei, welche schriftlichen Quellen ganz selbstverständlich zuteil zu werden pflegt."[29] Rainer Wohlfeil und seine Schülerin Heike Talkenberger haben wichtige Anstöße zur historischen Bildkunde gegeben, allerdings ohne damit die notwendige breite Resonanz zu finden.[30]

Allmählich kommt dem Bild als historische Quelle eine größere Bedeutung zu.[31] Allerdings gibt es, was den Umgang mit Bildern, ihre Interpretation und ihren Einsatz – von Ausnahmen abgesehen – angeht, immer noch sehr viele Unsicherheiten und Defizite. Es überwiegt insgesamt der rein illustrative Einsatz von Bildern und vielfach ein liebloser und nachlässiger Umgang mit Bildern, vor allem was fehlende Angaben zu Größe und Aufbewahrungsort angeht oder ob es sich um einen Bildausschnitt handelt.[32]

Der ikonologische Ansatz von Panofsky

Der Kunsthistoriker Erwin Panofsky hat ein dreistufiges Interpretationsschema (erstmals 1932, zuletzt etwas abgewandelt 1955) vorgeschlagen, welches das Einzelbild in den Mittelpunkt der Analyse stellt. Die erste Stufe ist die „vorikonographische Beschreibung".

[26] Lucien Febvre, Ein Historiker prüft sein Gewissen. Antrittsvorlesung am Collège de France 1933, in: ders., Das Gewissen des Historikers, hrsg. u. übers. v. Ulrich Raulff, Berlin 1988, S. 9-22, hier S. 9ff., 18.

[27] Jacques Le Goff, Neue Geschichtswissenschaft, in: ders./Roger Chartier/Jacques Revel (Hrsg.), Die Rückeroberung des historischen Denkens. Grundlagen der neuen Geschichtswissenschaft, übers. v. Wolfgang Kaiser, Frankfurt/Main 1990, S. 11-61, hier S. 16, 49.

[28] Hans-Diether Dörfler/Julia Schmitt/Christian Tagsold/Delf Woischnig, Bildergeschichten - Geschichtsbilder. Zur Rolle der Fotografie im Geschichtsdiskurs, in: medien + erziehung 42 (1998), S. 345-354, hier S. 345f.

[29] Hartmut Boockmann, Über den Aussagewert von Bildquellen zur Geschichte des Mittelalters, in: Karl-Heinz Manegold (Hrsg.), Wissenschaft, Wirtschaft, Technik. Festschrift für Wilhelm Treue, München 1969, S. 29-37, hier S. 37.

[30] Brigitte Tolkemitt/Rainer Wohlfeil (Hrsg.), Historische Bildkunde. Probleme – Wege – Beispiele, Berlin 1991. Heike Talkenberger, Von der Illustration zur Interpretation: Das Bild als historische Quelle. Methodische Überlegungen zur Historischen Bildkunde, in: Zeitschrift für historische Forschung 21 (1994), S. 289-313.

[31] Das konstatiert auch Peter Burke, Eyewitnessing. The Uses of Images as Historical Evidence, London 2001, jetzt deutsch: Augenzeugenschaft. Bilder als historische Quelle, Berlin 2003, S. 12f. Die Seitenangaben beziehen sich immer auf die deutsche Ausgabe.

[32] Elisabeth Erdmann, Des Kaisers neue Kleider ... Kritische Anmerkungen zu neuen Lehrbüchern für Geschichte/Sozialkunde/Erdkunde, in: Geschichte, Erziehung, Politik 9, 1998, S. 180 - 182.

Dafür sind praktische Erfahrung, d.h. Vertrautheit mit den Gegenständen und Ereignissen erforderlich. Das Kunstwerk wird auf seine tatsachen- und ausdruckshaften Aussagen hin befragt, d.h. faktische Bedeutung und emotionaler Gehalt werden erfasst. Daran schließt sich die „ikonographische Analyse" an. Sie leitet das Thema aus historisch vermittelten Motiven ab. Dafür ist Vertrautheit mit bestimmten Themen und Vorstellungen erforderlich, ebenso Kenntnis schriftlicher Quellen. Als dritte Stufe nennt Panofsky die „ikonologische Interpretation". Hier greift die Deutung weiter aus. Ein Kunstwerk soll als Ausdruck der jeweiligen politischen und sozialen, geistigen, religiösen und kulturellen Bedingungen und Ideen seiner Entstehungszeit interpretiert werden.[33]

Kunsthistoriker nach Panofsky verweisen auf die Schwierigkeit, zwischen ikonographischer Analyse und ikonologischer Beschreibung, d.h. zwischen Stufe zwei und drei, genau zu unterscheiden.[34] Im Übrigen hat auch Panofsky selbst bei seinen Interpretationen diese Ebenen nicht scharf voneinander getrennt. Der Kunsthistoriker Max Imdahl rekurriert auf Panofskys Schema, er hält es für unverzichtbar. Darüberhinaus verweist er auf den „ikonischen Bildsinn". Damit macht er den Versuch, die externen Rahmenbedingungen eines Bildes mit seinem Geltungsanspruch in Einklang zu bringen, um eine Lehre der Struktur und der Formen des Bildes zu begründen.[35]

Weitere Ansätze zur Bildinterpretation

Der englische Historiker Peter Burke hat jüngst in seinem Buch „Eyewitnessing" (dt. „Augenzeugenschaft") eine Fülle von Bildinterpretationen vorgelegt. In diesem Zusammenhang diskutiert er die Brauchbarkeit verschiedener Ansätze zur Bildinterpretation für den Historiker.[36] Außer dem bereits vorgestellten ikonologischen Ansatz geht er auf den psychoanalytischen Ansatz ein. Dieser folgt unbewussten Symbolen und Assoziationen, die Sigmund Freud in seiner „Traumdeutung" (1900) benannt hat. Burke sieht in manchen Bildern Projektionen der eigenen unterdrückten Wünsche des Malers verwirklicht, weist aber auf die Schwierigkeiten dieses Ansatzes hin: Der Historiker kann dem Künstler der Vergangenheit nicht wie ein Psychoanalytiker seinem Patienten bei seinen freien Assoziationen zuhören. Zum andern befassen sich Historiker in der Regel mit Gesellschaften und Kulturen, d.h. sie sind eher mit kollektiven als mit individuellen Wünschen vertraut, während es sich bei den Analytikern seit Freud gerade umgekehrt verhält.[37]

Weiter geht Burke auf strukturalistische und poststrukturalistische Ansätze ein. Beim Strukturalismus, der auch als Semiotik, als Lehre von den Zeichen, bekannt ist, sind zwei Thesen für Burke besonders wichtig: Ein Bild kann als „Zeichensystem" betrachtet werden, es kann aber auch als Subsystem eines größeren Ganzen gesehen werden. Nach Burke sensibilisiert der strukturalistische Ansatz für Gegensätze und Assoziationen zwischen den Zeichen. Ferner wird die Aufmerksamkeit auf den Akt der Selektion aus einem vorhandenen Repertoire gelenkt: Was wählt der Künstler aus, was bildet er nicht ab? Durch die Betonung formaler Parallelen und Gegensätze werde zwar ein wichtiger Beitrag für die Bildinterpretation geleistet, doch Burke bemängelt,

---

33 Erwin Panofsky, Sinn und Deutung in der bildenden Kunst [Meaning in the Visual Arts], Köln 1978, S. 36ff.
34 Oskar Bätschmann, Einführung in die kunstgeschichtliche Hermeneutik. Die Auslegung von Bildern, Darmstadt ⁴1992 S. 70ff.
35 Max Imdahl, Ikonik, in: Was ist ein Bild?, hrsg. v. Gottfried Böhm, München ²1995, S. 300 - 324, S. 308.
36 Burke, a.a.O. (Anm. 31), besonders S. 195ff.
37 Burke, a.a.O. (Anm. 31), S. 196ff.

dass die Strukturalisten sich weniger für die Dechiffrierung bestimmter Bildelemente interessieren als für die Beziehung zwischen ihnen, dass sie außerdem die Auseinandersetzung mit dem Phänomen des Wandels vernachlässigen. Als Reaktion darauf ist die poststrukturalistische Bewegung entstanden, die das Unbestimmte oder das „unendliche Spiel der Signifikationen" (Jacques Derrida) in den Vordergrund stellt. Der Nachteil dieses Ansatzes ist die Annahme, dass jede Bedeutung, die einem Bild zugeschrieben wird, genauso gültig sei wie eine beliebige andere.[38] Burke setzt sich auch ausführlich mit dem bereits beschriebenen ikonologischen Ansatz Panofskys auseinander.[39] Allerdings nennt er auch Kritikpunkte:

Die Ikonologen laufen Gefahr, immer nur das zu entdecken, von dem sie ohnehin wussten, dass es da war – den Zeitgeist. Die soziale Dimension, der gesellschaftliche Kontext wird vernachlässigt, ebenfalls die Frage nach den Rezipienten und ob diese in der Lage waren, das Bild angemessen zu verstehen. Nicht alle Bilder sind allegorisch. Die Frage, ob die berühmten holländischen Alltagsszenen aus dem 17. Jahrhundert eine verborgene Bedeutung enthalten, ist nach wie vor umstritten. Insgesamt ist die Ikonologie zu literarisch.[40] Burke stellt fest, dass die Historiker auf den ikonologischen Ansatz angewiesen sind, doch sie müssten darüber hinausgehen. Er zieht folgendes Fazit: „Der Standpunkt, von dem aus ich diese Studie geschrieben habe, ist der, dass Bilder weder eine Widerspiegelung gesellschaftlicher Realität sind noch ein Zeichensystem ohne Bezug zur gesellschaftlichen Realität, sondern dass sie eine Vielfalt an Positionen zwischen diesen Extremen besetzen. Sie legen Zeugnis ab von den stereotypisierten, aber graduell sich wandelnden Sichtweisen, die Individuen oder Gruppen auf die soziale Welt haben, inklusive die Welt ihrer eigenen Imagination."[41] Auch Imdahl geht von einer Berücksichtigung des ikonologischen und des strukturalistischen Ansatzes aus[42], doch Burke entfaltet die Argumente ausführlicher und bezieht sie noch deutlicher auf die Bedürfnisse des Historikers.

Bilder sehen lernen

Lesen und Schreiben als Kulturtechniken müssen in einem mühseligen Vorgang erlernt und geübt werden. Der Psychologe und Kunstwissenschaftler Rudolf Arnheim hat darauf verwiesen, dass das Sehen die Grundlage für eine verstandesgemäße Begriffsbildung darstellt.[43] In der Geschichtswissenschaft und in der Geschichtsdidaktik ist es selbstverständlich, dass schriftliche Quellen nach allen Regeln der Kunst interpretiert werden. Dies lernt der Geschichtsstudent vom ersten Semester an, außerdem gibt es eine Reihe von hervorragenden Anleitungen, wie Quellen im Geschichtsunterricht einzusetzen und zu interpretieren sind.[44] Dagegen scheint das Sehen eine Fähigkeit zu sein, die in der Regel von Geburt an vorhanden ist. Vermutlich hängt es damit zusammen, dass in der Geschichtswissenschaft und in der Geschichtsdidaktik – verglichen mit den schriftlichen Quellen – die bildlichen Quellen lange Zeit vor allem illust-

---

[38] Burke, a.a.O. (Anm. 31), S. 198ff.
[39] s.o. S. 10f. Vgl. Burke, a.a.O. (Anm. 31), S. 39ff.
[40] Burke, a.a.O. (Anm. 31), S.46ff., S. 205ff.
[41] Burke, a.a.O. (Anm. 31), S. 211.
[42] s.o. S. 10ff.
[43] Rudolf Arnheim, Anschauliches Denken. Zur Einheit von Bild und Begriff, Köln 1996, S. 24ff.
[44] Vgl. z.B. Wolfgang Hug, Geschichtsunterricht in der Praxis der Sekundarstufe I, Frankfurt/Main 1977, S. 148ff.; Joachim Rohlfes, Geschichte und ihre Didaktik, Göttingen 1986, S. 279ff.; Hans-Jürgen Pandel, Quelleninterpretation. Die schriftliche Quelle im Geschichtsunterricht, Schwalbach/Ts. 2000.

rativ eingesetzt wurden und damit eine geringere Bedeutung hatten. Ein weiterer Grund für die mangelnde Reflexion über Bilder allgemein mag darin zu suchen sein, dass wir uns über Bilder nur redend verständigen können.[45]

Der Regisseur Wim Wenders hat vor nicht allzu langer Zeit in einem Vortrag geäußert: „In unserer heutigen Kultur wird ja nicht mehr so viel gesehen, sondern immer mehr bewertet, verwertet, begutachtet, beurteilt, abgetan oder im besten Falle 'für interessant befunden' und goutiert. Im Konsumzeitalter ist das SEHEN aus der Mode gekommen."[46]

Dagegen lässt sich nur die Forderung dessen entgegensetzen, was als *visual literacy* oder „Bilder sehen lernen" bezeichnet wird. Dieses Konzept fand auch Widerspruch, insbesondere weil die Metapher *literacy* zu eng aufgefasst wurde. Die Vertreter der *visual literacy*-Bewegung haben dagegen immer wieder darauf hingewiesen, dass wir die ganze Breite unseres Verstehenspotentials nicht ausnutzen und dass visuelle Schöpfungen einen großen Teil dieses Gebietes ausmachen.[47]

In Bezug auf Museumsbesucher hat Nelson Goodman geschrieben: „... zwar (können) die meisten von denen, die eine Bibliothek benutzen, auch lesen, aber die meisten, die in ein Museum gehen, können nicht sehen."[48] Als Konsequenz fordert er eine visuelle Erziehung. Das lässt sich auch auf den Umgang mit Bildern übertragen.

Bilder als Quellen im Geschichtsunterricht

In der fachdidaktischen Literatur wurde und wird immer wieder gefordert, Bilder nicht nur illustrativ, sondern auch heuristisch als Quellen einzusetzen. Einige Autoren haben sich bemüht, zu einer Klassifikation der Bilder zu kommen, zudem wurden immer wieder überzeugende Beispiele zur Behandlung von Bildern im Geschichtsunterricht vorgelegt.[49]

In einer Reihe von geschichtsdidaktischen und museumspädagogischen Arbeiten wird bereits das von Panofsky entwickelte Modell zum Teil mit geringen Ergänzungen zugrunde gelegt.[50] Doch darüber hinaus sind als Konsequenz aus den anderen Ansätzen noch folgende Fragen an die Bilder zu stellen, um sie als historische Quellen wirklich auswerten zu können:

In wessen Auftrag arbeitete der Künstler? Inwieweit nahm der Auftraggeber Einfluss?

[45] Gottfried Boehm, Die Bilderfrage, in: ders. (Hrsg.), Was ist ein Bild?, München ²1995, S. 325 - 343, S. 326.

[46] Wim Wenders, Im Konsumzeitalter ist ausgerechnet das SEHEN aus der Mode gekommen, in: Frankfurter Allgemeine Zeitung vom 24.10.2002, S. 39.

[47] Weidenmann, Psychische Prozesse, a.a.O. (Anm. 12), S. 174ff., Rune Petterson, Visual Literacy und Infologie, in: Wissenserwerb mit Bildern, a.a.O. (Anm. 18), S. 215 - 235.

[48] Nelson Goodman, Vom Denken und anderen Dingen, Frankfurt/Main 1987, S. 251.

[49] Die folgenden Angaben erfolgen ohne Anspruch auf Vollständigkeit (Arbeiten zur Fotografie werden in diesem Kontext nicht berücksichtigt) in chronologischer Reihenfolge: Kurt Fina, Das Bild als Quelle im exemplarischen Geschichtsunterricht. Kaisermosaik und Römerstein, in: GWU 16, 1965, S. 623 - 634; Klaus Lampe, Das Bild im Geschichtsunterricht. Zur Methodik, zu kognitiven und affektiven Lernzielen, in: Hans Süssmuth (Hrsg.), Historisch-politischer Unterricht. Medien, Stuttgart ²1976, S. 185 - 209; Hermann Hinkel, Bilder vermitteln Geschichte? in: Geschichtsdidaktik 3, 1978, S. 116 - 129; Traute Petersen, Historienmalerei. Programm und Probleme, in: GWU 36, 1985, S. 565 - 576; Günther Kaufmann, Doppelbilder. Anregungen zum Umgang mit historischen Bildquellen, in: GWU 43, 1992, S. 659 - 680; Herwig Buntz/Harald Popp, Das Bild als Quelle. Historienbilder als Quellen für den Geschichtsunterricht, in: Helmut Altrichter (Hrsg.), Bilder erzählen Geschichte, Freiburg im Breisgau 1995, S. 223 - 248; Hans-Jürgen Pandel/Gerhard Schneider, (Hrsg.), Handbuch Medien im Geschichtsunterricht, zuerst 1985, überarb. Ausgabe Schwalbach 1999; Michael Sauer, Bilder im Geschichtsunterricht. Typen, Interpretationsmethoden, Unterrichtsverfahren, Seelze-Velber 2000; Geschichtsbilder. Historisches Lernen mit Bildern und Karikaturen, hrsg. v. Staatsinstitut für Schulpädagogik und Bildungsforschung. Abt. Gymnasium, Donauwörth 2001. Ferner ist auf die verschiedenen Beiträge in den Zeitschriften „Praxis Geschichte" und „Geschichte lernen" zu verweisen.

[50] Klaus Bergmann/Gerhard Schneider, Das Bild, in: Handbuch Medien, a.a.O. (Anm. 49), S. 211 - 254. Hans-Jakob Schmitz, Mittelalter und Frühe Neuzeit im kunst- und kulturgeschichtlichen Museum, in: Frank M. Andraschko/Alexander Link/Hans-Jakob Schmitz, Geschichte erleben im Museum. Anregungen und Beispiele für den Geschichtsunterricht, Frankfurt/Main 1992, S. 63-145. Erdmann, a.a.O. (Anm. 1).

Welche Ziele wurden damit verfolgt? Wo sollte das fertige Bild hängen? War das Bild allgemein zugänglich oder lediglich für einen ausgewählten Kreis von Betrachtern? Wann wurde es erstmals ausgestellt bzw. veröffentlicht? Wie war seine Wirkung im Laufe der Zeit? Wo wird das Bild heute aufbewahrt bzw. ausgestellt? Wurde das Bild im Laufe der Zeit verändert, überarbeitet, retouchiert? Welche Absicht stand dahinter?

Da in der Regel nicht die Originale, sondern lediglich Abbildungen betrachtet werden können, sollte die Größenangabe zum Standard ebenso gehören wie eine auch farblich gute Abbildungsqualität. Auch Angaben über die Technik, in der das Bild ausgeführt wurde, gehören dazu. Die Wirkung der Bilder auf den Betrachter sollte gerade im Geschichtsunterricht nicht vernachlässigt werden. Dabei sind nicht nur spontane Äußerungen über die Anmutungen, die Emotionen, die ein Bild auslöst, zuzulassen, sondern es sollte auch darauf geachtet werden, dass genügend Zeit zur intensiven Betrachtung gegeben wird.

An wen wendet sich dieses Buch?

Das vorliegende Buch will Geschichtslehrern eine Hilfe sein, schnell und zuverlässig Informationen zu Bildern zu finden, die häufig in Geschichtsschulbüchern abgebildet sind. Aufgrund der im schulischen Alltag zu bewältigenden Aufgaben ist es nicht möglich, auch noch aufwändige Rechercheaufgaben durchzuführen, um die Informationen zu erhalten, die notwendig sind, um ein Bild im Unterricht

als historische Quelle einzusetzen. Sicherlich können trotz aller Bemühungen nicht für jedes Bild alle gebotenen Fragen beantwortet werden. Oftmals lässt sich nichts mehr über das Verhältnis zwischen Auftraggeber und Künstler ermitteln oder der Künstler ist nicht einmal dem Namen nach bekannt. Zum andern soll das Buch jedem, der sich für Bilder interessiert, einen vertieften Zugang zu den Bildern ermöglichen. Es wurde auch Wert darauf gelegt, schriftliche Quellen, die mit dem Bild in Beziehung zu setzen sind, beizufügen, um ein zeitraubendes Nachschlagen zu vermeiden. Ein Glossar am Ende des Buches erläutert Fachbegriffe. Diese sind mit einem Sternchen bei ihrem ersten Vorkommen im jeweiligen Artikel gekennzeichnet. Die Literaturangaben zu den einzelnen Bildern wurden auf möglichst wenige Titel beschränkt, mit deren Hilfe der interessierte Leser sich jedoch weitere Informationen und Literaturhinweise verschaffen kann.

Zum Methodischen

Die Lust an der Visualisierung ist beträchtlich gestiegen. Veränderungen an Bildern, Bildmanipulationen sind heute technisch sehr einfach zu bewerkstelligen.[51] In dieser Situation ist es wichtig, trotz oder besser wegen der Bilderflut die Sinne zu schärfen, genau zu beobachten, die Entstehung der Bilder und ihre Wirkung verstärkt zu reflektieren.

Das kann nun nicht bedeuten, in jeder Geschichtsstunde ein Bild als Quelle ausführlich zu interpretieren. Aber es ist wichtig und notwendig, den Schülern und Schülerinnen

---

[51] Vgl. die Ausstellung „Bilder, die lügen" im Haus der Geschichte der Bundesrepublik Deutschland, Bonn vom 27.11.1998 bis 28.2.1999. In einem Videofilm, der nur in der Ausstellung, nicht im Begleitbuch zur Ausstellung zu sehen war, wurde eine Bildmanipulation am Computer vorgeführt. In diesem Zusammenhang ist auch zu verweisen auf: Alain Jaubert, Fotos, die lügen. Politik mit gefälschten Bildern, Frankfurt/Main 1989. David King, Stalins Retuschen. Foto- und Kunstmanipulation in der Sowjetunion, Hamburg 1997. Manfred Treml, „Schreckensbilder" - Überlegungen zur Historischen Bildkunde. Die Präsentation von Bildern an Gedächtnisorten des Terrors, in: Geschichte in Wissenschaft und Unterricht (1997), S. 279-294.

visuelle Kompetenz im Rahmen der Methodenkompetenz im Geschichtsunterricht zu vermitteln. Dabei muss selbstverständlich auf das Alter und auf den Entwicklungsstand der Schüler geachtet werden. Doch die visuelle Kompetenz lässt sich von Anfang an systematisch aufbauen.

Grundlage für genaues Sehen und das Erfassen des Bildes ist die vorikonographische Beschreibung. Deshalb wird nach den notwendigen Angaben zum Bild wie Titel, Künstler, Entstehungszeit, Maße und heutigem Aufbewahrungsort das Bild erst einmal genau beschrieben. Es schließen sich je nach Bild weitere Informationen an. Am Ende sind jeweils einige Hinweise für den Unterricht angefügt, die Anregungen bieten wollen. Dabei handelt es sich um:

- fächerübergreifendes Arbeiten, z.B. mit den Fächern Kunst, Religion, Deutsch, Englisch und Sport,
- unterschiedliche Erzählformen wie quellengestütztes Erzählen des Lehrers, das sich vor allem in der Unter- und Mittelstufe anbietet, oder um „opponierendes" Erzählen im Sinne Rolf Schörkens, d.h. eine Erzählform, die durch eine folgende Gegenerzählung in Frage gestellt wird,[52]
- Ergänzen oder Kontrastieren des Bildes mit anderen Bildern und mit schriftlichen Quellen,
- Einordnen des Bildes und seiner Aussage in einen thematischen Längsschnitt,
- handlungsorientierte Vorschläge, die jeweils durch das Bild angeregt werden, wie das Schreiben einer Geschichte, Schreiben und Malen auf Papyrus, sich mit einer der abgebildeten Personen identifizieren (gestaltpädagogischer Ansatz)[53], Dargestelltes

nachstellen, Rollenspiele, selbst eine Technik ausprobieren, selbstständige Informationsbeschaffung, auch über das Internet.

Ausblick

Selbstverständlich gehören Fotografien zu den Bildquellen. Da sie in der Zeit, die dieser erste Band umfasst, noch keine Rolle spielen, wurden sie hier noch nicht explizit behandelt. Dies wird im zweiten Band, der bis zur Gegenwart reicht, erfolgen.

Elisabeth Erdmann   Erlangen-Nürnberg

Wir widmen dieses Buch als Dank für langjährige Zusammenarbeit unserem Freund Harald Popp.

Herwig Buntz und Elisabeth Erdmann

---

[52] Freya Stephan-Kühn, Über den adressatengerechten Zugang zu weit entfernten Epochen, in: GPD 24, 1996, H. 1/2, S. 95 - 106. Rolf Schörken, Das Aufbrechen narrativer Harmonie. Für eine Erneuerung des Erzählens mit Augenmaß, in: GWU 48, 1997, S. 727 - 735.

[53] Peter Knoch, Geschichte und Gestaltpädagogik - Einige experimentelle Erfahrungen, in: Didaktik der Geschichte, hrsg. v. Uwe Uffelmann, Villingen-Schwenningen 1986, S. 73 - 105. Der Anregung von Knoch folgen weitere Arbeiten, die an dieser Stelle nicht alle aufgeführt werden können.

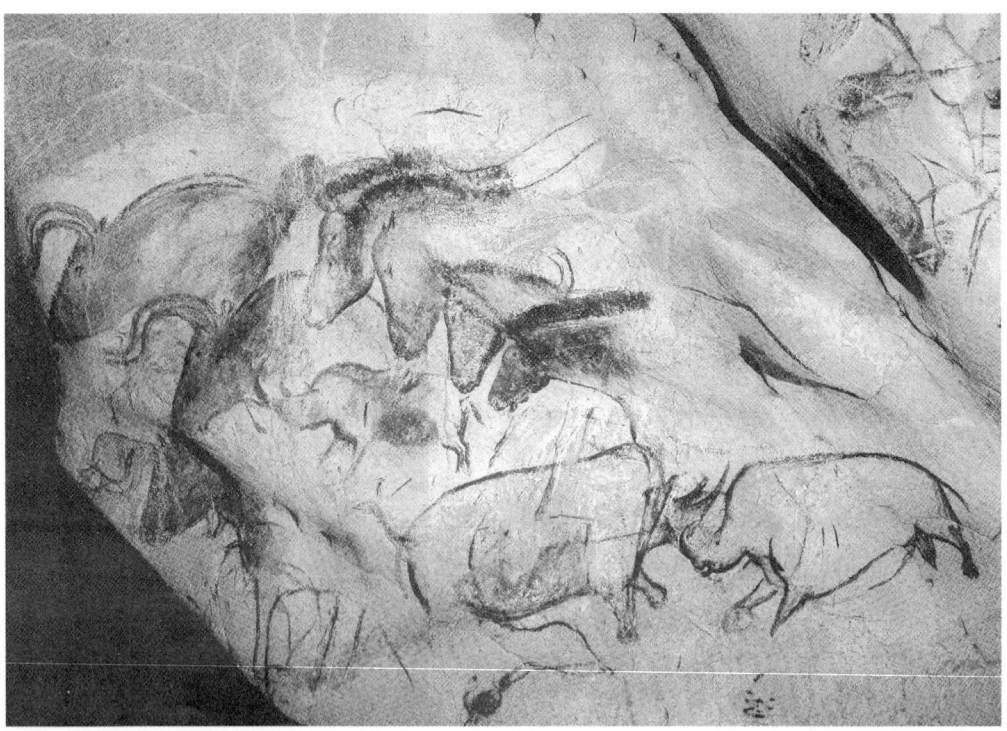

Das *Panneau (Bildfeld) der Pferde, Datierung umstritten (30 000 v. Chr. oder 15 000 v. Chr.?), Holz-und Knochenkohle; Bildausschnitt ca. 2 x 3 m; Grotte Chauvet/Ardèche im Talkessel von Estre.

Steinzeitliche *Höhlenmalerei in der Grotte Chauvet

Beschreibung

Auf einer ockerfarbigen, unebenen Felswand, die am linken Bildrand nach hinten biegt, sind mehrere Gruppen von Tieren abgebildet. Die drei vorderen Tiere sind durch die langen, s-förmig nach vorne gebogenen Hörner als Auerochsen erkennbar. Dargestellt sind jeweils der nach vorne gerichtete Kopf und der Anfang des Halses. Die Zeichnungen bestehen aus schwarzen Linien, die teilweise durch weiße Farbe stärker konturiert sind, und schwarze Farbflächen. Durch ihre Anordnung wird räumliche Tiefe hergestellt. Vor und unter dem unteren der drei Auerochsen gibt es weitere Umrisse, die aber nicht eindeutig Tieren zuzuordnen sind (Mammut?).

Eine zweite Gruppe besteht aus drei Nashörnern, von denen man den vollständigen Körper sieht. Während ein kleineres Nashorn in Richtung der Auerochsen läuft, stehen sich die beiden anderen frontal gegenüber. Die Zeichnungen bestehen ebenfalls aus schwarzen Linien und lassen viele Details erkennen (Ohren, Panzerlinien, kurzer Schwanz). Die runden Hufe sind durch schwarze Flächenfarbe gestaltet, die bei dem kleinen Nashorn auch für den Bauch verwendet wird. Hier teilt ein breiter vertikaler Streifen den Körper in der Mitte. Unter den Nashörnern ist noch der vordere Teil eines kleinen Wisents mit aufrecht stehenden gebogenen Hörnern und einem Haarbüschel auf dem Kopf zu sehen.

Die Gruppe über den Nashörnern besteht aus vier hintereinander gemalten Pferdeköpfen, die nach unten oder nach vorne gerichtet sind. Auch hier wurden Linien und Farbflächen verwendet, mit denen vor allem die blockartigen Mähnen betont sind. Besonders eindrucksvoll gestaltet ist das unterste Pferd mit einem etwas kleineren Kopf und dem halb geöffneten Maul. Weitere einzelne Linien oder Ritzungen lassen sich nicht eindeutig zuordnen.

Interpretation

Die Frage nach Bedeutung und Funktion der Höhlenmalerei lässt sich auch nach über einem Jahrhundert intensiver Forschung nicht endgültig beantworten, da auch die Gesamtkonzeption einer Höhle und die zeitliche Abfolge der Bilder kaum erforscht sind. Aber sie gehörten mit Sicherheit in ein religiös-magisches Umfeld. Die bemalten Teile der Höhlen waren unbewohnt, und die Bilder befanden sich oft in entfernten, schwer zugänglichen Abschnitten. In der Forschung lösten verschiedene Theorien einander ab. Der These, die Bilder seien allein aus künstlerischem Interesse entstanden, wurde bald widersprochen. Man erklärte die Bilder als Zeugnisse einer Jagd- und Fruchtbarkeitsmagie. Der Mensch der Steinzeit sei als Jäger auf die Tierherden angewiesen gewesen. Doch spricht dagegen, dass die wichtigsten Beutetiere wie Rentiere oder Hirsche eher selten dargestellt wurden. Auch Bilder von verwundeten oder erlegten Tieren gibt es nicht oft.

Andere Wissenschaftler interpretieren die Bilder als Beispiele für einen Totemkult. Der Totemismus glaubt an eine enge Verwandtschaft einzelner Menschen oder sozialer Gruppen mit Tieren, Pflanzen oder Gegenständen. Nach dieser Theorie ließen sich die Bilder als totemistischer Ahnenkult deuten.

Keine dieser Theorien hat bisher völlig überzeugt. Die heutige Forschung stellt verstärkt positivistische Ziele in den Mittelpunkt: die graphische Dokumentation, die statistische Erfassung, die Altersbestimmung und vergleichende Studien, auch zwischen Höhlenmalerei und steinzeitlicher Kleinkunst. Außerdem untersucht man die Beziehung einzelner Höhlen zu ihrem Siedlungsumfeld genauer. Von Interesse sind aber auch Überlegungen zu einer weiter gefassten religiösen Bedeutung der Bilder, mit denen die Beziehung zwischen Menschen und Göttern, vielleicht im Sinne eines Schöpfungsmythos, dargestellt werden sollte.

Auch wenn die Forschung keine eindeutige Antwort geben kann, so muss man sich die ausgemalten Höhlen als Orte ritueller Handlungen vorstellen. Dazu waren Fackeln oder Lampen notwendig, um die Höhlen zu betreten und die Bilder sichtbar zu machen. Spuren von Schlägen auf Sintervorhängen oder Stalagmiten und moderne Untersuchungen zur Akustik von Höhlen lassen auf eine klangliche Untermalung solcher Handlungen schließen.

Darüber hinaus sind die Tierbilder in der Grotte Chauvet herausragende Kunstwerke. Schon der eiszeitliche Mensch war in der Lage, die Tierwelt seiner Umgebung sehr genau zu beobachten und sie in lebendigen Bildern festzuhalten.

Die Grotte Chauvet und ihre Bilder

Die Grotte von Chauvet liegt am Rande des Gebietes in Westfrankreich und Nordspanien, in dem zahlreiche Höhlen aus dem Jungpaläolithikum gefunden wurden und zu dem auch Lascaux und Altamira gehören. Sie wurde 1994 von dem Forscherteam Jean-Marie Chauvet, Éliette Brunel Deschamps und Christian Hillaire entdeckt. Die Höhle ist 490 m lang und besitzt eine reichhaltige Bemalung in roter und schwarzer Farbe, bei der einzelne

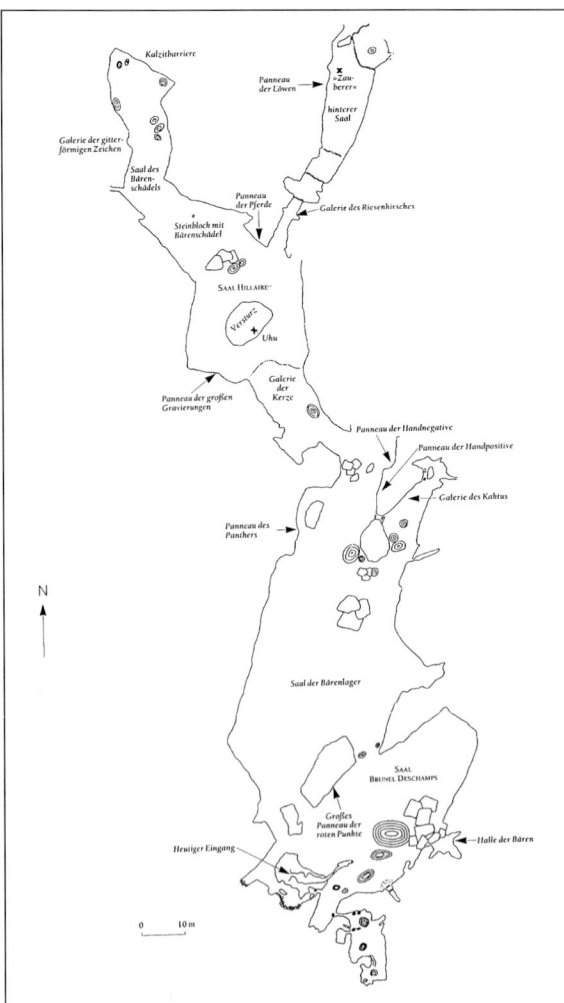

Plan der Grotte Chauvet

ablagerungen an den Höhlenwänden und winzige erosionsbedingte Unterbrechungen der Linien beweisen das hohe Alter. Besonders überraschend war die Altersbestimmung, die an Farbresten mit Hilfe der Radiokarbonmethode durchgeführt wurde. Sie ergab ein Alter von mehr als 30 000 Jahren. Damit hätten die Bilder zur Kulturperiode des Aurignacien (33 000 – 28 000 v. Chr.) gehört und wären die ältesten von Menschen geschaffenen Bilder, die bisher bekannt wurden. Diese Datierung wurde in den letzten Jahren in Frage gestellt (Züchner), denn sie widerspricht einer archäologischen Altersbestimmung, die eine enge Verwandtschaft der Symbole und Bilder in der Grotte Chauvet mit Höhlen und Objekten der Kleinkunst aus dem Magdalénien (ca. 15 000 v. Chr.) nachweisen kann. Eine Entwicklung der Kunst, die sich unabhängig voneinander im Abstand von mehr als 10 000 Jahren zwei Mal sehr ähnlich vollzogen hat, erscheint unwahrscheinlich. Denkbar ist eher, dass bei der Herstellung der Farbe sehr viel ältere Rohstoffe verwendet wurden, z.B. fossiles Holz.

Themen und Technik der Malerei

In der Grotte Chauvet hat man etwa 300 Tierdarstellungen gefunden, während sich die Darstellungen von Menschen hauptsächlich auf Handpositive und -negative beschränkt. Nach der Häufigkeit finden sich: Nashorn 22 %, Löwe 17 %, Mammut 16 %, Pferd 12 % und Wisent 9 %. Diese Zusammenstellung ist ungewöhnlich und fällt aus dem Rahmen der Häufigkeit bei den anderen bisher bekannten Höhlen (Pferd ca. 30 %, Wisent 20 %, Mammut 7 %, Löwe 2 % und Nashorn 1 %).

Vor der Bemalung hat man den Untergrund etwas abgeschabt, um die Farben deutlicher abzuheben. Die Umrisse wurden vorgezeichnet oder eingeritzt und dann mit dem Finger oder einem Pinsel nachgezogen. Farbflächen trug man durch Versprühen mit dem Mund

Wände nach den Themen bezeichnet sind (z.B. Panneau der Löwen, Panneau der Handpositive). In der Höhle hat man zahlreiche Knochenreste gefunden, die vor allem von Höhlenbären stammen. Ein Schädel war auf einem Felsblock deponiert. Spuren einer menschlichen Besiedlung wurden bisher nicht entdeckt.

Die Entdeckung und die Qualität der Bilder war eine wissenschaftliche Sensation, die sehr bald auch Zweifel an der Echtheit der Malereien aufkommen ließ. Inzwischen haben genauere Untersuchungen ergeben, dass die Höhle in der Steinzeit ausgemalt wurde. Kalk-

Steinzeitliche Höhlenmalerei in der Grotte Chauvet

auf, wobei man mit der Hand oder mit Schablonen die Flächen abdeckte, die farblos bleiben sollten. Gelegentlich wurde die so aufgetragene Farbe zusätzlich mit den Fingern verwischt, um Schattierungen zu erreichen. Für Schwarz verwendete man Holzkohle (Wachholder, Kiefer, Eiche), Knochenkohle oder Manganoxyde, für Rot Ocker. Dabei wurde die Farbe durch Speichel angefeuchtet.

Zusätzliches Material

Die ersten akustischen Untersuchungen sind 1988 in der Höhle Le Portel [...] vorgenommen worden. Man registrierte dabei nach Gehör die Lautstärke und die Dauer der Resonanzen von Stimmlauten, die an verschiedenen Stellen der Wände entlang ausgestoßen wurden. Die Wahrnehmung erfolgte nach Gehör und mit der Stimmgabel. „Man schreitet die Galerie entlang und stößt dabei Laute in verschiedenen Tonlagen aus. In einem bestimmten Augenblick und bei einer gewissen Tonhöhe antwortet die Höhle. Man versucht dann, die Tonhöhe genauer zu bestimmen, auf die die Antwort erfolgte; man untersucht, ob es auch andere solche Töne gibt, man erkundet die Lage und Ausrichtung, die das bestmögliche Ergebnis hinsichtlich Lautstärke und Dauer der Resonanz zeitigen, und schließlich versucht man herauszufinden, von woher die Antwort kommt und wohin sie geht... Dann erstellt man eine Resonanzenkarte und vergleicht sie mit der Verteilung der Wandbilder." Die Ergebnisse sind zum Teil überzeugend: 80 % der Bilder befinden sich wirklich an Stellen mit guter Resonanz.

Michael Lorblanchet, S. 209-210; das Zitat stammt aus der Untersuchung von I. Reznikoff und M. Dauvois.

Hinweise für den Unterricht

Nach einem kurzen Hinweis auf den Fundort, vielleicht ergänzt durch eine Schilderung der Entdeckung der Höhle (Chauvet, S. 27-28), beschreiben die Schüler die Tiere und Tiergruppen und die Art der Darstellung (schwarze Farbe, Linien, Flächen). Bei der Bestimmung der Tiere sind eventuell Erklärungen zu Wisent und Auerochse und zur früheren Verbreitung des heute in Ostafrika lebenden Doppelnashorns notwendig. Die Maltechnik kann der Lehrer am Beispiel der Experimente von Lorblanchet (S. 249-266) erklären. Für die Deutung der Bilder und ihrer Funktion können Hypothesen entwickelt werden, bei denen aber auf jeden Fall die religiöse Dimension klar gemacht werden sollte. Am Schluss kann auf das Alter der Bilder und die Probleme einer Datierung hingewiesen werden. Denkbar ist auch eine kreative Umsetzung, die zeichnerisch erfolgt (Herstellung eines eigenen „Höhlenbildes" auf geknittertem Karton).

Literatur

Jean-Marie Chauvet, Éliette Brunel Deschamps und Christian Hillaire, Grotte Chauvet bei Vallon-Pont-d'Arc. Altsteinzeitliche Höhlenkunst im Tal der Ardèche. Mit einem Nachwort von Jean Clottes, hg. und mit einem Vorwort von Gerhard Bosinski, Stuttgart 1995.

Jean Clottes (Hrsg.), La Grotte Chauvet. L'art des origines, Paris 2001.

Michel Lorblanchet, Höhlenmalerei. Ein Handbuch, 2. Auflage, Sigmaringen 2000.

Christian Züchner, Archäologische Datierung – Eine antiquierte Methode zur Altersbestimmung von Felsbildern? In: Quartär Bd. 51/52 (2001), S. 107-114.

*Relief auf der Gesetzesstele des Hammurapi, Babylon, ca. 1750 v. Chr., Diorit, Höhe der *Säule 2,25 m, Höhe des Reliefs 65 cm, heute im Louvre in Paris.*

Die Gesetzesstele des Königs Hammurapi

Beschreibung

Das Relief stellt die Begegnung von zwei Männern dar. Der rechte Mann sitzt auf einem Hocker, auf dem offensichtlich ein Polster liegt. Das Seitenteil des Sitzes ist durch ineinandergeschachtelte Rechtecke verziert. Er ist bekleidet mit einem langen Mantel, der die linke Schulter und den linken Arm bedeckt. Von der Hüfte abwärts besteht dieser aus einzelnen übereinander gelegten Stufen. Die Kopfbedeckung des Mannes setzt sich aus spiralig angeordneten und spitz zulaufenden Rollen zusammen. Der lange Vollbart fällt in vielen kleinen waagrecht angeordneten Löckchen von seiner linken Gesichtshälfte auf die Brust

herab. Seine hintereinander gestellten Füße ruhen auf einer Basis aus einzelnen kleinen Schuppen, die in drei Reihen übereinander angeordnet sind. An Schmuck trägt der Mann einen doppelten Halsring und zwei Armreifen. Von seinen beiden Schultern steigen jeweils drei gewellte Linien auf. Der Blick dieses Mannes ist auf sein Gegenüber gerichtet, dem er den abgewinkelten rechten Arm entgegenstreckt. In der geöffneten Hand hält er einen kurzen Stab und – kaum erkennbar – einen Ring.

Der Mann, dem diese Gegenstände gereicht werden, trägt einen Mantel, der ebenfalls die linke Schulter und den linken Arm bedeckt, einen einfachen Halsring und einen Reif am rechten Arm. Auch sein Bart gleicht dem seines Gegenübers. Seine Kopfbedeckung ist eine runde Kappe mit breiter Krempe. Sein linker Arm ist nach oben abgewinkelt, so dass er sich die offene Hand vor den Mund hält.

Die Gesetzesstele des Königs Hammurapi

Interpretation

Der sitzende Mann, von dessen Schultern Strahlen ausgehen, ist der Sonnengott Schamasch, der auch der Gott des Richtens und der Rechte war. Als Zeichen seiner Göttlichkeit trägt er eine Krone aus Stierhörnern. Sein Fußschemel, eine stilisierte Darstellung von Bergen, symbolisiert die Erde. Der Gott überreicht Hammurapi Stab und Ring als Zeichen der Herrschaft. Dieser nimmt sie mit der Hand vor dem Mund – einer Demutsgeste – entgegen.

Das Bild will zeigen, dass der König seine Macht direkt von einem Gott erhalten hat. Dieser Anspruch gilt damit auch für seine Gesetzessammlung. Sie ist das Werk des Herrschers, der dazu von den Göttern eingesetzt und ermächtigt wurde. Ein Verstoß gegen das Recht ist deshalb ein Verstoß gegen die göttlichen Gebote.

Die Gesetzesstele des Hammurapi

Das Relief ist der obere Teil einer Dioritstele, die in drei Teile zerbrochen war und im Dezember 1901 und Januar 1902 bei Ausgrabungen in Susa entdeckt wurde. Ursprünglich stand sie wahrscheinlich im Sonnentempel in Babylon, von wo aus sie der elamische König Schutruk-Nahunte I. um 1200 v. Chr. als Kriegsbeute mitnahm. Dabei wurde ein kleiner Teil des Textes entfernt, der durch eine – nicht ausgeführte – Beuteinschrift ersetzt werden sollte.

Die *Stele enthält 3500 kurze Zeilen in Keilschrift, die jeweils von oben nach unten zu lesen sind. Der Text ist das umfangreichste Denkmal der altbabylonischen Literatur. Der in hymnischem Stil abgefasste Prolog und Epilog rahmen 282 beispielhafte Rechts- und Urteilssprüche ein, die von König Hammurapi gesammelt und in einer prägnanten Kanzlei-

sprache aufgezeichnet wurden. Sie sind nicht systematisch, sondern thematisch angeordnet und entstammen dem Strafrecht, dem bürgerlichen Recht und dem Handelsrecht.

Die Rechtsprechung unterscheidet drei Klassen von Personen (Freie, Abhängige und Sklaven) und verlangt in den meisten Fällen eine Vergeltung durch eine gleichartige oder gleichwertige Handlung („Talionsrecht"). Trotz der harten Strafen – auf viele Vergehen stand die Todesstrafe – war die Gesetzgebung ein wichtiger Fortschritt. Sie ersetzte die private Vergeltung und Selbstjustiz durch eine staatlich geregelte Rechtsprechung, erlaubte eine Bestrafung nur bei klar erwiesener Schuld und setzte sich ausdrücklich für den Schutz der Schwachen ein.

Der „Codex Hammurapi" ist die älteste umfangreichere Gesetzesaufzeichnung in der Geschichte. Die erhaltene Stele war kein Einzelstück, sondern besaß wahrscheinlich Abschriften in allen größeren Städten. In der äußeren Form orientierte sie sich an den im babylonischen Reiche üblichen Grenzsteinen („Kudurrus"), die zwischen 30 cm und einem Meter hoch waren und neben einer Inschrift auch ein Relief enthielten.

Auch für die Darstellung gibt es ältere und zeitgleiche Parallelen auf Reliefs und Rollsiegeln. Besonders ähnlich ist eine Stele des sumerischen Königs Urnammu von Ur (2047-2030 v. Chr.), die ebenfalls eine Rechtssammlung enthielt und auf der sich der Monarch auf die Götter berief. Das Relief zeigt ihn vor dem Mondgott Nanna, wie er der zwischen ihnen stehenden Pflanze ein Trankopfer spendet. Nanna hält in der linken Hand eine Axt, mit der rechten überreicht er Ring, Stab und Lotleine. Die Bekleidung (Mantel, Hörnerkrone, Kappe) und Haltung entspricht weitgehend der Darstellung auf der Hammurapi-Stele.

Babylon unter König Hammurapi

Hammurapi gehörte der ersten Dynastie der babylonischen Herrscher an und regierte von 1728-1686 v. Chr. Als Stadtfürst von Babylon verfügte er anfangs nur über ein kleines Territorium. Durch geschickte Bündnisse und erfolgreiche Kriege konnte er die umliegenden Kleinstaaten unterwerfen und in sein Reich eingliedern. Dann besiegte er seine bisherigen Bündnispartner Mari und Larsa und nannte sich „König der vier Weltgegenden".

Ausschnitt aus dem Relief auf der Urnammu-Stele, ca. 2050 v. Chr., 3,04 m, Höhe des Bildes 32 cm; Museum of the University of Philadelphia.

Die von ihm vorgenommene Aufzeichnung des Rechts gilt als seine größte Leistung. Gegenüber älteren Gesetzen waren die Strafen oft härter, doch zeigt der Vergleich mit Urkunden, dass das geltende Recht nicht immer dem „Codex Hammurapi" entsprach. Wahrscheinlich ist er als Reformprogramm zu verstehen, das zur Vereinheitlichung der Rechtsprechung in den verschiedenen Teilen des Landes dienen sollte. Das Bemühen um eine größere Rechtssicherheit und um den Schutz der Schwächeren wird auch aus vielen Briefen Hammurapis deutlich.

Zusätzliches Material

Aus dem Prolog und Epilog des „Codex Hammurapi"
Der Prolog zählt vor allem die Leistungen und Erfolge Hammurapis auf, während der Epilog stärker auf die Gesetzesaufzeichnung eingeht.

Prolog
[...] Damals haben mich, Hammurapi, den frommen Fürsten, den Verehrer der Götter, um Gerechtigkeit im Lande sichtbar zu machen, den Bösen und den Schlimmen zu vernichten, den Schwachen vom Starken nicht schädigen zu lassen, dem Sonnengott gleich den ‚Schwarzköpfigen' (den Menschen) aufzugehen und das Land zu erleuchten, Anu (Göttervater, Himmelsgott) und Enlil (Sohn Anus, Gott des Luftraums und der Erde), um für das Wohlergehen der Menschen Sorge zu tragen, mit meinem Namen genannt. [...]. Als Marduk mich beauftragte, die Menschen zu lenken und dem Lande Sitte angedeihen zu lassen, legte ich Recht und Gerechtigkeit in den Mund des Landes und trug Sorge für das Wohlergehen der Menschen. Damals (gab ich folgende Gesetze).

Epilog
(Dies sind) die gerechten Richtersprüche, die Hammurapi, der tüchtige König, festgesetzt hat, (wodurch) er dem Lande feste Sitte und gute Führung angedeihen ließ. [...] Damit der Starke den Schwachen nicht schädigt, um der Waise und der Witwe zu ihrem Recht zu verhelfen, habe ich in Babel [...] meine überaus wertvollen Worte auf (m)eine Stele geschrieben und vor meiner Statue (namens) ‚König der Gerechtigkeit' aufgestellt. Auf Befehl des Sonnengottes, des großen Richters des Himmels und der Erde, möge meine Gerechtigkeit im Lande sichtbar werden, auf das Wort meines Herrn Marduk (Stadtgott von Babylon), mögen meine Aufzeichnungen keinen finden, der sie beseitigt, in Esagil (Haupttempel Marduks in Babylon), das ich liebe, möge mein Name dankbar ewig ausgesprochen werden.
Ein geschädigter Bürger, der eine Rechtssache bekommt, möge vor meine Statue (namens)

„König der Gerechtigkeit" treten, meine beschriftete Stele möge er lesen, meine Stele möge die Rechtssache ihm klären, seinen Richterspruch möge er ersehen, sein Herz möge er aufatmen lassen (und sagen): „Hammurapi, der Herr, der wie ein leiblicher Vater für die Leute da ist, hat auf das Wort seines Herrn Marduk [...] Wohlergehen für die Leute auf ewig erreicht und dem Lande zu seinem Recht verholfen". [...]

In der Zukunft, auf immer möge ein König, der im Lande erstehen wird, die Worte der Gerechtigkeit, die ich auf meine Stele geschrieben habe, beachten, das Recht, das ich dem Lande beschafft habe, die Entscheidung für das Land, die ich gefällt habe, nicht ändern, meine Aufzeichnungen nicht beseitigen. [...] Wenn dieser Mensch auf meine Worte, die ich auf meine Stele geschrieben habe, achtet, meine Gesetzgebung nicht beseitigt, meine Worte nicht verdreht, meine Aufzeichnungen nicht ändert, so mögen diesem Manne wie mir, dem König der Gerechtigkeit, der Sonnengott seinen Stab lang machen, seine Leute möge er in Gerechtigkeit hüten. Wenn dieser Mann auf meine Worte [...] nicht achtet, meine Flüche missachtet, die Götter nicht fürchtet, das Recht, das ich geschafft habe, austilgt, meine Worte verdreht, meine Aufzeichnungen ändert, [...] dieser Mann, sei er König, Fürst, Stadtfürst oder eine beliebige Person – Der große Anu, der Vater der Götter, der mich zur Regierung berufen hat, möge ihm den Glanz des Königtums wegnehmen, sein Zepter zerbrechen, seine Geschicke verfluchen.

Texte aus der Umwelt des Alten Testaments, hg. v. Otto Kaiser, Bd. I: Rechts- und Wirtschaftsurkunden, Historisch-chronologische Texte, Gütersloh 1982-85, S. 40, 44, 75-77.

Hinweise für den Unterricht

Das Relief auf dem „Codex Hammurapi" ist in den meisten Geschichtsbüchern für die Unterstufe abgebildet. Der Lehrer sollte bei einer Beschreibung vor allem die Unterschiede der beiden Personen herausstellen lassen (sitzend-stehend, gebend-empfangend, Krone-Haube, Demutsgeste), woraus sich die göttliche Stellung des Ranghöheren ableiten lässt.

Ein zweiter Schritt kann Auszüge aus dem Prolog und Epilog heranziehen, in denen Ursprung und Absicht der Gesetzesaufzeichnung genannt werden. Der Hinweis auf die göttliche Herkunft von Herrschaft und Recht – hier bietet sich die ältere sumerische Darstellung zum Vergleich an – zeigt die Bedeutung, die der König seiner Stellung und seiner Aufgabe als Gesetzgeber und Richter beimisst. Als Parallele kann der Lehrer auf die Entstehung der Zehn Gebote hinweisen (2. Mose 20).

Eine andere Möglichkeit ist die Würdigung des „Codex Hammurapi" als wichtiger Schritt bei der Entwicklung von Recht und Rechtssicherheit. Neben der Tatsache der Sammlung von Gesetzen, ihrer Kodifizierung und öffentlichen Präsentation lassen sich Beispiele für die Strenge der Gesetze und das Prinzip des Talionsrechtes anführen. Auch hier ergeben sich Parallelen zum Alten Testament und zur Rechtsentwicklung späterer Epochen (z.B. drakonische Gesetze, Zwölf-Tafel-Gesetz).

Literatur

Horst Klengel, Hammurabi und der Alltag Babylons, Zürich 1991.

Wolfgang Röllig, Die Kodifizierung des Rechts – die Stele des Hammurapi, in: Kunst und Kultur Bd. 1: Von der Höhlenkunst zur Pyramide. Vorzeit und Altertum, Leipzig, Mannheim 1997, S. 376-379.

Hartmut Schmökel, Hammurabi von Babylon, Darmstadt 1971.

Erntearbeiten, Ausschnitt aus der Malerei der südöstlichen Wand des Südflügels des 1. Raumes des Grabes des Menna, Theben (TT69), heute: Sheikh Abd el-Gurnah, Regierung Thutmosis IV. (?), XVIII. Dynastie (1420 - 1411 v. Chr.), Größe des Ausschnitts ca. 2,50 m x 0,72 m.

Erntearbeiten aus dem Grab des Menna

Beschreibung

Im unteren *Fries ist von links nach rechts die Getreideernte beschrieben. Obgleich die Malerei beschädigt ist, erkennt man zuerst einen Aufseher, dann die Erntearbeiter mit Sicheln, die das Getreide schneiden. Ein Arbeiter löscht seinen Durst, während eine Ährenleserin ihm zusieht. Im Hintergrund sind Bäume zu sehen. Unter einem der Bäume sitzt eine Frau auf einem Schemel, die ein Gefäß mit Lebensmitteln neben sich gestellt hat. Aus ihrem Kleid hat sie eine Art Tragebinde für ihr Kind gemacht, das ihr in die Haare greifen will. Weiter tragen je zwei Arbeiter in einem großen Korb, den sie mittels einer Tragestange geschultert haben, das Getreide weg. Unter dem einen Korb raufen sich zwei Mädchen, die Ähren lesen. Unter dem Baum, in dem ein Wasserschlauch hängt, ist ein Mann auf einem Schemel sitzend eingeschlafen, neben ihm sitzt

ein Flötenspieler. Ein Aufseher stützt sich auf einen langen Stock, während zwei Arbeiter mit Gabeln das Korn über die Tenne streuen. Im Streifen oben rechts stehen zwei Arbeiter auf den Ährenhaufen und breiten mit ihren Gabeln das Getreide über die Tenne, während ein dritter Mann mit einer Gerte in der Hand ein Ochsengespann herumtreibt. Daneben wird geworfelt, d.h. Arbeiter werfen mit Schaufeln das gedroschene Getreide in die Luft, so dass der Wind die Spreu wegweht und die Weizenkörner zur Erde fallen. Drei kleiner gezeichnete Arbeiter fegen die Körner zusammen. Alle haben wegen der Staubentwicklung die Köpfe mit weißen Tüchern verhüllt. Neben dieser Szene steht unter einer Art Schutzdach oder Laube aus Rohr der groß gezeichnete Menna, der die Erntearbeiten überwacht. Er hält einen Stab in der Linken, daneben stehen Hieroglyphen. Ein Mann bringt ihm in gebückter Haltung zwei längliche Gefäße. Links daneben wird der Ernteertrag gemessen. Vier Arbeiter füllen ihre Messgefäße. Vor ihnen schreiben drei Schreiber die Ergebnisse auf, auf dem Getreidehaufen hinter ihnen sitzt ein Schreiber, der eine Tafel hält und mit seiner

Rechten nach vorne zeigt. Hinter ihm sitzen in zwei Reihen insgesamt vier Schreiber. Am Bildrand oben steht eine Truhe, die zur Aufbewahrung der Papiere dient. Ganz links ragt noch das Vorderteil eines gescheckten Pferdes, das angeschirrt ist, ins Bild.

Für wen wurde das Grab errichtet?

Aus den Inschriften geht hervor, dass Menna der Name des Grabherrn war. Das Grab wurde 1902 entdeckt. Bis heute liegt keine wissenschaftliche Publikation vor, es gibt nur einzelne Aufnahmen und Beschreibungen. Ferner wird darauf verwiesen, dass das Grab viele Beschädigungen durch Besucher aufweist. Der Name des Grabherrn ist in der sonstigen Überlieferung nicht bezeugt. In den Beischriften zu den Malereien wird Menna „Schreiber des Herrn der beiden Länder" genannt. Er beaufsichtigte Feldarbeiten und Katasterbeamten. Seine Frau wird als „Sängerin Amuns" bezeichnet, einer seiner Söhne als Priester, ein anderer als Schreiber der Getreidespeicher des Amun. Zwei seiner Töchter waren wie ihre Mutter „Sängerin des Amun". Zumindest hatten Menna und seine Frau noch eine jüngere Tochter. Menna ist abgesehen von seinem Grab in den zeitgenössischen Dokumenten nicht erwähnt. Die Schreiber waren generell nicht nur Schreiber, sondern Verwaltungsbeamte, die in einer königlichen oder Tempelinstitution ein Ressort gut beherrschten und selbstständig Entscheidungen zu treffen und zu organisieren hatten. Die Schreiber gehörten zur Intelligenz und nahmen in der Gesellschaft höhere, mitunter höchste Positionen ein. Das Grab wurde jedenfalls vor der Amarnaperiode, als der Pharao Echnaton (Amenophis IV.) nur Aton als höchsten Gott anerkannte, fertig gestellt, denn überall wurde der Name Amun in dem Grab getilgt.

Warum wurde ein Grab mit Bildern geschmückt?

Für die religiöse Vorstellungswelt der alten Ägypter war das Leben mit dem Tod nicht zu Ende (vgl. *Totenbuch des Hunefer, S. 28 ff.). Bilder und *Statuen hatten, zumindest soweit sie in den Totenkult einbezogen wurden, eine magisch-religiöse Funktion. Mit dem Bild wird eine bestimmte Realität übertragen bzw. wiederholt und garantiert so die Existenz einer bestimmten Wirklichkeit oder einer Person. Das Urbild lebt in seinem Abbild weiter. Von daher ist verständlich, dass der Tote Wert darauf legte, mit seiner gesellschaftlich angesehenen Tätigkeit, in seiner Machtausübung, aber auch bei seinen Vergnügungen dargestellt zu werden. Sicherlich wurde dabei auch manches geschönt, denn die Aufgabe des Menna bestand nicht nur darin, die Erntearbeiten zu beaufsichtigen und sich Getränke bringen zu lassen. Doch erstrebenswert war das und daher wurde diese Vorstellung im Bild beschworen.

Interpretation

Das Grab besteht aus einem Zugang und zwei größeren Räumen, die ein umgekehrtes Kreuz bilden. Da die Qualität des Kalksteins, in den die Gräber in Theben gehauen wurden, nicht sonderlich gut war, trugen die Künstler, die die Gräber dort ausschmückten, zuerst einen Putz aus Lehm und gehäckseltem Stroh auf, dem ein heller Staub, wie er nach schweren Regenfällen in den Bergen bei Theben gefunden wurde, beigemischt wurde. Erst dann wurde der helle Untergrund aufgetragen. Es handelt sich nicht um *Fresken, sondern um Malerei. Da sich an einigen Stellen Spuren von Zeichnungen unter dem Untergrund finden lassen, nimmt man an, dass dieses Grab schon früher benutzt wurde. Häufig wurden in den Gräbern die landwirtschaftlichen Arbeiten dargestellt und zwar in der Reihenfolge von unten noch oben. Das ist angesichts der Bedeutung der Landwirtschaft auch für die frühen Hochkulturen nicht verwunderlich. Der griechische Geschichtsschreiber Herodot nannte Ägypten ein „Geschenk des Nils". Die Fruchtbarkeit des Landes hing von den Ablagerungen des schwarzen Nilschlamms während der Überschwemmungen des Flusses ab. Denn der Nilschlamm enthält alle wichtigen Stoffe, die man dem Land sonst durch Düngen hätte zusetzen müssen. Die Nilschwemme geht auf die Monsunregen zurück, die im äthiopischen Hochland fallen, wo der Blaue Nil entspringt, in geringerem Maße aber auch in der Umgebung des Victoriasees, wo der Weiße Nil entspringt. Die heftigen Regenfälle und die dadurch reißenden Wassermassen des Flusses führen fruchtbaren Boden mit sich, den der Nil dann in seinem ruhigeren Unterlauf als Schlamm auf den Feldern ablagert.

Der Maler des Menna-Grabes gehört nach Meinung der Wissenschaftler nicht zu den ganz großen Künstlern, aber seine Malerei zeichnet sich durch eine ausgezeichnete Beobachtungsgabe und auch durch Humor aus. So fügt er kleine Szenen den Erntearbeiten hinzu wie z.B. die Mutter mit Kind unter einem Baum, der Schläfer und der Flötenspieler oder die beiden Ährenleserinnen, die sich im Wortsinn in den Haaren liegen. Selbstverständlich musste der Ertrag sorgfältig von den Schreibern aufgezeichnet werden, doch die Darstellung von vier Arbeitern und acht Schreibern dürfte eine humorvolle Übertreibung sein, sofern man nicht Parkinsons Gesetz bemühen will.

Zusätzliches Material

Freilich ernten die Ägypter [im Land von Memphis] den Ertrag ihres Bodens heute recht mühelos wie kaum andere Menschen und die übrigen Ägypter. Sie haben es nicht nötig, mühevoll mit dem Pfluge Furchen zu ziehen, den Boden zu hacken oder sonst Feldarbeiten zu tun, womit sich andere auf dem Acker plagen. Der Strom kommt von selbst, bewässert die Äcker und fließt dann wieder ab. Dann besät jeder seinen Acker und treibt Schweine darauf. Wenn er die Tiere die Saat hat festtreten lassen, wartet er ruhig die Ernte ab, drischt das Korn mit Hilfe der Schweine aus und fährt heim.

So beschreibt Herodot in seinen Historien (II 14) das angeblich beneidenswert leichte Leben der ägyptischen Bauern in dem Gebiet, das vom Nil überschwemmt wurde. Vermutlich lernte er das Land in einer Zeit ausreichender Nilschwemme kennen. Außerdem kannten die Ägypter den leichten Pflug, der von Rindern gezogen wurde.
Ganz anders dagegen wird die Arbeit des Bauern in der Ermahnung des Schreibers Cheti zu Beginn der 12. Dynastie beurteilt, die er an seinen Sohn Pepi richtet. Dieser hatte seine Heimatstadt verlassen, um auf der staatlichen Schreiberschule in der Residenz den Schreiberberuf zu erlernen:

Der Bauer ist allzeit am Klagen, seine Stimme ist heiser wie das Krächzen eines Raben. Seine Finger und Arme schwären und stinken fürchterlich. Er ist müde vom Stehen im Schlamm, seine Kleider sind Lumpen und Fetzen. Ihm geht es so gut wie einem, der von Löwen umzingelt ist; krank legt er sich auf den sumpfigen Boden. Wenn er abends vom Feld nach Hause kommt, ist er vom Fußmarsch erschöpft. (Caminos, S.34 f.)

Diese Schilderung ist sicher ebenso einseitig wie das Urteil bei Herodot, schließlich verließ Pepi sicher nicht gerne seine Familie, um sich in der fernen Stadt dem mühseligen Lernen zu unterziehen. Außerdem sind eine Reihe von Texten überliefert, die im Neuen Reich bei der Ausbildung der Schreiber verwendet wurden. Diese schildern immer wieder die Vorteile des Schreiberberufs und die Nöte und Sorgen anderer Berufgruppen. So wird betont, die Arbeit des Bauern sei harte Arbeit,

Erntearbeiten aus dem Grab des Menna

Ungeziefer vernichte die Ernte, die Gespanne blieben im Schlamm stecken und verendeten vor Erschöpfung, die Steuern würden aber dennoch unerbittlich eingezogen. Obgleich solche Übungstexte eindeutig tendenziös sind, waren sie sicher nicht völlig realitätsfern.

Hinweise für den Unterricht

Wegen der vielen Details aus dem täglichen Leben der Bauern im alten Ägypten auf dieser Wandmalerei aus dem Grabe des Menna soll den Schülern Gelegenheit zur genauen Betrachtung und zu Entdeckungen gegeben werden. Die unterschiedliche Bewertung der bäuerlichen Arbeit in den beiden beigefügten Textquellen könnte vom Lehrer auch als Grundlage für eine Erzählung genommen werden, in der das „opponierende Erzählen" im Sinne Rolf Schörkens zum Tragen kommt. Die vielen abgebildeten Figuren und Szenen bieten an, dass sich die Schüler eine Figur auswählen und schildern, was sie auf diese Figur projizieren bzw. wie sie sich damit identifizieren (gestaltpädagogischer Ansatz von Peter Knoch).

Literatur

Ägyptische Malerei, Text von Arpag Mekhitarian, Aufnahmen von Claudio Emmer, Tübingen 1988.

Ricardo A. Caminos, Der Bauer, in: Sergio Donadoni (Hrsg.), Der Mensch des Alten Ägypten, Frankfurt am Main 1997, S. 18 – 49.

Menna. Cheikh Abd El-Gourna No 69. Textes: Sydney Aufrère, Photographies: Jacques Livet, Paris o.J.

Eugen Strouhal, Ägypten zur Pharaonenzeit. Alltag und gesellschaftliches Leben, Tübingen - Berlin 1994.

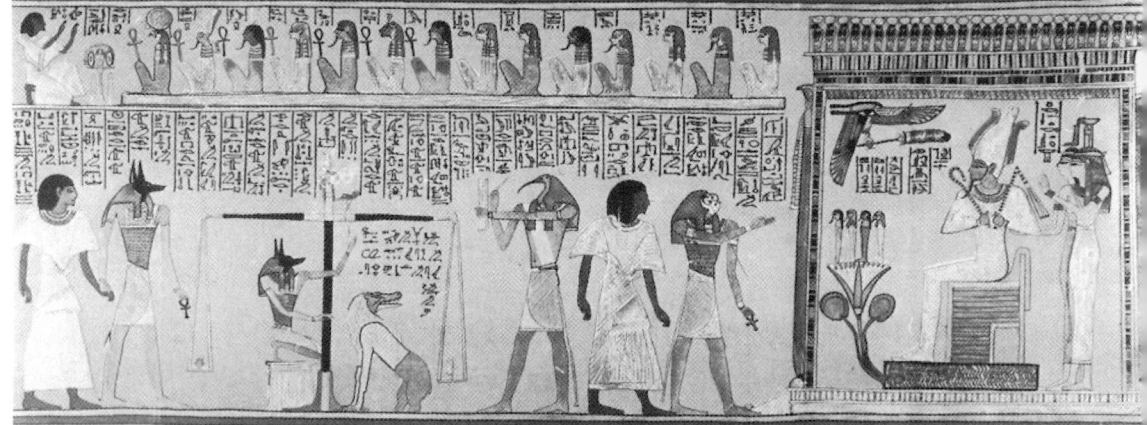

Totengericht aus dem Totenbuch des Hunefer, um 1285 v. Chr., Papyrus, H. 39,5 cm, Länge des Ausschnitts ca. 86,5 cm, Aufbewahrungsort: Britisches Museum London (pBM 9901).

Totengericht
*Vignette aus dem
*Totenbuch des Hunefer

Beschreibung

Die Abbildung gliedert sich in drei unterschiedliche Zonen. Oben verläuft von links nach rechts eine friesartige Darstellung mit Figuren, unten von links nach rechts eine Szene, die von einer Waage in der Mitte dominiert wird, rechts nimmt ein Gebäude die gesamte Höhe des Bildes ein. Links oben im *Fries kniet ein Mann in einem weißen Gewand mit dunklen Haaren, die Arme bittend erhoben. Das Gewand ist so fein, dass die Umrisse durchscheinen. Vor ihm steht ein kleiner Tisch mit Gaben. Die Tischplatte ist nicht perspektivisch wiedergegeben. Auf einem weißen Podest sitzen 14 unterschiedlich gekleidete Figuren, die zum Teil einen Bart tragen. Zwei von ihnen haben einen Tierkopf. Auf den angezogenen Knien der ersten sieben steht ein Kreuz, dessen oberer Teil zu einer Schlinge geformt ist. Arme sind keine zu sehen. Über den Figuren, auch über dem Tisch, sind Hieroglyphen.

In der unteren Szene, die mehr Raum einnimmt, wird der weiß gekleidete Mann von einer Figur mit Menschenkörper, aber mit dem Kopf eines Schakals an der Hand geführt. In der Linken hält die Figur ein Schlingenkreuz. Viel Raum nimmt eine Standwaage ein. Das obere Ende des Ständers endet in einem federgeschmückten Frauenkopf. Unterhalb ist ein Haken angebracht, an dem verbunden mit einer Art Schleife der Waagbalken aufgehängt ist und zugleich der Zeiger und das Lot angebracht sind. Auf der linken Waagschale liegt ein Gegenstand, der wie ein kleines Gefäß aussieht, auf der rechten eine Feder. Unterhalb des Waagbalkens kniet links auf einem weißen Hocker der schakalköpfige Führer. Er berührt mit der einen Hand das Lot und den Zeiger. Rechts unter der Waage sitzt ein merkwürdig geformtes Tier, seine Schnauze ähnelt einem Krokodil, es hat aber eine Löwenmähne und sein Hinterteil mit den Hinterfüßen ist äußerst plump. Rechts neben der Waage steht eine Figur, die einen Vogelkopf mit langem gekrümmtem Schnabel hat. Sie blickt zur Waage und schreibt das auf, was der Wiegemeister wohl angibt. Hinter ihm schreitet der weiß gekleidete Mann nach rechts, eine falkenköpfige Person weist mit der Rechten auf das Gebäude, in der Linken hält sie das Schleifenkreuz. Über der Szene und unter dem rechten Waagbalken sind Hieroglyphen zu sehen.

Totengericht – Vignette aus dem Totenbuch des Hunefer

Das Gebäude ist dem Betrachter gegenüber offen, sein Dach und die Seitenwände sind verziert, vor ihnen stehen Halbsäulen. Auf einem Thron sitzt ein weiß gekleideter Mann mit hohem Hut und Bart. In den Händen hält er einen Krummstab und eine Peitsche. Hinter ihm stehen zwei Frauengestalten. Der Thron steht auf einem lang gestreckten Rechteck, das eine Binnenzeichnung enthält. Aus diesem Rechteck wächst eine Lotusblüte empor, auf der vier Figuren stehen. Darüber schwebt ein geflügeltes Auge, das in seinen Klauen einen Wedel hält. Auch in dieser Szene sind Hieroglyphen zu sehen.

Die Totenbücher

Es handelt sich um die Darstellung eines Totengerichts. Bereits seit der 5. Dynastie (um 2465 - 2325) findet sich die Vorstellung, der Verstorbene werde vor ein jenseitiges Gericht gestellt, vor dem ohne Rücksicht auf Stand und Vermögen jedermann danach beurteilt werde, wieweit er zu Lebzeiten den ethischen Normen entsprochen hat. Besonders von der 18. bis zur 21. Dynastie, aber auch noch später finden sich Totenbücher, die dem Verstorbenen mitgegeben wurden. Dabei handelt es sich um Sprüche und Illustrationen (sog. Vignetten) auf Papyrusrollen. Der Ägyptologe C. R. Lepsius hat 1842 die Sprüchesammlung, die ihm im sog. Turiner Papyrus vorlag, veröffentlicht und so benannt. Vorläufer der Totenbücher finden sich bereits in Pyramidentexten des Alten und in Sargtexten des Mittleren Reiches. Die hier abgebildete Vignette stammt aus dem Totenbuch des Hunefer, der unter Sethos I. (1292 - 1279 v. Chr.) und wohl noch unter Ramses II. (1279 - 1213 v. Chr.) „Königlicher Schreiber" war. Die genauen Lebensdaten des Hunefer sind nicht bekannt. Weitere Titel wie „Schreiber des Gottesopfers", „Vermögensverwalter des Königs, des Herrn beider Länder Men-Maat-Re" sowie „Vorsteher der königlichen Rinder" weisen ihn als hohen Beamten aus.

Interpretation

Der verstorbene Hunefer kniet vor einem Göttergremium, der sog. Neunheit, das als Gerichtskollegium fungiert, sowie fünf weiteren Gottheiten. Mit dem Gabentisch will der Verstorbene die Richtergottheiten günstig stimmen. Aus den Abbildungen mit den Beischriften ergibt sich, um welche Gottheit es sich jeweils handelt. Angeführt wird die Neunheit von dem falkenköpfigen Re, der auf dem Haupt die von der Uräusschlange umringelte Sonnenscheibe trägt. Dann folgt Atum mit der Doppelkrone, der Schöpfergott von Heliopolis, darauf sein Sohn Schu, Gott der Luft und des leeren Raumes mit seiner Gemahlin Tefnut. Es schließen sich ihre Kinder Geb (Erdgott) und Nut (Himmelsgöttin) an, ferner deren Kinder Isis und Nephthys, gefolgt von Horus. Anschließend sind noch Hu und Sia als wirkende Schöpferkräfte abgebildet sowie die Personifikationen der südlichen, nördlichen und westlichen Wege. In anderen Vignetten ist die Neunheit auch anders zusammengesetzt, außerdem kann das Richterkollegium auch aus 42 Gottheiten bestehen. Das Schleifenkreuz, das die ersten sieben Gottheiten auf den Knien halten, ist das Zeichen für Leben (Anch). Es soll zeigen, dass diese Gottheiten dem Verstorbenen günstig gestimmt sind. In der zweiten Szene wird Hunefer von dem schakalköpfigen Anubis zur Waage geleitet. Anubis ist für das Bestattungswesen zuständig und verschafft so dem Verstorbenen die Voraussetzung für die Weiterexistenz und damit für die Ewigkeit. Auf der linken Waagschale liegt das Herz, das gegen die Feder der Maat aufgewogen wird. Das Herz galt als Sitz der Vernunft, des Verstandes und des Gedächtnisses, aber auch der Gefühle und der Charaktereigenschaften. Die Feder ist das Zeichen der Göttin Maat. Maat ist ein vielschichtiger Begriff, der am ehesten als Prinzip der Gerechtigkeit und der Ordnung wiedergegeben werden kann. Der Frauenkopf mit der

Feder auf dem Kopf am oberen Ende des Ständers der Waage verkörpert die Göttin Maat. Anubis fungiert als Wiegemeister. Bei der Tiergestalt handelt es sich um die „Totenfresserin", ein Mischwesen aus Krokodil, Löwe und Nilpferd, das darauf wartet, den Verstorbenen zu verschlingen. Der ibisköpfige Thot schreibt das Ergebnis auf. Im Anschluss an die Wägeszene wird Hunefer von dem falkenköpfigen Horus zu dem Baldachin oder Gebäude, das einen Tempel darstellt, geleitet. Das Lebenszeichen in der linken Hand deutet darauf hin, dass Hunefer die Prüfung bestanden hat. In dem Tempel sitzt Osiris in Mumiengestalt auf dem Thron. Er erscheint als Richter im Jenseits, während der Sonnengott, der die Neunheit anführt, vorwiegend als Richter im Diesseits fungiert. Osiris ist mit der von zwei Straußenfedern flankierten Krone, Zepter und Geißel als Herrscher des Jenseits gekennzeichnet. Das mit Geierschwingen versehene Udjatauge weist „auf die erhoffte Unversehrtheit des Toten" (Hornung). Hinter Osiris stehen seine Schwestern Isis und Nephthys. Auf dem Kopf tragen sie jeweils die Hieroglyphe, die zur Schreibung ihres Namens dient. Mit diesen Hieroglyphen lassen sich die beiden auch unter den 14 Göttern ausmachen. Unter dem Thron ist eine Wasserfläche zu sehen, aus der eine Lotusblüte hervor wächst, auf der die vier Horussöhne zu sehen sind. Ihre Darstellung versinnbildlicht die Hoffnung auf eine Neugeburt, denn der Sonnengott soll auf einer Lotusblüte, die aus dem Urgewässer auftauchte, geboren sein. Die Horussöhne verkörpern in diesem Zusammenhang die Schutzgötter des Verstorbenen.

Aus dem Totenbuch

Nicht immer sind die Vignetten in den Totenbüchern an der Textstelle, wo sie hingehören. Inhaltlich gehört das sog. negative Sünden-

bekenntnis, das der Verstorbene vor den Totenrichtern ablegt, zu der Darstellung des Totengerichts:

Ich habe kein Unrecht gegen Menschen begangen,
und ich habe keine Tiere mißhandelt.
Ich habe nichts „Krummes" an Stelle von Recht getan.
Ich kenne nicht, was es nicht gibt,
und ich habe nichts Böses [...] (getan).

Ich habe nicht am Beginn jedes Tages die vorgeschriebene Arbeitsleistung erhöht,
mein Name gelangte nicht vor den „Leiter der Barke" (Sonnengott?).
Ich habe keinen Gott beleidigt.
Ich habe kein Waisenkind an seinem Eigentum geschädigt.
Ich habe nicht getan, was die Götter verabscheuen.
Ich habe keinen Diener bei seinem Vorgesetzten verleumdet.

Ich habe nicht Schmerz zugefügt und (niemand) hungern lassen,
ich habe keine Tränen verursacht.
Ich habe nicht getötet,
und ich habe (auch) nicht zu töten befohlen;
niemandem habe ich ein Leid angetan.

Ich habe die Opferspeisen in den Tempeln nicht vermindert
und die Götterbrote nicht angetastet;
ich habe die Opferkuchen der Verklärten (Toten) nicht fortgenommen.
...
Ich habe am Hohlmaß nichts hinzugefügt und nichts vermindert,
ich habe das Flächenmaß (Arure) nicht geschmälert
und am Ackerland nichts verändert.
Ich habe zu den Gewichten der Handwaage nichts hinzugefügt
und das Lot der Standwaage nicht verschoben.

Totengericht – Vignette aus dem Totenbuch des Hunefer

Ich habe die Milch nicht vom Mund des Säuglings fortgenommen,

ich habe das Vieh nicht von seiner Weide verdrängt.

Ich habe keine Vögel aus dem Sumpfdickicht der Götter gefangen

und keine Fische aus ihren Lagunen.

Ich habe das (Überschwemmungs)wasser nicht zurückgehalten in seiner Jahreszeit,

ich habe dem fließenden Wasser keinen Damm entgegengestellt,

und ich habe das Feuer nicht ausgelöscht, wenn es brennen sollte.

...

Ich bin rein, ich bin rein, ich bin rein, ich bin rein!

... Nichts Böses kann mir zustoßen in diesem Lande,

in der Halle der Vollständigen Wahrheit,

denn ich kenne die Namen dieser Götter, die in ihr sind.

Aus: Spruch 125, in der Übersetzung von Erik Hornung 1979.

Die altägyptischen Götter

Die Götter der Ägypter werden häufig als Tiere oder als menschengestaltige Wesen mit Tierkopf dargestellt. Das ist befremdend und stieß bereits bei Griechen und Römern auf Ablehnung. Religionswissenschaftler haben verschiedene Theorien aufgestellt, z.B. ursprünglich seien alle Götter in Tierform dargestellt worden, später hätten sie teilweise menschliche Gestalt angenommen. Doch sind unterschiedliche Darstellungsweisen nicht an eine zeitliche Reihenfolge gebunden. So kann Thot, der u.a. als Herr der Weisheit, insbesondere der Gesetze und der heiligen Schriften gilt, noch in ptolemäischer und römischer Zeit als Ibis, als ibisköpfiger Mensch oder als Pavian dargestellt werden. Ein anderer Erklärungsversuch verweist auf die „Macht", die Mensch und Tier, aber auch Pflanze und Gegenstand von innen heraus den Rang einer Gottheit geben kann. Besonders Pflanzen und Gegenstände werden eher als Attribut einer Gottheit gesehen. Aber in den mischgestaltigen Götterdarstellungen offenbart sich ein Sowohl-als-auch, eine Ambivalenz göttlicher Möglichkeiten.

Hinweise für den Unterricht

Es empfiehlt sich mit den Schülern nicht allein die bildliche Darstellung zu besprechen, sondern ihnen auch in Auszügen das „Sündenbekenntnis" vorzulegen. In größeren Städten gibt es in der Regel gute Schreibwarengeschäfte, die Papyrus billig anbieten bzw. bestellen. Ist das gegeben, bietet es sich an, den Schülern evt. in Verbindung mit dem Kunstunterricht Gelegenheit zu geben, mit Rohrfeder oder Gänsekiel Hieroglyphen nachzuzeichnen und mit dem Pinsel nach der Vorlage malen zu lassen.

Literatur

Christine Beinlich-Seeber, Untersuchungen zur Darstellung des Totengerichts im Alten Ägypten, (Münchner Ägyptologische Studien H. 35), München 1976.

Siegfried Morenz, Ägyptische Religion, Stuttgart 1960.

Das Totenbuch der Ägypter, eingeleitet, übersetzt u. erläutert von Erik Hornung, Düsseldorf [2]*2000.*

Elmar Wagener, An der Schranke zur Ewigkeit. Das Totengericht des Schreibers Hunefer, in: Praxis Geschichte H. 4, 1995, S. 27 - 30.

Rekonstruktionszeichnung der oberen Zone des späten protokorinthischen Weinkruges (Olpe), der unter dem Namen Chigi-Kanne bekannt ist, um 640 v. Chr.; H. des Kruges: 26,2 cm; Aufbewahrungsort: Villa Giulia, Rom (Inv. Nr. 22679). Zeichnung von Peter Conolly. Da die Bemalung der Kanne nicht sonderlich gut erhalten ist, wird die zuverlässige Rekonstruktionszeichnung von Peter Connolly zugrunde gelegt.

Hoplitenphalanx auf der Chigi-Kanne

Beschreibung

Links legt ein bewaffneter Soldat noch die linke Beinschiene an, den Rundschild hat er griffbereit neben sich gestellt, ebenfalls zwei Speere, bei denen die Wurfschlingen zu sehen sind. Vor ihm setzt ein anderer Soldat den Helm auf, auch sein Schild und zwei Speere mit Wurfschlingen stehen bereit. Neun bewaffnete Soldaten mit Schild in der Linken und einem Speer in der Rechten laufen nach rechts. Acht Speere ragen in den dunklen Streifen über der Schlachtszene. Vor ihnen schreitet ein kleinerer dunkelhaariger Mann mit dunklem kurzen Chiton bekleidet, der die Doppelflöte bläst, die mit einem Riemen um seinen Kopf befestigt ist. Ein Beutel, wohl für sein Instrument, hängt an seinem Arm. In geringem Abstand vor ihm werden vier Soldaten gleich auf den Feind treffen. Sie haben die Speere bereits zum Stoß erhoben. Allerdings sind fünf Beinpaare gezeichnet. Vier Speere ragen noch nach oben. Von rechts treffen fünf Soldaten auf die vier von links. Auch sie haben die Speere zum Stoß erhoben, auch hier ragen vier Speere nach oben. Ihnen folgen in geringem Abstand sieben weitere Soldaten. Auf der Außenseite ihrer Schilde sieht man die Bemalung wie Raubvögel, Stierköpfe, brüllende Löwenköpfe, einen Eber sowie ein Medusenhaupt. In dem dunklen Streifen sind zwischen den Speerspitzen noch blütenförmige Verzierungen angebracht.

Der Hoplitenkampf

Die Szene, die den Aufmarsch zur Schlacht und den Augenblick des Aufeinandertreffens der Heere zeigt, ist nur 5,2 cm hoch. Durch den Henkel wird die Darstellung unterbrochen. Man hat diese Szene immer als die früheste Darstellung eines Hoplitenkampfes bezeichnet. Allerdings hat der Zeichner die Ausrüstung der Hopliten nicht naturgetreu abgebildet. Wohl seit dem 7. Jahrhundert v. Chr. veränderte sich in Griechenland die Kampfesweise. Wie lange sich die Entwicklung zur Ausrüstung und zur Kampfesweise der Hopliten hinzog, ist nicht bekannt. Jedenfalls war ein Hoplit mit bronzenem Brustpanzer, der ursprünglich auch aus mehreren Leinenschichten bestehen konnte, mit Beinschienen und Helm bekleidet. Ein Rundschild, der mit dem angewinkelten Arm getragen wurde, schützte ihn (und die rechte Seite seines Nachbarn) gut. Er trug wohl zwei Speere, einen zum Werfen und einen zum Stoßen, mit sich, darüber hinaus noch ein Schwert. Die geschlossene Linie und tief gestaffelte Phalanx der Schwerbewaffneten (Hopliten) erwies sich als äußerst effektiv.

Interpretation

Bei der Ausrüstung der Hopliten fällt das fehlende Schwert auf. Der Maler zeigt, dass die Hopliten, die von links kommen, offenbar überrascht wurden: Zwei legen noch die Rüstung an, die Neun vor ihnen laufen trotz der Rüstung und der Waffen. Es fällt auf, dass zwei der Hopliten unterhalb des Brustpanzers nackt sind. Vermutlich will der Maler unterstreichen, dass sie vom Nahen der feindlichen Phalanx überrascht wurden. Die Anwesenheit des Flötenspielers ist keine Erfindung. So berichtet Thukydides, der Historiker des Peloponnesischen Krieges, die Spartaner rückten unter dem Spiel vieler Oboen vor, „nicht der Götter wegen, sondern damit sie gleichmäßig im Takt marschierend an den Feind kämen ..." (5, 70). Die Speere der Soldaten, die noch dabei sind, ihre Rüstung anzulegen, zeigen deutlich die Schlinge, mit der der Speer geschleudert wurde; damit flog er weiter und behielt seine Richtung (vgl. S. XX). Dem Maler ist es hervorragend gelungen, bildnerische Tiefe zu suggerieren. Dazu tragen die sich überlappenden Schilde, aber auch das überzählige Beinpaar bei.

Ursprung der Kanne

Die Kanne stammt aus einem monumentalen Grab von Monte Aguzzo. Es handelt sich um ein Kammergrab mit einem 5 m langen

Fotographie der Chigi-Kanne.

Hoplitenphalanx auf der Chigi-Kanne

Zugang (dromos), zwei seitlichen Grabkammern und einer zentralen Grabkammer (7,4 m lang, 2,22 m breit). Die Kanne war in der zentralen Grabkammer niedergelegt. Das Grab wurde gegen Ende des 7. vorchristlichen Jahrhunderts, wohl um 630 erbaut. Die Kanne wurde in Korinth gefertigt, bemalt und nach Etrurien exportiert. Man vermutet, dass der Etrusker, für den die Kanne bestimmt war, damit seinen guten Geschmack unter Beweis stellen oder dem Griechentum nacheifern wollte. Die Kanne wurde nach dem Besitzer des Geländes, dem Fürsten Chigi, benannt.

Nach Ton und Farbe wurde die Kanne in Korinth hergestellt. Aufgrund der Schrift, die den Personen des Parisurteils unterhalb des Henkels beigegeben wird, wird vermutet, dass der Maler nicht aus Korinth, sondern aus Ägina oder Syrakus stammte. Jedenfalls gibt es eine Reihe von Gefäßen, die dem sog. Chigi- oder MacMillan-Maler, zugeschrieben werden.

Die Hoplitenphalanx im Kontext der Chigi-Kanne

Die Darstellung der Hopliten-Phalanx ist nicht die einzige figürliche Szene auf der Chigi-Kanne. Üblicherweise wurden diese nicht in einen Zusammenhang gebracht. Der Archäologe Jeffrey M. Hurwit hat kürzlich eine interessante Deutung vorgelegt, die lediglich in ihrer Hauptthese vorgestellt werden kann: Der unterste Fries zeigt kurzhaarige nackte Jäger mit Hunden bei der Jagd auf Hasen und eine Füchsin, was auf Heranwachsende verweist. Die Reiter und Wagenlenker, Löwenjäger und dazu die mythologische Szene des Parisurteils im zweiten Fries zielen auf jugendliche Erwachsene, während es sich bei den Schwerbewaffneten des dritten Frieses um Erwachsene handelt. Deshalb verweist Hurwit auf die Erziehung der Jugendlichen, die darauf abzielt, sie in die Gesellschaft zu integrieren.

Veränderungen in Kampftechnik und Gesellschaft

In den homerischen Epen steht der Einzelkampf der adeligen Krieger im Vordergrund, auch wenn sie bereits von einer größeren Zahl von Fußtruppen unterstützt werden. Seit etwa 700 v. Chr. kommt der runde Hoplitenschild auf, der taktische Neuerungen erlaubt. Sicher ist mit einer längeren Zeit des Experimentierens mit der neuen Taktik zu rechnen, die von jedem Krieger ein erhebliches Maß an Disziplin verlangte, weil anders der Zusammenhalt der Schlachtreihe nicht gewahrt werden konnte. Im Kriegsfall konnten jedoch die Ländereien einer Gemeinschaft besser geschützt werden. Dazu kam, dass gesellschaftliche Unterschiede in der Hoplitenphalanx nicht zum Tragen kamen, da Aristokraten und nichtadelige Landbesitzer als Kämpfer in der Phalanx die gleiche Funktion hatten. Das konnte durchaus Auswirkungen auf den politischen Bereich haben, aber in den zahlreichen griechischen Gemeinwesen verlief die Entwicklung nicht nach einheitlichem Muster.

Zur Herstellung der griechischen Vasen

Die Gefäße wurden in Griechenland aus sorgfältig geschlämmtem Ton auf der Töpferscheibe geformt. Die sich schnell drehende Töpferscheibe ist seit dem 2. Jahrtausend v. Chr. in Griechenland nachzuweisen. Wenn die Gefäße lederhart getrocknet waren, wurden sie auf der Töpferscheibe nachgearbeitet: Überflüssiger Ton wurde entfernt, die Profile wurden scharf herausgearbeitet, Henkel angebracht.

Der schwarzfigurige Stil

Um 700 v. Chr. wurde die schwarzfigurige Technik der *Vasenmalerei in Korinth entwickelt. Das unbemalte Gefäß wurde zuerst poliert, um die Farbe des Tons zu steigern. Darauf wurden Figuren in Glanzton aufgetragen. Dieser bestand aus besonders fein geschlämmten Ton, manchmal mit Pottasche angereichert. Details des Gesichts, der Haare oder der Tracht wurden durch Ritzlinien gestaltet. Deckfarben wie rot oder weiß konnten zur Differenzierung aufgetragen werden. Durch das Brennen wurden die mit Glanzton bemalten Stellen schwarz, der unbemalte Ton je nach Beschaffenheit hell oder rötlich. Gegen 630 v. Chr. begannen die Vasenmaler in Athen, die schwarzfigurige Technik zu verwenden und entwickelten sie dann zur Vollendung.

Der rotfigurige Stil

Um 530/20 v. Chr. wurde in Attika der sog. rotfigurige Stil erfunden. In Umkehrung der Technik wurde jetzt das gesamte Gefäß mit Glanzton überzogen, die Figuren wurden ausgespart. Zuerst wurde mit einer dicken Umrisslinie die jeweilige Figur von dem Bildgrund ausgespart. Straffe dünne Glanztonlinien übernahmen die Funktion der Ritzlinien. Der Grund außerhalb der Figuren wurde mit Glanzton übermalt.

Hinweise für den Unterricht

Die Darstellung der Hoplitenphalanx vermittelt einen ausgezeichneten Einblick in diese Kampftechnik, bei der es im Unterschied zu dem Einzelkämpfer in homerischer Zeit auf jeden Kämpfer ankommt. Es ist sinnvoll, diese neue Taktik im Hinblick auf mögliche, nicht zwingende Auswirkungen auf die Gesellschaft zu thematisieren. In einem Rollenspiel kann die Forderung der nichtadeligen Landbesitzer nach mehr politischer Mitbestimmung mit Hinweis auf die Phalanx und die Leistung aller

Beteiligten gegenüber den Aristokraten, die weiterhin alleine die Politik bestimmen wollen, thematisiert werden. In diesem Zusammenhang bietet es sich an, dass der Lehrer die Interpretation des Bildprogramms der Chigi-Kanne von Hurwit vorstellt. Die Technik der schwarz- bzw. rotfigurigen Vasenmalerei kann auch bei der Bildbetrachtung der Frauentätigkeiten oder der olympischen Spiele besprochen werden.

Literatur

Jeffery M. Hurwit, Reading the Chigi-Vase, in: Hesperia 71, 2002, S. 1 - 22.

Anthony M. Snodgrass, Wehr und Waffen im antiken Griechenland, Mainz 1984.

Joseph Veach Noble, The Techniques of Painted Attic Pottery, revised Edition, London 1988.

*Frauen bei der Wollverarbeitung. *Schwarzfiguriger Lekythos des Malers Amasis, um 550 v. Chr., H. 17,2 cm, Aufbewahrungsort: Metropolitan Museum New York.*

Frauentätigkeiten in Athen

Beschreibung

Von links sitzt eine Frau auf einem Stuhl. Während sie mit der Linken die grob gerollten Wollflocken hält, zieht sie mit der Rechten die Wolle aus, wobei sie den Strang zugleich dreht. Das Vorgespinst fällt in den Korb. Auch die zweite und die sechste Frau stellen, allerdings im Stehen, das Vorgespinst her. Die fünfte Frau ist mit dem eigentlichen Spinnen beschäftigt, was durch die Spindel deutlich wird. Dazwischen legen zwei Frauen die gewobenen Stoffe zusammen. Diese legen sie auf einen Schemel. An einem großen vertikalen Webstuhl sind zwei Frauen mit Weben beschäftigt. Die Webgewichte sind deutlich zu erkennen.

Daneben wiegen zwei Frauen die Knäuel auf einer Wage. Eine stehende Frau rechts davon scheint sich nach Ausweis ihrer Gestik mit den Frauen beim Wiegen zu unterhalten.

Interpretation

Die verschiedenen Vorgänge der Wollverarbeitung sind nicht in der zeitlichen Reihenfolge dargestellt, doch es fehlt kein wichtiger Vorgang. Dem Künstler ging es offenbar nicht darum, die Reihenfolge korrekt wiederzugeben, sondern für ihn waren gestalterische Gesichtspunkte ausschlaggebend. Die Herstellung des Vorgespinstes dient dazu, das Spinnen zu erleichtern. Die Verarbeitung der Wolle, Spinnen und Weben galten als wichtige Beschäftigungen. Die Herstellung der Kleidung war eine traditionelle, aber auch angesehene und beliebte Arbeit der Frauen. Die

Schutzgöttin der Stadt Athena ist nicht nur weise und wehrhaft, sondern trägt auch den Beinamen *Ergane*, die Arbeiterin; sie gilt als Herrin der Spindel und des Spinnrockens. Wenn man Wolle spinnt, tut man dasselbe wie die Göttin, die das große Vorbild ist; so nimmt man indirekt an einer religiösen Handlung teil, die zum Fest, zur Weih- und Opfergabe führt. Die Herstellung der Alltagskleider steht in Beziehung zur rituellen Anfertigung des großen bestickten Gewandes, das der Athena zur Ausschmückung ihres Standbildes jährlich geweiht wurde.

Der Maler

Eine Reihe von Malern haben ihre Werke signiert. Dazu gehört Amasis, der zwischen 560 - 525 in Athen gewirkt hat. Da sein Name die gräzisierte Form des ägyptischen Ahmosis ist, vermutet man, dass er aus Naukratis in Ägypten stammt. Seine Lehrzeit verbrachte er in Athen. Er war als Töpfer und zugleich als Maler tätig. Er ist der erste Maler, der ausführlichere Alltagsszenen malt und sich durch hervorragende Naturbeobachtung auszeichnet. Bei dem Lekythos „Frauen bei der Wollbearbeitung" handelt es sich um eine relativ frühe Arbeit.

Zusätzliches Material

Schriftliche Überlieferung zur Stellung der Frau

Perikles hat in seiner Rede anlässlich der Totenfeier für die Gefallenen des Peloponnesischen Krieges im ersten Jahr des Krieges (431 v. Chr.) gesagt, es sei ein großer Ruhm für die Witwen, wenn sich eine mit Tugend oder Tadel unter den Männern möglichst wenig Namen mache – so überliefert es der Geschichtsschreiber Thukydides (Thukydides II 45). Die Komödie „Lysistrate" (die „Heerlöserin") von

Aristophanes entstand im Jahre 411 v. Chr. im Peloponnesischen Krieg (430 - 404 v. Chr.). Die Lage Athens war nicht nur außenpolitisch prekär, sondern innenpolitisch schien sich ein Wandel zum Sturz der Demokratie anzubahnen. „Lysistrate" gibt nicht die Wirklichkeit wieder, sondern ist eine Utopie: Die Männer sind am Krieg schuld und sollen gezwungen werden, die Waffen niederzulegen. Lysistrate versucht einem Ratherrn anhand der Behandlung der Wolle zu verdeutlichen, wie der Krieg beigelegt werden kann:

Ratsherr:
Wie die Wolle beim Spinnen, wie Hanf und Werg zu behandeln gedenkt ihr Vermeßnen die politischen Fragen - zu lösen wohl gar? O des Unsinns!

Lysistrate:
Wärt ihr bei Sinnen,
So behandeltet ihr die Geschäfte des Staats akkurat wie wir Frauen die Wolle!

Ratsherr:
So erkläre doch, wie?

Lysistrate:
Wie die Wolle vom Kot und vom Schmutz in der Wäsche man säubert,
So müßt ihr dem Staate von Schurken das Fell schön säubern und tüchtig es klopfen,
Daß rausfällt der Dreck; und ablesen müßt ihr die Klumpen, die überall sitzen:
Was zusammen sich klumpt und zum Filz sich verstrickt – Klubmänner, für Ämterbesetzung Miteinander verschworen – kartätschet sie durch und zerzupfet die äußersten Spitzen,
Dann krempelt die Bürger zusammen hinein in den Korb patriotischer Eintracht,
Und mischt großherzig Metöken dazu, Verbündete, Freunde des Landes;
Auch die Schuldner des Staats, man verschmähe sie nicht, und vermenge auch sie mit dem Ganzen!

Und die Städte, bei Gott, die als Töchter der Stadt in der Ferne sich Sitze gegründet,
Übersehet sie nicht: denn sie liegen herum wie zerstreute, vereinzelte Flocken;
Lest alle zusammen von nah und von fern, vereinigt sie hier und verflechtet
Die Flocken und wickelt ein Ganzes daraus und verspinnt es zu einem gewalt'gen
Garnknäuel! Aus diesem dann webet vereint für das Volk einen wollenen Mantel!

Aristophanes, Lysistrate, 571 - 586, Neubearbeitung der Übersetzung von Ludwig Seeger durch Hans-Joachim Newiger und Peter Rau, München 1990, S. 387 f.

Weiter gibt Xenophon (ca. 430-355 v. Chr.) in seiner „Hauswirtschaftslehre" ein angebliches Gespräch zwischen Sokrates und einem Athener namens Ischomachos wieder:
„Aber auch das, mein lieber Ischomachos,... möchte ich sehr gern von dir erfahren, ob du selbst deine Frau erzogen hast, so daß sie ist, wie sie sein muß, oder ob sie schon in allem unterrichtet war, als du sie von ihrem Vater und ihrer Mutter bekamst." „Wie hätte sie schon alles verstehen können?" meinte Ischomachos. „Sie war doch noch nicht fünfzehn Jahre alt, als ich sie heiratete. Die Zeit vorher hatte man fürsorglich auf sie aufgepaßt, daß sie möglichst wenig sah, hörte und fragte. Ich war schon damit zufrieden, daß sie bei ihrem Kommen bereits verstand, mit Wolle umzugehen und ein Gewand anzufertigen, und daß sie auch schon bei der Spinnarbeit der Dienerinnen zugesehen hatte. Außerdem war sie in der Magenfrage ganz vorzüglich erzogen, mein lieber Sokrates, was mir bei Mann und Frau die wichtigste Erziehungsfrage zu sein scheint."

Xenophon, Oikonomikos. Die Hauswirtschaftslehre 7,3, in: Xenophon. Die sokratischen Schriften, übertragen und herausgegeben von Ernst Bux, Stuttgart 1956, S. 258f.

Poesie-, Gesangs-, und Musikwettbewerb bei einer reichen Athenerin

*Rotfigurige Hydria des Niobidenmalers, um 460 v. Chr., H. 28,2 cm, B. (mit Henkeln) 28,6 cm, Aufbewahrungsort: The Solow Art and Architecture Foundation, New York.

Links ist eine Türe zu sehen. Auf einem Podium in der Mitte sitzt eine Frau und spielt die Lyra, dabei liest sie wohl die Partitur von einem Papyrus, den eine Gehilfin, die neben dem Podium steht, vor ihr aufrollt. Neben der Lyraspielerin steht eine geöffnete Holztruhe, die vermutlich weitere Papyrusrollen mit Musiknoten oder Gedichten enthält. Rechts schaut eine dritte Frau zu, auch sie hat eine Lyra in der Hand und trägt eine kleine Truhe unter dem Arm. An der Wand oben hängt eine weitere Lyra.
Diese *Vasenmalerei zeigt das kulturelle Niveau, das die wohlhabenden Athenerinnen erreichen konnten. Sie konnten lesen, sie trafen sich untereinander und hatten Zugang zu Bibliotheken. Sie waren Musikerinnen, Sängerinnen, vielleicht sogar Dichterinnen. Parallel zu den Männern hatten Frauen also ihre eigenen kulturellen Veranstaltungen, allerdings nicht in der Öffentlichkeit, sondern im privaten Raum. Darauf weist auch die Tür hin.

Zur Herstellung der Vasen

Siehe „Hoplitenphalanx auf der Chigi-Kanne", S. 32 ff.

Lekythos: Frauentätigkeiten in Athen

Fazit

In Athen wurde zumindest von Frauen, deren Männer eher zu den begüterten Bürgern zählten, erwartet, dass sie sich im Haus aufhielten und mit Hausarbeiten, Spinnen und Weben sowie mit der Erziehung der Kleinkinder beschäftigten. In der Öffentlichkeit sollten sie, abgesehen von Festtagen zu Ehren der Götter, nicht in Erscheinung treten. Selbstverständlich konnten sich nicht alle nach diesen Vorstellungen richten, denn viele Frauen mussten zum Unterhalt der Familie beitragen wie z.B. Marktfrauen oder Hebammen. Indem Lysistrate in der Komödie in der Öffentlichkeit mit einem Ratsherrn diskutiert, entspricht sie bereits nicht mehr diesem bürgerlichen Ideal. Andererseits zeigen Bilder, dass das Leben der Frauen, auch wenn sie im Haus blieben, nicht nur auf Haushalt, Kindererziehung sowie Spinnen und Weben ausgerichtet, sondern abwechslungsreicher war.

Die Sammlung und Quantifizierung der Motive auf schwarz- und rotfigurigen Vasen des 6. und 5. Jh. v. Chr. durch T.B.L. Webster hat ergeben, dass die Darstellungen von Frauen gegenüber denen von Sportlern überwiegen. Gerade im 5. Jahrhundert steigen die Frauenthemen auf Vasen an. Im Gegensatz zu Webster, der angesichts der Restriktionen der Frauen in Athen die Frauenthemen als Wunsch der Männer interpretiert, denkt Wolfgang Schuller eher an Frauen als Auftraggeberinnen, denn gerade im 5. Jahrhundert sei das Leben der Frauen Gegenstand der Diskussion gewesen.

Lekythos des Amasis-Malers, H. 17,2 cm.

Bilder mit Tätigkeiten der Frauen erlauben eine differenzierte Betrachtung der Stellung der Frau in Athen. Hier bietet es sich an, dass eine Gruppe von Schülern im Sinne der Gestaltpädagogik versucht, sich mit einer der abgebildeten Frauen zu identifizieren, während sich eine andere mit dem Textauszug aus „Lysistrate" beschäftigt. Dann sollen beide Gruppen über ihre Ergebnisse einander berichten und diese vergleichen.

Literatur

Claude Bérard/ Jean-Pierre Vernant u.a., Die Bilderwelt der Griechen. Schlüssel zu einer „fremden" Kultur, Mainz 1985.

John Boardman, Schwarzfigurige Vasen aus Athen, Mainz 1977.

Wolfgang Schuller, Einführung in die Geschichte des Altertums, Stuttgart 1994.

Thomas B. L. Webster, Potter and Patron in Classical Athens, London 1972.

Hinweise für den Unterricht

In den Lehrplänen wird die gesellschaftliche Gliederung in Athen behandelt. Daher ist es sinnvoll, neben den freien Bürgern, den Metöken und den Sklaven die Stellung der Frau zu behandeln. Die beiden vorgestellten

Rotfigurige Schale des Onesimos aus Orvieto, um 500 v. Chr., Durchmesser 25,3 cm, Aufbewahrungsort: Museum of Fine Arts Boston.

Olympische Wettkämpfe und Sportarten

Beschreibung

Auf dem Bildausschnitt sind noch der Fuß und die beiden Henkelansätze einer Schale zu sehen. Auf schwarzem Grund erscheint in der Mitte ein unbekleideter junger Mann, der noch im Sprung nach rechts vor der Landung gezeigt wird. Die vorgestreckten Füße liegen eng geschlossen nebeneinander, die Hände sind parallel vorgestreckt und umfassen zwei nach oben gewölbte Geräte. Bei diesen ermöglicht ein Loch, dass die Hand außen das Gerät umfasst, innen kann der Daumen von oben die Finger von unten berühren. Rechts von dem Springer steht ein Mann, mit einem Mantel bekleidet. Er blickt auf den Boden und hält in der rechten Hand eine lange Rute. Links im

Rücken des Springers ist ein unbekleideter Mann zu sehen. Er wird nicht im Sprung, sondern lediglich in Fortbewegung gezeigt. Sein linker Arm (durch schwarz unterbrochen) ist nach hinten ausgestreckt, in der Linken hält er ebenfalls eines der beschriebenen Geräte. Er blickt zurück in Richtung des Springers, der rechte Arm (beschädigt) ist angewinkelt und weist ebenso wie seine Laufrichtung nach links.

Interpretation

Athleten werden in der griechischen Kunst immer nackt dargestellt. Sie sind häufig begleitet von Männern, die einen Mantel tragen und eine Rute halten. Dies sind die Trainer, die in der Regel ehemalige Athleten waren. Bei den Geräten, die die beiden Sportler in den Händen halten, handelt es sich um sog. Sprunggewichte (Halteren). Diese wogen zwischen einem und anderthalb Kilogramm. Sie waren besonders im 5. Jh. v. Chr. aus Stein, später auch aus Blei oder aus Bronze. Im Laufe der Zeit veränderte sich ihre Form.

Ein Sprunggewicht aus Stein, aus Olympia um 500 v. Chr. mit Inschrift. Sie besagt, dass der Spartaner Akmatidas den Kampfpreis „ohne Staub" errungen hatte, d.h. er fand im Fünfkampf keinen Gegner und erhielt den Siegeskranz kampflos zugesprochen.

Der Weitsprung war keine eigene olympische Disziplin wie der Lauf, sondern gehörte zum Fünfkampf (Pentathlon), der auf der 18. Olympiade (708 v. Chr.) eingeführt wurde und mit dem man auf eine harmonische Ausbildung der Kämpfer hinzielte. Der Fünfkampf bestand aus folgenden Disziplinen: Lauf, Weitsprung, Diskuswurf, Speerwurf und Ringkampf. Der Athlet musste äußerst vielseitig ausgebildet sein, um diese Kombination zu meistern.

Nach den antiken Quellen ließen sich mit Hilfe der Sprunggewichte größere Weiten erzielen. Neuere Versuche haben ergeben, dass dies lediglich zutrifft, wenn der Sprung aus dem Stand heraus ausgeführt wird. Die Wucht des parallelen Armschwungs mit Gewichten verstärkt das Abdrücken der Füße von der Absprungstelle beträchtlich. Auch beim Niederspringen erweisen sich die Gewichte als nützlich: Wenn man sie nach rückwärts schwingt, wird verhindert, dass der Körper nach vorne fällt; mit ihrer Hilfe lässt sich nach dem Aufsprung leichter ein fester Stand gewinnen als ohne sie.

Innenbild der Schale des Malers von Cambridge 72 aus Vulci vom Ende des 5. Jhs. v. Chr. Durchmesser 22 cm, Aufbewahrungsort: Staatliche Museen zu Berlin.

Beschreibung

Die Darstellung zeigt einen jungen Mann beim Speerwurf. Das linke Bein ist angewinkelt, der linke Arm nach vorne ausgestreckt. Das rechte Bein ist nach hinten ausgestreckt, der rechte Arm parallel dazu; in der rechten Hand der Speer, eine Schlinge ist deutlich zu sehen. Der Kopf ist nach rückwärts gewendet. Vor dem Sportler steht ein Pfosten oder eine Säule auf einer eckigen Basis.

Interpretation

Der Pfosten kann als Markierung der Stelle des Abwurfs gedient haben, er kann aber auch nur die Örtlichkeit kennzeichnen, wo der Sport ausgeübt wurde, oder er wurde aus kompositorischen Gründen hinzugefügt. Der Sportler scheint zu laufen. Zum Werfen verwandte man einen etwas leichteren Speer als jenen, den die Schwerbewaffneten als Waffe bei sich trugen. An der Mitte des Wurfspeers war eine Schlinge (Ankyle) aus Leder oder eine Schnur angebracht. In diese steckte der Speerwerfer zwei Finger, meist den Zeige- und Mittelfinger. Dies sollte dem Arm zusätzliche Hebelkraft verleihen, die Umwicklung spulte sich beim Flug ab und gab dem Speer eine stabilisierende Drehung. Dadurch flog er weiter und behielt seine Richtung. Das ergaben moderne Versuche. Heute noch benutzen Naturvölker eine vergleichbare Schlinge.

Die Bilderwelt der Griechen

Auch für die anderen Disziplinen des Fünfkampfs, nämlich Lauf, Diskuswurf und Ringkampf, finden sich Abbildungen auf griechischen Gefäßen. Diese weisen im Vergleich mit unseren heutigen Sportarten nicht so gravierende Unterschiede auf wie der Weitsprung und der Speerwurf. Allerdings wollten die griechischen Vasenmaler keine möglichst getreue (quasi fotografische) Abbildung der ausgeübten Sportart geben, obwohl sie dazu in der Lage gewesen wären. In der *Vasenmalerei sind die Bilder immer auch in Zusammenhang mit der Gefäßform zu betrachten. Die beiden Abbildungen stammen jeweils von einer Trinkschale (Kylix).

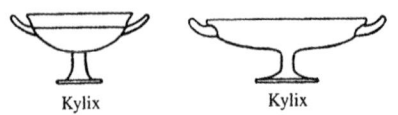

Kylix   Kylix

Umrisszeichnung einer Kylix.

Der abgebildete Weitspringer ist Teil der Außenbemalung, die Henkelansätze, die zu sehen sind, haben selbstverständlich die Kompositionsfreiheit des Malers eingeschränkt. Ähnlich ist es mit der zweiten Abbildung, dem Innenbild einer Schale, das einen Speerwerfer zeigt. Wenn in moderner Zeit immer wieder versucht wurde, aus den Bildern die konkrete Durchführung der dargestellten Sportarten zu rekonstruieren, so ist das verständlich und hat sicher auch zu wichtigen Einsichten geführt. Dennoch war das nicht die Absicht der Vasenmaler. Die große Zahl der Sportdarstellungen spiegelt aber die Beliebtheit der sportlichen Wettkämpfe wider.

Die olympischen Spiele

Die folgende chronologische Übersicht zeigt, dass seit 648 v. Chr. alle wesentlichen athletischen Disziplinen vertreten sind. Das verdeutlicht, wie langsam sich neue Disziplinen gegenüber dem Lauf durchsetzen konnten. Später kamen vor allem noch Wettbewerbe der Jugendlichen, der Waffenlauf der Männer sowie verschiedene Arten von Pferderennen dazu.

1. Olympiade (776 v. Chr.):	Stadionlauf
14. Olympiade (724 v. Chr.):	Doppellauf
15. Olympiade (720 v. Chr.):	Langlauf
18. Olympiade (708 v. Chr.):	Fünfkampf, Ringkampf
23. Olympiade (688 v. Chr.):	Faustkampf
25. Olympiade (680 v. Chr.):	Rennen mit dem Viergespann
33. Olympiade (648 v. Chr.):	Pferderennen, Pankration
37. Olympiade (632 v. Chr.):	Wettlauf der Jugendlichen
38. Olympiade (628 v. Chr.):	Fünfkampf der Jugendlichen (nur dies einzige Mal durchgeführt)

41. Olympiade (616 v. Chr.):	Faustkampf der Jugendlichen
65. Olympiade (520 v. Chr.):	Waffenlauf
70. Olympiade (500 v. Chr.):	Rennen mit dem Zweigespann von Maultieren (auf der 84. Olympiade wieder abgeschafft)
93. Olympiade (408 v. Chr.):	Rennen mit dem Zweigespann von Pferden
96. Olympiade (396 v. Chr.):	Wettbewerb der Trompeter und Herolde
99. Olympiade (384 v. Chr.):	Rennen mit dem Viergespann von Fohlen
128. Olympiade (268 v. Chr.):	Rennen mit dem Zweigespann von Fohlen
131. Olympiade (256 v. Chr.):	Rennen der Fohlen
145. Olympiade (200 v. Chr.):	Pankration der Jugendlichen

Zusätzliches Material

Dichter wie Simonides (556 - 468 v. Chr.) und Pindar (ca. 520 - 445 v. Chr.) haben in ihren Gedichten die Sieger von Olympia, aber auch von anderen bekannten Wettbewerben verherrlicht. Von Lukillios, der z. Zt. Neros lebte, sind Epigramme erhalten, in denen er ältere Epigramme parodiert. Darunter findet sich auch folgendes Spottgedicht auf einen Fünfkämpfer:

Der Fünfkämpfer
Keiner der Ringer ist schneller als ich zur Erde gefallen,
keiner der Läufer ist so langsam gelaufen wie ich,
ganz bis zum Ziele auch bin ich nicht recht mit dem Diskos gekommen,
dafür bracht ich beim Sprung die Füße nicht hoch,

und mit dem Speere wirft besser ein krüppeliger Junge. So ward ich
Erster im Fünfkampf: ich bin fünfmal im Kampfe besiegt.

Lukillios, in: Anthologia Graeca, Buch IX - XI, ed. Hermann Beckby, München 1958, S. 588 f.

Zur Herstellung der rotfigurigen Vasen

Siehe „Hoplitenphalanx auf der Chigi-Kanne", S. 32 ff.

Hinweise für den Unterricht

Die Schüler wissen in der Regel über die modernen olympischen Spiele gut Bescheid, auch wenn gerade keine olympischen Spiele stattfinden. Von daher ist es wichtig, gerade auch das, was uns heute fremd ist, bei den olympischen Spielen in der Antike zu behandeln. Aus diesem Grunde wurden für die Bilder solche Sportarten ausgewählt, die es heute zwar noch gibt, die aber anders ausgeübt wurden. Ferner sollte auch besprochen werden, dass die bemalten Gefäße nicht als möglichst getreue Abbildungen der Wirklichkeit zu verstehen sind. In Kooperation mit dem Sportunterricht bietet es sich an, einmal den Weitsprung mit Sprunggewichten ausführen zu lassen.

Literatur

Hermann Bengtson, Die Olympischen Spiele in der Antike, Zürich ²1972.

Julius Jüthner, Die athletischen Leibesübungen der Griechen, hrsg. v. Friedrich Brein, Bd. I, II, Wien 1965 - 1968.

Ulrich Sinn (Hrsg.), Sport in der Antike. Wettkampf, Spiel und Erziehung im Altertum, Würzburg 1996.

Mosaik vom Fußboden eines Privathauses (Casa del Fauno) in Pompeji, ca. 2. Hälfte 2. Jh. v. Chr., 2,71 x 5,12 cm, Nationalmuseum Neapel.

Das Alexandermosaik aus Pompeji

Beschreibung

(Die Beschreibung beschränkt sich auf die wichtigsten Personen, die auch auf einer verkleinerten Reproduktion zu erkennen sind. Auf viele Details, für die eine Ausschnittvergrößerung notwendig wäre, wurde verzichtet.)

Das Bild zeigt eine dramatische Schlachtszene. Auf der linken Seite ist auf Grund einer Beschädigung nur wenig zu erkennen. Aber drei Einzelszenen lassen sich unterscheiden. Alexander kommt von links, er reitet auf einem rotbraunen Pferd, das sich aufbäumt und den Kopf zurückwirft. Alexander hält mit der nicht sichtbaren linken Hand das Zaumzeug oder einen kurzen Zügel, während seine Rechte in Hüfthöhe eine Lanze umklammert. Seinen Helm hat er offensichtlich im Getümmel verloren, sein kräftiges Haar gleicht der Mähne seines Pferdes. Das jugendliche Gesicht des

Makedonenkönigs wird im Profil gezeigt, auffallend ist dabei das weit geöffnete rechte Auge und die große Nase. Er trägt einen hellen Panzer, dessen rotgerändete Schulterteile mit roten Bändern befestigt sind. Dazwischen ist ein Gorgonenhaupt zu erkennen. An einem Riemen, der quer über seine Brust verläuft, hängt sein Schwert.

Von den Männern in seiner Nähe ist nur einer genauer zu erkennen. Er reitet auf einem Rappen direkt hinter Alexander und trägt einen hellen Helm. Dahinter sieht man einen weiteren Pferdekopf und in der linken unteren Bildecke Arm und Schild eines gestürzten Mannes.

Gegenüber Alexander steht der Perserkönig Darius auf einem Streitwagen. Er trägt einen langärmligen Leibrock („Chiton") mit einem weißen Mittelstreifen. Sein gestreifter Umhang, der am Hals zusammengehalten wird, fliegt nach hinten. Seine Kopfbedeckung ist eine gelbe, aufrecht stehende Mütze („Tiara"). Darius hält in der linken Hand, mit der er sich auf den Wagenkasten stützt, einen Bogen. Sein Oberkörper ist nach vorne gebeugt, sein rechter Arm ausgestreckt, die Finger der offenen

Hand sind gespreizt. Dunkle Haare und ein dunkler Bart rahmen ein Gesicht ein, dessen große Augen erschreckt aufgerissen und auf Alexander gerichtet sind.

Direkt hinter Darius steht der Wagenlenker, der in die entgegengesetzte Richtung schaut. Er trägt wie die anderen persischen Soldaten einen Turban, der um Kopf und Kinn gewickelt ist. Die vier an den Streitwagen gespannten Rappen hält er an den Zügeln und treibt sie mit der Peitsche an. Offensichtlich hat er den Wagen so schnell herumgerissen, dass drei der eigenen Soldaten von den Pferden niedergetrampelt wurden. Einer liegt vor den Vorderbeinen der beiden ersten Pferde, zwei andere sind so gestürzt, dass sie wahrscheinlich überrollt werden. Diese beiden sind teilweise durch einen großen Schild verdeckt, in dem sich das Gesicht eines der Männer spiegelt.

Zu dem Wagen gehört ein weiterer Perser, der mit dem Turban, einem grau-weiß karierten langärmeligen Gewand und roten Hosen bekleidet ist. Er blickt erschreckt in Richtung Alexander und hat Mühe, mit der rechten Hand ein sich aufbäumendes Pferd am Zügel zu halten. In der linken Hand hält er einen Speer.

Hinter dem Wagen und den Pferden sind die Köpfe von mehreren persischen Reitern zu sehen, von denen die meisten in Alexanders Richtung schauen. Ihre Blicke und Gesten drücken Erstaunen und Schrecken aus. Hinter dieser Gruppe kann man einige lange Lanzen erkennen, die in verschiedene Richtungen zeigen, und trotz der Beschädigung des Mosaiks eine quadratische Fahne an einer Stange. Allerdings ist der Mann, der diese Fahne trägt, nicht sichtbar.

Eine dritte Szene spielt sich zwischen den beiden Königen und ihrer Begleitung ab. Im Hintergrund sieht man auch hier eine Reihe von langen Lanzen, deren erhobene Spitzen alle nach links gerichtet sind. Die Soldaten davor tragen offensichtlich makedonische Helme. Vor ihnen kämpfen zwei persische

Reiter, erkennbar am Turban und an der zu einem Zopf zusammengebundenen Mähne ihrer Pferde. Der Hintere von beiden hält ein gezücktes Schwert in der Hand und schaut nach links. Er hat sein Pferd, das sich aufbäumt und dessen Maul geöffnet ist, bereits in die andere Richtung gewendet. Der Reiter vor ihm versucht gerade von seinem Rappen abzusteigen. Das prächtig ausgestattete Pferd (Satteldecke, Zaumzeug) ist durch einen Lanzenstich getroffen in die Knie gegangen. Auch der Reiter trägt Schmuck (Ohrringe). Den linken Arm hält er über seinem Kopf, mit der rechten Hand hat er Alexanders Lanze umfasst, um sie abzuwehren. Aber die Waffe hat ihn bereits unterhalb seiner Brust durchbohrt.

Die Schlachtszene ist eingerahmt durch den Himmel, vor dem ein einzelner dürrer Baum zu sehen ist, und einen schmalen Rand des Bodens, auf dem verschiedene Waffen (Schwerter, Lanzen, Bogen) liegen.

Interpretation

Über das Alexandermosaik, das vielleicht bekannteste Bild der Antike, wird seit Jahrzehnten von den Fachwissenschaftlern kontrovers diskutiert. Die Frage, ob eine bestimmte Schlacht dargestellt wurde und um welche es sich gehandelt haben könnte, hat Stewart überzeugend beantwortet. Durch einen Vergleich der Schlachtschilderungen sieht er in dem Bild eine Wiedergabe der Schlacht bei Issos. Bei dieser Auseinandersetzung stieß Alexander mit seiner Reiterei sehr rasch an seinem linken Flügel am persischen Heer vorbei vor und gelangte in die Nähe von Darius. Gleichzeitig war die thessalische Reiterei auf der anderen Seite in den Rücken des persischen Heeres gelangt. Das erklärt die langen makedonischen Stoßlanzen („Sarissen") auch hinter dem Streitwagen des Darius, die von den Soldaten bis zur Anwendung geschultert wurden.

Das Bild zeigt also den Höhe- und Wendepunkt der Schlacht des Jahres 333. Alexander und Darius sind sich auf Sichtweite nahe gekommen. Die persischen Offiziere, die den Großkönig beschützen, verhindern einen direkten Angriff. Einer von ihnen stirbt dabei von Alexanders Hand. Der Wagenlenker reißt den Streitwagen herum, das Pferd, das ein anderer Perser für die Flucht des Königs herbeigeführt hat, wird nicht mehr gebraucht.

Die Geschichte des Alexandermosaiks

Das Alexandermosaik ist die Kopie eines großformatigen Gemäldes, das wahrscheinlich noch zu Lebzeiten Alexanders entstand und das auch als Vorlage für griechische *Vasenbilder benutzt wurde.

Griechisches Vasenbild um 330 v. Chr., Umzeichnung, Nationalmuseum Neapel.

Die vielen Details der persischen Kleidung und Bewaffnung lassen sogar vermuten, dass der Künstler sein Werk unmittelbar nach der Schlacht gemalt und dazu intensive Studien betrieben hat. Die Beschränkung auf wenige Farben (Gelb, Rot, Schwarz, Weiß) entspricht der athenisch-thebanischen Malerei der Zeit.
Der Künstler des Gemäldes ist nicht bekannt. Plinius erwähnt ein Bild „Proelium Alexandri cum Dario" (XXXV, 110), das Philoxenos von Eretria im Jahr 316 für König Kassander malte. Als Maler kommt aber auch Apelles aus Kolophon, der Lieblingsmaler Alexanders, in Frage. Von ihm stammen mehrere Bilder des Makedonenkönigs, darunter ein Bild Alexanders zu Pferd und zwei Alexanderapotheosen. Die Blütezeit seines Schaffens war das Jahr 332 v. Chr., und er galt in der Antike als größter Maler aller Zeiten.

Das *Ereignisbild wurde in der Mitte oder am Ende des 2. Jhs. v. Chr. in einer sizilischen Werkstatt als Mosaik kopiert. Für die Qualität des Mosaiks spricht die Verwendung vieler kleiner Steine (teilweise 15 bis 30 pro Quadratzentimeter), mit denen vor allem die Gesichter gestaltet sind. Der ursprüngliche Bestimmungsort ist nicht bekannt, in die Casa del Fauno wurde es wahrscheinlich erst später verlegt. Bei der Zerstörung Pompejis im Jahre 79 n. Chr. war das Mosaik bereits beschädigt, vielleicht durch das Erdbeben im Jahre 63 n. Chr. Es wurde durch größere Mosaiksteine und bräunlichen Stuck repariert.

Die Archäologen entdeckten das Mosaik am 24. Oktober 1831 in der Exedra der Casa del Fauno, die man in Erinnerung an Goethes Besuch im Pompeji 1787 „Casa di Goethe" genannt hatte. Der deutsche Archäologe Wilhelm Zahn schickte Goethe eine Zeichnung des Bildes, die er wenige Tage vor seinem Tod erhielt. Goethe lobte das neu entdeckte antike Kunstwerk überschwänglich: „Man muß die Vollkommenheit der mannichfaltigen, in sich abgeschlossenen Compositionen immer mehr bewundern und sich nur in Acht nehmen, gegen alle bißher Bekannte ungerecht zu werden. [...] Mitwelt und Nachruhm werden nicht hinreichen, solche Wunder der Kunst würdig zu commentieren".

Zusätzliches Material

Die Schlacht bei Issos
Alexander erwies sich in diesem Kampf zugleich als Führer und als Krieger: sein Verlangen war, den feindlichen König zu fällen und ihm ruhmvoll die Rüstung zu rauben. Denn Darius ragte hoch über alle auf seinem

Streitwagen – ein machtvoller Ansporn zugleich für die Seinen, ihn zu schützen, wie auch für die Feinde, ihn anzugreifen. So warf denn auch sein Bruder Oxathres, als er Alexander auf ihn eindringen sah, seine Reiter unmittelbar vor den Wagen des Königs. An kriegerischer Kraft die anderen weit überragend, dazu voll Mut und Treue wie nur wenige, tat er sich in dieser Schlacht besonders hervor, indem er die einen, die in rückhaltlosem Einsatz vordrängten, niederstreckte und die anderen zur Flucht zwang.

Aber die Makedonen rings um den König spornten einander an und brachen mit neuem Mut, zusammen mit ihm, in die feindliche Reiterschar ein. Nun stürzten die Feinde wie hingemäht zu Boden; rings um den Wagen des Darius lagen die Leichen der vornehmsten Führer, die vor den Augen ihres Königs den Heldentod gefunden hatten: sämtlich vornübergestürzt, so wie sie im Kampf gefallen waren, keiner die Wunde im Rücken. [...] Auch von den Makedonen waren zwar nicht eben viele, so doch die Einsatzbereitesten gefallen; und auch Alexanders rechten Schenkel hatte ein Schwert leicht verletzt.

Und schon waren die Pferde an Darius' Wagen von Lanzen durchbohrt und vor Schmerz scheu geworden: Sie suchten das Joch abzuschütteln, so dass der König in Gefahr lief, aus dem Wagen geschleudert zu werden. Da sprang er herab, voll Furcht, lebend in die Hände der Feinde zu fallen, und ließ sich auf das Pferd heben, das eben zu diesem Zwecke mitgeführt wurde, wobei er sogar, um sich nicht zu verraten, die Zeichen seiner Hoheit unrühmlich von sich warf. Nun zersprengte die Flucht auch die anderen; wo einem jeden sich ein Weg zur Flucht öffnete, da drängten sie sich durch und warfen die Waffen von sich [...].

Quintus Curtius Rufus, Geschichte Alexanders des Großen, Lateinisch und Deutsch, übersetzt von Herbert Schönfeld, München 1954, S. 50 und 61.

Hinweise für den Unterricht

Die Beschreibung des Bildes sollte sich auf den Gesamtaufbau und die wichtigsten Einzelszenen beschränken. Dabei kann der von dem Künstler gewählte Zeitpunkt und seine Bedeutung herausgearbeitet werden: die Nähe der beiden Monarchen während der Schlacht und ihre unterschiedliche Haltung. Der siegreiche Alexander stürmt voran, während Darius seinen Wagen zur Flucht wendet und damit die Schlacht entscheidet.

Eine zweite Möglichkeit ist der Vergleich der unterschiedlichen bildlichen Darstellungen und die Beschreibung der Schlacht bei Curtius Rufus. Dabei lässt sich die Qualität des Mosaiks und die Besonderheit von Ereignis- und *Historienbildern, die „Momentaufnahme" eines geschichtlichen Ereignisses, deutlich herausstellen.

Der Lehrer kann aber auch auf die Geschichte des Mosaiks und seiner Vorlage eingehen. Die Tatsache, dass mehr als ein Jahrhundert nach dem Tod Alexanders eine seiner Schlachten als Mosaik gefertigt wurde, weist auf seine ungebrochene Popularität hin, die sich später in der Literatur (Alexanderroman) fortsetzte.

Literatur

Bernard Andreae, Das Alexandermosaik aus Pompeji. Mit einem Vorwort des Verlegers und einem Anhang: Goethes Interpretation des Alexandermosaiks, Recklinghausen 1977.

Tonio Hölscher, Griechische Historienbilder des 5. und 4. Jahrhunderts v. Chr., in: Beiträge zur Archäologie 6 (1973), S. 122-169.

Klaus Stähler, Das Alexandermosaik. Über Machterringung und Machtverlust, Frankfurt am Main 1999.

Andrew F. Stewart, Faces of Power. Alexander's Image and Hellenistic Politics, Berkeley 1993.

Sog. Kriegerplatte, eine der Innenplatten vom Kessel von Gundestrup, 1. Jh. v. Chr., Silber, ca. 40 - 43 cm lang, ca. 20 cm hoch. Aufbewahrungsort: Nationalmuseum Kopenhagen.

Sog. Kriegerplatte vom Kessel von Gundestrup

Beschreibung

Durch einen waagrechten dünnen langen Stab, den man wegen der stilisierten Wurzeln an seinem linken Ende und der stilisierten Zweige als Baum interpretieren kann, ist die Platte weitgehend zweigeteilt. Links davon steht ein überlebensgroßer Mann mit Helm, von dem ein Schweif (?) nach hinten fällt, beinahe aufrecht. Er trägt ein eng anliegendes gestreiftes Hemd und ebensolche Hosen bis zum Knie. Seine Füße sind mit Schuhen bekleidet, er hat einen Mann umfasst und steckt ihn mit dem behelmten Kopf nach unten in ein längliches Gefäß. Im unteren Feld wendet sich ein fast aufrecht stehender Hund nach rechts sechs Kriegern entgegen, die wie der überlebensgroße Mann gekleidet sind und in der linken Hand einen ovalen Schild mit rundem Buckel, in der rechten einen Speer halten. Hinter ihnen trägt ein Krieger ein Schwert, auf seinem Helm

befindet sich die Figur eines Tieres. Dahinter kommen drei behelmte Männer, die ein hornartiges Instrument, das senkrecht nach oben geht und in einen geöffneten Tierkopf mündet, blasen. Im oberen Feld reiten vier Reitersoldaten nach rechts. Ihre Helme sind mit verschiedenen Tierfiguren bekrönt. Sie werden offensichtlich von einer Schlange mit gehörntem Kopf angeführt.

Wozu gehört die Platte?

Ehe die beschriebene Szene interpretiert werden kann, ist es notwendig auf den Kessel von Gundestrup einzugehen, zu dem sie gehört. Er wurde 1891 im Torfmoor bei Gundestrup im nördlichen Jütland 60 bis 90 cm unter der Oberfläche gefunden. Der Kessel wiegt 8,885 kg und besteht aus reinem Silber. Er ist 21 cm tief und hat einen Durchmesser von 0,69 m, sein Umfang beträgt 2,16 m. Spuren von Gold deuten auf eine partielle Vergoldung hin. Der Kessel war, als er niedergelegt wurde, bereits auseinander genommen. Gebrauchsspuren zeigen, dass er nicht neu, sondern schon benutzt war. Seine Platten (sieben äußere, fünf innere, von denen eine fehlt) wurden ursprünglich durch ein Rahmenwerk, das vermutlich aus Eisen bestand, zusammengehalten. Obgleich es eine Reihe von divergierenden Meinungen darüber gibt, wann und wo der Kessel angefertigt wurde und wie es dazu kam, dass er in von Germanen besiedeltem Gebiet als Weihegabe niedergelegt wurde, sind sich die Archäologen einig, dass es sich um eine keltische Arbeit handeln muss.

Der Kessel von Gundestrup.

Vorbemerkung

Da die Kelten keine eigene Schrift besaßen, existieren neben den gegenständlichen Zeugnissen schriftliche Nachrichten über sie lediglich von griechischen und lateinischen Schriftstellern. Auch wenn manche dieser Berichterstatter gut über die Lebensweise und auch die Religion der Kelten informiert waren, so haben sie die Kelten doch aus ihrer griechischen oder römischen Perspektive beschrieben. Dazu kommt, dass die Kelten, wenn sie mit anderen Völkern in Berührung kamen oder gar unterworfen wurden, manches übernahmen und sich somit auch veränderten. Von daher ist die Interpretation der „Kriegerplatte" schwierig und lässt viele Deutungen zu.

Interpretation

Die ovalen Schilde mit dem runden Schildbuckel sowie die zum Teil reich verzierten Helme sind auch von anderen keltischen Darstellungen her bekannt, ebenso die Form der keltischen Kriegstrompete *(carnyx)*. Der überlebensgroße Mann kann als Priester interpretiert werden, der einen der Soldaten in einem Kessel ertränkt und somit ein Menschenopfer vollzieht. Der römische Dichter Lukan (1, 445) berichtet darüber. Eine andere Interpretation geht davon aus, dass es sich nicht um einen Kessel, sondern um die symbolische Darstellung eines Opferschachtes handelt. In einigen Viereckschanzen, die als Kultplätze interpretiert werden, wurden Opferschächte mit Holzpfählen und Überresten von Tier- bzw. Menschenopfern gefunden. Es wird aber auch auf einen keltischen Mythos verwiesen. Danach wäre die überlebensgroße Gestalt ein Gott, der erschlagene Krieger in einen Kessel taucht und ihnen so ihr Leben wiedergibt, vielleicht in einer anderen Welt, wo sie als Reiter wieder erstehen und von der gehörnten Schlange angeführt werden. Dieser Mythos könnte in der realen Welt seine Entsprechung gehabt haben: Ein Kessel wie der von Gundestrup könnte zur Initiation der Krieger vor der Schlacht gedient haben.

Wann und wo wurde der Kessel von Gundestrup hergestellt?

Der Kessel dürfte zwischen 150 v. Chr. und der Zeit um Christi Geburt hergestellt worden sein. Die einzelnen Platten, aus denen er zusammengefügt ist, wurden in *Treibarbeit hergestellt, die Einzelheiten wurden *ziseliert. Es besteht weitgehender Konsens, dass wohl drei, eventuell vier Meister aus derselben Werkstatt an der Herstellung des Kessels beteiligt waren.

Das haben genaue Untersuchungen der Spuren, die die verwendeten *Punzwerkzeuge hinterlassen haben, ergeben.

Umstritten ist, ob der Kessel im Westen oder im Osten des keltischen Verbreitungsgebietes entstanden ist. Der erste Grund für die widersprüchlichen Meinungen ist die Singularität des Kessels. Zum andern enthält er westeuropäische und südosteuropäische Stilelemente. In den letzten Jahren hat Flemming Kaul die These aufgestellt, dass der Kessel keltische und thrakische Stilelemente enthält, die darauf verweisen, dass der Kessel in einem Gebiet entstanden sein muss, wo sich keltische und thrakische Einflüsse getroffen haben. Als Herkunftsland des Kessels komme seiner Meinung nach das Donaugebiet im heutigen nordwestlichen Bulgarien und im südwestlichen Rumänien in Frage. Zu den stilistischen Argumenten passe, dass sich dort nach Ausweis archäologischer Funde und der historischen Überlieferung zwischen den keltischen Scordisci und den thrakischen Triballi eine friedliche Koexistenz entwickelt habe. Um 100 v. Chr. werde der Einfluss der Scordisci allerdings schwächer und verschwinde um die Zeitenwende. Religionshistorische Studien bekräftigen, dass sich auf dem Kessel keltische und thrakische religiöse Vorstellungen finden. Sein religiöser Gehalt konnte wohl von den Angehörigen beider Kulturen verstanden werden.

Wie kam der Kessel nach Gundestrup?

Will man diese Frage beantworten, so kann es sich lediglich um mehr oder weniger plausible Vermutungen handeln. Als unwahrscheinlich gilt, dass der wertvolle Kessel als Handelsgut aus dem Donauraum nach Jütland kam. Es könnte sein, dass der Kessel von Flüchtlingen nach Norden gebracht wurde, als 60 v. Chr. der thrakische König Burebista versuchte, die thrakischen Stämme unter seiner Herrschaft zu

vereinen. Der Kessel könnte auch über die germanischen Bastarnae, die 30/29 v. Chr. in das Gebiet der Triballi eindrangen, nach Jütland gelangt sein. Wahrscheinlicher ist aber, dass die Kimbern den Kessel nach Jütland brachten. Unter ihrer Führung begannen kriegerische Horden um 120 v. Chr. nach Süden zu wandern, wo sie dann das Römische Reich bedrohten. Zuvor wandten sie sich jedoch nach Südosteuropa. Ob der Kessel den Kimbern als Kriegsbeute zufiel oder ob er Teil einer Abmachung war, ist ungewiss. Zur Unterstützung dieser Hypothese werden noch andere außergewöhnliche Funde in Jütland, darunter auch Kessel, aufgeführt, die mit den Streifzügen der Kimbern in Zusammenhang gebracht werden können.

Hinweise für den Unterricht

Nach der ausführlichen Betrachtung des Kessels und der Kriegerplatte sollte der Lehrer darauf hinweisen, dass es lediglich verschiedene Interpretationsversuche der Darstellung gibt. Weiter kann er über die Vermutungen, wie der Kessel zu den Germanen gelangte, berichten. Die Schüler können dann entscheiden, welche Version ihnen am ehesten einleuchtet und darüber eine Geschichte schreiben.

Literatur

Flemming Kaul, The Gundestrup Cauldron Reconsidered, in: Acta Archaeologica 66, 1995, S. 1 - 38.

Ders., Art. „Gundestrup", in: Reallexikon der Germanischen Altertumskunde, begründet von Johannes Hoops, 2. völlig neu bearb. Aufl., Bd. 13, Berlin 1999, S. 195 - 211.

Günther Wieland (Hrsg.), Keltische Viereckschanzen. Einem Rätsel auf der Spur, Darmstadt 1999.

Die kapitolinische Wölfin, 1. Hälfte des 5. Jh. v. Chr., Bronze, H. 85 cm, Rom, Palazzo dei Conservatori.

Die kapitolinische Wölfin

Beschreibung

Die Wölfin schaut gespannt in die Ferne, als ob sie etwas wittere. Ihre Ohren sind aufmerksam aufgestellt, in dem leicht geöffneten Maul sind ihre starken Fangzähne zu sehen. Die Oberfläche ihres Körpers ist einerseits realistisch gestaltet, andererseits ist ihr Fell ornamentalisiert. Auffallend ist, dass sie sich nicht den beiden Menschenjungen, die an ihren Zitzen trinken, zuwendet. Die Ausführung der beiden Kleinkinder unterscheidet sich stilistisch von der Figur der Wölfin.

Interpretation

Das Werk wird einem etruskischen Bildner zugeschrieben. Die Etrusker waren im Besitz von Erzgruben, die sie ausbeuteten. Ihr Erz war berühmt und begehrt. Die Kunst der Metallverarbeitung (*Toreutik) war bei den Etruskern hoch entwickelt. Die Datierung der Wölfin ist in der Wissenschaft umstritten. Sie reicht vom Ende des 6. bis zum Anfang des 4. Jh. v. Chr. Die Wölfin galt als das Wahrzeichen Roms, das setzte sich auch im frühen Mittelalter fort. So wurde diese Wölfin als Hoheitszeichen Roms vor dem Lateran, dem Palast des Papstes, des damaligen Herrn über Rom, aufgestellt. Als in der Renaissance das Kapitol wieder an Bedeutung gewann, wurde die Wölfin dorthin versetzt. Die Zwillinge wurden am Ende des 15. Jahrhunderts, angeblich von Antonio del

Pollaiuolo, dem Lehrer Michelangelos, ergänzt. Cicero berichtet, dass 65 v. Chr. mehrere Gegenstände auf dem Kapitol vom Blitz getroffen wurden, darunter auch eine aus Erz gearbeitete Wölfin, die dadurch von ihrer Basis herabgeworfen wurde. Die mit ihr verbundenen Zwillinge, insbesondere Romulus, seien vor allem beschädigt worden (in Catilinam III 19; De divinatione I 20; II 45). Obgleich die kapitolinische Wölfin im Konservatorenpalast an den Hinterbeinen eine schwere Beschädigung erkennen lässt, die durch Blitzschlag verursacht sein könnte, zögern Archäologen doch mit einer Gleichsetzung: Es wird bezweifelt, dass es die Kindheitssage von Romulus und Remus zur Zeit der Herstellung der Plastik schon gab. Außerdem wendet die Wölfin nicht wie auf der Münze aus dem 3. Jh. v. Chr. den von ihr gesäugten Zwillingen den Kopf zu.

Die Sage von Romulus und Remus

Bei Livius findet sich die Sage, die sich die Römer über ihre Herkunft und über die Gründung Roms erzählten. Sie glaubten, sie stammten von Aeneas ab, der einst aus dem brennenden Troja geflohen sei. Nach einigen Irrfahrten sei er in Italien gelandet. Zu seinen Nachkommen gehörten zwei Brüder. Numitor, der ältere, war König der Stadt Alba Longa. Der jüngere Amulius hatte seinen älteren Bruder vertrieben und übte nun selbst die Königsherrschaft aus. Als die Tochter Numitors Zwillinge gebar und angab, ihr Vater sei der Kriegsgott Mars, befahl er, die Mutter ins Gefängnis zu werfen, die Neugeborenen ließ er im fließenden Wasser aussetzen:

Durch göttliche Fügung war der Tiber über die Ufer getreten, auf den überschwemmten Flächen bewegte sich das Wasser kaum von der Stelle. Nirgendwo konnte man an den eigentlichen Lauf des Flusses heran; aber die Männer, die die Kinder brachten, durften hoffen, diese könnten untergehen, wenn das Wasser auch noch so träge floss. So setzten sie, als wenn sie sich damit des königlichen Auftrags entledigt hätten, die Knaben in der nächsten Lache aus, wo jetzt der Ruminalische Feigenbaum steht - man sagt, er habe früher der Romularische geheißen. Damals war in dieser Gegend eine ungeheure Einöde. Es hält sich die Sage, als das seichte Wasser den schwankenden Trog, in dem die Knaben ausgesetzt waren, aufs Trockene gesetzt hatte, habe eine durstige Wölfin aus den umliegenden Bergen auf das Wimmern der Kinder hin ihren Weg geändert. Sie habe den Kindern ihre Zitzen gereicht und sei dabei so sanft gewesen, dass der Aufseher der königlichen Herden – man sagt, er habe Faustulus geheißen – sie fand, wie sie die Knaben mit der Zunge leckte. Er habe diese zu den Stallungen gebracht und seiner Frau Larentia zum Aufziehen gegeben.

Livius, Römische Geschichte I 4, 4-6, übersetzt von Hans Jürgen Hillen, München 1987, S. 17 ff.

Zusätzliches Material

Silbermünze aus dem 3. Jh. v. Chr., Durchmesser 1,9 cm, Staatliche Münzsammlung München.

Die kapitolinische Wölfin

Beschreibung der *Münze

Die Wölfin wendet ihren Kopf den beiden Kleinkindern unter ihr zu, die versuchen an ihre Zitzen zu kommen. Die Wölfin steht auf einer Basis, die als Strich zu erkennen ist. Darunter ist Romano zu lesen.

Zur Einordnung der Münze

In der 2. Hälfte des 4. Jh. v. Chr. kam in Mittelitalien und in Rom Münzgeld in Brauch. Dabei handelte es sich um gegossene Kupfermünzen. Die griechischen Städte hatten dagegen Silberwährung. Als die Römer im 3. Jh. in den Bereich der griechischen Städte eindrangen, gingen sie zur Münzprägung über, denn das Kupfergeld hatte in diesem Bereich keine Gültigkeit. Die Beischrift „Romano" steht für „Romanorum" und bezeichnet die Prägeherrin Rom.

Beschreibung des Altars

*Sockel und *Gesims des Altars sind reich verziert mit verschiedenen *Kymatien (Zierleisten). An den Ecken befinden sich Ziegenköpfe, von denen Girlanden herabhängen. Die auf dem Bild sichtbare Seite zeigt zwei Kinder, die von einer Wölfin gesäugt werden. Die Wölfin blickt nicht nach den Kindern, sondern geradeaus, wo sich eine männliche, in einen Mantel gehüllte Gestalt im Sitzen nach hinten lehnt. Über der Wölfin erscheinen Felsen, darauf sitzt ein Adler. Hinter diesem erhebt sich ein Berg, auf dem ein Mann sitzt, der einen Baum umfasst. Ein bartloser und ein bärtiger Mann, die beide einen Krummstab in der Hand halten, betrachten die Szene. Sie sind mit einer kurzen Tunika bekleidet. Sie tragen wie der sitzende Mann eine hutartige Kopfbedeckung.

Altar aus Ostia mit Darstellungen aus der römischen Sage, mit Weihung vom 1. Oktober 124 n. Chr., Marmor, H. insgesamt 1,10 m, 0,84 m breit, 0, 84 m tief, Aufbewahrungsort: Thermenmuseum, Rom.

Interpretation

Romulus und Remus werden in einer Höhle von der Wölfin gesäugt. Die männliche Gestalt, die sich zurücklehnt, ist die Personifikation des Tiberflusses. Der Adler ist das Wahrzeichen Roms, denn der Adler galt als Bote des Himmelsgottes und zugleich als Hoheitszeichen des Herrschers und als Sinnbild siegreicher Schlagkraft. Die römischen Legionen führten den Adler als Feldzeichen. Der sitzende Mann wird als Personifikation des Palatin-Hügels aufgefasst, wo sich die erste Siedlung in Rom befand. Der Legende nach stand hier die Hütte des Romulus. Die anderen beiden Männer sind an den Krummstäben als Hirten zu erkennen. Die kegelförmige Kappe, Pilleus, wurde von Handwerkern und Hirten getragen. Die hier nicht sichtbare Gegenseite des Altars zeigt den Kriegsgott Mars und Rhea Silvia, die Eltern der Zwillinge. Auf den Seiten sind Symbole des

Mars und Amoretten, die Begleiter der Venus, zu sehen. Im freien Platz über den Eltern der Zwillinge ist die Weihinschrift mit der Datumsangabe angebracht. Die elegante, aber kühle Ausstattung mit Ornamenten, der mythologische Inhalt und die Betonung der Landschaft verweisen auf eine römische Werkstatt.

Fazit

An den unterschiedlichen Darstellungen der Gründungssage Roms aus verschiedenen Jahrhunderten wird deutlich, welche Rolle die Sage im kulturellen Gedächtnis der Römer spielte. Interessant ist, dass die Haltung der Wölfin auf dem Altar der der kapitolinischen Wölfin ähnelt.

Hinweise für den Unterricht

Die Wölfin spielt bis heute als Wahrzeichen Roms eine bedeutende Rolle. Die Sage weckt gerade bei den Schülern im Anfangsunterricht Geschichte großes Interesse. Davon ausgehend können die Bildwerke mit der Wölfin eingesetzt werden: Sie veranschaulichen die Überzeugung der Römer, dass ihre Stadt ohne die Wölfin, die die künftigen Stadtgründer rettete, nicht gegründet worden wäre. Die zeitliche Spanne der Bildwerke macht deutlich, welche Rolle der Gründungssage in Rom zukam und heute noch zukommt. Die Schüler können beauftragt werden, sich über die Entstehung ihres Heimatortes zu informieren. Möglicherweise gibt es ebenfalls eine Gründungssage, über die sie berichten können.

Literatur

Salvatore Aurigemma, The Bath of Diocletian and the Museo Nazionale Romano, Rom [6]1968.

Heinz Kähler, Rom und seine Welt. Bilder zur Geschichte und Kultur, 2 Bde., München 1958 und 1960.

Herbert Alexander Stützer, Römische Kunstgeschichte, Freiburg 1973.

Die kapitolinische Wölfin

VIVIT VIVIT VIVIT DVO·FRATRES·FABREI·TIGN

G·CAVIVS·C·L·DARDANVS· G·CAVIVS·SPVF·RVFVS· GAVIA·G·G·L·ASIA· G·CAVIVS·C·L·SALVIVS

*Grabrelief mit vier Büsten, Kalkstein, zwischen 75 und 45 v. Chr., Br. 1,84 - 1,86 m, H. 0,83 - 0,86 m, T. 0,12 - 0,13 m; Fundort: Rom, Laterankloster, Aufbewahrungsort: Lateran, Chiostro.

Grabrelief von Freigelassenen

Beschreibung

Aus einem schmucklosen rechteckigen Rahmen, der oben und unten mit lateinischen Großbuchstaben beschrieben ist, blicken vier *Büsten, drei Männer und eine Frau. Der Erhaltungszustand ist bis auf die abgebrochenen bzw. bestoßenen Nasen und das Kinn des Mannes links außen gut. Dieser scheint der Ältere zu sein, was durch die tiefen Falten sichtbar wird. Er trägt sein Haar kurz, unter der Toga ist die Tunika sichtbar. Auf dem Rahmen unten steht sein Name, C[aius] Cavius C[aii] L[ibertus] Dardanus, oben ist *vivit* zu lesen ebenso wie über den beiden folgenden Büsten, d.h. das Grabmal wurde zu ihren Lebzeiten errichtet. Der Mann rechts außen hat eine vergleichbare kantige Schädelform, Haartracht und Kleidung sind gleich, er hat jedoch weniger Falten und scheint der Jüngere zu sein. Sein Name ist mit C[aius] Gavius C[aii] L[ibertus] Salvius angegeben. Über ihm steht *duo fratres tign[arii]*. Es handelt sich demnach um zwei Brüder, die beide Zimmerleute und Freigelas-

sene desselben Patrons Gaius Gavius waren. Neben dem verstorbenen *Salvius* ist *Gavia C[aii] C[aii] L[iberta] Asia* abgebildet, die Freigelassene der beiden Brüder. Sie trägt den Haarknoten über der Stirn, wie das bei Römerinnen dieser Zeit üblich war. Sie ist mit einer Tunika und darüber mit einer faltenreichen Palla, dem Mantel der römischen Frau, bekleidet. Neben ihr ist die Büste eines noch jungen Mannes mit kleinlockigem Haar und eher weichen Gesichtszügen zu sehen. Sein Name ist mit *C[aius] Gavius Spu[rius] F[ilius] Rufus* angegeben. Auch er ist mit Tunika und Toga bekleidet. Der Name *Spurius* deutet darauf hin, dass er ein unehelicher Sohn der *Asia* war, die vermutlich mit einem der beiden Brüder zusammenlebte. Deutlich wird durch die gemeinsame Darstellung, dass sich die Abgebildeten als eine Familie verstanden.

Die Freigelassenen

Scipio Aemilianus soll 131 v. Chr. gesagt haben, die stadtrömische Plebs bestehe hauptsächlich aus ehemaligen Sklaven, die er als Kriegsgefangene nach Rom gebracht habe, so überliefert es jedenfalls Valerius Maximus in seinen „Denkwürdigen Taten und Aussprüchen"

(facta et dicta memorabilia 6,2,3). Sklaven, insbesondere in der Stadt, konnten mit guten Gründen auf eine Freilassung hoffen. Der Freigelassene erhielt den Rechtsstatus seines Freilassers: War dieser römischer Bürger, so erhielt der ehemalige Sklave das römische Bürgerrecht, war er latinischer Bürger, so erhielt er dieses Recht. Seit 168 v. Chr. konnten die Freigelassenen, die römische Bürger geworden waren, lediglich in eine Tribus (Wohnbezirk, wichtig für die Volksabstimmung) eingeschrieben werden, um die Bedeutung der breiten Freigelassenenschicht in der Volksversammlung zu verringern. Dazu kam, dass der Freigelassene unter dem Patronat seines ehemaligen Herrn stand. Er war zu Ehrerbietung und Gehorsam *(reverentia, honor, obsequium)* verpflichtet, oft musste er auch Dienstleistungen *(operae)* erfüllen, die er im Zusammenhang mit seiner Freilassung übernahm. Von daher konnten ärmere Herren ihre Unterhaltspflichten, die gegenüber Sklaven bestanden, erleichtern, Senatoren konnten auf diese Weise ihre Klientel erweitern. Der Patron hatte Schutz- und Fürsorgepflichten zu übernehmen. Freilich hing der Makel der unfreien Herkunft den *liberti* immer noch an, man hat deswegen auch von einem Bürgerrecht zweiter Klasse gesprochen. Folgende Einschränkungen galten für Freigelassene: Ehen zwischen Freigelassenen und Freien waren eher durch Tradition als durch Gesetz behindert. Unter Augustus wurden Ehen mit Angehörigen aus dem Senatorenstand für Freigelassene verboten. Magistraturen oder Priesterämter waren für Freigelassene nicht zugänglich. Doch auch Söhne von Freigelassenen waren vor allem gesellschaftlichen Restriktionen unterworfen. Der Dichter Horaz (65 - 8 v. Chr.) war Sohn eines Freigelassenen. Obgleich er freigeboren und rechtlich keinen Nachteilen ausgesetzt war, schildert er seine Erfahrungen so:
„Jetzt komme ich zurück auf mich, des Freigelassenen Sohn, den alle bekritteln als des Freigelassenen Sohn, jetzt wegen der innigen Gemeinschaft mit dir, Mäcenas, früher aber, weil ich Tribun hieß und eine römische Legion befehligte." (serm. I 6, 45 - 48, übers. v. Hans Färber/Wilhelm Schöne, in: Horaz. Sämtliche Werke, hg. v. Hans Färber, München 1964, S. 47.)

Die Freigelassenengrabmäler

Die Gattung von *Grabmälern, die häufig als „Reliefs mit Halbkörperbüsten" oder als „Kastenreliefs" bezeichnet werden, entstand offenbar im spätrepublikanischen Rom und verbreitete sich von dort in die Städte Italiens und in die westlichen Provinzen. Der Archäologe Paul Zanker hat diese Gruppe von Grabmälern in Rom und seiner nächsten Umgebung untersucht und festgestellt, dass nach Ausweis der erhaltenen Inschriften die Dargestellten, von ganz wenigen Ausnahmen abgesehen, als Freigelassene oder als Nachkommen von Freigelassenen bezeichnet werden. Wenn man weiß, welchen Restriktionen und welcher sozialen Missachtung die Freigelassenen ausgesetzt waren, ist verständlich, dass sie auf Erwerb und auf gesellschaftliche Anerkennung bedacht waren. Wer sich ein solches Grabmal leisten konnte, gehörte durchaus zur Mittelschicht der Freigelassenen. Werden Berufe erwähnt, so sind es in der Regel ehrenwerte Handwerke wie das der Zimmerleute. Die Namensform ist ganz römisch, zuerst kommt Vorname und Name des Freilassers, an die Stelle des Vaters tritt der Freilasser, wobei das Kürzel *L* für *libertinus* steht. Am Schluss folgt ein Beiname *(cognomen)*, oft der ehemalige Rufname des Sklaven, der in der Regel keinen Hinweis auf seine Herkunft gibt. Die Dargestellten scheuen sich nicht anzugeben, dass sie Freigelassene sind. Denn es war ihr entscheidender Lebenserfolg, dem Sklavendasein entronnen zu sein. Ihre Kleidung und Frisur zeigen deutlich, dass sie die römischen Gepflogenheiten und Moden nachahmten. Keinesfalls wollten sie sich im Äußeren von den Freigeborenen unterscheiden.

Grabrelief von Freigelassenen

Zur Porträtähnlichkeit

Die Büsten in den Freigelassenengrabmälern zeigen keine Gefühlsregungen, sondern imitieren die statuarische Repräsentation der Oberschicht, insbesondere Ernst und Würde (*gravitas und dignitas*). Der Brustbildausschnitt in den Freigelassenengrabmälern konzentrierte den Blick des Betrachters auf die Gesichter der Dargestellten. Insgesamt wirken die Köpfe wirklichkeitsnah und realistisch. Der Realismus bei römischen *Porträts wurde häufig auf italisch-etruskische Bildnistraditionen zurückgeführt oder mit den altrömischen wächsernen Ahnenbildern („Totenmasken") der vornehmen römischen Familien in Verbindung gebracht. Eine andere Forschungsrichtung hat demgegenüber die Verbindung von späthellenistischem und republikanischem Porträt betont. Zanker verweist darauf, dass es für die Freigelassenen als Auftraggeber auf die Ähnlichkeit ankam. Die Freigelassenen wollten offenbar so gesehen werden, wie sie aussahen. Die Bekannten sollten die Dargestellten wieder erkennen, zumal noch Lebende auf einem Grabmal abgebildet wurden. Gesehen werden war nach römischen Vorstellungen wichtig, deshalb standen die Grabmäler entlang den Ausfallstraßen (vgl. S. 76). Im Realismus dieser Porträts kamen aber auch Stolz und Selbstzufriedenheit zum Ausdruck: Man hatte es zu etwas gebracht. Über die Werkstätten, die diese Grabmäler herstellten, ist nichts bekannt. Jedenfalls dürften sie nicht für Staatsaufträge und auch nicht für die Oberschicht gearbeitet haben.

Die Bedeutung von Freigelassenen für die römische Gesellschaft

Neben der Mittelschicht hat es selbstverständlich auch sehr arme und andererseits sehr reiche und im Übrigen auch in Hofämtern sehr einflussreiche Freigelassene gegeben, gerade unter Claudius und Nero. Daher dürfte es kein Zufall sein, dass sich besonders damals manche gegenüber ihren früheren Herren respektlos und beleidigend verhielten. Der Geschichtsschreiber Tacitus berichtet von Senatsverhandlungen des Jahres 56 n. Chr., in denen erwogen wurde, den Herren das Recht einzuräumen, die Freilassung wieder zurückzunehmen:

Demgegenüber wird folgendes geltend gemacht. Für eine Schuld, die wenige begingen, müsse man diese Wenigen büßen lassen, aber nicht allen ihre Rechte verkürzen. Die Freigelassenen bildeten doch einen sehr zahlreichen Stand. Aus ihm setzten sich großenteils die Tribus, die Decurien, die Dienerschaft der hohen Staatsbeamten und der Priester, auch die städtischen Kohorten zusammen. Sehr viele Ritter und gar mancher Senator stamme von Freigelassenen ab. Nehme man die Freigelassenen hinweg, so würde der Mangel an Vollfreien ans Tageslicht kommen. Nicht umsonst hätten die Vorfahren trotz der Rangunterschiede zwischen den einzelnen Ständen allen gleichermaßen die Freiheit zugesichert. Ja, man habe doch auch für die Freilassung zwei verschiedene Grade festgesetzt; den ersten Grad könne der Herr zurücknehmen oder als weiteren Beweis seines Wohlwollens den zweiten hinzufügen. Wer noch nicht öffentlich durch den Freiheitsstab von der Sklaverei losgesprochen sei, trage doch immer noch gewissermaßen Sklavenketten. Es müsse eben jeder seine Sklaven sorgfältig prüfen und ihnen nur zögernd gewähren, was er, wenn es einmal gewährt worden, ihnen nicht wieder nehmen dürfe. Diese Meinung drang durch. Der Kaiser schrieb an den Senat, Klagen der Schutzherren gegen ihre Freigelassenen sollten von Fall zu Fall entschieden werden. Von einer allgemeinen Entziehung der Rechte möchten sie absehen.

Tacitus, Annalen 13, 27, übers. nach August Horneffer, Tacitus. Annalen, Stuttgart 1964, S. 416.

Hinweise für den Unterricht

Für das Verständnis der römischen Gesellschaft ist die Beschäftigung mit ihrer Sozialstruktur unerlässlich. An dem Grabrelief können die Schüler versuchen, selbst Informationen über das Selbstverständnis dieser Freigelassenen zu gewinnen. Die Beschäftigung mit dem Horaz-Zitat und dem Tacitus-Text gibt Einblick in das Misstrauen, aber auch den Neid, denen die Freigelassenen und sogar noch ihre freigeborenen Kinder ausgesetzt waren. Die Frage, ob es in unserer Gesellschaft vergleichbares Verhalten gibt, liegt auf der Hand.

Literatur

Geza Alföldy, Römische Sozialgeschichte, Wiesbaden [3]*1984.*

Otto Vessberg, Studien zur Kunstgeschichte der römischen Republik, Text u. Tafeln, Lund 1941.

Paul Zanker, Grabreliefs römischer Freigelassener, in: Jahrbuch des Deutschen Archäologischen Instituts 90, 1975, S. 267 - 315.

 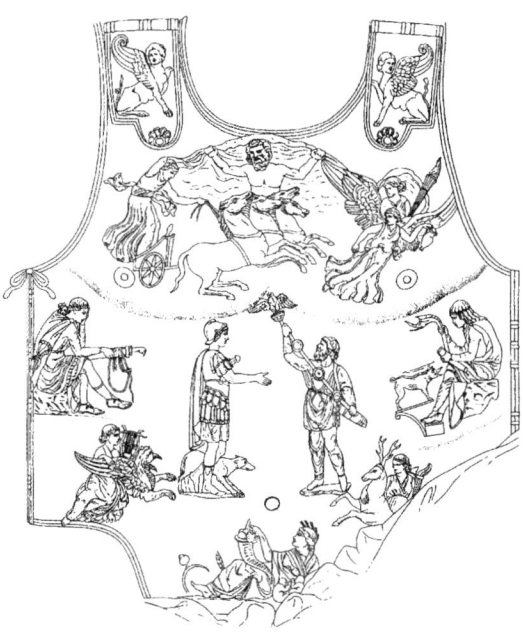

Augustus-*Statue von Primaporta, wahrscheinlich 17 v. Chr., Marmor, 203 m, Rom, Vatikanische Museen. Rekonstruktion der polychromen Fassung und Rekonstruktionszeichnung des Brustpanzers.

Die Augustus-Statue von Primaporta

Beschreibung

Augustus ist barfuß, er steht auf seinem rechten Bein, während sein linkes Bein leicht nach hinten gestreckt ist und nur mit der Fußspitze den Boden berührt. Sein rechter Arm ist ausgestreckt und etwas nach oben abgewinkelt, die Hand ist nicht ganz geschlossen, der Zeigefinger gerade. In der linken Hand hält er einen etwa 1,30 m langen Stab. Augustus ist als Feldherr gekleidet. Über einem kurzen Untergewand trägt er einen Feldherrnmantel, den er um die Hüfte und den linken Arm geschlungen hat, und einen fransenverzierten Brustpanzer, der die Muskeln nachbildet. Neben seinem rechten Unterschenkel reitet ein *Putto auf einem Delphin.

Die Brustseite des Panzers schmückt ein *Relief, auf dem zwei Sphingen (auf den Schulterscharnieren) und elf Personen dargestellt sind. Die Szene in der Mitte zeigt einen Mann, bekleidet mit langärmeligem Untergewand, kurzem Leibrock und langen Hosen. Er hält mit beiden Händen ein römisches Feldzeichen mit einem Legionsadler. Ihm gegenüber steht ein junger Mann in römischer Rüstung. Er streckt seine Hand nach dem Feldzeichen aus. Über und unter dieser Szene sind sieben Götter dargestellt. Der bärtige Himmelsgott spannt mit seinen Armen einen weiten Mantel über sich. Zu seiner Rechten eilt der Sonnengott mit dem vierspännigen Wagen herbei. Ihm voraus eilen auf der anderen Seite eine geflügelte Göttin mit einer Kanne und dahinter eine Göttin mit einer Fackel. Unter dem Mittelbild liegt eine Göttin, die ein Füllhorn hält, mit zwei Säuglingen an ihrer Brust. Sie wird flankiert von Apollo mit Kithara auf einem Greif und

---

Diana mit Fackel und Köcher, die auf einer Hirschkuh reitet. Diese beiden Götter bewegen sich auf die Mitte zu.

Am Rand der Szene in der Mitte sitzen zwei weitere Personen auf Felsblöcken. Die linke Figur hält ihr Schwert, das in der Scheide steckt, und den darumgewickelten Gürtel in der Hand. Ihr Gegenüber hat drei Gegenstände: einen kurzen dicken Stab in der Linken, einen dünnen, der in einem Tierkopf endet, in der Rechten, während vor ihr auf einer Stange ein Tier steht.

Interpretation

Die Szene in der Mitte gibt ein historisches Ereignis wieder: die Rückgabe der römischen Feldzeichen durch die Parther im Jahre 20 v. Chr. Der Mann, der das Feldzeichen hält, ist durch Kleidung, Bart und Haartracht als Barbar – in diesem Fall als Parther – charakterisiert. Helm und Haartracht des Römers deuten auf den Kriegsgott Mars, der hier von einem Wolf begleitet wird.

Der Himmelsgott, dessen Mantel das Himmelszelt darstellt, wurde früher als Caelus gedeutet. Es kann sich aber auch um Saturn handeln, der den Beginn einer neuen Zeit anzeigt. Er wird flankiert vom Sonnengott Sol (Helios) mit dem vierspännigen Sonnenwagen und der geflügelten Aurora (Morgenröte), die aus ihrer Kanne Tau spendet. Auf dem Rücken trägt sie Luna (mit Schleier und Fackel) oder Venus, die Göttin des Morgensterns. Für diese Deutung spricht, dass damit ein weiterer Hinweis auf die Abstammung der Julier gegeben wird.

Dem Himmelsgott gegenüber lagert die Erdgöttin (Tellus) mit einem Füllhorn und den beiden Säuglingen als Zeichen der Fruchtbarkeit. Die göttlichen Zwillinge stehen wahrscheinlich für Osten und Westen (Sonnenaufgang/Tag und Sonnenuntergang/Nacht), denn sie wurden als Schutzgötter für die Siege

des Augustus im Osten (Actium, 31 v. Chr.) und Westen (Mylae und Naulochos, 36 v. Chr.) verehrt.

Nicht ganz eindeutig sind die beiden anderen Figuren am Rand der „historischen" Ebene. Meist werden sie als besiegte Völker oder als römische Provinzen erklärt. Die Figur über der Göttin Diana mit Drachentrompete und Eberstandarte stellt mit ziemlicher Sicherheit eine keltische Provinz dar, vielleicht das von Augustus eroberte Nordspanien. Die Figur ihr gegenüber scheint gerade ihr Schwert abzugeben. Es könnte ein gerade erst besiegtes Gebiet sein, das wahrscheinlich im Osten des Reiches zu suchen ist (Dalmatien, Pannonien, Dakien?).

Die beiden Sphingen auf den Schulterscharnieren erinnern vielleicht an den Erwerb der Provinz Ägypten. Möglich ist aber auch, dass Augustus mit den rätselhaften Tieren auf ein Orakel der Sibylle von Cumae verweisen wollte. Darin hieß es, dass das goldene Zeitalter erst nach der Rückgewinnung der verlorenen Feldzeichen anbreche. Die Sphinx wurde auch auf Münzen geprägt, als Augustus die Verhandlungen mit den Parthern vorbereitete.

Auch wenn nicht alle Personen mit letzter Sicherheit erklärt werden können, so ist die Gesamtaussage eindeutig. Die Rückgabe der Feldzeichen wird durch die Götter in einen kosmischen Rahmen gestellt und erhält damit eine religiöse Überhöhung: Die Politik des Augustus leitet ein neues „Goldenes Zeitalter" ein.

Die Augustus-Statue

Die Augustus-Statue wurde 1863 bei Ausgrabungen in Primaporta, etwa 12 km nördlich von Rom, entdeckt. Die Marmorstatue, deren Kopf gesondert gearbeitet ist, stand wahrscheinlich auf der Südterrasse eines Sommerpalastes der Kaiserin Livia. Pigmentspuren, die vor allem durch UV-Fluoreszenz sichtbar gemacht werden konnten, lassen darauf schließen, dass die Statue farbig gefasst war. Eine Rekonstruktion der polychromen Fassung hat Paolo Liverani versucht. Er kommt zu dem Ergebnis, dass die Haut und der Panzer weiß blieben. Alles andere war bemalt, wofür sieben verschiedene Farben verwendet wurden. Vorherrschend waren die Farben blau und rot (Umhang).

Die ältere Forschung ging davon aus, dass die bloßen Füße auf einen verstorbenen und vergöttlichten Kaiser deuten, und nahm deshalb an, dass die Marmorstatue um 20 n. Chr. nach einer älteren Bronzestatue entstanden ist. Die neuere Forschung sieht in der Statue keine Kopie mehr, sondern hält eine Entstehungszeit von 17 v. Chr. für wahrscheinlich (E. Simon). Die Barfüßigkeit könnte wie die Haltung der Figur auf griechische Vorbilder zurückgehen. Die erhobene rechte Hand – früher als Aufmerksamkeitsgestus eines Redners („adlocutio") gedeutet – hielt möglicherweise eine mit der Spitze nach unten gerichtete Lanze, ein Symbol des Kriegsgottes Mars, das Wachsamkeit ausdrückte. Der Stab in der linken Hand ist ergänzt, vielleicht trug Augustus hier einen Lorbeerzweig als Zeichen des Friedens. Dies würde gut zum Fundort passen, denn in Primaporta wuchsen die Lorbeerbäume, mit denen Mitglieder des julisch-claudischen Hauses bei Triumphzügen bekränzt wurden. Der auf einem Delphin reitende Putto neben dem rechten Bein des Augustus wird allgemein als Amor gedeutet und weist auf die Abstammung der Julier von der Göttin Venus hin.

Historische Einordnung

Die mittlere Szene auf dem Brustpanzer gibt ein historisches Ereignis wieder: die Rückgabe der römischen Feldzeichen durch die Parther im Jahre 20 v. Chr., die nach der Niederlage des Crassus bei Carrhae (53 v. Chr.) verloren gegangen waren. Bei den beiden Personen könn-

te es sich demnach auch um den Partherkönig Phraates IV. (reg. 37 - 2 v. Chr.) und um Tiberius, den Stief- und Schwiegersohn des Augustus, handeln. Die Rückgabe der Feldzeichen ließ Augustus als einen herausragenden politischen Erfolg feiern. Sie wurden im neu erbauten Tempel des Mars Ultor auf dem Kapitol aufgestellt, außerdem sollte ein Triumphbogen auf dem Forum daran erinnern. Die Bedeutung des Ereignisses kann man auch daran erkennen, das es in den „Res Gestae" (Tatenbericht) erwähnt wird und zu diesem Anlass eine eigene Münze geprägt wurde.

Zusätzliches Material

Der „Tatenbericht" des Augustus
Zahlreiche militärische Feldzeichen, die durch andere Heerführer verloren worden waren, habe ich durch die Niederringung der Feinde in Spanien und Gallien sowie von den Dalmatern wiedererlangt. Die Parther habe ich veranlasst, die Beute und Feldzeichen dreier römischer Heere mir zurückzugeben und demütig die Freundschaft des römischen Volkes zu erbitten. Diese Feldzeichen aber ließ ich im innersten Heiligtum des Tempels des Mars Ultor aufbewahren. [...] Zu mir nahmen demütig bittend ihre Zuflucht die Partherkönige Tiridates und später Phraates (V.), der Sohn des Königs Phraates (IV.) [...] Der Partherkönig Phraates (IV.), der Sohn des Orodes, hat alle seine Söhne und Enkel zu mir nach Italien gesandt, nicht weil er im Krieg überwunden worden war, sondern weil er sich um unsere Freundschaft mit dem Unterpfand seiner Kinder bewerben wollte. [...] Aus meiner Hand empfingen die Völker der Parther und Meder die erbetenen Fürsten ihres Volkes als Könige [...]

Augustus: Meine Taten. Res Gestae Divi Augusti nach dem Momentum Ancyranum, Apolloniense und Antiochenum, hg. von Ekkehard Weber, München 1970, S. 37-41.

Die Regierung des Augustus als Beginn des „Goldenen" Zeitalters

Lass dir noch kundtun, wie es im Weltreich aussieht: die Kantabrer, die Armenier liegen am Boden; dort war Agrippa, hier Claudius Nero der Held. Kniefällig hat Phraates Cäsars Bescheid und Gebot hingenommen. Goldene Fülle hat aus üppigem Horn ihre Früchte ausgeschüttet über Italiens Fluren.

Horaz, Epist. I, 12, 27-29, übersetzt und zusammen mit Hans Färber bearbeitet von Wilhelm Schöne, Müchen 1993.

Augustus hat die Rückgabe der Feldzeichen auch auf einer weit verbreiteten Silbermünze (Denar, ca. 2 cm Durchmesser) im Jahre 18 v. Chr. darstellen lassen. Die Vorderseite zeigt das Bild der römischen Göttin Feronia und nennt den Münzmeister (Turpilianus). Die Inschrift auf der Rückseite lautet: CAESAR AUGUSTUS SIGN[a] RECE[pta] (= Rücknahme der Feldzeichen) und zeigt einen knienden Parther in Hosentracht mit einem römischen Feldzeichen in der Rechten.

Rückseite des Denars, 18. v. Chr., Silber, Durchmesser ca. 2 cm, Münzstätte Rom, London, British Museum.

Hinweise für den Unterricht

Das Bildprogramm ist für einen Schüler der Unterstufe nicht leicht zu entziffern. Er kann dies im Unterrichtsgespräch mit Hilfe strukturierender Leitfragen (Personen und ihre Attribute, Bildaufbau) tun oder die vorgegebenen Götternamen und Attribute dem Bild zuordnen.

Sonnengott	Sonnenwagen
Himmelsgott	Himmelszelt (Firmament)
Aurora	Kanne
Venus	Schleier, Fackel
Apollo	Kithara (Leier), Greif (Fabeltier mit Löwenleib, Adlerkopf und Krallenfüßen)
Erdgöttin	Füllhorn (Blumen und Früchte, Säuglinge)
Diana	Hirschkuh, Fackel, Köcher

Wichtig ist in jedem Fall der Hinweis auf das historische Ereignis und den göttlichen Rahmen, mit dem es propagandistisch überhöht wird. Dadurch lässt sich die Augustusstatue mit anderen Kunstwerken der augusteischen Zeit vergleichen (Augustusforum, Ara Pacis, Mausoleum und Sonnenuhr). Eine zweite Möglichkeit kann von dem Widerspruch zwischen der Kleidung (Feldherrnmantel, Brustpanzer) und der Darstellung (Friedensvertrag) ausgehen. Die Schüler entwerfen dazu eine kleine Rede, mit der Augustus seine Politik gegenüber den Soldaten oder Offizieren seines Heeres rechtfertigt.

Ein Einsatz in der Oberstufe – in Ansätzen auch schon in der Unterstufe – zielt auf einen Vergleich des Brustpanzers mit den beiden anderen Quellen, den „Res Gestae" und der *Münze. Auffällig ist beide Male, dass dort der religiöse Bezug fehlt, aber die Rückgabe der Feldzeichen als römischer Sieg gefeiert wird. Während der Brustpanzer Römer und Parther als eher gleichrangige Verhandlungspartner zeigt, wird auf der (weiter verbreiteten) Münze

Die Augustus-Statue von Primaporta

der Eindruck der völligen Unterwerfung erweckt. Das Bild stellt nur einen Parther dar. Er ist ähnlich gekleidet wie der Parther auf dem Panzer, aber er kniet und gibt in demütiger Haltung das Feldzeichen zurück. Das entspricht auch der Darstellung im „Tatenbericht", in der Augustus mehrfach seine Überlegenheit („habe ich veranlasst...", „demütig erbitten") betont. Außerdem schreibt er, dass die Partherkönige ihm Geiseln gestellt hätten und er ihre Könige eingesetzt habe. Die Rückgabe der Feldzeichen wird hier im Zusammenhang mit weiteren Siegen (gegen Spanien, Gallien und die Dalmater) genannt, bei denen die Römer ebenfalls verlorene Feldzeichen zurückbekamen.

Literatur

Bernard Andreae, Die Kunst des alten Rom, Freiburg 1989.

Erika Simon, Augustus. Kunst und Leben in Rom um die Zeitenwende, München 1986.

Dies., Altes und Neues zur Statue des Augustus von Primaporta, in: Saeculum Augustum III: Kunst und Bildersprache, hg. von Gerhard Binder, Darmstadt 1991 (Wege der Forschung Bd. 632), S. 204-233.

Paul Zanker, Augustus und die Macht der Bilder, München ²1990.

Das Marmorrelief stammt von der Ostseite der Ara Pacis, 9 v. Chr. geweiht. H. 1,62 m, Br. 2,40 m. Die Ara Pacis steht heute gegenüber dem Augustus-Mausoleum in Rom umgeben von einem Schutzbau.

Tellus- oder Pax-*Relief vom Altar des Augustusfriedens (Ara Pacis Augusti)

Beschreibung

Eine Frau sitzt würdevoll auf einem Felsen, mit einem Teil ihres Mantels hat sie ihr Haar bedeckt, in dem sie einen Kranz aus Ähren und Mohn trägt. Sie hält zwei spielende Säuglinge im Arm. In ihrem Schoß liegen Früchte. Ihre Füße sind barfuß. Hinter ihr wachsen Mohn, Weizen und andere Pflanzen. Unter dem Sitz der Frau sind in kleinerem Maßstab ein ruhendes Rind und ein weidendes Schaf abgebildet. Zu ihren Seiten sieht man je eine weibliche Gestalt, deren Gewand lediglich die Beine verhüllt und oben wie ein Segel in ihrem Rücken und über den Köpfen gebläht ist. Die Gestalt links sitzt auf einem fliegenden Schwan, darunter wächst Schilf, im Vordergrund fließt aus einem umgefallenen Krug Wasser. Die rechte Gestalt sitzt auf einem Meerungeheuer, das aus dem Wasser aufgetaucht ist.

Interpretation

In der Antike wurden Gottheiten in der Regel mit bloßen Füßen abgebildet. Um welche mütterliche Gottheit es sich handelt, ist schwer zu entscheiden. Das Gewand lässt an Venus, die Göttin der Schönheit und Liebe, aber auch der Fruchtbarkeit denken, der Ährenkranz und der teilweise bedeckte Kopf eher an Ceres, die Göttin des Ackerbaus und zugleich die Erdmutter, der Felsensitz und die Umgebung eher an Tellus, die römische Göttin der Erde,

Tellus- oder Pax-Relief

der die Fruchtbarkeit des Landes verdankt wurde. Die Figur wird auch als Verkörperung der Italia gesehen. Wissenschaftler haben darauf verwiesen, dass dies charakteristisch für die neuen Personifikationen der augusteischen Religion ist, die keine mythischen Gestalten mehr verkörpern, sondern Werte und Kräfte. Das ruhende Rind und das weidende Schaf sind Zeichen für das Gedeihen der Herden. Die Gestalten zu Seiten der Muttergöttin sind die Verkörperungen der Meer- und Landwinde, die der griechischen Ikonographie entnommen sind. Der umgestürzte Krug symbolisiert einen Wasserlauf, die Verkörperung der Landwinde fliegt auf einem Schwan, während das Meerungeheuer, auf dem die Verkörperung der Seewinde sitzt, ganz zahm ist. Diese Winde bringen Regen und günstiges Wetter für die Saaten, daher sind sie eng mit der Göttin verbunden, zu der sie aufschauen. Das Bild erweckt den Eindruck von Fruchtbarkeit, Gedeihen und Frieden. Von daher wird die Gottheit auch als Verkörperung der Pax (des Friedens) gedeutet. Das Thema des Kindersegens im Zentrum ist in diese Vorstellungen eingebettet. Mit diesem Bild konnte sich jeder identifizieren, dahinter standen aber die Ehe- und Sittengesetze des Augustus, wonach es eine Pflicht zur Heirat gab (18 v. Chr., ergänzt 9 n. Chr.).

Zur Datierung und zum Auftraggeber

Kaiser Augustus (27 v. Chr. - 14 n. Chr.) war in den Jahren 16 - 13 v. Chr. in den Provinzen Gallien und Spanien, um deren Verwaltung neu zu ordnen. Am 4. Juli 13 v. Chr. kehrte er nach Rom zurück. Aus diesem Anlass stiftete der Senat einen Altar des Augustusfriedens (Ara pacis Augusti) auf dem Marsfeld. Der fertig gestellte Altar wurde am 30. Januar 9 v. Chr. geweiht. In seinem Tatenbericht, den Augustus kurz vor seinem Tode angefertigt hatte, schreibt er: „Als ich aus Spanien und Gallien nach glücklich vollbrachten Taten in diesen Provinzen unter dem Konsulate des Tiberius Nero und des Publius Quintilius nach Rom zurückkehrte, da beantragte der Senat, den Altar des 'Augustus-Friedens' beim Marsfeld für meine Rückkehr zu weihen; auf ihm sollten die Behörden, die Priester und die Vestalischen Jungfrauen nach seinem Befehl ein jährliches Opfer darbringen." (Augustus, res gestae, Kap. 12, übers. v. Ferdinand Gottanka, Tübingen ³1944, S. 21).

Sowohl in seinem Rankenschmuck als auch im Reliefschmuck symbolisiert dieser Altar eindrucksvoll das neue Zeitalter des Friedens, das Augustus nach der langen Zeit der Bürgerkriege heraufgeführt hatte. Man kann davon ausgehen, dass das Bildprogramm der Ara Pacis nicht nur von einer Senatskommission vorgegeben und gebilligt wurde, sondern dass es den Absichten des Princeps entsprach. Dafür spricht auch die Strophe aus dem *carmen saeculare*, die Horaz im kaiserlichen Auftrag für die Saekularspiele 17 v. Chr. dichtete:

Reich an Vieh und Früchten soll Mutter Erde
Mit der Ähre kränzen der Ceres Stirne;
Jovis Luft und heilsames Nass erquicke
Nährend das Wachstum!

Horaz, carmen saeculare 29-32, übers. v. Hans Färber, Horaz. Sämtliche Werke, München 1964, S. 221.

Die Ara pacis Augusti

Die Ara pacis ist ein fast quadratischer Bau (10,65 x 11,62 m) aus Marmor mit zwei symmetrisch angelegten Eingängen, die ein bewusstes Zitat des Janusbogens auf dem Forum sind. Sie ist eine Opferstätte im Sinne der ursprünglichen römischen Religion: Der Altar ist von einer Umfassungsmauer mit den zwei Eingängen umgeben. Der Kern des Altars besteht aus Tuff, er ist mit Marmorplatten verkleidet. Die Umfassungsmauer besteht aus doppelseitigen Marmorreliefs. Die Werkstätten dürften aus dem griechischen Osten gekommen sein, denn im Westen war der Umgang mit Marmor noch nicht lange bekannt.

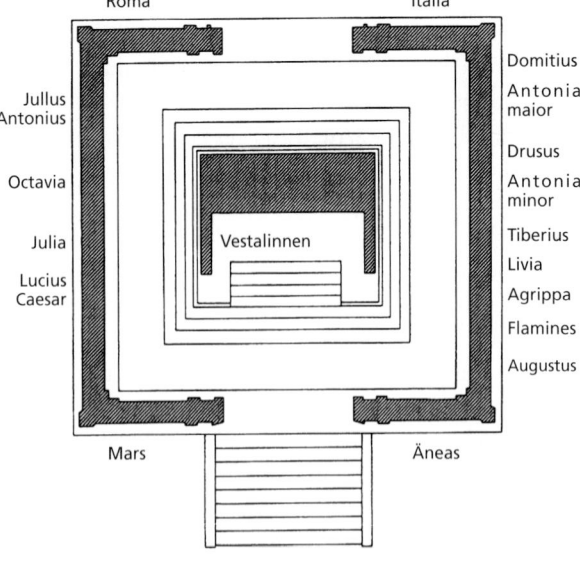

Grundriss der Ara pacis.

Im Übrigen waren die Ara pacis und die riesige, dem Sol geweihte Sonnenuhr (Solarium Augusti) ein einheitlicher Baukomplex, in den auch das Mausoleum des Augustus einbezogen war. Als Zeiger der Sonnenuhr diente ein aus Heliopolis in Ägypten herbeigeschaffter Obelisk. Nach den Ausgrabungsergebnissen von Edmund Buchner scheint die Ara Pacis auf die Sonnenuhr des Augustus hin ausgerichtet gewesen zu sein. Eine bestimmte Linie der Sonnenuhr, die Tag- und Nachtgleiche im Herbst, verlief durch die Mitte der Ara Pacis. Der Geburtstag des Augustus wurde offiziell am 23. September gefeiert. Daraus ergibt sich, dass die gesamte Anlage auf diesen Tag hin ausgerichtet war. Augustus ist demnach der geborene Friedensfürst.

Rekonstruktionszeichnung von Sonnenuhr und Ara Pacis aus der Vogelperspektive.

Die Friedenspropaganda des Augustus

Das erste Jahrhundert vor Chr. kann bis 27 v. Chr. als Jahrhundert der Bürgerkriege bezeichnet werden. Es ist verständlich, dass Horaz wohl Anfang 38 v. Chr. folgendes Gedicht schrieb:

Wohin, wohin, Verruchte, stürmt ihr
    und was soll
Am Schwert, das kaum geruht, die Faust?
Ist über Länder, über Meere nicht genug
Geflossen des Latinerbluts?
Nicht daß des neidischen Karthago stolze Burg
Von Römerhand auflodere,
Nicht, daß der unbesiegte Brite, kettenschwer,
Hinab die heilge Straße zieh:
Nein, daß – des Parthers höchster Wunsch –
    durch eigne Hand
Zugrunde gehe diese Stadt.
Nie war der Wölfe, nie der Löwen Weise dies,
Nur fremde Brut verfolgen sie:
Reißt blinde Wut, reißt höhere Gewalt euch
    fort?
Ist's Sündenschuld? Antwortet mir!
Sie schweigen, Todesblässe deckt ihr Angesicht,
Wie blitzgetroffen starrt ihr Herz.
So ist's: Es treibt ein schwer Geschick
    die Römer um.
Des Brudermordes Greueltat,
Seit zu der Erde Remus' unverschuldet Blut,
Ein Fluch den Enkeln, niederfloß.

Horaz, Epode 7, übers. v. Hans Färber, in: Horaz. Sämtliche Werke, hg. v. Hans Färber, München 1964, S. 239ff.

Augustus wusste, wie sehr die Bevölkerung Italiens, aber auch der Provinzen den Frieden herbeisehnte. Zugleich war ihm bewusst, dass die senatorischen Familien sich nur schwer mit der Herrschaft eines Mannes abfinden konnten, auch wenn nominell die republikanischen Institutionen weiter bestanden. Aus diesen Gründen versuchte Augustus sich immer wie-

Tellus- oder Pax-Relief

der als Garant des Friedens, als Friedensfürst ins rechte Licht zu setzen. Die künstlerische Umsetzung des Friedensgedankens, wie insbesondere an dem Tellus- oder Pax-Relief, aber auch insgesamt an der Ara pacis deutlich wird, wurde auch im gesamten römischen Reich verbreitet. So ist zum Beispiel eine Variante des Pax-Reliefs aus Karthago erhalten.

Augustus eine lange Periode blutiger und zerstörerischer Bürgerkriege beendete, ist bereits im Unterricht behandelt worden. Das Gedicht des Horaz verdeutlicht die ausweglose Situation der Bürgerkriege und fasst sie zusammen. Umso stärker wirkt das Relief durchaus im Sinne der augusteischen Propaganda auch auf uns. Das Relief aus Karthago zeigt, dass die Propaganda nicht auf Rom beschränkt war.

Hinweise für den Unterricht

Auch wenn die ausführliche Besprechung der Details und das Ausschöpfen der vielfältigen Bezüge eher dem Geschichtsunterricht der Oberstufe angemessen sind, so erfassen Schüler im Anfangsunterricht durchaus ohne Nachhilfe, dass das Bild den Eindruck von Fruchtbarkeit, Gedeihen und Frieden erweckt. Dass

Literatur

Erika Simon, Augustus. Kunst und Leben in Rom um die Zeitenwende, München 1986.

Paul Zanker, Augustus und die Macht der Bilder, München ²1990.

Relief der Pax (?) aus Karthago.

Kenotaph des Marcus Caelius, 9 n. Chr. oder kurz danach entstanden, Lothringischer Kalkstein, H. noch 1,37 m, Fundort: nördlich des Legionslagers Vetera I bei Xanten, Aufbewahrungsort: Rheinisches Landesmuseum Bonn.

Caelius-Grabstein

Beschreibung

Der links unten beschädigte Stein ist im unteren Teil beschrieben. Die erste Zeile enthält die größten lateinischen Buchstaben, die der zweiten Zeile sind etwas kleiner, die Buchstaben der Zeile drei bis fünf sind gleichgroß, aber wiederum kleiner. Die Inschrift ist auf einer gehenkelten Tafel eingemeißelt. Über der In-

schrift erhebt sich ein kleiner tempelartiger Bau (*Aedicula*). Die Mitte der Nische nimmt eine männliche Halbfigur ein, die einen Brustpanzer trägt. An den Oberarmen und am unteren Rand sind schmale Laschen zu sehen, darunter schaut ein faltenreiches Gewand hervor. Über dem Panzer hängt ein rostartiges Geflecht, an dem fünf runde Scheiben befestigt sind, an den Schultern an einem Tuch hängen Ringe, deren Enden verdickt sind, darüber sind noch kleine Löwenköpfe zu sehen. Um den Hals trägt der Dargestellte einen Reif, außerdem an beiden Armen einen Armreif, auf dem Haupt einen Kranz aus Eichenblättern mit einem Medaillon in der Mitte. In der rechten Hand hält er einen Stock, der über die Inschrift reicht. Über die linke Schulter ist ein Stück des Mantels geworfen, das untere sich bauschende Ende des Mantels hält er in seiner linken Hand. Rechts und links der Halbfigur sind auf hohen Halbsockeln mit Inschriften plastisch herausgearbeitete Köpfe zu sehen.

Interpretation

Die lateinische Inschrift ist zum Teil ergänzt. Auf deutsch: „Dem Marcus Caelius, Sohn des Titus, aus der Tribus Lemonia, aus Bononia (heute Bologna), Hauptmann ersten Ranges der XIIX. Legion, 53 1/2 Jahre alt. Er fiel im Varus-Krieg. Die Gebeine (seiner Freigelassenen?) dürfen (hier) beigesetzt werden. Sein Bruder Publius Caelius, Sohn des Titus, aus der Tribus Lemonia, hat (den Grabstein) machen lassen."

Obgleich in der Inschrift nicht steht, dass Caelius Centurio war, deutet der Stab, den er in der Hand hält, auf seinen Rang. Nach der wahrscheinlichen Ergänzung der Inschrift war Caelius einer der ranghöchsten Centurionen der XVIII. Legion, die zum Heer des Varus gehörte. Sie ging zusammen mit zwei weiteren Legionen in der Schlacht im Teutoburger Wald 9 n. Chr. zugrunde; wahrscheinlich fiel Caelius in dieser Schlacht, sofern er nicht bereits auf einem Feldzug des Varus im Jahre 7 oder 8 n. Chr. fiel. Caelius nimmt die Mitte des Grabsteines ein. Der für einen Centurionen kennzeichnende Stab war aus Rebenholz (vitis). Die Armbänder, die runden Scheiben auf der Brust (phalerae) und die Ringe (torques) an den Schultern sowie der Halsreif und die Löwenköpfe sind militärische Auszeichnungen. Der Eichenkranz ist die höchste militärische Auszeichnung im römischen Heer; die corona civica – „Bürgerkrone" - wurde für die Errettung eines

römischen Bürgers aus Lebensgefahr in der Schlacht verliehen. An den Oberarmen und am unteren Rand des metallenen Brustpanzers sind Lederlaschen angebracht. Darunter ist das faltenreiche Gewand, die Tunika, zu sehen. Der metallene Brustpanzer war Offizieren (tribuni militum), die aus dem Senatoren- oder Ritterstand stammten, vorbehalten, aber auch Centurionen. Ein Centurio stammte in der Regel nicht aus diesen Ständen, sondern begann als einfacher Legionär, konnte aber aufgrund seiner Tüchtigkeit zum Centurio aufsteigen und dieselben Funktionen wie ein Offizier ausüben. Wie tüchtig Caelius war, beweisen nicht allein seine vielen Auszeichnungen, sondern auch die Tatsache, dass er Hauptmann ersten Ranges war. Neben ihm sind die Köpfe seiner Freigelassenen abgebildet. Auf den *Sockeln steht ihr Name Marcus Caelius Privatus bzw. Marcus Caelius Thiaminus, jeweils mit dem Zusatz „Freigelassener des Marcus". Es handelt sich um die ehemaligen Sklaven, die Marcus Caelius freigelassen hatte. Mit der Freilassung übernahmen sie den Namen dessen, der sie freiließ, ihr eigener Name wurde dazugefügt. Freigelassene waren weiterhin zu Ehrerbietung und zu bestimmten Dienstleistungen für ihren ehemaligen Herrn verpflichtet. Publius Caelius ließ auch die Freigelassenen seines Bruders auf dem Grabstein abbilden. Damit wird deutlich, dass er die Pflichten eines Patronus anstelle seines Bruders übernahm. Ob sich die Erklärung, die Gebeine dürften hier bestattet werden, auf die seines Bruders und die der Freigelassenen bezieht, ist unsicher. Wenn Caelius in der Schlacht im Teutoburger Wald gefallen ist, so konnte er nicht bestattet werden. Dann handelt es sich um ein Kenotaph. Ob die Freigelassenen dasselbe Schicksal wie ihr Patron hatten oder ob sie noch lebten, als der Stein angefertigt wurde, entzieht sich unserer Kenntnis. Für die Menschen der damaligen Zeit war es wichtig, ein ordentliches Begräbnis und, sofern erschwinglich, einen Grabstein zu erhalten.

Zur Herstellung des Steines

Das römische Militär brachte seine Lebensweise in die Gebiete, die erst seit kurzem unter römischer Herrschaft standen. Die Anwesenheit des Militärs diente nicht allein der Grenzsicherung und der Expansion, sondern auch der Befriedung des unterworfenen Landes. Die römische *Plastik in Niedergermanien, wozu Xanten gehörte, wurde in augusteischer Zeit von Bildhauern und Steinmetzen bestimmt, deren Stil nach Oberitalien verweist. Sie waren im Umfeld der Truppen tätig. Zumeist schufen sie militärische Grabsteine wie den Caelius-Stein. Bis zur Mitte des 1. nachchristlichen Jahrhunderts waren *Büste und Ädikula die wesentlichen Gestaltungselemente. Der Caelius-Stein ist der älteste und bekannteste Beleg dafür.

Die Bedeutung des Caelius-Steines

In der Schlacht im Teutoburger Wald - *Clades Variana* - 9 n. Chr. verloren die Römer drei Legionen sowie drei Reiter- und sechs Infanterieeinheiten. Das waren ca. 20 000 Mann, die Hälfte der Rheinarmee. Unter dem Oberbefehl des Varus war diese Armee in das rechtsrheinische Germanien ausgerückt, um Unruhen, die bei entfernteren Stämmen angeblich ausgebrochen waren, zu unterdrücken. Auf dem Marsch wurde das römische Heer, das sich in befreundetem Gebiet glaubte, von einem Bündnis germanischer Stämme (Marser, Brukterer, Chatten?) unter Führung der Cherusker angegriffen. Wo diese Schlacht stattgefunden hat, war und ist umstritten. Man sollte auch angesichts der schriftlichen Überlieferung, die von einem mehrtägigen Kampfablauf berichtet, eher von Schlachtfeldern sprechen. Germanicus, der Neffe des Tiberius, der ab 12 n. Chr. die Rheinarmee befehligte, hatte offenbar keine Schwierigkeiten, sechs Jahre nach den Ereignissen das letzte Kampffeld aufzufinden. Lange Zeit war der Caelius-Stein das einzige archäologische Zeugnis im Zusammenhang mit der Varusschlacht. 1987 wurde ein weitgehend zerpflügter Verwahrfund römischer Silbermünzen in der Kalkrieser-Niewedder Senke am nördlichen Rand des Wiehengebirges gemacht. Nach einer Zeit der archäologischen Prospektion wurde im September 1989 mit Grabungen begonnen. Inzwischen sind viele Archäologen überzeugt, dass damit die Schlacht im Teutoburger Wald lokalisiert wurde, allerdings gibt es auch Gegenstimmen.

Hinweise für den Unterricht

Der Caelius-Stein ist neben seiner Bedeutung als Kenotaph für einen Gefallenen der Varus-Schlacht ein hervorragendes Beispiel für die römische Sozialstruktur. Die römische Armee bot besonders tüchtigen Leuten aus dem Mannschaftsstand den Aufstieg in eine Tätigkeit, die sonst lediglich Senatoren oder Rittern vorbehalten war. Die Freigelassenen verweisen einerseits auf den Erfolg des Caelius, zum andern zeigen sie, dass ein Sklave durchaus Chancen hatte, freigelassen zu werden. Ein Eingehen auf den Fundort Kalkriese und die Lokalisierungsversuche der Schlacht im Teutoburger Wald bietet sich an. Die Schüler können sich im Internet Informationen über das neue Museum und den Park Kalkriese beschaffen.

Literatur

Rheinisches Landesmuseum Bonn, Führer durch die Sammlungen, 2. veränderte Aufl., Köln 1985.

Wolfgang Schlüter, Die Römer im Osnabrücker Land. Die Ausgrabungen in Kalkriese, Bramsche 1991.

Erika Simon, Augustus. Kunst und Leben in Rom um die Zeitenwende, München 1986.

Togastatue eines Römers mit Ahnenbildern

Beschreibung

Die fast lebensgroße *Statue zeigt einen etwa 40- bis 50-jährigen Mann in aufrechter Haltung. Seine vorbildlich angelegte Toga trägt er über der Tunika, deren Ärmel bis zum Ellbogen reichen. Die Haare sind kurz geschnitten und schon etwas spärlich, das ernste Gesicht ist durch hervorstehende Backenknochen und tiefe Falten um den Mund gekennzeichnet. Sein linkes Bein („Spielbein") ist etwas vorgestellt, wodurch Knie und Oberschenkel unter der Toga zu erkennen sind, während man von dem rechten Bein („Standbein") nur die Umrisse des Knies sieht. Der Mann hält zwei *Porträtbüsten von Männern, die beide etwa im selben Alter sind. Die eine *Büste trägt er auf seinem abgewinkelten linken Arm, so dass sie gegen den Oberarm und die Brust gelehnt ist. Die andere steht etwas tiefer auf einem Sockel, der als Stamm einer Dattelpalme gestaltet ist. Die beiden Männer unterscheiden sich trotz einiger Gemeinsamkeiten. Die Porträtbüste auf dem linken Arm zeigt einen Mann, der kaum noch Haare hat und dessen volleres Gesicht eher freundlich wirkt. Das Gesicht des anderen dagegen ist hager und sieht durch den schmalen, fest verschlossenen Mund sehr viel strenger aus.

Interpretation

Die Togastatue, die wahrscheinlich öffentlich aufgestellt war, zeigt einen vornehmen Römer, der sich stolz und selbstbewusst mit zwei berühmten Vorfahren – wahrscheinlich seinem Vater und Großvater – präsentiert. Er weist damit auf die Bedeutung seiner Familie hin, in

Marmorstatue („Barberini-Statue" oder „Brutus Barberini"), ca. 15 n. Chr., Marmor, 165 cm, Rom, Palast der Konservatoren.

deren Tradition er sich einreiht. Damit ist auch ein politischer Anspruch für seine Familie und seinen patrizischen Stand verbunden. Das Werk ist also ein Zeugnis für den Ahnenkult, der nicht nur Teil einer privaten Frömmigkeit war, sondern auch soziale und politische Aspekte einschloss.

Auf die kontroverse wissenschaftliche Diskussion muss hier weitgehend verzichtet werden. Eine kunstgeschichtliche Würdigung des Werkes wird dadurch erschwert, dass es verschiedene Zeit- und Stilmerkmale in sich vereint. Die Statue entstand ca. 15 n. Chr., doch ist der originale Kopf verloren. Der heutige Kopf stammt von einem älteren Werk (ca. 30 v. Chr.)

und wurde früher für ein Porträt des Caesar-mörders Brutus gehalten. Die beiden anderen Büsten sind nach zwei älteren Vorlagen geschaffen. Die Büste auf dem Sockel ist die Kopie eines Werkes von ca. 50 bis 40 v. Chr., das Vorbild für die andere war ca. 20 Jahre jünger.

Der römische Ahnenkult

In Rom war es seit dem 2. Jh. v. Chr. üblich, von einem Toten aus dem Patriziat eine lebensechte Wachsmaske anzufertigen und sie in einem Holzschrein im Atrium des Hauses aufzubewahren, so dass die einzelnen Schreine schließlich den Stammbaum der Familie bildeten. Bei der Beerdigung eines Angehörigen der Familie führte man die Masken im Leichenzug mit, wo sie von Personen mit ähnlichem Aussehen und entsprechender Kleidung getragen wurden. Die Träger der Masken nahmen auf den Stühlen der Magistrate Platz und die Vorfahren wurden in der Trauerrede rühmend erwähnt. Sie waren der lebende Beweis für die Bedeutung einer Familie und sollten für die nachfolgenden Generationen Vorbild und Ansporn sein.

Diese Verbindung aus privatem und öffentlichem Ahnenkult hatte nicht nur eine pädagogische, sondern auch eine politische Funktion, denn sie betonte die Leistungen des Patriziats für den römischen Staat. Gerade in der Krise der Republik nach 133 v. Chr. wurde der Ahnenkult und die durch ihn entstandenen Kunstwerke zu einem politischen Mittel der senatorischen Familien. Vor allem unter der Diktatur Sullas, der die Macht des Senats wiederherstellte, spielte das öffentlich aufgestellte Porträt eine wichtige Rolle. Neben die Wachsmasken traten jetzt Standbilder oder ganze Ahnengalerien, in denen die Statuen mehrerer Generationen nebeneinander standen. In diese Tradition, die bis zur Kaiserzeit beibehalten wurde, gehört auch die Togastatue mit den Ahnenbildern.

Zusätzliches Material

Die römische Toga

Der berühmte Rhetoriker Marcus Fabius Quintilianus (ca. 35 – 100 n. Chr.) betont in seiner Rhetorik die Bedeutung der korrekten Kleidung für die Wirkung eines Redners.

Der gepflegte Anzug hat beim Redner keine Besonderheiten, aber er fällt beim Redner mehr ins Auge. Deshalb sei er, wie es bei allen ehrbaren Männern sein muss, gediegen und männlich. [...] Die Toga sollte möglichst rund sein und in passendem Zuschnitt, sonst kommt es zu allen möglichen Unebenheiten. Ihr Vorderteil endet am besten in der Mitte des Unterschenkels, ihr Hinterteil im gleichen Verhältnis höher wie bei der gegürteten Tunika. Der Bausch sitzt am schönsten, wenn er ein Stück über dem unteren Rand der Tunika ist, jedenfalls soll er niemals darunter sein. Der Bausch, der schräg unter der rechten Schulter zur linken Schulter verläuft, wie ein Schwertgurt, soll weder spannen noch zu lose sitzen. Das Stück der Toga, das später umgeschlagen wird, soll tiefer hängen; denn so sitzt es besser und hat Halt. Umgelegt werden soll auch ein Stück der Tunika, damit es beim Vortrag nicht zum Arm zurückrutscht; dann soll der Bausch über die Schulter gelegt werden, dessen äußersten Rand umzuschlagen durchaus nicht unpassend ist. Die Schulter aber darf nicht samt der ganzen Kehle bedeckt werden, sonst wird der Überwurf eng und verliert sein würdevolles Aussehen, das auf der breiten Brust beruht. Der linke Arm soll soweit erhoben werden, dass er gleichsam einen rechten Winkel bildet, worüber dann der doppelte Rand, den die Toga liefert, gleichmäßig nach beiden Seiten aufsitzen soll.

Marcus Fabius Quintilianus, Ausbildung des Redners. Zwölf Bücher, hg. und übersetzt von Helmut Rahn, Teil 2, Darmstadt 1972, S. 659 und 661.

Togastatue eines Römers mit Ahnenbildern

Der römische Ahnenkult

Der griechische Historiker Polybios (um 200 – 120 v. Chr.) kam 167 als Geisel nach Rom und schrieb eine Weltgeschichte, die zu den wichtigsten Quellen für die Zeit von 264 bis 146 v. Chr. gehört.

Wenn in Rom ein angesehener Mann stirbt, wird er im Leichenzug in seinem ganzen Schmuck nach dem Markt zur so genannten Rostra, der Rednertribüne, geführt, meist stehend, so dass ihn alle sehen können, nur selten sitzend. Während das ganze Volk ringsherum steht, betritt entweder, wenn ein erwachsener Sohn vorhanden und anwesend ist, dieser, sonst ein anderer aus dem Geschlecht die Rednertribüne und hält eine Rede über die Tugenden des Verstorbenen und über die Taten, die er während seines Lebens vollbracht hat. [...] Wenn sie ihn dann begraben und ihm die letzten Ehren erwiesen haben, stellen sie das Bild des Verstorbenen an der Stelle des Hauses, wo es am besten zu sehen ist, in einem hölzern Schrein auf. Das Bild ist eine Maske, die mit erstaunlicher Treue die Bildung des Gesichts und seine Züge (?) wiedergibt. Diese Schreine öffnen sie bei den großen Festen und schmücken die Bilder, so schön sie können, und wenn ein angesehenes Glied der Familie stirbt, führen sie sie im Trauerzug mit und setzen sie Personen auf, die an Größe und Gestalt den Verstorbenen möglichst ähnlich sind. Diese tragen dann, wenn der Betreffende Konsul oder Praetor gewesen ist, Kleider mit einem Purpursaum, wenn Censor, ganz aus Purpur, wenn aber einer Triumph gefeiert und dementsprechende Taten getan hat, goldgestickte. Sie fahren auf Wagen [...] und wenn sie zu den Rostra gekommen sind, nehmen alle in einer Reihe auf elfenbeinernen Stühlen [sella curulis] Platz. [...] Wenn nun der Redner über den, den sie zu Grabe tragen, gesprochen hat, geht er zu den anderen über, die da auf den Rostra versammelt sind, und berichtet, mit dem Ältesten beginnend, von den Erfolgen und Taten eines jeden. Da auf diese Weise die Erinnerung an die Verdienste der hervorragenden Männer immer wieder erneuert wird, ist der Ruhm derer, die etwas Großes vollbracht haben, unsterblich, das ehrende Gedächtnis der Wohltäter des Vaterlandes bleibt im Volke wach und wird weitergegeben an Kinder und Enkel.

Polybios, Geschichte, eingeleitet und übertragen von Hans Drexler, Zürich 1961, S. 578f.

Hinweise für den Unterricht

An der Statue kann den Schülern die Besonderheit einer römischen Toga gezeigt werden. Dazu eignet sich der Vergleich des Bildes mit der Beschreibung Quintilians. Nach Möglichkeit sollten die Schüler selbst einmal eine Toga tragen. Der Aufwand beim Anlegen und das gemessene Schreiten, zu dem sie zwingt, machen sehr schnell deutlich, dass es kein alltägliches Gewand und hauptsächlich den Reicheren vorbehalten war. Als zweiter Aspekt kann der Ahnenkult in seiner pädagogischen, sozialen und politischen Bedeutung erläutert werden. Hier ergänzt der Auszug aus Polybios die Bildquelle, wobei der Lehrer auf den Unterschied zwischen den privat aufbewahrten Wachsmasken und den öffentlich aufgestellten Statuen hinweisen sollte.

Literatur

Ranuccio Bianchi Bandinelli, Rom. Das Zentrum der Macht, München 1971.

Wolfgang Helbig, Führer durch die öffentlichen Sammlungen klassischer Altertümer in Rom, Bd. 2: Die Städtischen Sammlungen, Tübingen ⁴1966.

Bernhard Schweitzer, Die Bildniskunst der römischen Republik, Leipzig 1948.

Grabstein des Blussus und der Menimane, ca. 15 - 40 n. Chr., Lothringischer Kalkstein, H. 1,56 m, Fundort: Weisenau bei Mainz, Aufbewahrungsort: Landesmuseum Mainz.

Grabstein des Blussus und der Menimane

Beschreibung

Im Vordergrund des beschädigten Steines, der sich in *Relief und Inschriftfeld gliedert, sind von links nach rechts eine Frau und ein Mann dargestellt, die auf einer Bank mit Polsterauflage sitzen. Im Hintergrund zwischen ihnen steht ein Knabe. Die Frau trägt eine Tracht, die aus drei Gewandteilen besteht: ein langärmliges hemdartiges Unterkleid, das am Oberkörper und an den Armen eng anliegt. Das Obergewand besteht aus einem weiteren Stoffzylinder. An den Schultern wird das Gewand durch Fibeln zusammengehalten, die nicht am Untergewand festgesteckt waren, sonst wäre das Verrutschen über die linke Schulter nicht möglich gewesen. Ein Mantel vervollständigt die Tracht. Neben den Fibeln trägt die Frau ein Halsband mit Zierscheibe und Armreifen. In der linken Hand hält sie eine Spindel mit dem aufgewickelten Garn und den Rocken, mit der Rechten umschließt sie einen Garnknäuel. Auf ihrem Schoß sitzt ein Hündchen, dessen Kopf abgeschlagen ist. Links neben ihr sitzt ein Mann mit kurz geschnittenem Haar, den Kopf leicht nach rechts gewendet. Er trägt einen ponchoartigen Umhang mit flach aufliegender Kapuze. Im V-förmigen Ausschnitt steckt ein dicker Schal. Die Tunika unter dem Umhang fällt bis unter die Knie. Mit der linken Hand umschließt er einen Geldbeutel. Zwischen den beiden Personen steht im Hintergrund ein Knabe mit dem gleichen Haarschnitt wie der Mann. Er trägt ebenfalls eine Tunika und um den Hals eine runde Kapsel, die er mit der rechten Hand berührt. Das Relief ist bis auf einzelne Bestoßungen gut erhalten, die Gesichter sind verrieben. Der originale Nischenrahmen ist nur ansatzweise erhalten. Geringe Farbreste bestätigen, dass der Stein ursprünglich farbig bemalt war. Im Inschriftenfeld, das ungefähr bis zur Hälfte zerstört ist, lassen sich lateinische Großbuchstaben und Zahlzeichen erkennen.

Interpretation

Bei der Tracht, die die Frau und der Mann tragen, handelt es sich nicht um römische Tracht, sondern um die der einheimischen Bevölkerung. Rocken, Spindel und Garn verweisen auf die Rolle Menimanes als vorbildliche Hausfrau, denn Spinnen und Weben waren in der Antike (und darüber hinaus) hoch angesehene Tätigkeiten, die von der „idealen" Hausfrau erwartet wurden. Zum anderen verdeutlicht der zur Schau gestellte Geldbeutel, dass es Blussus zu Reichtum gebracht hat. Sonst hätte er sich auch keinen Grabstein dieser Qualität leisten können. Die Inschrift ist stark beschädigt, doch da sie auch auf der Rückseite des Steines zum Teil gleichlautend eingemeißelt ist, lässt sie sich weitgehend ergänzen:

BLUSSUS ATUS[iri f(ilius) nauta]
AN(norum) LXXV H(ic) S(itus) E(st) ME[nimane Brigio)

NIS F(ilia) AN(norum) (vacat) UXSO[r viva sibi fecit]
SATTO VERN[a an(norum) ... h(ic) s(itus) e(st)? Primus]
F(ilius) PARENTIBUS P[ro pietate pos(u)it]

Übersetzung:
Blussus, des Atusirus Sohn, Schiffer, 75 Jahre alt, ist hier bestattet. Seine Gattin Menimane, des Brigio Tochter, ... Jahre alt, ließ diesen Grabstein zu Lebzeiten anfertigen, Satto, der Haussklave, ... Jahre alt, ist hier bestattet. Primus, ihr Sohn, ließ aus Liebe zu den Eltern diesen Stein setzen.

Mit Hilfe der Inschrift erfahren wir, dass es sich um den Grabstein für den mit 75 Jahren verstorbenen Schiffer Blussus und seine Frau Menimane handelt, den diese bereits zu ihren Lebzeiten anfertigen ließ. Ihre Namen sowie die Namen der jeweiligen Väter verweisen darauf, dass es sich um Einheimische handelt. Der Name der Frau kann eindeutig keltischem Namensgut zugesprochen werden, der Name Blussus kommt lediglich bei den Treverern vor, die als germanisch-keltisches Mischvolk angesehen werden.
Ob es sich bei der stehenden Person im Hintergrund um den im Haus geborenen Sklaven Satto oder den Sohn Primus handelt, ist umstritten. Aufgrund der Inschrift liegt es nahe, an Satto zu denken. Andererseits wird vorgeschlagen, der Abgebildete sei der Sohn Primus. Denn der Gegenstand, den der Stehende um den Hals trägt, ist eine Bulla, eine Amulettkapsel, die Unheil abwehrende Bedeutung hatte und von freigeborenen römischen Knaben bis zum Anlegen der Toga virilis getragen wurde. Da Blussus seiner Namensform nach nicht das römische Bürgerrecht besaß, sondern ein freier Peregriner war, könnte es sein, dass die Bulla einen Status imitierte, den er nicht besaß. Sie verweist darauf, dass für die Familie des Blussus das römische Bürgerrecht als erstrebenswert galt.

Romanisierung

Der Grabstein ist ein Beispiel für die Romanisierung. Dafür spricht schon die Tatsache eines steinernen *Grabmals. Das war bei den Einheimischen nicht üblich, sondern lediglich bei den Römern. Zudem stammt der Typ des Grabdenkmals aus dem mediterranen Raum. Es wurde im Bereich der römischen Gräberstraße in Mainz-Weisenau gefunden und wird auf ca. 15 - 40 n. Chr. datiert. Hergestellt wurde der Grabstein wohl in der bedeutendsten Bildhauerwerkstatt in claudischer Zeit am Mittelrhein, deren Werke sich durch gemeinsame stilistische Merkmale zuordnen lassen. Außerdem haben die Eheleute ihren erstgeborenen Sohn wie bei den Römern üblich Primus genannt. Wenn auf dem Relief Primus dargestellt ist, so verweist die Bulla auf das römische Bürgerrecht.

Zum Totenbrauch

Eine der wichtigsten Straßen im heutigen Mainz in der frühen Kaiserzeit war die Verbindungsstraße zwischen dem Zweilegionenlager und dem Lager in Weisenau, von wo aus sie als Fernstraße weiter nach Süden verlief. Von beiden Orten aus wurde seit augusteischer Zeit bestattet. Für die Römer war es selbstverständlich, über die Grabinschriften auch Vorübergehende anzusprechen. Sie sollten den Wunsch aussprechen, dass dem Toten die Erde leicht sein möge. Dieser Brauch findet sich auch bei Grabsteinen, die in Mainz-Weisenau gefunden wurden. So lautet das Ende der Grabinschrift für Rodine: „Fremdling, der du unser Unglück gelesen, ich bitte Dich, sage: Rodine, die Erde möge Dir leicht sein." Grabungen haben ergeben, dass durch einen Graben von der Straße abgegrenzt ummauerte Grabbezirke, aber auch Grabsteine ohne Ummauerung lagen. Im 1. und 2. nachchristlichen Jahrhundert wurden die Toten vorwiegend eingeäschert. Bei der Grabung, die zwischen 1982 und 1992 zwischen Mainz und Weisenau durchgeführt wurde, fand sich ein großer Krematoriumsplatz mit rund 100 Verbrennungsgruben, in denen man die Scheiterhaufen für die Einäscherung der Leichname aufgeschichtet hatte. Einzelne Einäscherungsgruben wurden auch bei den Grabsteinen gefunden.

Hinweise für den Unterricht

Die römische Besetzung Südwestdeutschlands und das Leben in einer römischen Provinz wird im Geschichtsunterricht behandelt. Der Grabstein des Blussus und der Menimane vermittelt den Vorgang der Romanisierung. Über die Namen kann sogar die Zugehörigkeit des Ehepaares zu verschiedenen Stämmen bestimmt werden. Die Schüler können anhand des Reliefs und seiner Inschrift einheimische und römische Elemente ausmachen. Ein Streitgespräch zwischen Blussus und Menimane bietet sich an, in dem ein Partner für das noch nicht geborene Kind einen traditionellen, der andere einen römischen Namen vorschlägt. Außerdem kann anhand des Mainzer Befundes die Sitte der Römer, die Toten entlang der Ausfallstraßen zu bestatten, besprochen werden.

Literatur

Walburg Boppert, Zivile Grabsteine aus Mainz und Umgebung, Mainz 1992, bes. S. 53ff., Taf. 6; 7.

Wolfgang Selzer, Römische Steindenkmäler. Mainz in römischer Zeit, Mainz 1988.

Marion Witteyer, Peter Fasold, Des Lichtes beraubt. Totenehrung in der römischen Gräberstraße von Mainz-Weisenau, Wiesbaden 1995.

Gesamtansicht und Ausschnitt von der Trajanssäule, Szene 15-17, 113 n. Chr. geweiht, Parischer Marmor, Höhe des Reliefbandes unten an der Säule ca. 0,90 m, am oberen Ende 1,25 m, Rom. Der Durchmesser der Säule beträgt unten 3,83 m, oben 3,65 m, in 23 Windungen umzieht das 200 m lange Reliefband die 100 Fuß (29,60 m) hohe Säule. Der quadratische Sockel misst 5,40 m, seine Höhe beträgt 5,60 m. Ursprünglich stand auf der Säule ein überlebensgroßes Standbild Kaiser Trajans (98 - 117 n. Chr.). Seit 1588 ist eine Statue des hl. Petrus auf der Säule aufgestellt. Insgesamt betrug die Gesamthöhe rund 40 m.

Ausschnitt von der Trajanssäule: Lagerbau

Beschreibung

Links steht eine Eiche, hinter der ein bergiger Hintergrund angedeutet ist. Oben teilweise durch das Geäst verdeckt ist ein gesatteltes Pferd mit seinem Führer zu sehen. Dieser trägt lediglich über der linken Schulter ein Gewand, sonst ist sein Oberkörper nackt. Rechts unter der Eiche kniet ein Soldat im Schienenpanzer, der einen Stamm hält und zu der Gruppe nach rechts blickt. Der ihm am nächsten Stehende trägt einen Muskelpanzer und darüber einen Mantel. Seine Stellung, aber auch der zu dem knienden Soldaten ausgestreckte Arm deuten darauf hin, dass er diesen anspricht. Neben ihm stehen zwei Begleiter mit Kettenpanzer und Mantel, die Ausrüstung des dritten Begleiters ist durch die anderen verdeckt. Rechts von dieser Gruppe steht ein Palisadenzaun, zu dem eine Brücke über einen Fluss führt. Ein Soldat im Schienenpanzer hämmert am Übergang des Zauns zur Brücke. Links im Hintergrund erscheinen die Mauern eines Lagers. Ein Soldat oberhalb seines knienden Kameraden schwingt eine Axt, zwei andere schlagen Pfähle ein, ein weiterer, bereits hinter der Palisade, trägt einen Baumstamm. Direkt hinter der Palisade stehen zwei Heu- oder Strohschober. Darüber erscheint ein zweites, offenbar fertiges Lager, ein Giebelbau aus Stein überragt die Mauer. Zwei Soldaten tragen einen großen Stamm heran. Daneben begrenzen zwei Nadelbäume die Szene, ein Soldat im Kettenpanzer bildet die Verbindung zur nächsten Szene.

Zur Trajanssäule

Senat und Volk haben dem über die Daker siegreichen Kaiser M. Ulpius Traianus die *Säule gewidmet, die nach Ausweis der erhaltenen Fasten, des römischen Fest- und Feiertagskalenders, am 12. Mai 113 n. Chr. von Trajan selbst geweiht wurde. Bald darauf ist er zum Krieg gegen die Parther aufgebrochen, von dem er nicht zurückkehrte. Die Säule ist so groß, dass trotz der Vergrößerung der Streifen und damit auch der Figuren nach oben die Einzelheiten nicht mehr mit dem bloßen Auge erkannt werden können. Der heutige Eindruck der völlig frei stehenden Säule gibt nicht den ursprünglichen Befund wieder. Die Säule war in das von Trajan in Auftrag gegebene Forum in der Senke zwischen Quirinal und Kapitol einbezogen und von Portiken bzw. den beiden Bibliotheksgebäuden umgeben, deren Terrassen als begehbar rekonstruiert werden. Doch auch von diesem erhöhten Standpunkt aus war der obere Teil der Säule in seinen Einzelheiten offenbar nicht zu erkennen. Der Archäologe Tonio Hölscher deutet den Befund folgendermaßen: „An der Trajanssäule wusste und sah der Betrachter, dass sie einen Bildbericht trug, in dem die Kriegszüge des Kaisers in einer unüberschaubaren Zahl von Ruhmestaten

höchst detailliert festgehalten waren; er konnte, wenn er wollte, die untersten Szenen erkennen, und er sah, dass das 'unendlich' so weiterging. Das genügte für die Wirkung." Der Gesamtentwurf der Bildfolge geht vermutlich auf den Architekten Apollodoros zurück, der mit der Gestaltung des Trajansforums beauftragt worden war.

Die Säule war von Anfang an dazu bestimmt, die Grabkammer des Kaisers zu enthalten. Die Höhe der Säule sollte den ruhmreichen Leistungen des Kaisers entsprechen und damit seine spätere Divinisierung begründen. Außergewöhnlich ist, dass ein Kaiser innerhalb des pomeriums seine letzte Ruhestätte finden sollte und fand. Der Baubefund spricht eindeutig dafür, dass die Grabkammer von Anfang an geplant war.

Interpretation

Der Ausschnitt zeigt etwas mehr als zwei Szenen, wenn man der traditionellen Zählung von Conrad Cichorius (1896) folgt, allerdings nur das Ende von Szene 15. Cichorius kam auf 155 Szenen. Allerdings wurde dagegen eingewandt, dass diese Unterteilung allzu schematisch sei. Trotz anderer Vorschläge wird in der Literatur aus Gründen der Praktikabilität diese Einteilung in der Regel beibehalten bzw. ergänzend angegeben. Die hier vorgestellten Szenen gehören in das zweitunterste Band der Säule. Aus dem Laub der Eiche links kann man nicht auf die Jahreszeit schließen, sondern es dürfte sich um eine Charakterisierung der Donauländer handeln: Sie waren, wie aus Plinius' Naturgeschichte hervorgeht, als reich an Eichen bekannt. Die unterschiedlichen Ausrüstungen zeigen durchgehend, um welche Truppengattung es sich handelt. So bildet auf der Trajanssäule der Schienenpanzer die einzige Rüstung der Legionäre und Prätorianer, obgleich in der Realität daneben auch Schuppen- und Kettenpanzer getragen wurden. Die

Auxiliartruppen sind ausschließlich im Kettenpanzer dargestellt, ebenso die Equites Singulares Augusti, eine Elitekavallerie und Geleittruppe des Kaisers, während der Herrscher selbst und die hohen Offiziere im traditionellen Brustpanzer dargestellt sind. Werden die Soldaten in Rüstung abgebildet, deutet das jeweils auf Front- oder Kampfeinsatz hin. In Wirklichkeit ist es kaum vorstellbar, dass die Soldaten in Rüstung Bäume geschleppt und Pfähle in den Boden geschlagen haben. Derjenige, der den knienden Legionär anspricht, ist aufgrund der Ähnlichkeit mit Abbildungen auf Münzen bzw. mit Statuen Trajan. Es entspricht der Vorstellung eines „guten" Feldherrn, wenn er seine Leute bei einer Inspektion der Arbeiten freundlich anspricht.

Bereits aus diesen Anmerkungen zu dem ausgewählten Bildausschnitt wird deutlich, dass man die Bilder der Trajanssäule nicht als naturalistische Wiedergabe der Wirklichkeit sehen darf, aber auch nicht allein als Kunstwerk. Vielmehr ist es wichtig und angemessen zum einen den gewollten historischen Inhalt, zum anderen seine künstlerische Ausführung und Umsetzung zu berücksichtigen. Immer wieder wird darauf verwiesen, dass die Abbildungen der Trajanssäule eine sehr wichtige Quelle für die Dakerkriege sind. Schließlich ist die wohl wichtigste schriftliche Quelle, nämlich Trajans Kommentare zu den Dakerkriegen, die er wahrscheinlich in Anlehnung an Caesars Kommentare zum Gallischen Krieg verfasst hat, für uns verloren. Ebenso verhält es sich mit mehreren Gesamtschilderungen der Regierungszeit des Trajan, abgesehen von den erhaltenen Exzerpten aus Cassius Dio Cocceianus.

Die Dakerkriege

Die Zentralgebiete des Dakerreiches dürften unter seinem König Decebalus, der seit 86 n. Chr. die Geschicke seines Volkes leitete, folgende Gebiete umfasst haben: Westsiebenbürgen, das Banat, Zentralsiebenbürgen und die Walachischen Ebenen, aber auch Teile der Ostkarpaten mit ihren Randlandschaften und Siedlungen am mittleren und unteren Sereth. Dazu dürften noch dakische Stämme und Stammesunionen kommen, die vom Dakerreich abhängig waren. Die Daker waren 85/86 in die römische Provinz Moesien eingefallen, nach anfänglichen Erfolgen wurden sie geschlagen. Der Friede, den Kaiser Domitian mit Decebalus im Jahre 89 n. Chr. schloss, war angesichts der gleichzeitig an der mittleren Donau ausgebrochenen Krise kein schimpflicher Friede, wie eine kaiserfeindliche römische Tradition behauptet, sondern brachte die offizielle Oberhoheit der Römer über das dakische Reich des Decebalus und drückte diesen auf den Status eines Klientelfürsten herab, dem Subsidiengelder gezahlt wurden. Trajan begann unmittelbar nach seinem Amtsantritt zielstrebig mit den Vorbereitungen für einen groß angelegten Eroberungskrieg. Offiziell dürften Verstöße des Dakerkönigs gegen den Friedensvertrag sowie die noch nicht vollzogene Rache für die durch die Daker erlittenen Niederlagen angeführt worden sein. Die tieferen Gründe für die von Trajan erstrebte endgültige Lösung des Dakerproblems sind in der Bedrohung der Stabilität der Donaugrenze und in der mangelnden Sicherheit der römischen Herrschaft im Balkangebiet durch das Dakerreich zu sehen. Die Daker waren aufgrund ihres zivilisatorischen und kulturellen Aufstiegs aus der Reihe der gewöhnlichen barbarischen Gegner an den Grenzen des römischen Reiches herausgehoben. Damit konnte Dakien zum Kristallisationspunkt einer großen antirömischen Bewegung werden.

Der Krieg begann im Frühsommer des Jahres 101. Der Kaiser war am 25. März in Rom feierlich verabschiedet worden und ins Banat aufgebrochen. Zweimal hatte Decebalus versucht, mit den Römern Friedensverhandlungen aufzunehmen, schließlich blieb ihm nur noch die Kapitulation übrig. Decebalus musste sich verpflichten, die Waffen einschließlich der Kriegsmaschinen und Militäringenieure auszuliefern, ebenso die römischen Überläufer. Die Festungen mussten geschleift und die Gebiete, die von römischen Truppen besetzt waren, den Römern abgetreten werden. Außerdem durften künftig keine römischen Soldaten mehr angeworben oder Deserteure aufgenommen werden, außenpolitisch sollte Dakien völlig von Rom abhängig sein.

Für beide Seiten war klar, dass dieser Friede lediglich ein Waffenstillstand war. In den Jahren 103 - 105 bauten die Römer ihre Stellungen in den besetzten Gebieten aus, Decebalus dagegen ließ die Verteidigungsanlagen der Daker wiederherstellen und verstieß auch sonst gegen die Bestimmungen des Friedensvertrages von 102. Daher wurde im Mai 105 den Dakern wieder der Krieg erklärt. Der Krieg endete offiziell im August des Jahres 106, nachdem Decebalus, dem die Bitte nach Frieden nicht gewährt worden war, den Freitod gewählt hatte. Dennoch dürfte sich die endgültige Durchdringung des Landes noch bis ins Jahr 107 hinein hingezogen haben. Eine bewusste Romanisierung der eroberten Gebiete sicherte die neu erworbenen Gebiete.

Die Botschaft der Trajanssäule

Es ist verständlich, dass aus dem Kriegsgeschehen Szenen ausgewählt werden müssen, die zur Darstellung kommen. Doch es ist die Frage, welche Ereignisse für die bildliche Darstellung ausgewählt werden. Vordergründig erweckt die Bildfolge den Eindruck, hier werden in chronologischer Reihenfolge die Abfolge der Kriegsereignisse im ersten und zweiten Dakerkrieg dargestellt. Doch Tonio Hölscher hat darauf verwiesen, dass eher ein gedankliches Konzept, weniger die faktische Ereignisfolge dargestellt werde: „In der ersten Windung werden mit dem Auszug virtus, mit der Beratung consilium, mit dem Opfer pietas,

in der anschließenden Szene vielleicht providentia deorum und mit der Ansprache fides exercitus demonstriert; es werden hier demnach die ideellen Grundlagen des gesamten Krieges vor Augen geführt, die in fast zeremonieller Weise realisiert werden. Dagegen sind in der zweiten Windung die technisch-materiellen Voraussetzungen des römischen Erfolgs und ihre Verwirklichung durch römischen labor das Thema. Nach all diesen glänzenden Gegebenheiten ist es dann nur konsequent, wenn in der dritten Windung das römische Heer massiert vorrückt, auf die Daker stößt und sie in einer gewaltigen Schlacht – im Bild offenbar eindeutiger als in Wirklichkeit – besiegt; wobei Frömmigkeit und Tüchtigkeit noch durch das Eingreifen Iuppiters selbst belohnt werden." (Hölscher 1980, S. 295f.)

Das Trajansforum

Das heutige Aussehen der spärlichen Überreste im Umkreis der Trajanssäule kann dem Betrachter keine Vorstellung des ehemaligen Forum Traianum mehr vermitteln. Immerhin war es die größte Platzanlage und wohl der glanzvollste Repräsentationsbau des antiken Roms. Es war ungefähr 300 m lang und 185 m breit. Finanziert wurde die Anlage durch die Dakerbeute. Bis jetzt ist lediglich ein Teil der Anlage ausgegraben und es ist sicher kein Zufall, dass die Hauptausgrabungen dieser Anlage unter Napoleon I. und Mussolini durchgeführt wurden. Das Trajansforum liegt zwischen Quirinal und Kapitol. Nach Ausweis der Inschrift auf dem Sockel der Säule wurde das Gelände eingeebnet und das Terrain in der der Säule entsprechenden Höhe abgegraben. Es handelt sich um die größte Bauunternehmung Trajans in Rom. Mit der Durchführung war sein Militärarchitekt Apollodorus aus Damaskus betraut. Daher kann man davon ausgehen, dass politische Sinnbezüge auf den Kaiser selbst zurückgehen. Mit der Planung

Ausschnitt von der Trajanssäule: Lagerbau

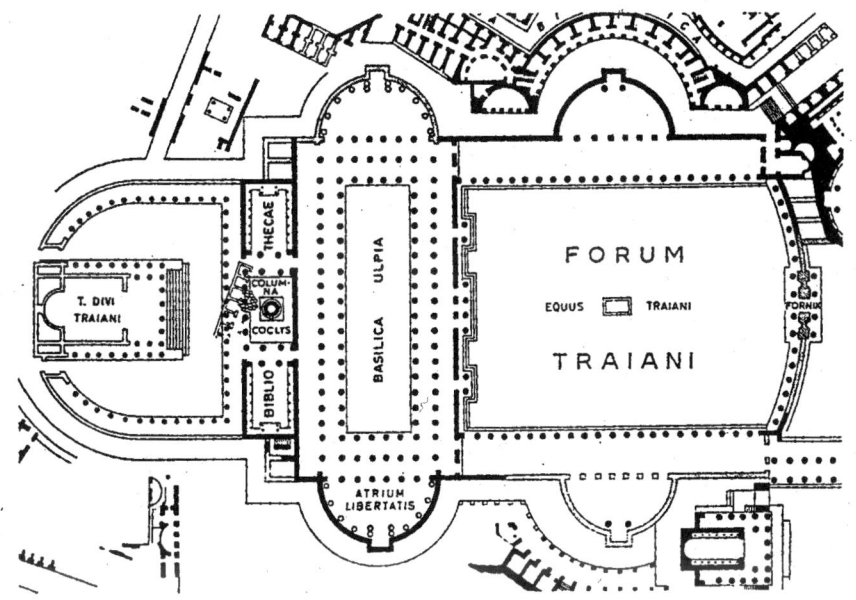

Rom, Trajansforum nach 121 n. Chr.

und dem Bau des Trajansforums wurde unmittelbar nach der Beendigung des zweiten Dakerkrieges und nach dem Triumph 107 n. Chr. begonnen. Der Grundriss wurde von der römischen Feldlagerarchitektur angeregt. Vor allem die Principia (Stabsgebäude) der Legionslager wie z.B. Xanten (Castra Vetera) oder Dura-Europos lassen sich zum Vergleich heranziehen.

Der Besucher betrat das Forum durch einen monumentalen Eingangsbogen, der im noch nicht ausgegrabenen Teil liegt. Der Blick fiel dann auf die Reiterstatue Trajans, die in der Mitte des Platzes aufgestellt war. Rechts und links war das Forum durch *Portiken, in die *Exedren eingefügt waren, begrenzt. Gegenüber dem Eingang schloss die fünfschiffige *Basilika, die nach dem Gentilnamen Trajans Ulpia genannt wurde, den Platz ab. Zwei schmale Durchgänge führten von der Basilika zur Trajanssäule und zu den beiden Bibliotheksgebäuden. Diese Bibliothek war eine der wichtigsten Bibliotheken in Rom. Vermutlich war in dem einen Gebäude griechi-sche, im anderen lateinische Literatur untergebracht.

Trajan starb 117 auf der Rückreise vom Partherfeldzug. Sein Nachfolger Hadrian ließ den toten Kaiser, der jetzt vergöttlicht war, wie einen Triumphator in die Stadt einziehen und in der Säule beisetzen. War die Säule zuvor eine Ehrensäule, so wurde sie nun ein Monument der Apotheose. Nach der schriftlichen Überlieferung ließ Hadrian den Tempel für den vergöttlichten Trajan bei den Bibliotheken errichten. Dieses große Heiligtum lag nördlich der Säule, seine Reste sind überbaut, zum Teil liegen sie unter der Kirche SS. Nome di Maria. Vermutlich wurde der Tempel erst 121 n. Chr. nach dem Tod der Plotina, der Gemahlin Trajans, vollendet, denn die Weihinschrift ist erhalten. Obgleich der Grundriss des Tempels und seiner Portiken auf dem Plan eingezeichnet ist, beruht deren Zeichnung lediglich auf Vermutungen. Gesichert ist nur, dass das Forum im Norden durch einen großen Tempel für Trajan abgeschlossen wurde. Das gesamte Trajansforum war mit vielen *Statuen und

*Reliefs ausgeschmückt, die sich alle auf Trajan und seine Leistungen in den Dakerkriegen bezogen. Auf *Münzbildern sind Teile der Architektur des Trajansforums abgebildet. Sie werden von den Archäologen selbstverständlich zur Rekonstruktion mit herangezogen.

Zusätzliches Material

Ammianus Marcellinus, 2. Hälfte des 4. Jahrhunderts n. Chr., war ein Grieche aus Antiochia am Orontes. Als Offizier nahm er an den meisten Kriegen seiner Zeit teil, u.a. im Heer des Kaisers Iulianus. Im Ruhestand schrieb er in Rom sein Geschichtswerk in lateinischer Sprache. Er gilt als der bedeutendste lateinische Historiker seit Tacitus. Im Jahre 356 n. Chr. besuchte Kaiser Constantius II. (337 -361) Rom, das seit der Tetrarchie und insbesondere seit der Gründung Konstantinopels durch Konstantin den Großen seine Stellung als Hauptstadt des römischen Reiches eingebüßt hatte. Ammianus berichtet über die Besichtigung des Kaisers Folgendes:

Dann kam der Kaiser zum Trajansforum. Nach unserer Meinung läßt es sich mit keinem anderen Bauwerk unter dem Himmel vergleichen und verdient sogar nach der Meinung der Gottheiten Bewunderung. Da blieb er wie vom Donner gerührt stehen, und seine Gedanken schweiften um die gigantischen Konstruktionen, die Worte nicht schildern können und die von Menschen nicht noch einmal erreicht werden. Ihm schwand die Hoffnung, einen ähnlichen Versuch zu wagen; nur das Pferd Trajans im Mittelpunkt des Atriums, das den Kaiser selbst trägt, wolle und könne er nachbilden, sagte er. Nahe bei ihm stand der Königssohn Hormisdas, dessen Flucht aus Persien ich oben berichtet habe. Mit angeborener Gewandtheit erwiderte er: „Vorher, mein Kaiser, laß einen solchen Stall bauen, wenn du dazu imstande bist; dann soll das Pferd, das du herstellen lassen willst, ebenso breit darin ausschreiten wie das, das wir hier sehen."

Ammianus Marcellinus 16, 10, 15f., übers. v. Wolfgang Seyfarth, Ammianus Marcellinus, Berlin ⁵1983, S. 179.

Hinweise für den Unterricht

Die detaillierte Darstellung bietet sich für eine ausführliche Beschreibung an. Daneben sollte aber auch anhand der Abbildung der gesamten Säule die Frage nach der „Lesbarkeit" der Bilder erörtert werden. Insbesondere in der Oberstufe sollte die Gesamtplanung des Trajansforums sowie seine Funktion besprochen werden. Das kann auch in Zusammenarbeit mit dem Kunstunterricht erfolgen, wobei auch das antike Zeugnis der Wirkung auf den Betrachter herangezogen werden sollte. Ferner bietet es sich an, die Botschaft der Säule ausführlich zu besprechen.

Literatur

Lorenz E. Baumer/Tonio Hölscher/ Lorenz Winkler, Narrative Systematik und politisches Konzept in den Reliefs der Traianssäule. Drei Fallstudien, in: Jahrbuch des Deutschen Archäologischen Instituts, Bd. 106, 1991, S. 261 - 295.

Tonio Hölscher, Geschichtsauffassung in römischer Repräsentationskunst, in: Jahrbuch des Deutschen Archäologischen Instituts, Bd. 95, 1980, S. 265 - 321.

Karl Strobel, Untersuchungen zu den Dakerkriegen Trajans. Studien zur Geschichte des mittleren und unteren Donauraumes in der Hohen Kaiserzeit, Bonn 1984 (Antiquitas, Reihe 1, Bd. 33).

Paul Zanker, Trajansforum, in: Archäologischer Anzeiger, 1970, Heft 4 (Beiblatt zum Jahrbuch des Deutschen Archäologischen Instituts, Bd. 85), S. 499 - 544.

Ausschnitt von der Trajanssäule: Lagerbau

Schulrelief von einem Grabmal in Neumagen, um 190 n. Chr., grauweißer Sandstein, H. 0,60 m, B. 1,93 m, Aufbewahrungsort: Landesmuseum Trier.

Schulrelief aus Neumagen an der Mosel

Beschreibung

Zwei Jugendliche sitzen einander in Sesseln gegenüber, die auf Kugelfüßen stehen. Jeder hält eine aufgeschlagene Buchrolle vor sich, sie blicken verlegen. Zwischen ihnen sitzt ein älterer, bärtiger Mann auf einem Sessel mit Fußbank. Seine rechte und linke Hand scheinen beschädigt zu sein. Von rechts her tritt ein weiterer, jüngerer Schüler heran. Er hebt die Hand zum Gruß. In der Linken trägt er eine Art Tasche mit Henkel. Der Lehrer und die beiden älteren Schüler sind mit einem weit geschnittenen Ärmelkittel bekleidet, der am Hals die Tunika hervorsehen lässt. Der jüngere trägt einen Ärmelkittel mit engen Ärmeln. Alle tragen Schnürschuhe. Rechts und links ist das Bildfeld mit Blattranken in komplizierten Verschlingungen verziert, dazwischen sind pickende Vögel zu sehen.

Woher stammt das *Relief?

Neumagen, im Altertum Noviomagus, liegt zwischen Trier und Bernkastel an einer Engstelle des Moseltals. In römischer Zeit führte die Straße von Mainz über Bingen und den Hunsrück nach Trier. Noviomagus war die erste an der Mosel gelegene Station, die man in Richtung Trier erreichte. Es ist vermutlich schon Ende des 1. Jahrhunderts n. Chr. zu großer Blüte gekommen, vor allem als Umschlagplatz für Holz und Getreide aus dem Hunsrück und durch den Weinbau und -handel. Um 275 wurde der Ort zerstört. In konstantinischer Zeit, als Trier Residenz war, wurde Noviomagus mit einer Mauer zum Kastell befestigt. Als im letzten Viertel des 19. Jahrhunderts das Fundament der vermeintlich mittelalterlichen Mauer freigelegt wurde, entdeckte man viele reliefverzierte Quader mit ornamentalem oder figürlichem Schmuck, Inschriften und Architekturfragmente. Sie bildeten in mehreren Schichten übereinander das Fundament für die aufgehenden Schiefermauern. Die wissenschaftliche Aufarbeitung des umfangreichen Materials ließ eine Entwicklung der Grabdenkmäler vom Ende des 1.

bis in die Mitte des 3. Jahrhundert n. Chr. erkennen. Die Vielfalt der Darstellungen von Personen und Szenen aus dem Alltagsleben sind von überdurchschnittlicher Qualität. Von daher schließt man auf eine Bildhauerwerkstatt, die eher in Trier als im ländlichen Bereich um Neumagen angesiedelt war. Wahrscheinlich stammen diese Denkmalreste von den Gräberfeldern im Norden und im Süden von Augusta Treverorum (Trier) und wurden im Zuge einer kurzfristig beschlossenen Verteidigungsanstrengung per Schiff und Floß nach Neumagen abtransportiert, wo sie in den Fundamenten der künftigen Befestigung verlegt worden sind.

Interpretation

Das Relief ist eines der wenig erhaltenen Teilbilder vom so genannten Schulreliefpfeiler, der um die Wende vom 2. ins 3. Jahrhundert datiert wird. Es gibt eine Unterrichtsstunde im Hause eines reichen Mannes wieder, zu dessen Andenken das Denkmal errichtet war. Der verlegene Blick der beiden sitzenden Schüler scheint anzudeuten, dass sie auf die Frage des Lehrers nicht vorbereitet sind. Haar, Barttracht sowie Gesichtsausdruck lassen auf einen griechischen Grammatiklehrer schließen. Vermutlich hatte auch er eine Buchrolle in der abgebrochenen Linken, während er mit der Rechten eine belehrende Handbewegung zum Schüler, der rechts von ihm sitzt, macht. Der Schüler von rechts dürfte der jüngere Bruder sein. Er trägt in der Linken an einem Henkel ein Bündel mit Schreibtäfelchen, was eher auf den Elementarunterricht hinweist.

Zusätzliches Material

Aus einem griechisch-lateinischen Schulbuch um 210 n. Chr.:

„Bei Tagesanbruch wache ich auf, rufe meinen Sklaven und lasse ihn das Fenster aufmachen.

Er tut es sofort. [...] Nachdem ich die Schuhe anhabe, nehme ich ein Handtuch. Man bringt mir ein sehr sauberes. Man bringt mir Wasser in einem Topf für meine Toilette. Ich gieße es mir über die Hände, das Gesicht, in den Mund. Ich reibe Zähne und Zahnfleisch. Ich spucke, schneuze mich und trockne mich ab, wie es sich für ein guterzogenes Kind gehört.

Ich ziehe mein Nachthemd aus, ich nehme eine Tunica und ziehe einen Gürtel um. Ich parfümiere mir den Kopf und kämme mich. Ich schlinge ein Halstuch um den Hals. Ich binde meine weiße Pelerine darüber fest. Ich verlasse das Zimmer mit meinem Pädagogen und mit meiner Amme, um Papa und Mama zu begrüßen. [...]. Ich suche mein Schreibzeug und meine Schreibtafel und gebe sie dem Sklaven. Nun ist alles fertig und ich mache mich, von meinem Pädagogen gefolgt, auf den Weg durch die Säulenhalle, die zur Schule führt. Meine Kameraden kommen mir entgegen. Ich begrüße sie und sie erwidern meinen Gruß. Ich komme zur Treppe und steige sehr ruhig, wie es sich gebührt, die Stufen hinauf. In der Vorhalle lege ich meinen Mantel ab. Ich streiche mit dem Kamm über die Haare, trete ein und sage: 'Ich grüße Euch, mein Lehrer.' Er umarmt mich und grüßt mich wieder. Der Sklave reicht mir Täfelchen, Schreibzeug und Lineal. 'Grüß euch, Kameraden. Macht mir Platz (meine Bank, mein Schemel)! Rück ein wenig! - Komm her! - Ich hatte ihn vor dir!' Ich setze mich und mache mich an die Arbeit.

Ich bin mit dem Lernen meiner Lektion fertig. Ich bitte den Lehrer mich nach Hause gehen zu lassen, um zu essen. Er läßt mich gehen. Ich sage ihm ‚Lebewohl' und er gibt mir meinen Gruß zurück. Ich kehre nach Hause zurück. Ich nehme Weißbrot, Oliven, Käse, getrocknete Feigen und Nüsse. Ich trinke frisches Wasser. Nachdem ich gegessen habe, gehe ich wieder in die Schule. Ich treffe den Lehrer beim Lesen an. Er sagt: 'An die Arbeit!' – Ich muss zum Baden gehen! – Ja die Zeit ist da. Ich gehe hin, nehme Handtücher und folge meinem Diener.

Schulrelief aus Neumagen an der Mosel

Ich laufe denen entgegen, die ins Bad gehen und sage allen und jedem: `Wie geht's? Gutes Bad! Gutes Abendessen!´"

Henri Irénée Marrou, Geschichte der Erziehung im klassischen Altertum, München 1977, S. 497f.

Das römische Schulwesen

Nur Reiche konnten es sich leisten ihre Kinder durch einen Hauslehrer, der in der Regel ein gebildeter Sklave, häufig ein Grieche war, unterrichten zu lassen. Auf dem Relief ist ein solcher Unterricht dargestellt. Allerdings ist nicht ersichtlich, ob es sich bei dem dargestellten Lehrer um einen Sklaven, einen Freigelassenen oder einen Freien handelt. Auch seine Gesichtszüge und die damals übliche Barttracht verweisen nicht mit Sicherheit auf einen Griechen. Ein solcher Hauslehrer hatte alle Kinder des Hausherrn zu unterrichten. Der jüngere Schüler, der die mit Wachs überzogenen Schreibtafeln trägt, erhielt wohl Unterricht in Lesen, Schreiben und Rechnen. Den älteren Schülern erteilte der Lehrer den Unterricht, der in der höheren Schule beim *grammaticus* vermittelt wurde. Zu den Unterrichtsfächern gehörten lateinische und griechische Grammatik, Dichtung, Arithmetik, Geometrie, Astronomie und Musik.

Der Besitzer des Grabmals wollte zeigen, dass er sich einen Hauslehrer für seine Kinder leisten konnte. Obgleich es in Rom keine allgemeine Schulpflicht gab, war es in der römischen Kaiserzeit üblich, dass Jungen und Mädchen in die Schule *(schola)* geschickt wurden. Da der Grundschullehrer *(magister ludi)* nicht viel Schulgeld verlangen konnte, musste er viele Kinder unterrichten. Mit dem Besuch der Grundschule war für die meisten Kinder, insbesondere für die Mädchen, die Schullaufbahn beendet. Nur Eltern aus einer gehobenen Schicht schickten ihre Kinder in eine weiterführende Schule zum *grammaticus.*

Zusätzlich gab es den Hochschulunterricht, der vor allem in Rhetorik, aber auch in Philosophie bestand. Daneben existierten auch Rechtsschulen und Unterricht in anderen Wissenschaften. Solche Hochschulen gab es außer in Rom und in Athen in einer Reihe von größeren Städten. Es ist bekannt, dass es in Trier im späten 4. Jahrhundert auch eine Universität gab, weil überliefert ist, dass Kaiser Valens die Professorengehälter erhöhte. Seit wann sie bestand, ist allerdings nicht bekannt.

Vermutlich sollten die Schüler, die auf dem Relief abgebildet wurden, nicht für die Hochschule vorbereitet werden, sondern wohl eher darauf, den Vater im Geschäft zu unterstützen und es nach seinem Tod weiterführen zu können.

Hinweise für den Unterricht

Mit dem Thema Schule wird die Lebenswelt der Schüler im Anfangsunterricht Geschichte angesprochen. Sie können das Relief gut beschreiben und erfassen. Neben weiteren Informationen zum dreigegliederten Schulwesen in der römischen Antike bietet es sich an, die Schüler nach dem Besprechen des „Tagesablaufs eines Schülers" aus einem griechisch-römischen Schulbuch diese Quelle als Grundlage für ein szenisches Nachspielen nehmen zu lassen. Möglich ist dabei die Gegenüberstellung des eigenen Tagesablaufs.

Literatur

Heinz Cüppers (Hrsg.), Die Römer in Rheinland-Pfalz, Stuttgart 1990.

Henri Irénée Marrou, Geschichte der Erziehung im klassischen Altertum, München 1977.

Wilhelm von Massow, Die Grabmäler von Neumagen, Berlin 1932.

Kultbild des Mithras aus Heidelberg-Neuenheim, 2. Jh. n. Chr., Sandstein, vier Reliefblöcke mit unskulptiertem Sockelblock, H. 2,26 m, Br. 2,40 m. Aufbewahrungsort: Landesmuseum Karlsruhe.

Mithras-*Relief

Beschreibung des Mittelbildes

Auf dem großen Mittelbild zwingt ein noch junger Mann mit Tunika, wehendem Mantel und einer spitz zulaufenden Mütze auf dem gelockten Haar mit dem Knie einen Stier zu Boden. Mit der Linken reißt er durch einen Griff in die Nüstern den Kopf des Stieres nach oben und stößt ihm mit der Rechten einen Dolch ins Herz. Dabei blickt er nach links. Aus dem Schwanz des Stieres wachsen Blätter. Links oben ist eine beschädigte Büste zu sehen, deren Kopf von Strahlen umgeben zu sein scheint. Rechts oben ist ebenfalls eine Büste zu sehen, die eine Mondsichel über der Stirn trägt. Dazwischen wird eine Grotte durch Felsen und Bäume angedeutet (auf der linken Seite beschädigt). Rechts steht eine Figur in Tunika, Mantel und spitz zulaufender Mütze mit überkreuzten Beinen, die in der Rechten eine Fackel

nach oben hält. Ihr entspricht auf der linken Seite etwas weiter unten eine Figur in vergleichbarer Kleidung und Körperhaltung, die eine Fackel nach unten hält. Darunter sind ein Löwe sowie ein Gefäß zu sehen. Ganz unten schlängelt sich eine Schlange quer über das Bild, ihr Kopf steht über dem Gefäß. Eingerahmt wird das Hauptbild unten von dem unskulptierten Sockelblock, oben und auf den beiden Seiten von je einem in verschiedene kleinere Reliefs unterteilten Bildblöcken.

Interpretation

Es handelt sich um ein Kultbild des Mithras. Auf dem Hauptbild ist die Stiertötung zu sehen, die von allen Heldentaten des Gottes als die segensreichste für die Menschheit angesehen wird. Der Tod des Stieres bringt Leben, versinnbildlicht durch die Ähren, die aus dem Schwanz des sterbenden Tieres wachsen. Die Personifikation der Sonne und des Mondes links und rechts oben verweisen auf das kosmische Geschehen. Die angedeutete Grotte ist der Legende nach der Ort, an dem sich das Geschehen abspielte. Die beiden wie Mithras gekleideten Figuren, Cautes und Cautopates, bedeuten Osten und Westen, beherrschen Leben und Tod. Zugleich werden sie als Gestaltwerdung des Mithras gedeutet, sie sind immer bei der Stiertötung zugegen. Schlange, Gefäß und Löwe sind auf diesem Kultbild zu sehen. Auf anderen Kultbildern ist auch noch ein Vogel dabei. Diese Vierheit wird dann als Personifikation der vier Elemente gedeutet.

Beschreibung und Interpretation der Bildblöcke

Da aufgrund des Erhaltungszustandes die Bilder nicht in allen Einzelheiten zu erkennen sind, wird hier die Beschreibung und Interpretation des holländischen Wissenschaftlers Maarten J. Vermaseren wiedergegeben:

„Oberer Bildblock (von links nach rechts):
1. Kopf eines blasenden Windgottes, Mithras steht neben einer Zypresse und bricht Zweige ab.
2. Mithras als Bogenschütze zielt auf einen Felsen (Wasserwunder).
3. Sol und Mithras in emporsteigender Quadriga.
4. Luna in absteigendem Ochsenzweigespann.
5. wie 2., aber seitenverkehrt.
6. Mithrasbüste mit phrygischer Mütze im Gezweig einer Zypresse. Kopf eines blasenden Windgottes.

Linker Bildstreifen (von oben nach unten):
1. Mithras mit Schwert in der Rechten und Globus in der erhobenen Linken wird aus dem Fels geboren.
2. Saturnus im Mantel und mit verhülltem Haupt übergibt Jupiter über einem Altar das Blitzbündel.

3. Liegende Gestalt auf einem Felsen (Oceanus oder Caelus).
4. Mithras-Atlas in orientalischer Tracht trägt kniend den Globus auf seinen Schultern.

Rechter Bildstreifen (von oben nach unten):
1. Der grasende Stier.
2. Mithras trägt den Stier auf seinen Schultern.
3. Mithras auf dem Rücken des galoppierenden Stieres.
4. Mithras trägt den Stier kopfüber davon."

Maarten J. Vermaseren, Der Kult des Mithras im römischen Germanien, Stuttgart 1974, S. 62f.

Aus der Beschreibung der Bilder geht hervor, dass es eine Mithras-Legende gab. Allerdings sind die Bilder nicht immer in der gleichen Reihenfolge wiedergegeben. Zugleich wird deutlich, dass andere Götter und Vorstellungen auch im Mithras-Kult eine Rolle spielten. Das konnten die Götter der griechisch-römischen Welt, aber auch einheimische Gottheiten sein. Facettenreich und schwierig zu deuten ist das Verhältnis zwischen Mithras und Sol, dem Sonnengott. Es gibt Inschriften, in denen Mithras und Sol gleichgesetzt und als unbesiegbar bezeichnet werden. Zugleich sind sie zwei unterschiedliche Gottheiten, Sol wird auch als Begleiter des Mithras bezeichnet. Es gibt Abbildungen, auf denen Sol vor Mithras kniet, auf anderen Abbildungen schließen sie einen Freundschaftsvertrag, dann folgt ein gemeinsames Kultmahl sowie eine gemeinsame Fahrt der beiden Götter im Sonnenwagen.

Der Mithras-Kult

Die frühesten Zeugnisse für einen persischen Gott Mithra (oder Mitra) gehen ins 2. Jahrtausend v. Chr. zurück. Auf einer Tontafel aus Boghazköy, der ehemaligen Hauptstadt des Hethiterreiches, in der heutigen Türkei, wird in einem Vertrag Mitra als Garant einer Abmachung zwischen den Hethitern und einem Nachbarvolk genannt. Im Persischen bedeutet Mitra „Vertrag". Im 5. und 4. vorchristlichen Jahrhundert wurde in Persien Mitra mit der Sonne gleichgesetzt. Im dualistischen System verkörpert Mitra das Licht, das im Kampf mit der Finsternis liegt, er schlägt die bösen Geister in die Flucht. Auch nach der Zerstörung des persischen Reiches durch Alexander behielt Mitra in einigen hellenistischen Nachfolgestaaten seine Stellung. Erinnert sei an die Könige von Pontos mit dem Namen Mithradates („Gabe des Mithras").

Vom Ende des 1. Jahrhunderts n. Chr. breitete sich der Mithras-Kult von der Gegend um Rom/Ostia verstärkt aus. Das Verbreitungsgebiet reichte von Britannien über Rhein und Donau bis zum Schwarzen Meer, bis nach Ägypten und an die östlichste Grenze des römischen Reiches. Kennzeichen des Kultes, die sich überall trotz mancher regionaler Unterschiede finden, sind die Bezeichnung der Heiligtümer als Höhle sowie die Darstellung der Stiertötung.

Eine direkte Übernahme und somit eine Kontinuität vom persisch-hellenistischen zum römischen Mithras-Kult ist nicht zu beweisen. Vielmehr wird die Mithras-Verehrung im Westen heute überwiegend als neuer Kult betrachtet, der unter starkem philosophischem Einfluss, aber durchaus unter Berücksichtigung der Verwandtschaft mit dem Gott des Orients geschaffen wurde. Jedenfalls wird deutlich, wie stabil und zugleich flexibel die religiösen Vorstellungen waren.

Nach heutiger Kenntnis der zahlreichen Weihinschriften waren Kaufleute, Händler und Soldaten die Träger des Kultes, aber auch Sklaven und Freigelassene. Frauen wurden nicht aufgenommen. Die Anhänger mussten sich einer Initiation unterziehen, über die keine verlässlichen Nachrichten vorliegen. Es gab sieben Priestergrade. Die Tatsache, dass der Kult trotz seines Erfolges über zwei Jahrhunderte an kleinen Kultstätten festhielt, zeigt, dass die Anhänger durch die Exklusivität angezogen wurden. Es ist bekannt, dass die Anhänger auch ein Kultmahl feierten, das wohl in reguläre Mahlzeiten eingebunden war.

Hinweise für den Unterricht

Im ehemals römischen Gebiet in Südwestdeutschland werden immer wieder neue Mithräen entdeckt. Somit lässt sich an vielen Orten ein Bezug zu den Ausgrabungen bzw. zu den teilrekonstruierten Bodendenkmälern herstellen. Die Darstellung der Stiertötung und die verschiedenen die Legende erzählenden Bilder vermitteln einen lebendigen Eindruck des Kultes, über dessen Inhalte es kaum schriftliche Zeugnisse gibt.

In der Oberstufe bietet sich eine Zusammenarbeit mit dem Religionsunterricht an, schließlich finden sich im Mithraskult Elemente einer orientalischen Erlösungsreligion und es gibt gewisse Parallelen zum Christentum. Weshalb der Mithraskult, dessen Anhängerschaft sehr zahlreich war, sich gegenüber dem Christentum nicht behaupten konnte, lässt sich in diesem Kontext diskutieren.

Literatur

Manfred Clauss, Mithras. Kult und Mysterien, München 1990.

Reinhold Merkelbach, Mithras, Königstein/Ts. 1984.

Maarten J. Vermaseren, Der Kult des Mithras im römischen Germanien, Stuttgart 1974.

Stele: Landwirtschaft und Götterverehrung

Beschreibung

Die rechteckige *Stele mit einem dreieckigen Abschluss besteht aus fünf unterschiedlich großen Bildfeldern und zwei Inschriften. In der Spitze steht ein Adler mit erhobenem Kopf und ausgebreiteten Flügeln über einer *Kartusche mit der Inschrift „SATVRNO AVG SACRVM" („Saturno augusto sacrum": Opfer für den erhabenen Saturn). Sie wird auf beiden Seiten gehalten von zwei Frauen, die lange Kleider tragen und in ihrer freien Hand einen Palmzweig halten. Das zweite Bildfeld, das etwa ein Drittel der Stele einnimmt, wird von zwei Säulen und einer *Lünette mit gezacktem Rand eingerahmt. Hier sitzt die bärtige Hauptperson, aus der Inschrift als der Gott Saturn zu erschließen, auf einem liegenden Stier. Da er nur mit einer Toga bekleidet ist, bleibt sein Oberkörper frei. Mit seiner linken Hand zieht er die Toga über den Kopf und vollzieht damit die rituelle Bedeckung während des Opfers („capitis velatio"). An den Füßen trägt er Sandalen. Der beschädigte Gegenstand in seiner rechten Hand ist wahrscheinlich die Hippe oder Sichel, mit der er seinen Vater Uranos entmannt hat. Saturn wird flankiert von zwei barhäuptigen Männern, die Schuppenpanzer, zurückgeschlagene Umhänge und Stiefel tragen. Neben ihnen erscheinen zwei Pferdeköpfe. Den unteren Abschluss des Feldes bildet eine weitere Inschrift: „P. N. CVTTINUS VOV SOL CVM SVIS BB" („Publius Novius [?] Cuttinus votum solvit cum suis, bonis bene": Publius Novius [?] Cuttinus löst mit seinen Angehörigen ein Gelübde ein. Den Guten Gutes!). Diese Inschrift verweist auf die drei unteren Bildfelder, von denen das oberste etwas größer ist als die beiden anderen. Die Darstellung zeigt eine Opferszene. Der runde Altar in der

Stele mit Weiheinschrift des Cuttinus aus Siliana / Africa, 3. Jh. n. Chr. (?), Kalkstein, 155 x 61 cm, Tunis, Bardo-Museum.

Mitte besteht aus einem Fundament und Säulen, die eine Platte tragen. Vor dem Altar liegen zwei Opfertiere, ein Rind und ein stattliches Schaf. Hinter ihnen stehen vier Personen auf beiden Seiten des Altars. Der Mann auf der rechten Seite, wahrscheinlich der Stifter Cuttinus, ist mit einem schweren Mantel mit auffallenden Borten bekleidet und legt seine rechte Hand auf den Altar. Auf der anderen Seite steht eine Frau, die auf der erhobenen

Hand einen gefüllten Korb hält. Sie trägt eine Stola und eine runde Haube. Die zwei kleineren Personen an den Außenseiten halten gefüllte Körbe auf dem Kopf. Die langen Haare kennzeichnen sie als Mädchen. Bekleidet sind sie mit einer kurzen, gegürteten Tunika, die sie über einer längeren Tunika tragen. Alle Personen blicken wie die Götter in Richtung des Betrachters.

Die beiden unteren Bildfelder gehören eng zusammen. Sie zeigen bewegte Szenen aus der Landwirtschaft. Ein Mann führt einen Pflug und treibt die beiden Ochsen mit einer Peitsche an. Diese ziehen den Pflug mit einer Art Kummet, einem Geschirr, das um den Hals gelegt ist. Rechts von ihm ernten zwei Männer Getreide und bündeln sie zu Garben. Ihre Werkzeuge, vermutlich Sicheln, sind nicht sichtbar. Im unteren Bildfeld sieht man, wie die Ernte eingebracht wird. Drei einachsige Karren sind hoch mit Garben beladen. Sie haben Räder mit ovalen Speichen, deren Felgen Metallreifen schützen. Die angespannten Zugtiere, wahrscheinlich Maultiere, werden jeweils von einem Lenker, der auf dem Karren sitzt, angetrieben.

Interpretation

Die Stele gliedert sich in drei Bereiche. Der obere Teil ist den Göttern vorbehalten. Der Adler symbolisiert göttliche Macht, die beiden Frauen mit den Palmzweigen sind Personifizierungen des Sieges. Den Mittelpunkt bildet der Gott Saturn. Er galt als Herrscher des Goldenen Zeitalters und wurde als Begründer des Ackerbaus und Herr der Aussaat verehrt. Sein Fest, die Saturnalia, feierten die Bauern am 17. Dezember nach Beendigung der Feldarbeit. In Nordafrika lebte in Saturn auch der Sonnen- und Vegetationsgott Baal Hammon fort. Die beiden gepanzerten Reiter, die ihn einrahmen, sind die Dioskuren Castor und Pollux, die oft als Rossebändiger dargestellt wurden. Als

Söhne von Zeus und Leda verkörperten sie Unsterblichkeit und man verehrte sie als ritterliche Helden.

Die Darstellung des Opfers verbindet die obere Szene mit den beiden unteren Bildfeldern. Hier hat sich wahrscheinlich der Stifter abbilden lassen, wie er mit seiner Familie auf einem frei stehenden Altar Feldfrüchte und Tiere als unblutiges und blutiges Opfer darbringt. Dieses Opfer, wie man es meistens zur Entsühnung der Felder vollzog, dient hier – wie auch die Errichtung der Stele – der Einlösung eines Gelübdes.

Offensichtlich war Cuttinus ein wohlhabender Großgrundbesitzer, der mehrere Sklaven oder Arbeiter beschäftigte. Sie zeigen auf den beiden unteren Feldern drei wichtige Ausschnitte aus der ländlichen Arbeit. Beim Getreide wurde der Halm in der Mitte durchgeschnitten, das übrig gebliebene Stroh erntete man später gesondert. Der übliche bäuerliche Karren (plaustrum) hatte Scheibenräder und wurde von Ochsen gezogen, während man für den zweiachsigen Wagen (carrus) Speichenräder und Pferde oder Maultiere zum Ziehen verwendete. Bei den dargestellten Karren scheint es sich um eine Kreuzung der beiden Fahrzeugtypen zu handeln.

Der Weihestein lässt sich nicht mit Sicherheit datieren. Auf Grund der eckigen Formen, die die Darstellung von klassischen Reliefs unterscheidet, ist sie eindeutig der Provinzialkunst zuzuordnen. Der Künstler hat besonderen Wert auf die genaue Wiedergabe von Einzelheiten gelegt (Altar, Pflug, Wagen).

Stele: Landwirtschaft und Götterverehrung

Zusätzliches Material

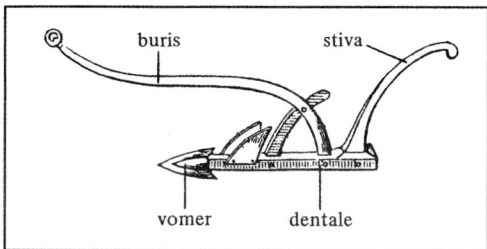

Römischer Pflug (Rekonstruktion).
Quelle: Karl-Wilhelm Weeber, Alltag in Rom – das
Landleben, S. 228.
Erklärung:
buris: *Krummholz, „Krümmel" (zur*
            Befestigung der Deichsel)
stiva: *„Sterz" (Stange zum Steuern)*
vomer: *Pflugschar*
dentale: *„Sohle" (auch „Hakenschuh" oder*
            „Scharbaum")

Anbau und Ernte von Getreide

Marcus Terentius Varro (116 - 27 v. Chr.) hat das gesamte bekannte Wissen über die Landwirtschaft in seinem Werk „Rerum rusticarum libri tres" zusammengefasst, das in Dialogform geschrieben ist.

Im vierten Zeitraum, zwischen Sommersonnenwende und aufgehendem Hundsstern, bringen die meisten die Saatfeldernte ein; denn das Getreide, sagt man, bleibe fünfzehn Tage in den Bälgen, blühe fünfzehn und dorre fünfzehn, wenn es reif sei. Pflugarbeiten soll man erledigen; je wärmer die Erde ist, wenn man pflügt, desto einträglicher werden sie. Wenn man sie aufgerissen hat, soll man sie querbrechen, das heißt, wiederpflügen, um die Schollen zu zerkleinern. Beim ersten Pflügen werden nämlich große Schollen aus der Erde gerissen.
Von Ernte, *messis,* im eigentlichen Sinne spricht man bei dem, was abgemäht wird, *quae me-tuntur,* vor allem aber beim Getreide, und von diesem Wort soll sie auch abgeleitet sein. Beim Getreide gibt es drei Arten der Mahd. [...] Nach dem dritten Verfahren mäht man zum Beispiel in der Umgebung von Rom und den meisten Gegenden in der Weise, dass man den Halm in der Mitte durchschneidet, während man sein oberes Ende mit der linken Hand fasst. [...] Die Halmhälfte unterhalb der Hand, die in der Erde haftet, schneidet man später dicht über dem Boden ab; die Halmhälfte dagegen, die mit der Ähre verhaftet ist, bringt man in Körben auf den Dreschplatz. Dort trennt sich auf offenem Gelände ‚sichtbar', *palam,* die Spreu vom Weizen. [...] Wenn das Saatfeld reif ist, hat man es zu mähen, da in diesem Fall, sagt man, auf einen Morgen in der Regel nahezu ein Tagewerk bei einfachem Gelände genüge. Sind die Ähren abgemäht, soll man sie in Körben auf den Dreschplatz bringen.

Marcus Terrentius Varro, Gespräche über die Landwirtschaft, hg., übersetzt und erläutert von Dieter Flach, Darmstadt 1996, S. 199 und 210.

Der Lebensbericht eines erfolgreichen Kleinbauern

Die folgende Grabinschrift eines „Schnitters von Mactar" stammt aus der unmittelbaren Nachbarschaft der Stele. Der Anfang ist fragmentarisch überliefert, ein Name fehlt.

Aus armem Hause stamme ich und von einem
    kleinbäuerlichen Vater, der weder Vermö-
    gen noch ein Herrenhaus besessen hatte.
Seit meiner Geburt habe ich auf dem Lande
    gelebt, indem ich meine Felder bestellte.
    Weder für das Land noch für mich selbst
    gab es je eine Ruhepause.
Und wenn das Jahr reife Saaten hervorge-
    bracht hatte, war ich der erste, der dann
    die Halme schnitt.

Wenn der sicheltragende Trupp von Männern auf die Felder ausgerückt war, [...] ging ich als erster Schnitter allen anderen auf den Feldern voran und ließ hinter meinem Rücken dichte Garben zurück.

Zweimal sechs Ernten habe ich unter glühender Sonne geschnitten, dann war ich aufgrund meiner Leistung zum Vorarbeiter gemacht worden.

In elf Jahren habe ich Schnittertrupps geführt, und meine Hand hat die Ebenen Numidiens geschnitten.

Diese Arbeit und eine Lebensweise, die damit zufrieden war, mit Wenigem auszukommen, haben mich zum Herrn über ein Herrenhaus gemacht. Ein Gutshof wurde erworben

und dem Herrenhaus selbst fehlt es an keinem Ausstattungsluxus. Meine Lebensweise trug mir auch Ämter als Früchte ein;

in der Liste der Ratsmitglieder war ich auch selbst verzeichnet. Im Tempel der Ratsherrenschaft habe ich, von diesem Gremium gewählt, gesessen,

und vom Bäuerlein bin ich sogar zum Censor aufgestiegen. Ich habe Söhne gezeugt, sie noch als junge Männer erlebt und auch liebe Enkel.

Den Verdiensten meines Lebens entsprechend habe ich strahlende Jahre verlebt, die keine böse Zunge mit irgendeinem Vorwurf trübt.

Lernt es, ihr Sterblichen, euer Leben ohne Schuld zu verbringen! So hat zu sterben verdient, wer ohne Trug gelebt hat.

Karl-Wilhelm Weeber, Alltag im Alten Rom - das Landleben, S. 329.

Hinweise für den Unterricht

Die Funktion der Stele, der Anlass ihrer Entstehung und die Inschriften sollten zu Beginn des Stunde erklärt werden. Wegen der Genau-igkeit und Detailfreudigkeit der Darstellung bietet sich eine ausführliche Beschreibung an. Anschließend können die drei Themen (Götter, Opfer, Landwirtschaft), deren Bedeutung auch durch die Größe der Bildfelder ausgedrückt wird, miteinander verknüpft werden. Die Götter beschützen die Menschen und schenken ihren Feldern Fruchtbarkeit. Dadurch gewähren sie eine erfolgreiche Arbeit und einen daraus erwachsenden Wohlstand. Im Opfer stattet der Mensch den Göttern dafür Dank ab, wobei die Opfergaben auf seinen Beruf und zugleich auf das göttliche Wirken verweisen. Aber auch der umgekehrte Weg war denkbar. Durch das Opfer konnte der Mensch die Hilfe der Götter erwerben („do ut des").

Als Quelle für die römische Landwirtschaft kann zu dem Bild die Rekonstruktion eines römischen Pfluges und der Auszug aus Varro verwendet werden. Durch die namentliche Nennung des Stifters und die dargestellte Opferszene lässt sich aus den Bildern der Stele ein kleines Rollenspiel entwickeln, das auch einen möglichen Anlass für das Gelübde zeigt. Dazu bietet sich auch die Grabinschrift des „Schnitters von Mactar" als Handlungsgerüst an.

Literatur

Ranuccio Bianchi Bandinelli, Rom. Das Ende der Antike, München 1971.

Karl-Wilhelm Weeber, Alltag im Alten Rom. Ein Lexikon, Zürich 52000.

Gruppe der Tetrarchen, aus Porphyr, vermutlich Ende 3. / Anfang 4. Jh., H. der Figuren etwa 1,30 m, Standort: San Marco, Venedig, an der äußeren Südwestecke der Schatzkammer.

Porphyrgruppe der Tetrarchen in Venedig

Beschreibung

Auf zwei Konsolen stehen zwei Paare sich umarmender Männer, die über Eck in die marmorne Wandverkleidung eingelassen sind. Die Figuren sind vollplastisch gearbeitet, aber hinten mit Säulen verwachsen, deren Reste noch zu sehen sind. Die Paare umfassen sich gegenseitig jeweils mit dem rechten Arm, die Linke fasst bei allen ans Schwert. Das jeweils äußere Bein ist entlastet, somit neigen sich die Figuren etwas einander zu, wodurch die Umarmung unterstrichen wird. Die Beschreibung einer Figur kann für alle stehen. Die Kopfbedeckung besteht aus einer niedrigen zylindrischen Kappe mit einem viereckigen Loch. Das Untergewand, dessen Fältelung quer verläuft und Stofffülle suggeriert, ist am Unterarm zu sehen,

ebenso am unteren Saum. Die Strümpfe liegen glatt an. Die Schuhe haben eine dicke Sohle und Riemen, die Seiten sind gitterartig durchbrochen. Der Schalenpanzer reicht bis über die Hüften herab und endet gerade. Beckenlinie und Nabel sind angegeben. Die Behänge bestehen aus plissierten, übereinander fallenden Bahnen. Mit der Schale sind sie durch einen Gurt verbunden, der mit ovalen Platten verziert ist. Darüber ist ein verzierter Schwertgurt zu sehen, aber kein Tragriemen für das Schwert. Das Schwert hat einen langen Griff mit glatten Federschuppen, der in einen ungefiederten Adlerkopf ausläuft. Es steckt in der verzierten Schwertscheide. Der Mantel ist faltenreich und reicht bis unter die Waden, seine Ecken sind abgerundet. Die Haltung und die Bekleidung der Figuren weisen keine Unterschiede auf, anders verhält es sich bei den Köpfen. So sind diejenigen des Paares, das auf die Piazzetta gerichtet ist, massiger, sie haben viele Stirnfalten und tiefe Falten, die von den

Nasenflügeln und Mundwinkeln abwärts verlaufen. Die Köpfe der anderen Gruppe sind schlanker und wirken jünger (zur Frontseite von San Marco hin). Der vom Betrachter aus jeweils linke Kopf trägt einen Bart.

Wer ist dargestellt?

Kaiser Diokletian, der von 284 bis 305 regierte, führte während seiner Regierungszeit umfassende Reformen im römischen Reich durch. Den Gefahren, denen das römische Reich von innen und von außen ausgesetzt war, stellte er ein neues System der Herrschaft gegenüber. Jeweils zwei Augusti sollten mit je einem Caesar dafür garantieren, dass die oberste Gewalt in mehreren Teilen des Imperiums gleichzeitig gegenwärtig war. So wurde schließlich Maximian in der westlichen Reichshälfte zum gleichberechtigten Augustus erhoben, Caesares wurden dann Galerius im Osten und Constantius Chlorus im Westen. Diokletian im Osten blieb aber dennoch der entscheidende Herrscher. Für das Funktionieren dieser so genannten Tetrarchie war die Einigkeit (concordia) der Herrscher von höchster Wichtigkeit. Von daher ist begreiflich, dass sie auch bildlich dargestellt wurde. Nachdem Diokletian mit seinem Mitkaiser Maximian 305 freiwillig zurückgetreten war, kam es zur zweiten Tetrarchie, die allerdings von Rivalitäten und Auseinandersetzungen zwischen den Tetrarchen geprägt war. Das dynastische Prinzip jedoch erwies sich als stärker. Nach vielen Kämpfen setzte sich schließlich Konstantin der Große als Alleinherrscher durch.

Interpretation

Das Problem, welcher der Köpfe welchem Herrscher zuzuordnen sei, wird heute als zweitrangig angesehen, vor allem nachdem nachgewiesen wurde, dass die Bärte der jeweils links stehenden Tetrarchen eine spätere Zugabe sind. Lediglich neue vergleichbare Funde könnten weiteren Aufschluss geben. In Venedig stehen die unterlebensgroßen Statuen 80 cm über dem heutigen Pflaster. Ursprünglich waren sie an zwei Säulen angebracht, was durch den runden Hintergrund der *Statuen deutlich wird. Ein Vergleichspaar im Vatikan zeigt, dass die Figuren wohl in ca. 7 m Höhe angebracht waren. Das lässt ihre Einfachheit und Grobheit, die aus der Nähe zu beobachten ist, aber auch die im Vergleich zum Körper großen Köpfe in einem anderen Licht erscheinen. Die grimmige Miene (frons trux) soll die Virtus eines harten, aber gerechten Herrschers veranschaulichen. Das steht in der Tradition von antiken Herrscherbildnissen.

Die Statuen sind recht gut erhalten, allerdings fehlen die Nasen, bei einer Statue das vom Betrachter aus linke Drittel des Körpers mit dem rechten Bein. Die Fibel, die den Mantel zusammenhält, ist jeweils bestoßen. Neben den auf den Abbildungen sichtbaren Löchern in den Kappen sind noch weitere vorhanden. Von daher wird auf einen Kranz aus Metall über den Kappen geschlossen.

Ursprung der Statuen

Man ging davon aus, dass die Porphyrstatuen zusammen mit anderen Trophäen 1258 aus Akkon mitgebracht worden seien, nachdem ein venezianischer Admiral die Stadt von den Genuesen erobert hatte. Seitdem jedoch ein Fußfragment, das zu der Gruppe an San Marco gehört, in Istanbul gefunden wurde, nimmt man an, dass die Statuen bereits im Zusammenhang mit der Plünderung von Konstantinopel 1204 durch die Kreuzfahrer nach Venedig gekommen sind. Wo sie ursprünglich aufgestellt waren, ist nicht bekannt. Konstantinopel, das Kaiser Konstantin erst nach seinem Sieg über seinen Mitherrscher Licinius (324) an Stelle von Byzanz gründete, wurde von ihm mit Kunstwerken aus dem gesamten römischen Reich ausgeschmückt.

Es ist nicht mit letzter Sicherheit zu entscheiden, ob die Herrscher der ersten oder der zweiten Tetrarchie (nach 305) dargestellt sind. Es wurde auch erwogen, ob nicht Konstantin und seine Söhne Constantinus II., Constantius II. und Constans dargestellt sein könnten. Da es aus der Zeit der ersten Tetrarchie Parallelen für die sich paarweise umarmenden Herrscher gibt, neigt die Wissenschaft dazu, in den Statuen in Venedig die Herrscher der ersten Tetrarchie zu sehen.

Ursprung des Porphyrs

Der purpurfarbene Porphyr wurde im Altertum nur in Ägypten am Mons Porphyrites (heute Djebel Duchan) im Steinbruchbetrieb gewonnen. Das Porphyrgebirge ist bis zu 1900 m hoch und liegt nördlich der Wüstenstraße, die von Koptos am Nil zu dem Hafen Myos Hormos am Roten Meer führte. Wieder entdeckt wurden die Steinbrüche 1822.

In der Regel wurden, wie auch bei anderen Steinarten, bereits im Steinbruch die Arbeiten der Form nach weitgehend vollendet, um den Transport zu erleichtern. Die feine Ausarbeitung und die Politur erfolgten in der Regel erst am Bestimmungsort. Der Mons Porphyrites war vermutlich bereits unter den Ptolemäern königliches Eigentum. Nachdem Augustus Ägypten dem römischen Reich einverleibt hatte, gehörten die Porphyrbrüche wie alle wertvollen Bergwerke und Steinbrüche wohl zum kaiserlichen Besitz. Ob Porphyr für Bauten und Skulpturen lediglich in kaiserlichem Auftrag oder mit kaiserlicher Genehmigung verwendet werden durfte, ist nicht überliefert, aber wahrscheinlich. Zu Beginn der Kaiserzeit wurde Porphyr wenig gebraucht, doch seit Trajan häufiger verwendet. Unter Diokletian liegt der Höhepunkt der Ausbeutung der Porphyrbrüche. Aus dieser Zeit ist

auch überliefert, dass der Kaiser ausführende Künstler in die Steinbrüche sandte, um an Ort und Stelle die Skulpturen fertig zu stellen. Das Ende der Steinbrüche am Mons Porphyrites lässt sich nicht mit Sicherheit bestimmen. Immerhin wurde dort noch eine christliche Kirche erbaut, doch der Betrieb scheint um 350 zum Stillstand gekommen zu sein. Möglicherweise wurde noch ungefähr 100 Jahre Material für *Sarkophage gebrochen.

Hinweise für den Unterricht

Die Figurengruppe sollte nicht nur als Ausdruck der gewünschten Einigkeit der vier Herrscher in der sog. ersten Tetrarchie behandelt werden. Da Porphyr selten vorkommt und in der Regel den Herrschern vorbehalten blieb, sollte auch sein Vorkommen und das, was über seinen Abbau bekannt ist, besprochen werden. Schülern im Anfangsunterricht Geschichte kann die Aufgabe gestellt werden, als Beamter der kaiserlichen Kanzlei ein Schreiben mit dem Auftrag an eine Bildhauerwerkstatt für die Figurengruppe zu formulieren. Für die Behandlung in der Oberstufe bietet sich eine Zusammenarbeit mit dem Kunstunterricht an.

Literatur

Richard Delbrueck, Antike Porphyrwerke, Berlin 1932 (Studien zur spätantiken Kunstgeschichte Bd. 6).

Marianne Bergmann, Studien zum römischen Porträt des 3. Jahrhunderts n. Chr., Bonn 1977 (Antiquitas Reihe 3, Bd. 18).

Josef Engemann, Herrscherbild, in: Reallexikon für Antike und Christentum, Bd. 14, Stuttgart 1987/88, Sp. 966 - 1047.

Das Silbermedaillon von Ticinum

Beschreibung

Vorderseite: Die Umschrift lautet IMP CON-
STANTINUS PF AUG (Imperator Constantinus Pius Felix Augustus). Konstantin ist im
Dreiviertelprofil abgebildet, bekleidet ist er mit
einem Schuppenpanzer. Auf dem Kopf trägt er
einen Helm, der mit Edelsteinen verziert ist.
Der Helmbusch, der aus vielen kleinen fächer-
artigen Federn besteht, zeigt als vorderen
Abschluss eine runde Scheibe, auf der ein X
und in dessen Mitte ein P zu erkennen sind.
Mit der Rechten hält er ein Pferd am Zügel,
von dem lediglich der Kopf und die Brust zu
sehen sind. Links hält er einen Schild, der zur
Hälfte sichtbar ist. Dieser ist mit einem Ornamentband eingefasst und zeigt eine Wölfin, die
Zwillinge säugt, das Sinnbild Roms. Dahinter
ragt ein Schaft auf, an dem eine Querstange
befestigt ist. Darüber sind eine große und darauf eine kleine Kugel angebracht.

Rückseite: Die Umschrift lautet SALUS REI
PUBLICAE (die Unversehrtheit des Staates).
Auf einem Podest steht der Kaiser im Brustpanzer mit Feldherrnmantel und Stiefeln, seine
Rechte hat er zur Ansprache erhoben. Im linken Arm hält er ein Stange mit oben befestigten
Waffen, ein sog. Tropaion. Hinter ihm steht
eine kleinere Frauenfigur, die im linken Arm
einen Palmzweig hält. Ihre Rechte bleibt hinter
dem Kaiser unsichtbar, doch von der Schulter-
haltung her hat sie sie wohl erhoben, um den
Siegeskranz über ihn zu halten. Der Kaiser ist
umgeben von Soldaten, die Pferde, Waffen und
Feldzeichen bei sich haben. Die Darstellung ist
auf Symmetrie angelegt.

Das historische Umfeld

Constantius Chlorus, der Vater Konstantins,
war nach dem Rücktritt der Augusti der ersten

*Vorder- und Rückseite des Silbermedaillons von
Ticinum, Prägestätte Ticinum (heute Pavia), vermutlich 315 n. Chr. Gewicht: 6,405 Gramm; Dm:
24 mm; Fundort unbekannt; Aufbewahrungsort: Staatliche Münzsammlung München.*

Tetrarchie zum Augustus des Westens geworden. Konstantin, der am Hofe des Diokletian
erzogen worden war, wurde entsprechend
dem tetrarchischen System nicht zum Caesar
ernannt. Er verließ fluchtartig den Hof des
Galerius, der der neue Augustus im Osten geworden war, und begab sich zu seinem Vater,
den er zum Feldzug gegen die Pikten nach
Britannien begleitete. Als nach dessen Abschluss Constantius starb, wurde Konstantin
am 25. Juli 306 von der Truppe zum Augustus,
d.h. zum Nachfolger seines Vaters ausgerufen.
Galerius nahm das nicht hin, sondern forderte,
dass sich Konstantin mit der Stellung eines
Caesars zufrieden gebe. Doch damit war das
System der Tetrarchie in Frage gestellt, denn

nun meldete Maxentius, der in der Nachfolge ebenfalls übergangene Sohn des mit Diokletian zurückgetretenen Augustus Maximian, seinen Anspruch auf die Stellung als Augustus an. Maximian unterstützte nicht nur seinen Sohn, sondern wollte ebenfalls wieder als Augustus herrschen. Schließlich kam es zum Entscheidungskampf: Am 28. Oktober 312 besiegte Konstantin seinen Gegner Maxentius an der Milvischen Brücke und zog am folgenden Tag siegreich in Rom ein. In der christlichen Überlieferung wird dieser Sieg mit der Bekehrung Konstantins zum Christentum in Verbindung gebracht. Wie die „Bekehrung" Konstantins von der Forschung beurteilt wird, ist immer noch eine „Gaubensfrage" (Kirsten Gross-Albenhausen). Geschah die Hinwendung zum Christentum aus Machtkalkül oder aufgrund einer Bekehrung und wie ist diese zu bewerten? Handelte es sich um die Anrufung eines Schlachtenhelfers oder stand eine Bekehrung im eigentlichen Sinne dahinter?

Prägeanlass

Nach verbreiteter Ansicht wurde das Medaillon anlässlich des zehnjährigen Regierungsjubiläums Konstantins 315 in der Münzstätte Ticinum geprägt. Daneben wird jedoch auch eine frühere Datierung (312/13) vertreten. Es handelt sich nicht um normales Umlaufgeld, sondern um eine Festprägung, die anlässlich eines Kaiserjubiläums an Offiziere, Beamte und Leute, die sich besondere Verdienste erworben hatten, verteilt wurde. Bis heute sind nur drei Exemplare dieses Medaillons bekannt. Aufgrund seines Wertes (6,4 g Silber) dürfte es nicht allzu verbreitet gewesen sein.

Interpretation

Das Christogramm auf der Scheibe vorne am Helmbusch besteht aus einem Chi und einem Rho, den Anfangsbuchstaben des Christusnamens. Der Form nach entspricht das dem Be-richt des Eusebios, während der frühere Bericht des Laktanz das sog. monogrammatische Kreuz beschreibt. Auf jeden Fall handelt es sich um ein eindeutig christliches Zeichen, das nicht ohne Zustimmung Konstantins von einem Stempelschneider auf die Prägung gesetzt werden konnte. Andererseits ist auf dem Schild das Symbol Roms, die Wölfin und die Zwillinge Romulus und Remus, abgebildet. Wie der Schaft mit Querstange hinter dem Schild zu deuten ist, ist umstritten. Die Annahmen gehen vom Kreuzszepter (eindeutig christlich) über eine Lanze, auf die sich der Kaiser beim Absitzen vom Pferd stützt, bis hin zu der Deutung als Feldzeichen. Die Rückseite des Medaillons ist dagegen ganz traditionell gestaltet, hier kommen keine christlichen Symbole vor. Der militärische Kontext beider Seiten spricht dafür, dass mit dem Medaillon auf Konstantins Sieg an der Milvischen Brücke über Maxentius Bezug genommen wird. Mit dem Christogramm am Helm liegt hier eine Akzentverlagerung zum Christentum hin vor. Doch ist der Feststellung von Klaus Bringmann zuzustimmen: „Der Bruch mit der heidnischen Vergangenheit war gemieden, aber das revolutionäre Neue erschien im Zusammenhang mit dem gewohnten Alten."

Zusätzliches Material

Der Bericht des Laktanz über Konstantins Bekehrung

L. Caecilius Firmianus Lactantius aus Nordafrika (etwa 250 - 340) wurde von Diokletian als Lehrer der Beredsamkeit wohl Ende des 3. Jahrhunderts nach Nicomedia berufen, wo er sich dem Christentum zuwandte, sein Amt aufgab und sich in der Folgezeit als christlicher Schriftsteller betätigte. 317 wurde er von Konstantin zum Erzieher seines Sohnes Crispus berufen. In dieser Stellung verfasste er seine Schrift über „die Todesarten der Verfolger" (de mortibus persecutorum). Darin schildert er auch die Bekehrung Konstantins:

„Maxentius hielt sich innerhalb Roms, denn ein Götterspruch verkündete ihm den Untergang, wenn er den Fuß vor die Tore der Stadt setzen würde. Doch er ließ den Krieg durch tüchtige Feldherren führen. An Streitkräften war Maxentius überlegen [...]. Da faßte Constantinus neuen Mut, und zu Sieg oder Tod entschlossen, rückte er mit der ganzen Macht gegen die Stadt heran und lagerte sich gegenüber der Milvischen Brücke. Es stand der Tag bevor, an dem Maxentius die Herrschaft angetreten hatte; es war dies der 27. Oktober. [...] Constantinus ward im Traume ermahnt, das himmlische Zeichen Gottes auf den Schilden anbringen zu lassen und so die Schlacht zu beginnen. Er kommt dem Befehle nach, und indem er den Buchstaben X waagerecht legte und die oberste Spitze umbog, zeichnete er Chr[istus] auf die Schilde. Mit diesem Zeichen gewaffnet, greift das Heer zum Schwert. Der Feind rückt ohne Oberfeldherrn entgegen und überschreitet die Brücke. Die Heere stoßen in gleicher Ausdehnung aufeinander. Auf beiden Seiten wird mit höchster Anstrengung gekämpft. [...] In der Stadt entsteht Aufruhr! Man schilt auf Maxentius als Verräter der öffentlichen Wohlfahrt, und als man seiner ansichtig wurde [...], da schrie plötzlich das Volk wie mit einer Stimme: „Constantinus kann nicht besiegt werden!" Durch diesen Zuruf außer Fassung gebracht, stürzt er aus der Rennbahn [...] und läßt die sibyllinischen Bücher nachschlagen. In diesen fand sich, daß an jenem Tage ein Feind der Römer umkommen werde. Dieser Ausspruch erweckt in ihm die Hoffnung auf Sieg. Er bricht auf und zieht in die Schlacht. Hinter ihm wird die Brücke aufgerissen. Bei seinem Anblicke verschärft sich der Kampf und die Hand Gottes waltete über dem Schlachtfelde. Schrecken befällt das Heer des Maxentius; er selbst wendet sich zur Flucht und eilt der Brücke zu, die teilweise abgebrochen war. Die Masse der Fliehenden stürzt ihm nach und drängt ihn in den Tiber hinab. So war endlich der erbitterte Krieg zu Ende. Constantinus wird unter großen Freudenbezeigungen des Senates und Volkes als Kaiser empfangen."

Lactantius, Von den Todesarten der Verfolger 44, übers. v. A. Hartl, zit. nach: Walter Arend (Bearb.), Altertum. Alter Orient – Hellas – Rom (Geschichte in Quellen), München ³1978, S. 738f.

Der Bericht des Euseb über Konstantins Bekehrung

Eusebios aus Caesarea (um 260 - 339/40) war seit ca. 315 Bischof von Caesarea. Er versuchte im arianischen Streit zugunsten des Arius zu vermitteln, wurde 324 exkommuniziert, aber 325 auf dem Konzil von Nicaea rehabilitiert. Seitdem genoss er das Wohlwollen des Kaisers, den er bewunderte und dessen Biographie er verfasste.

„Er [Konstantin] bedachte aber wohl, daß er einer mächtigeren Hilfe bedürfe, als die Heere ihm zu bieten imstande wären [...]; darum suchte er an Gott einen Helfer und baute erst in zweiter Linie auf seine gute Ausrüstung und die Größe seines Heeres [...]. Da er nun ernst bedachte, welchen Gott er annehmen solle, kam ihm der Gedanke, daß ehedem, als mehrere Männer die Herrschaft ergriffen hatten, die einen davon, die ihre Hoffnung auf mehrere Götter gesetzt und diese mit Weinspenden, Opfern und Weihegeschenken geehrt hatten, erst durch gefällige Weissagungen und glückverheißende Orakelsprüche getäuscht wurden, dann aber ein unglückliches Ende fanden, ohne daß einer von ihren Göttern ihnen hilfreich zur Seite gestanden wäre, um sie vor dem vom Himmel verhängten Untergang zu bewahren. Einzig sein Vater habe den entgegengesetzten Weg eingeschlagen, ihren Irrtum verworfen und Gott selber, den über der Welt thronenden Herrn, in seinem ganzen Leben geehrt und an ihm einen Retter und Schützer des Reiches und einen Spender alles Guten gefunden [der Vater Konstantins hatte die Verfolgungsedikte Diokletians in seinem Herrschaftsbereich stets milde durchgeführt]. [...]

Das Silbermedaillon von Ticinum

Er rief also in seinen Gebeten diesen Gott an und flehte inständig zu ihm, er möge ihm offenbaren, wer er sei, und ihm zu dem bevorstehenden Unternehmen hilfreich seine Rechte reichen. Während der Kaiser aber so betete und eifrig darum flehte, erschien ihm ein ganz unglaubliches Gotteszeichen, das man wohl nicht leicht gläubig hinnehmen würde, wenn ein anderer davon berichtete; da es aber der siegreiche Kaiser selbst uns, die wir diese Darstellung schreiben, lange Zeit hernach [...] erzählt und sein Wort mit Eidschwüren bekräftigt hat [kurz vor des Kaisers Tode], wer sollte da noch Bedenken tragen, der Erzählung Glauben zu schenken [...]? Um die Stunde der Mittagszeit, da sich der Tag schon neigte, habe er, so erzählte der Kaiser, mit eigenen Augen oben am Himmel über der Sonne das Siegeszeichen des Kreuzes, aus Licht gebildet, und dabei die Worte gesehen: „Durch dieses siege!" Staunen aber habe bei diesem Gesichte ihn und das ganze Heer ergriffen, das ihm eben auf seinem Marsche, ich weiß nicht wohin, folgte und dies Wunder schaute. Da sei er nun in Verlegenheit gewesen, was doch diese Erscheinung bedeute. Während er aber dies erwogen und noch lange darüber nachgedacht habe, habe ihn die Nacht überrascht. Da habe sich ihm nun im Schlafe der Christus Gottes mit dem am Himmel erschienenen Zeichen gezeigt und ihm aufgetragen, das am Himmel geschaute Zeichen nachzubilden und es bei seinen Kämpfen mit den Feinden als Schutzpanier zu gebrauchen. [...] Es war aber dies Zeichen auf folgende Art verfertigt: Ein langer goldüberzogener Lanzenschaft trug eine Querstange und hatte somit die Gestalt des Kreuzes; am oberen Ende des Ganzen war ein kunstvoll geflochtener Kranz aus Gold- und Edelsteinen befestigt, in dem das Zeichen für den Namen des Erlösers angebracht war, zwei Buchstaben, die als Anfangsbuchstaben den Namen Christi bezeichneten, indem das P in der Mitte durch das X gekreuzt wurde. [...] Dieses heilbringende Zeichen gebrauchte nun der Kaiser stets als Schutzmittel gegen jede Macht, die sich ihm feindlich entgegenstellte, und er befahl, daß das Abbild desselben allen seinen Heeren vorangetragen werde."

Eusebios, Leben des Constantinus 1, 27ff., übers. v. A. Bielmair, zit. nach: Walter Arend (Bearb.), Altertum. Alter Orient – Hellas – Rom (Geschichte in Quellen), München ³1978, S. 739f.

Hinweise für den Unterricht

Es ist wichtig, den Schülern die Vorder- und die Rückseite des Silbermedaillons zur Kenntnis zu bringen, damit sie erkennen, dass die Rückseite der Münze ganz traditionell gestaltet ist, während auf der Vorderseite das Christogramm eindeutig auf die Hinwendung Konstantins zum Christentum verweist. Zum anderen ist darauf hinzuweisen, dass das Silbermedaillon kein reguläres Zahlungsmittel war.

Die antiken Berichte über die Bekehrung Konstantins stimmen nicht überein. Beim Anfangsunterricht in Geschichte sollte der Lehrer diese Berichte als Grundlage für opponierendes Erzählen (Rolf Schörken) nehmen, um den Schülern die schwierige Quellenlage klar zu machen. Zugleich wird deutlich, wie wertvoll das Zeugnis des Silbermedaillons ist.

Literatur

Klaus Bringmann, Die konstantinische Wende. Zum Verhältnis von politischer und religiöser Motivation, in: Historische Zeitschrift 260, 1995, S. 22 - 47.

Kirsten Gross-Albenhausen, Zur christlichen Selbstdarstellung Konstantins, in: Klio 78, 1, 1996, S. 171 - 185.

Heinrich Kraft (Hrsg.), Konstantin der Große, Darmstadt 1974.

Frontseite des Bassus-Sarkophages, 359 n. Chr., gefunden 1595 unter der Confessio der alten Peterskirche in Rom, Marmor, H. 1,17 m, B. 2,41 m, Aufbewahrungsort: Vatikanische Grotten, Rom.

Der Sarkophag des Iunius Bassus, Stadtpräfekt von Rom

Beschreibung und Deutung

Die Frontseite des *Sarkophags ist in zwei Zonen gegliedert. Diese werden jeweils durch Säulen in fünf Nischen geteilt. Über dem Gebälk der oberen Zone befindet sich eine Inschriftenleiste, die noch gut zu lesen ist: IUN . BASSUS . V . C . QUI VIXIT ANNIS . XLII MEN . II . IN IPSA PRAEFECTURA URBI NEOFITUS IIT AD DEUM . VIII . KAL . SEPT . EUSEBIO ET YPATIO . COSS . (Iunius Bassus vir clarissimus, der 42 Jahre und 2 Monate lebte, ging während seiner Amtszeit als Stadtpräfekt von Rom neugetauft zu Gott.)

Der Deckel darüber ist heute weitgehend seines Figurenschmuckes beraubt. In der unteren Zone wechseln Segmentbögen mit Nischen, die durch die Säulen getrennt sind. In den dadurch gebildeten Zwickeln sind Lämmer zu erkennen. Es handelt sich um christliche Allegorien. Die obere Zone wird durch reich gegliedertes Gebälk abgeschlossen. Die Säulen sind schräg kanneliert, sie stehen auf einer verzierten Basis, die *Kapitelle sind reich verziert. Die beiden Säulen, die das Mittelbild unten und oben begrenzen, sind von Weinranken umgeben, zwischen denen *Putten zu erkennen sind. Damit werden die Mittelbilder besonders hervorgehoben. Unten reitet ein noch junger Mann auf einem Reittier, während ein anderer ein Tuch vor dem Reittier ausbreitet. Im Hintergrund schaut der Kopf und Oberkörper eines Mannes aus dem Geäst eines Baumes; dies stellt den Einzug Christi in Jerusalem dar. Darüber in der oberen Zone sitzt ein jugendlicher Mann. Unter seinen Füßen spannt ein nackter bärtiger Mann ein Tuch zu einem Bogen. Rechts und links neben dem Sitzenden stehen zwei Männer: Der eine hält eine geschlossene Buchrolle in der Hand, der andere wird gleich eine aufgerollte von dem Sitzenden erhalten. Die Szene wird als die *traditio legis*, die Übergabe des Gesetzes des neuen Bundes durch Christus an die Apostel Petrus und Paulus gedeutet. Die Gestalt mit dem zum Bogen ausgebreiteten Tuch wird als Caelus, die Verkörperung des Himmels, gedeutet.

Links neben dem unteren Mittelbild sind Adam und Eva sowie ein Baum, um den sich die Schlange windet, zu sehen. Im Hintergrund erkennt man neben Adam noch Ähren, neben Eva ein Lamm. Im Bild links außen sitzt ein Mann in Arbeitskleidung auf Steinen, neben ihm steht eine Frau, die ihren gesenkten Kopf mit der Linken stützt, mit der Rechten reicht sie dem Sitzenden ein Brot. Hinter ihr steht ein besser gekleideter Mann. Hier ist Hiob in seinem Leid mit Frau und einem seiner Freunde dargestellt. Rechts vom Mittelbild ist ein bärtiger älterer Mann zwischen zwei Löwen zu sehen, im Hintergrund erscheinen noch zwei jüngere Männer. Diese Szene stellt Daniel in der Löwengrube dar. Im Bild daneben steht ein älterer bärtiger Mann, dessen Hände auf dem Rücken gebunden sind, er wird von einem hinter ihm Stehenden bewacht, während vor ihm ein Soldat mit Tunika und Militärmantel bekleidet mit dem Schwert ausholt. Im Hintergrund sind Schilfpflanzen zu sehen. Diese Szene kann als Paulus' Verhaftung oder unmittelbar bevorstehende Hinrichtung gedeutet werden. Die obere Szenenfolge zeigt links außen einen bärtigen Mann, der mit der Linken den Kopf eines gefesselten Knaben berührt, der vor einem Altar kniet, während er in der erhobenen Rechten ein Messer hält. Er blickt hin zu einem Baum, vor dem ein Widder steht. Somit handelt es sich um die Opferung des Isaak. In der anschließenden Szene ist ein älterer Mann mit Bart zwischen zwei Soldaten zu sehen, der eine hält ihn am Arm. Hier ist vermutlich die Verhaftung des Petrus dargestellt. Rechts vom Mittelbild wird Christus von zwei Männern im Soldatenmantel, von denen einer an sein Schwert greift, wohl zum Verhör geführt. In der folgenden Szene sitzt ein Mann

mit der Toga bekleidet, dem sich ein Diener (der Kopf ist nicht mehr erhalten) mit Schale und Krug nähert, im Hintergrund beugt sich ein mit dem Soldatenmantel Bekleideter nach vorne. Es handelt sich um die Szene, in der sich Pilatus die Hände waschen wird.

Historische Einordnung

Das Amt des Stadtpräfekten von Rom (*praefectus urbi*) wurde von Augustus nach über 300 Jahren wieder eingeführt. In der Regel war der Stadtpräfekt zuvor Konsul. In der Spätantike war er ebenfalls in der Gerichtsbarkeit Stellvertreter des Kaisers, doch seine Macht war in manchen Bereichen gewachsen, so fungierte er jetzt auch als Senatspräsident. Junius Bassus ließ sich, wie es damals üblich war, erst auf dem Totenbett taufen, um möglichst ohne Sünde vor den Richtstuhl Gottes zu treten. Erstaunlich ist, dass ein so hochgestellter Angehöriger der Senatsaristokratie sich zum Christentum bekannte, denn es ist bekannt, dass es gerade im Senat noch lange zahlreiche Anhänger der alten Religion gab. Junius Bassus wurde in der Kirche, die über dem Grabe des Petrus bereits 325 auf mächtigem Unterbau begonnen worden war, beigesetzt, und zwar in dem Raum, der unter dem Hochaltar für den Umgang um das Märtyrergrab geschaffen worden war (Confessio). Das verweist darauf, dass Bassus sich wünschte, in unmittelbarer Nähe des Apostels bestattet zu sein. Zugleich zeigt die Erfüllung dieses Wunsches, wie hoch geachtet der Stadtpräfekt war. Heute befindet sich der Baldachin von Bernini in der Peterskirche über dem Grab Petri.

Interpretation

Wie bei römischen Sarkophagen üblich, sind lediglich die Vorderseite und die (auf der Abbildung nicht sichtbaren) Seitenflächen, nicht jedoch die Rückseite verziert. Im Gegensatz zu den christlichen Szenen sind die Seitenflächen mit *Eroten bei der Weinlese, beim Keltern und bei der Getreideernte geschmückt. Die Tatsache, dass abgesehen von den Mittelbildern unten Szenen aus dem Alten, oben aus dem Neuen Testament mit je einer Ausnahme abgebildet sind, hat zu unterschiedlichen Interpretationen geführt. So wurde vorgebracht, es seien zwei Szenen vertauscht worden: die Opferung des Isaak und die Verhaftung oder Hinrichtung des Paulus. Würden diese Szenen ausgetauscht, so wären unten die Bilder des Alten Testamentes, oben die des Neuen Testamentes. Dagegen lässt sich einwenden, dass sich die Aussage eines so sorgfältig gearbeiteten Sarkophages wohl nicht mit einer einfachen Vertauschung von Bildern erklären lässt. Interpretationsversuche, die die einzelnen Szenen in Form eines Chi bzw. eines Chrismon erklären, sind sehr kompliziert, greifen lediglich einzelne Bezüge heraus und überzeugen nicht. Ein neuerer Interpretationsversuch von 1990 versucht anhand kunstgeschichtlicher Vergleiche und unter Berücksichtigung der Schriften der Kirchenväter zu beweisen, dass die Szenen des Sarkophags alttestamentliche Vorausdeutungen und neutestamentliche Auslegungen des Todes und der Wiederauferstehung Christi abbilden. So erfüllt in der oberen Zone Christus durch sein Opfer – Gefangenschaft und Pilatusszene – das unvollendete Opfer Isaaks durch Abraham, während Petrus durch sein Martyrium Christus nachahmt. In der unteren Zone werden der Gehorsam Christi und sein Sieg über den Tod durch Daniels Gehorsam und Errettung vorgezeichnet, während umgekehrt Adams und Evas Ungehorsam durch Daniels Gehorsam aufgehoben werden. Der Tod des Paulus folgt dem Vorbild Christi und geht über Hiobs geduldiges Leiden hinaus. Doch es gibt auch vertikale Bezüge zwischen den beiden Zonen: Christus zieht in Jerusalem ein und Christus als Herrscher über die Welt.

Darüber soll nicht vergessen werden, dass der Sarkophag auch durchaus traditionelle heidnische Elemente enthält wie die Weinreben mit den Putten auf den Säulen, die die Mittelbilder einrahmen, sowie die Eroten auf den (nicht sichtbaren) Seiten. Bei den Weinreben liegt nicht allein der Gedanke an Dionysos und somit heidnisches Gedankengut nahe, sondern auch an die Aussage Christi: „Ich bin der Weinstock, ihr seid die Reben" (Joh. 15, 5). Die Szenen auf dem recht fragmentarisch erhaltenen Deckel werden als traditionell römisch gedeutet.

Zum Verhältnis von Heiden und Christen in Rom

Junius Bassus hatte sich als Stadtpräfekt von Rom zum Christentum bekannt, aber diese Haltung wurde nicht von allen Angehörigen der Senatsaristokratie geteilt. Obgleich das Christentum unter Konstantin neben den anderen Religionen gleichberechtigt geworden war, genoss es doch Vorteile, da die Kaiser – abgesehen von Julian (361 - 363) – Christen waren und die christliche Kirche begünstigten. Im Jahre 384 wurde der damalige Stadtpräfekt Symmachus als offizieller Sprecher des mehrheitlich noch heidnischen Senats an den Kaiserhof nach Mailand geschickt. Er sollte versuchen, die Streichung der staatlichen Zuschüsse für die heidnischen Priesterkollegien und die Entfernung des Victoriaaltars aus der Kurie rückgängig zu machen. Infolge der Briefe, die der Mailänder Bischof Ambrosius dagegen an die Kaiser (damals regierten Valentinian, Theodosius und Arkadius gemeinsam) schrieb, war diese Mission erfolglos. Symmachus hat seine Rede, die sog. 3. Relatio, später herausgegeben. Sie ist erhalten und zeigt, dass es unter den seit Beendigung der Christenverfolgungen veränderten Verhältnissen jetzt die Anhänger des heidnischen Kultus waren, die um Toleranz baten. Darin heißt es:

Der Sarkophag des Iunius Bassus

„9. Wollen wir uns einmal vorstellen, daß Roma selbst herantritt und mit diesen Worten zu Euch spricht: Beste der Herrscher, Väter des Vaterlandes, ehret mein Alter, in das mich fromme Pflichterfüllung gelangen ließ! Ich möchte bei den überkommenen Bräuchen bleiben; denn ich habe keinen Grund, sie zu bereuen. Nach meiner eigenen Art möchte ich leben, weil ich frei bin! Diese Form der Götterverehrung hat den Erdkreis meinen Gesetzen unterworfen, diese Opfer haben Hannibal von meinen Mauern und die Senonen [Gallier] vom Kapitol zurückgeschlagen. Bin ich dazu errettet worden, um hochbetagt getadelt zu werden?

10. Ich werde bald erkennen, wie wertvoll das ist, was man einführen zu müssen glaubt; aber es ist zu spät und schmachvoll, wenn man im Alter sich noch bessern soll. Deshalb bitten wir um Frieden für die Götter unserer Väter und für die Götter unserer Heimat. Es ist billig, daß das, was alle Menschen verehren, als Eines angesehen wird. Wir sehen die gleichen Sterne, der Himmel ist uns gemeinsam, das gleiche Weltall schließt uns ein. Warum ist es so wichtig, nach welcher Lehre jeder die Wahrheit sucht? Man kann nicht nur auf einem einzigen Weg zu einem so erhabenen Geheimnis finden. Aber solche Fragen mögen Leute erörtern, die dafür Muße haben. Jetzt tragen wir Euch keine Streitfragen, sondern Bitten vor."

Übersetzt nach Richard Klein, Der Streit um den Victoriaaltar, Darmstadt 1972, S. 105f.

Hinweise für den Unterricht

Nachdem die Schüler über die Person und die Stellung des Stadtpräfekten informiert sind sowie die Inschrift des Sarkophags kennen, sollen sie die ihnen bekannten christlichen Szenen herausfinden. Dabei muss der Lehrer Hilfestellung leisten.

In der Oberstufe bietet es sich an, den Auszug aus der 3. Relatio des Symmachus zu lesen und zu besprechen. Damit wird deutlich, dass Bassus eine Ausnahme unter den meist heidnischen Senatoren war, zum anderen zeigt die Bitte um Toleranz für die heidnischen Kulte, wie grundlegend sich die Verhältnisse für die Christen seit ihren Anfängen gewandelt haben.

Literatur

Friedrich Gerke, Der Sarkophag des Iunius Bassus, Berlin 1936.

Elizabeth Struther Malbon, The Iconography of the Sarcophagus of Junius Bassus, Princeton N.J. 1990.

Mosaik aus dem Casa Massimo in Rom, Anfang 4. Jhs. n. Chr., 58 x 58 cm, Madrid, Museo Arqueologico Nacional.
Das Mosaik gehörte zu einer Reihe von Bildern, auf denen Gladiatorenkämpfe und Pferderennen dargestellt waren. Es hatte ursprünglich einen schweren goldenen Rahmen, der nicht mehr existiert. Das Mosaik wurde in der zweiten Hälfte des 18. Jahrhunderts für König Carlos III. erworben und nach Madrid gebracht.

Gladiatorenkampf

Beschreibung

Das Mosaik ist durch zwei Bänder mit abwechselnd schwarzen und weißen Quadraten einge-

rahmt. Zwei Bilder, die übereinander angeordnet sind, zeigen Szenen eines Gladiatorenkampfes. Auf dem etwas niedrigeren oberen Mosaik stehen auf dem braunen Boden, auf dem auch die Schatten der Beine zu sehen sind, drei Männer, während der vierte auf dem Boden sitzt. Die beiden Männer am Rand tragen die gleiche weiße Tunika mit weiten

Gladiatorenkampf

Ärmeln und zwei blauen Längsstreifen. Beide schauen auf den Kampf und haben die rechte Hand mit ausgespreizten Fingern erhoben. Der Mann auf der linken Seite hält einen langen dünnen Stock in der linken Hand.

Vor ihm steht ein großer Mann, der sich gerade mit dem ausgestreckten Schwert in der rechten Hand vorwärts bewegt. Sein Gesicht ist nicht zu erkennen. Er trägt einen großen rechteckigen Schild, der bemalt ist. Sein linkes Bein ist dick bandagiert, das rechte dagegen nackt. Die Kleidung ist kaum zu erkennen, weil sie durch das Netz, das sein Gegner über ihn geworfen hat, verdeckt wird. Aber sie besteht offenbar aus einem breiten Gürtel, der zum Teil über die Brust reicht, und aus einem kurzen Rock.

Sein Gegner ist zu Boden gegangen, sitzt mit ausgestreckten, übereinander geschlagenen Beinen da und stützt sich auf den linken Arm. Seine Bein- und Fußbekleidung ist nicht eindeutig, vielleicht besteht sie aus einem Schuh am linken Fuß und einer Bandage am rechten Bein. Bekleidet ist er wie sein Gegner. In dem ausgestreckten rechten Arm hält er ein Schwert, das er dem anderen Gladiator entgegenstreckt. Sein Dreizack liegt auf dem Boden. Die Blutspuren auf dem Boden lassen keinen Zweifel am Ausgang des Kampfes.

Zwei Inschriften nennen die Namen der Gladiatoren. Der Angreifer heißt Astyanax. Hinter seinem Namen steht „vicit", dazwischen ist ein Herz abgebildet. Der Name des zu Boden gegangenen Gladiators Kalendio ist mit einem durchgestrichenen Kreis versehen.

Die untere Szene ist ähnlich, zeigt aber offensichtlich eine frühere Szene des Kampfes. Die Namen sind die selben, nur fehlt bei Astyanax das Herz und die Bemerkung über seinen Sieg. Von den beiden Männern am Rand sieht man nur einen, er steht mit der selben Geste auf der rechten Seite und trägt einen Stock. Der wichtigste Unterschied wird bei Kalendio sichtbar. Sein linker Arm ist bandagiert und seine Schulter durch ein gelbes rautenförmiges Rüstungsteil geschützt. Er bewegt sich auf seinen Geg-

ner zu und bedroht ihn mit dem Dreizack, den er in beiden Händen hält.

Interpretation

Die Darstellung gehört zu den am häufigsten abgebildeten Gladiatorenkämpfen. Kalendio ist ein „retiarius", der mit Netz (rete), Dreizack (fuscina) und Schwert (gladius) leicht bewaffnet ist. Geschützt wird er durch den bandagierten linken Arm (manica) und den Schulterschirm (galerus). Die übliche Bandage an seinem rechten Bein hat der Künstler nicht dargestellt. Kalendio hat das Netz über seinen Gegner geworfen – eine in der römischen Kunst einmalige Darstellung –, doch scheint es diesen nicht zu behindern. Es hat sich an seinem Helm verfangen und bedeckt hauptsächlich seinen Rücken.

Astyanax ist ein schwerbewaffneter „secutor" oder „murmillo". Im Unterschied zum „retirarius" trägt er einen Helm, der das Gesicht durch ein Visier schützt. Doch ist auf dem Bild die Form des Helms nicht genau zu erkennen. Zu seinem Schutz dient der rechteckige Schild (scutum) und die Bandagen am rechten Arm und am linken Bein, der Angriff erfolgt mit dem Schwert. Die beiden anderen Männer sind Schiedsrichter. Den Stock trägt der Oberschiedsrichter (summa rudis, d.h. erster Stock), dem ein „secunda rudis" assistiert. Auf dem oberen Bild scheinen sie gerade den Kampf beenden zu wollen. Aber Kalendio hat nicht nur verloren, sondern den Kampf wohl auch nicht überlebt, wie der durchgestrichene Kreis zeigt. Das Herz bei Astyanax ist ein zusätzliches Zeichen für dessen Sieg.

Gladiatorenkämpfe

Zu den öffentlichen Schauspielen in Rom gehörten neben Wagenrennen und Tierhetzen

---

auch die Gladiatorenkämpfe. Sie waren ursprünglich Kampfspiele bei privaten Totenfeiern, weil man mit dem vergossenen Blut die Toten versöhnen wollte. In der Kaiserzeit wurden sie zur Unterhaltung inszeniert. Die Veranstalter waren reiche Bürger, Magistrate oder der Kaiser.

Die Gladiatorenkämpfe fanden in Amphitheatern statt, folgten festen Regeln und wurden von Schiedsrichtern überwacht. In den meisten Fällen ließ man zwei unterschiedlich ausgerüstete und bewaffnete Gladiatoren zu Fuß gegeneinander kämpfen. Gelegentlich gab es auch Kämpfe von zwei Reitern, die mit einem Kampf zu Fuß endeten. War einer der Gegner besiegt, so hatten der Veranstalter und das Publikum die Wahl zwischen Begnadigung *(missio)* und Tötung *(ferrum accipere oder iugulatio,* d.h. Abschlachtung). In seltenen Fällen gab es auch ein Unentschieden *(stantes missi).* Der Sieger erhielt einen Palmzweig und einen Preis.

Gladiatoren waren Kriegsgefangene, Verbrecher oder Sklaven, aber es gab auch freiwillige Berufskämpfer, die sich durch einen Eid zu Ausbildung und Kampf verpflichteten. In Fechterschulen wurden die Kämpfer trainiert. Der Unterschied zu anderen Sportarten bestand in dem tödlichen Ausgang, auch wenn bei der Mehrzahl der Kämpfe die Teilnehmer überlebten. Die Beliebtheit der Gladiatorenkämpfe während der römischen Kaiserzeit lässt sich nicht nur durch die Sensationslust des Publikums erklären. Vielmehr spiegeln sie „eine Selbstinszenierung des römischen Staates [...], eine Demonstration römischer Macht, römischer Ordnung und einer zum heroischen Ideal erhobenen Todesverachtung, die zugleich eine Banalisierung und eine Glorifizierung des Todes war" (Junkelmann).

Rekonstruierte Ausrüstung eines Retiarius. Foto J. Breyer.

Murmillo in Grundstellung. Rekonstruktion einer Rüstung des mittleren 1. Jhs. n. Chr. Foto J. Breyer.

Gladiatorenkampf

Die Erforschung der Gladiatorenkämpfe

Quellen für die Gladiatorenkämpfe liefern römische Autoren, daneben gibt es zahlreiche bildliche Zeugnisse (Reliefs, Mosaiken, Statuetten, Öllampen). Bei Ausgrabungen der Gladiatorenkaserne in Pompeii wurden viele Waffen gefunden. Auf der Grundlage dieser Quellen hat Marcus Junkelmann die Ausrüstungen nachbauen lassen und im archäologischen Experiment überprüft.

Zusätzliches Material

Der Eid der Gladiatoren
In dem Roman „Satyricon" lässt Petronius seine Personen Gladiatoren spielen und dabei auch deren Eid leisten.

So schworen wir, um dem Schwindel bei allen Bestand und Sicherheit zu geben, den von Eumolpus vorgesprochenen Eid: uns brennen, fesseln, peitschen sowie mit dem Schwerte richten zu lassen, und was Eumolpus sonst alles anordnen würde. Wie richtige Gladiatoren verpflichten wir uns unserem Herrn hochheilig mit Leib und Seele.

Petronius, Satyricon, hg. von Konrad Müller und Wilhelm Ehlers, Darmstadt 1982, S. 261.

Bericht über Gladiatorenkämpfe
Der Politiker und Philosoph Seneca (4 v. Chr. – 65 n. Chr.) bewertet die Gladiatorenkämpfe:

Durch Zufall bin ich in das Mittagsprogramm des Zirkus geraten, Scherze erwartend und Witze und etwas Entspannung. [...] Das Gegenteil ist der Fall. Wie vorher gekämpft worden ist, war Mitleid; nun lässt man die Mätzchen, und es ist der reine Mord: nichts haben sie, sich zu schützen. Dem Hieb mit ganzem Körper ausgesetzt, schlagen sie niemals vergeblich zu. Das ziehen die meisten [Zuschauer] den regulären und sonst beliebten Kampfpaaren vor. Warum sollten sie es nicht vorziehen? Nicht Helm, nicht Schild weist das Schwert ab. Wozu Finten? All das ist eine Verzögerung des Todes. Morgens wirft man die Menschen den Löwen und Bären vor, mittags ihren Zuschauern. Mörder werden auf deren Befehl künftigen Mördern vorgeworfen, und den Sieger heben sie für einen weiteren Mord auf; Abschluss ist der Tod der Kämpfenden: mit Schwert und Feuer wird die Sache ausgefochten. Das geschieht, bis die Arena leer ist. „Aber einer [der Gladiatoren] hat Straßenraub verübt, er hat einen Menschen ermordet." - Was also? Weil er gemordet hat, hat er verdient, Derartiges zu erleiden: du, was hast du Unseliger verdient, Derartiges zu sehen? „Töte, schlag zu, brenne ihn! Warum läuft er so zimperlich ins Schwert? Warum tötet er nicht tollkühn genug? Warum stirbt er ohne Begeisterung?" Mit Peitschenhieben treibt man sie ins Blutbad. „Gegenseitige Schwertstreiche sollen sie mit bloßer und sich darbietender Brust hinnehmen". Die Vorstellung ist unterbrochen. „Unterdessen sollen Menschen erwürgt werden, damit wenigstens etwas passiert." - Nun gut, nicht einmal das bemerkt ihr, dass schlechte Beispiele auf die zurückwirken, die sie geben?

Seneca, Briefe an Lucilius. Philosophische Schriften, Bd. 3, hg. von Manfred Rosenbach, Darmstadt ³1989, S. 35 und 37, bearb.

Hinweise für den Unterricht

Wie der Film „Der Gladiator" gezeigt hat, geht von den Gladiatorenkämpfen eine besondere Faszination aus. Allerdings ist die Darstellung im Film historisch äußerst ungenau. Junkelmann spricht von einem „wüsten Mischmasch von Rüstungsteilen" und von „vielen Fehlern im Detail", die zu vermeiden gewesen wären, ohne dem Film seine Spannung zu nehmen. Gerade hier kann der Geschichtsunterricht einsetzen, die historischen Ungenauigkeiten des Films korrigieren und an die Stelle von Vorurteilen gesicherte Erkenntnisse setzen. Denn auch Gladiatorenkämpfe, wie sie mit Hilfe von Quellen oder durch die Ergebnisse der experimentellen Archäologie vermittelt werden können, bleiben spannend.

Die Auswertung der Bildquelle kann als Anlass dienen, den Unterschied zwischen Gladiatorenkämpfen und Massenhinrichtungen aufzuzeigen und auf die weniger bekannten Aspekte der Kämpfe hinzuweisen, z.B. die festen Regeln, die eher geringe Zahl der Toten oder die Freiwilligkeit bei Berufskämpfern. Sinnvoll erscheint auch der Hinweis auf den religiösen Ursprung der Kämpfe und ihre Bedeutung für die römische Gesellschaft.

Literatur

Jean-Marie André, Griechische Feste, römische Spiele. Die Freizeitkultur der Antike, Stuttgart 1994.

Caesaren und Gladiatoren. Die Macht der Unterhaltung im antiken Rom, hg. von Eckart Köhne und Cornelia Ewigleben, Mainz 2000.

Marcus Junkelmann, Das Spiel mit dem Tod. So kämpften Roms Gladiatoren, Mainz 2000 (Zaberns Bildbände zur Achäologie).

Thomas Wiedemann, Kaiser und Gladiatoren. Die Macht der Spiele im antiken Rom, Darmstadt 2001.

Kaiser Justinian und Kaiserin Theodora mit ihrem Gefolge, Mosaiken, 546/48 n. Chr.,
410 x 270 cm, San Vitale, Ravenna, untere Zone der nördlichen und südlichen Wand
des Presbyteriums.

Die Kaisermosaiken von Ravenna

Beschreibung

Kaiser Justinian

*Die Beschreibung der Personen erfolgt vom
Betrachter aus.*

Das Bild auf der Nordwand des *Presbyteriums ist auf beiden Seiten eingerahmt durch
zwei Säulen und zwei goldene *Pfeiler, die das
Gebälk tragen und mit grünen Gemmen und
Perlen verziert sind. Die Decke besteht aus
Kassetten mit grünem, schwarzem und weißem Muster. Der Boden ist grün, der Hintergrund goldfarben.

Das Bild zeigt 13 Personen, von denen aber nur zehn genau zu erkennen sind. In der Mitte steht der Kaiser, gekennzeichnet durch ein Diadem, einen Nimbus und besonders prächtige Kleider. Seine zentrale Stellung ist auch durch die zusammenstoßenden Kassetten der Decke betont, und er ist als Einziger nicht überschnitten. Das goldene Diadem ist mit drei Reihen aus blauen und roten Edelsteinen und Perlen geschmückt. Vier am Diadem befestigte Kettchen (Pendilien) enden in Tropfenperlen. Der Kaiser trägt über einem weißen Unterkleid mit Goldborten an den Ärmeln einen purpurnen Mantel (Chlamys), der seinen linken Arm bedeckt. Ein rhombenförmiger Goldeinsatz (Tablion), der unter der rechten Schulter beginnt, ist mit grünen Vögeln in roten Ringen bestickt. Darüber hängt das Ende des weißen, goldbestickten Gürtels. Der Umhang wird über der rechten Schulter durch eine prächtige Spange zusammengehalten. Ein roter Edelstein (vielleicht ein Karneol) ist von neun Perlen umgeben und mit drei Pendilien verziert, dahinter ist eine zweite Spange sichtbar. Die Epaulette über der rechten Schulter hat dasselbe Muster wie der Einsatz des Mantels. Die roten Schuhe sind durch blaue Edelsteine und Perlen geschmückt. Mit dem linken Arm und der rechten Hand hält der Kaiser eine große goldene Schale.

Die übrigen Personen gehören zu drei verschiedenen Gruppen. Rechts vom Kaiser stehen drei Geistliche. Der Wichtigste von ihnen ist dadurch herausgestellt, dass er etwas weiter vorne steht und als Einziger mit einem Namen bezeichnet wird (MAXIMIANVS). Er ist ein hagerer, fast glatzköpfiger und bärtiger Mann, bekleidet mit einem weißen liturgischen Gewand mit weiten Ärmeln (Dalmatika), die von schwarzen Streifen durchzogen ist. Darüber trägt er einen gelbbraunen Umhang (Planeta) und einen langen Schal mit Fransen und einem aufgestickten griechischen Kreuz (Pallium). In der rechten Hand hält er ein großes goldenes und mit Edelsteinen verziertes Kreuz. Die bei-

den anderen Geistlichen, die rechts von Maximianus stehen, tragen eine Tonsur. Ihre Kleidung besteht aus einer Dalmatika in derselben Form, wie Maximianus sie trägt. Der eine hält mit beiden Händen ein Buch, dessen goldener Einband mit Edelsteinen und Perlen geschmückt ist, der andere mit dem Daumen und Zeigefinger seiner rechten Hand eine blaue Weihrauchbüchse.

Links neben dem Kaiser stehen zwei Männer, die auf Grund der Kleidung zu seinem Hof gehören. Über ihren weißen Unterkleidern tragen sie weiße Umhänge, die von goldenen Spangen an der Schulter zusammengehalten werden. Der purpurfarbene Einsatz auf den Mänteln hat die gleiche Form wie der Einsatz auf dem kaiserlichen Mantel. Beide haben volles, halblanges Haar. Der Mann neben dem Kaiser ist älter und trägt einen Bart. Beide besitzen Rangabzeichen auf der rechten Schulter mit unterschiedlichen geometrischen Mustern. Zwischen dem Kaiser und Maximianus steht ein weiterer Mann, von dem nur ein Teil des Oberkörpers sichtbar ist. Der weiße Mantel und die goldene Spange weisen ihn ebenfalls als Angehörigen des Hofes aus.

Ganz links stehen sechs Soldaten, von denen aber vier fast völlig verdeckt sind. Sie haben langes Haar und eine prächtige Kleidung in den Farben grün, rot, blau und golden. Die drei Soldaten in der vorderen Reihe tragen große goldene Ringe um den Hals (Torques), bei zweien ist vorne eine Gemme sichtbar. Die vier Lanzen enden in breiten blauen Spitzen. Bei einem Schild sind nur die Farben blau und rot erkennbar, der andere ist grün und hat einen goldenen, edelsteinverzierten Rand und ein Christusmonogramm in der Mitte. Der Schnittpunkt der Buchstaben wird durch farbige Scheiben betont.

Alle Männer außer dem Kaiser tragen Schuhe mit schwarzen Kappen und Fersen. Auch ihre Haltung ist ähnlich, sie stehen frontal zum Betrachter. Ihre Fußspitzen weisen nach außen, wobei sich einige gegenseitig auf die Füße zu

Die Kaisermosaiken von Ravenna

treten scheinen. Die Gruppe wirkt starr, nicht zuletzt durch eine horizontale Linie, die durch die abgewinkelten Arme entsteht. Lediglich der Geistliche am rechten Rand hat den einen Arm gesenkt und zeigt mit der anderen Hand nach rechts.

Kaiserin Theodora

Obwohl das Mosaik gegenüber ähnlich ist, gibt es doch eine Reihe von Unterschieden. Den oberen Rand bildet ein *Eierstab. Das Bild selbst wird durch drei Raumelemente deutlich gegliedert. Auf der rechten Seite ist an der Decke ein blau-rot gestreiftes Sonnensegel angebracht. In der Bildmitte sieht man eine Nische, die von braunen Säulen und grünen Pfeilern begrenzt ist. Sie schließt mit einer bunten muschelförmigen Decke ab. Die Außenwand ist zusätzlich durch zwei bunte Kreise verziert. Links neben der Nische ist ein Türrahmen, der durch einen in der Mitte zusammengeknoteten bunten Vorhang teilweise geschlossen ist. Der Springbrunnen davor besteht aus einer kannelierten Säule mit korinthischem Kapitell und einem kelchförmigem Becken. Aus einem Rohr in der Mitte kommt ein kräftiger Wasserstrahl, der sich nach beiden Seiten teilt.

Auch die Anzahl und Haltung der Personen ist anders. Vor der Nische, aber etwas links von der Bildmitte steht die Kaiserin. Sie ist größer als die anderen Personen und wie der Kaiser nicht überschnitten. Das juwelen- und perlenverzierte Diadem mit zwei langen Pendilien trägt sie über einer Mitra. Sie hat einen Nimbus wie der Kaiser und ist ähnlich gekleidet, aber ihr Unterkleid und ihr Purpurchlamys sind reicher bestickt. Am unteren Rand des Mantels sieht man in Goldstickerei die Anbetung der heiligen drei Könige, eine Darstellung, die an das Mosaik in San Apollinare Nuovo erinnert. Ihr aufwändiger Schmuck besteht aus langen Perlenohrgehängen, einer Halskette aus Smaragden und Goldblättchen und einem großen Brustschmuck (Pektorale) aus Perlen und Edelsteinen. Auch ihre goldenen Schuhe sind mit Perlen und Edelsteinen verziert. Die Kaiserin streckt beide angewinkelten Arme nach rechts und hält mit beiden Händen einen reich verzierten goldenen Kelch.

Links von ihr stehen zwei Männer, die in Haltung und Tracht den beiden Männern auf der linken Seite des Kaisers gleichen. Lediglich der Umhang des Mannes, der den Vorhang zurückschiebt, ist nicht weiß, sondern olivfarben. Rechts von der Kaiserin stehen sieben Frauen, von denen bei zweien nur der Kopf sichtbar ist. Alle tragen Juwelenbänder im Haar, Ohrgehänge und rote Schuhe. Bei den prächtigen Unterkleidern und Umhängen gibt es die unterschiedlichen Farbkombinationen (purpurfarbenes Gewand mit reichen Goldborten und weißes Tuch mit geometrischem Muster; violettes Gewand mit aufgestickten Vögeln und goldgewirktes Tuch; grauviolettes Gewand mit grünen Blumen und weißes Tuch; grünes Gewand und rotes Tuch; weißes Gewand und goldfarbenes Tuch). Zwei der Frauen tragen auffällige Halsketten aus Juwelen und Perlen, zwei andere Fingerringe mit quadratischen Steinen.

Die Gruppe wirkt etwas weniger starr als die Männer auf dem Mosaik gegenüber. Dazu trägt die unterschiedliche Handhaltung bei, die Abwechslung im Blick (die Frau am rechten Rand schaut aus dem Bild heraus) und die Bewegung des Mannes, der den Vorhang zurückschiebt.

Interpretation

Auf Grund der Baugeschichte von San Vitale lässt sich die Entstehung der Mosaiken genau datieren. Da Maximianus als Erzbischof auftritt, wurden sie wahrscheinlich 546 begonnen und waren bei der Weihe 548 vollendet. Ob beide von dem selben Künstler stammen, ist nicht sicher.

Der Erzbischof wird von zwei Diakonen be-

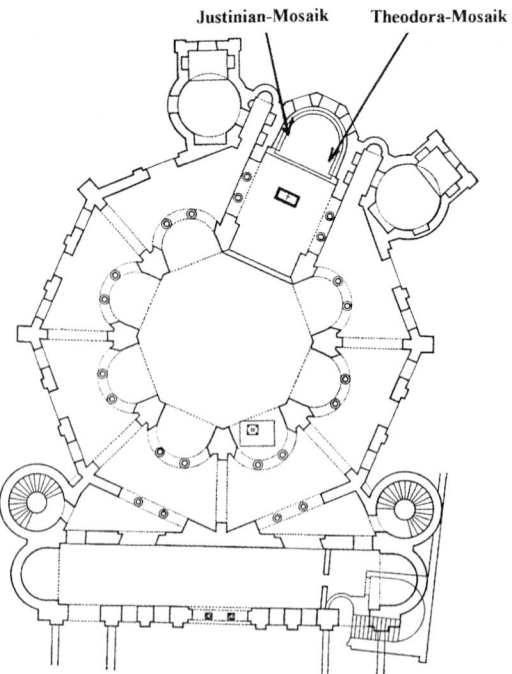

Justinian-Mosaik   Theodora-Mosaik

Grundriss von San Vitale.
Quelle: Leonhard von Matt, Ravenna, Köln
1971, S. 109.

gleitet, der Kaiser von zwei hohen Beamten des Hofes und von seiner Leibwache. In dem Mann, der zwischen Justinian und Maximianus steht, haben einige Kunsthistoriker den kaiserlichen Feldherrn Belisar erkennen wollen, der Ravenna 540 erobert hatte, andere den kaiserlichen Präfekten in Italien oder Julianus Argentarius, dessen Spenden den Bau der Kirche ermöglichten. Die Kaiserin wird ebenfalls von zwei Hofbeamten und den Damen des Hofes begleitet. Die genauere Bestimmung einzelner Frauen (Antonia, die Frau Belisars, und ihre Tochter Johanna) bleibt spekulativ.

Die beiden Mosaiken zeigen einen Vorgang des byzantinischen Hofzeremoniells, die „Oblatio Augusti et Augustae", bei dem die Monarchen liturgische Gefäße für eine Kirche stiften. Justinian trägt einen Hostienteller (Pantene), Theodora einen Abendmahlskelch. Der feierliche Einzug des Kaiserpaares und ihres Gefolges bei der Weihe der Kirche hat aber nicht stattge-

funden, da weder Justinian noch Theodora zu diesem Anlass in Ravenna waren. Die Darstellung ist also lediglich ein Wunsch der Erzbischofs bzw. die symbolische Präsenz der Monarchen. Mit den Mosaiken hat Maximianus vor allem sich selbst ein Denkmal gesetzt. Die beiden Mosaiken zeigen aber auch die Staats- und Herrschaftsauffassung des byzantinischen Kaiserpaares. Die Monarchen treten zusammen auf und werden gleichberechtigt dargestellt. Der Nimbus kennzeichnet den Kaiser als Stellvertreter Gottes auf Erden und als Oberhaupt der Kirche. Mit seinem Bild in Ravenna, das erst 540 von Ostrom erobert worden war, dokumentiert er zugleich seinen Anspruch auf die „Renovatio imperii" und die Oberherrschaft über die Völkergemeinschaft.

Die Geschichte der Kirche San Vitale

Vitalis, nach dem die Kirche ihren Namen hat, ist ein frühchristlicher Märtyrer, der bei der Christenverfolgung unter Nero getötet wurde. Der Bau wurde von Erzbischof Ecclesius noch unter der Herrschaft der Ostgoten im Jahr 525 begonnen und unter Maximianus, der von 546 bis 554 Erzbischof von Ravenna war, vollendet und 548 geweiht. Die Form der Kirche orientiert sich an byzantinischen Vorbildern. Sie besteht aus einem dreistöckigen *Oktogon mit Zeltdach, einem *Narthex, mit dem die beiden Treppentürme verbunden sind, und einer Apsis mit zwei Anbauten. Wie die anderen frühchristlichen Kirchen Ravennas besitzt San Vitale reichen Mosaikschmuck.

Die Kaisermosaiken von Ravenna

Zusätzliches Material

Das Hofzeremoniell bei Justinian und Theodora

Die biographisch orientierte „Geheimgeschichte" („Anekdota") des griechischen Geschichtsschreibers Prokopios ist bestimmt durch die Kritik des Autors am Kaiserpaar und ihrer Politik.

Zu den Neuerungen Justinians und Theodoras auf staatlichem Gebiete gehören auch folgende: Wenn früher der Senat beim Kaiser Audienz hatte, vollzog er seine Ehrenerweisung in der Regel auf diese Art: Ein Mann im Patrizierrang verbeugte sich gegen die rechte Brustseite des Kaisers, dieser wieder küsste ihn aufs Haupt und entließ ihn. Alle anderen beugten vor dem Kaiser das rechte Knie, worauf sie sich zurückzogen. Die Kaiserin fußfällig zu verehren, war niemals Brauch gewesen. Wenn bei Justinian oder Theodora aber einer vorgelassen werden wollte, so mussten sie sich alle sogleich, selbst Männer im Patrizierrang, mit dem Antlitz zu Boden werfen, und erst nachdem sie Hände und Füße weit ausgestreckt und mit den Lippen beider Majestäten Fuß berührt hatten, durften sie sich wieder erheben. Denn nie verzichtete Theodora auf diese Ehrung. Sie verlangte auch, dass sie die Gesandten der Perser und anderen Barbaren empfing und mit Gold beschenkte, wie wenn das Römerreich ihr unterstände, ein seit Menschengedenken unerhörter Vorgang. Früher nannte, wer mit dem Kaiser sprach, ihn Kaiser und seine Gemahlin Kaiserin, von den übrigen hohen Beamten aber jeden so, wie es seiner augenblicklichen Würde angemessen war. Wenn aber jetzt einer im Gespräch mit einer der beiden Majestäten des Kaisers oder der Kaiserin Erwähnung tat und sie dabei nicht Herr oder Herrin nannte, oder auch wenn man einige von den hohen Beamten nicht als Sklaven bezeichnete, so galt dieser als ungebildeter Mensch [...]. Und wegen dieses bösen Vergehens und seines ungebührlichen Betragens gegenüber den allerhöchsten Herrschaften musste er verschwinden.

Prokop, Geheimgeschichte des Kaiserhofs von Byzanz, hg. von Otto Veh, München ³1981, S. 253-255.

Hinweise für den Unterricht

Die beiden Mosaiken sind sehr bekannte und oft reproduzierte Bilder, denn sie stammen aus einer Zeit, aus der es kaum Bildquellen gibt. Der Inhalt beider Bilder und die Darstellung geben einen guten Einblick in das byzantinische Hofzeremoniell. Bei der Auswertung können die Schüler sehr viele Details beschreiben (z.B. die Kleidung und Haltung der Personen, Gemeinsamkeiten und Unterschiede der beiden Mosaiken). Zentrale Aussagen sind der dargestellte Vorgang (liturgische Prozession zur Weihe der Kirche), die Stellung der Monarchen, die Vereinigung weltlicher und geistlicher Macht (Insignien, Gewänder, Nimbus) und der Machtanspruch des oströmischen Kaisers. Eine Vertiefung ist durch die Frage nach der Historizität des dargestellten Ereignisses und die besondere Stellung des Erzbischofs möglich.

Literatur

Friedrich Wilhelm Deichmann, Ravenna. Hauptstadt des spätantiken Abendlandes, Bd. 1: Geschichte und Monumente, Wiesbaden 1969; Bd. 2: Kommentarteil und Plananhang, Wiesbaden 1974-1989.

Otto Mazal, Justinian I. und seine Zeit. Geschichte und Kultur des Byzantinischen Reiches im 6. Jahrhundert, Köln 2001.

Mosaikdarstellung des Palastes Theoderichs, Beginn des 6. Jahrhunderts, H. des Mittelschiffs heute 12 m, ursprünglich 13,20 m. H. des beschriebenen Mosaiks ca. 2,60 m, Basilika San Apollinare Nuovo in Ravenna.

*Mosaikdarstellung des Palastes Theoderichs

Beschreibung

Auf dem Giebel des Mittelbaus des Gebäudes, der etwas vor den seitlichen Portiken vorspringt, steht „Palatium" geschrieben. Vier Säulen gliedern den Mittelbau, in der Mitte ist die breiteste Öffnung, so dass ein triumphbogenförmiger Eindruck entsteht. In der Mittelöffnung hängt ein relativ kurzer Vorhang an einer Stange, die am oberen Ende der Kapitelle angebracht ist, in den Seitenöffnungen ist ein in der Mitte geteilter und geraffter Vorhang an einer Stange, die unten an den Kapitellen angebracht ist, zu sehen. In der Bogenöffnung darüber sieht man Girlanden und einen Kranz aus Blättern. Rechts und links vom Mittelbau sind ebenfalls *Portiken zu sehen. Hier hängt in den Öffnungen jeweils ein Vorhang, der in der Mitte zusammengeknotet ist. Darüber befindet sich die Galerie, die Öffnungen bestehen aus Säulenarkaden, zwischen die Fenster eingesetzt sind. Der rechteckige Teil ist durch jeweils

zwei Läden geschlossen, während das Bogenfeld durch Leisten in kleine Glasfelder geteilt ist. Dann folgt das Ziegeldach. In dem Mauerwerk über und zwischen den Säulen stehen geflügelte weibliche Wesen, sie halten jeweils das Ende einer bogenförmigen Girlande, die über einen Kranz zur nächsten Figur führt. Hinter dem Palast sind Gebäude zu sehen, links ein Rundbau und eine *Basilika, rechts ein Rundbau sowie zwei Basiliken, die äußere mit einem Anbau. Sie sind von einer Mauer mit Zinnen in weiten Abständen umgeben. Außen rechts ist ein aus Ziegeln gemauerter hoher Turm mit dem Ansatz eines Tores zu sehen. Abgeschlossen wird diese Zone durch ein Mäanderband.

Der Palast und die anderen Gebäude stehen auf goldenem Hintergrund. Goldgrundig sind auch der Giebel und die Hauptöffnung des Mittelbaus, ferner die Wand um die Arkaden. Das Innere der Portiken ist dunkelviolett, weiß sind alle Säulen, die Fensterkreuze und die Vorhänge, die jedoch mit bunten Rosetten verziert sind. Die Fensterläden und die Dächer sind rot, die Girlanden dunkelgrün, die Kränze blau wie die Kleidung der geflügelten Wesen.

San Apollinare Nuovo

Der Ostgote Theoderich (um 453 - 526), der seit 493 faktisch, seit 497 auch vom Kaiser in Ostrom anerkannt, in Italien König der Goten und Römer war, residierte in Ravenna, wo er unmittelbar neben seinem Palast die heute San Apollinare Nuovo genannte Kirche als Palastkirche erbauen ließ. Vermutlich wurde der Bau zu Beginn des 6. Jahrhunderts begonnen und noch zu Lebzeiten Theoderichs fertig gestellt. Die Ostgoten waren Christen, hingen jedoch im Gegensatz zur katholischen Kirche der Lehre des Arius an, wonach Christus nicht Gott gleich, sondern nur Gott ähnlich war. Unter Kaiser Justinian (527 - 567) begannen die von ihm beauftragten Feldherren Belisar und Narses Italien zu erobern. Obgleich 555 Italien wieder unter römischer Herrschaft stand, wurde die Kirche erst 561 wieder geweiht und damit in den katholischen Kult überführt. Sie wurde nun von einer Christuskirche zur Martinskirche. Erzbischof Agnellus ließ zuvor Arbeiten vornehmen, die die Spuren der Arianer und insbesondere Theoderichs und seiner Hofleute tilgten. Erst im 9. Jahrhundert erhielt die Kirche den Namen, den sie heute trägt. Wahrscheinlich wurden die Reliquien des hl. Apollinaris aus der Gedenkkirche vor den Mauern Ravennas in Classis in die Martinskirche im befestigten Ravenna überführt, um sie vor Raub zu schützen. Dafür wurde eine Krypta unter der Apsis eingebaut. Trotz der Restaurierungen um 1950 ist der spätantike Zustand nur scheinbar wiederhergestellt.

Veränderungen am Palastmosaik

Schaut man die Säulen der Portiken des Palastes genau an, so kann man Hände an den Säulen entdecken. Das sind Spuren der *damnatio memoriae*, die vor der Weihung der Kirche nach katholischem Kult vorgenommen wurde. Über den Vorhängen in den Öffnungen der Portiken neben dem Mittelbau lassen sich Umrisse von Köpfen erkennen. Hier standen ursprünglich wohl Würdenträger, die die rechte Hand grüßend erhoben hatten. Das gilt auch für die beiden seitlichen Öffnungen des Mittelbaus. Nur die goldgrundige Mittelöffnung zeigt keine Spuren einer *damnatio memoriae*. Das haben neuere Untersuchungen ergeben, nachdem früher immer wieder vermutet worden war, ursprünglich sei hier Theoderich stehend oder auf einem Thron sitzend abgebildet. Neuere Untersuchungen weisen nach, dass im Giebelfeld des Mittelbaus eine Reiterfigur abgebildet war. Höchstwahrscheinlich war es Theoderich auf dem Pferd. Dass ihn die *damnatio memoriae* getroffen hatte, zeigt deutlich das Bildnis Justinians an der Westwand der Kirche. Es ist erwiesen, dass das Bildnis, das zu Zeiten Theoderichs hier war, unter Erzbischof Agnellus in ein Justinianbild umgewandelt wurde. Es besteht Übereinstimmung, dass es sich um eine ehemalige Darstellung des Theoderich handelt. Wie das ursprüngliche Bildprogramm der Kirche ausgesehen hat, insbesondere ob Theoderich eine Prozession anführte, die auf die Christusdarstellung im Osten der Kirche zuschritt, bleibt reine Vermutung. Heute ist es ein Zug der Märtyrer, der aber erst aus der Zeit der *damnatio memoriae* stammt. Die oben beschriebenen Gebäude hinter dem Palast lassen sich trotz aller Versuche nicht identifizieren, da inschriftliche Bezeichnungen fehlen und die Gebäude keinen individuellen Charakter besitzen.

Zur Herstellung der Mosaiken

Friedrich Wilhelm Deichmann geht davon aus, dass es für San Apollinare Nuovo in der Zeit des Theoderich einen Künstler gegeben habe, der das Bildprogramm entworfen habe. Der Name dieses Künstlers ist nicht bekannt. Allerdings war dieser Künstler nicht nur für das Entwerfen zuständig, sondern gehörte zu einer Werkstatt und war wohl der befähigste Künstler, vielleicht der Leiter der Werkstatt. Wahrscheinlich war die Werkstatt in Ravenna angesiedelt. Bei der Ausführung unterscheidet Deichmann zwei Werkgruppen, die auch unterschiedliches Steinmaterial verwendeten. So wurde für manche Mosaiken nur farbiger Glasfuß verwendet, für andere dagegen auch Marmor und Kalkstein. Vermutlich wurde die zweite Gruppe herangezogen, um die Arbeiten zu beschleunigen. Die Mosaiktechnik beschreibt Deichmann folgendermaßen:

„Man hat als Unterlage der Mosaiken drei Mörtelschichten auf die Ziegelwände aufgetragen: die unterste von 3 - 4 cm Stärke besteht aus mit feinem Ziegelmehl, Ziegelsplitt und Häcksel vermischtem, gelöschten Kalk. In dieser untersten Schicht wurden zur Befestigung in verhältnismäßig weiten Abständen Nägel mit breiten Kuppen eingeschlagen, die langsam verrostend, die Putzschichten gesprengt und das Mosaik zum Teil abgelöst hatten (daher sind sie in den letzten Restaurierungen entfernt worden). Der noch frische Mörtel wurde sodann mit der Kelle aufgeraut. Die zweite Mörtelschicht ist feiner, doch sind auch in ihr etwas Ziegelsplitt oder Sand und Häcksel beigemischt. In dieser zweiten Mörtelschicht erweisen sich die Mischungen der Zeit Theoderichs und der Zeit Erzbischof Agnellus' als recht verschieden und daher als sofort unterscheidbar: Der spätere Mörtel ist weniger fein und gleichmäßig, außerdem weniger weiß. In die zweite Mörtelschicht wurden sich überkreuzende Diagonallinien eingeritzt. Nun erst folgt der sehr feine Kalk-Mörtel, in den man das Mosaik bettete: der noch nasse Mörtel wurde zuerst mit der Synopie versehen, d.h. man trug das Bild in großen Zügen in Farbe auf, wobei man die hauptsächlichen Farbabstufungen unterschied, so dass der ausführende Mosaizist Stein für Stein mit dem Finger in den noch weichen Mörtel, entsprechend den angegebenen Farben, mit verhältnismäßiger Geschwindigkeit eindrücken konnte."

Die Mosaiksteine (tesserae) sind nicht gerade, sondern etwas schräg zur Wandfläche eingebettet, so dass sie das Licht spiegeln. Die Wandmosaiken in Ravenna haben im Gegensatz zu vielen Bodenmosaiken keine plane Oberfläche.

Hinweise für den Unterricht

Im Zusammenhang mit der Völkerwanderung und dem Ende des Weströmischen Reiches sind die Herrschaft Theoderichs zu behandeln und die Wiedereroberung Italiens im Auftrag des Kaisers Justinian. An dem Palastmosaik in San Apollinare Nuovo sind die Spuren der *damnatio memoriae* so deutlich, dass die Schüler einige von ihnen selbst entdecken können. Daraus ergeben sich selbstverständlich Nachfragen für die Gründe. Weiter sollte auch die Technik der Wandmosaiken besprochen werden und an die bereits behandelten Fußbodenmosaiken erinnert werden.

Eine Zusammenarbeit mit dem Kunst- und dem Religionsunterricht bietet sich insbesondere für die Behandlung in der Oberstufe an.

Literatur

Friedrich Wilhelm Deichmann, Ravenna. Hauptstadt des spätantiken Abendlandes, Bd. I, Wiesbaden 1969; Bd. II, 1, Wiesbaden 1974; Bd. II, 3, Stuttgart 1989.

Ders., Frühchristliche Bauten und Mosaiken von Ravenna, Baden-Baden 1958.

Siegfried Fuchs, Kunst der Ostgotenzeit, Berlin 1944.

Carl-Otto Nordström, Ravennastudien. Ideengeschichtliche und ikonographische Untersuchungen über die Mosaiken von Ravenna, Uppsala 1953.

Mosaikdarstellung des Palastes Theoderichs

Fußbodenmosaik im *Diwan (Audienzhalle) von Khirbat al Mafjar nördlich von Jericho im Jordantal, zwischen ca. 630 und 643. Ungefähr 3,80 m breit und 3,45 m tief. In Fundlage.

Das Bildmosaik in Khirbat al Mafjar

Beschreibung

Ein großer Baum im vollen Blätterschmuck und mit Früchten beladen steht in der Mitte. Es könnte sich um einen Apfelbaum handeln. Er wirkt sehr ebenmäßig gewachsen, seine Äste bilden ein verschlungenes, aber kein geometrisches Muster. Links unter den Ästen des Baumes tun sich zwei Gazellen an Schößlingen gütlich, rechts schlägt ein Löwe eine Gazelle, die vergeblich zu entkommen versucht. Eingerahmt wird das Bild durch ein Flechtband und ein Band mit stilisierten Blumen.

Der Grund ist cremefarbig, die Blätter des Baumes variieren stark in der Farbe von beinahe schwarz über blaugrün und grün bis zu einem blassen gelb. Dabei sieht es aus, als bildeten die verschiedenen Farben Ebenen, wobei die hellere immer auf die dunklere gelegt worden ist. Die Früchte, die jeweils aus den Farben gelb und rot sowie zwei Weißtönen bestehen, bilden zu den Blättern und Zweigen einen schönen Kontrast. Auch der Baumstamm und die Tiere erhalten durch die Abstufung der Farben ihre Lebendigkeit.

Zu welchem Bauwerk gehört das *Mosaik?

Nördlich von Jericho (2,5 km) befinden sich die Reste des sog. Hischam-Palastes. Der heutige Name ist Khirbat al Mafjar, der alte Name ist nicht bekannt. Die Überreste gehören zweifelsfrei in die Zeit der Umajjaden. 1936/37 wurde eine Inschrift gefunden, die den Kalifen Hischam (724 - 743) erwähnt. Daher hat sich in der Öffentlichkeit die Bezeichnung Hischam-Palast eingebürgert. Ein Herrenhaus (Palast) und eine Moschee wurden in nicht vollendeten Zustand gefunden, während das Bad fertig gestellt war und Spuren des Gebrauchs zeigt, ehe die ganze Anlage 746 durch ein Erdbeben zerstört wurde. 1873 wurde die Stätte erstmals in einem archäologischen Überblick erwähnt, zwischen 1934 und 1948 führte man Ausgrabungen durch, anschließend wurden noch einige Nachuntersuchungen und Sicherungsarbeiten durchgeführt. Am südlichen Ende der großen Halle des Badegebäudes führte eine Tür zu einem überdachten Gang, der sie mit dem Palast verband. Ihr gegenüber im Nordwesten der Halle öffnete sich eine Tür zu dem Raum, der als Audienzhalle oder Diwan bezeichnet wird. Er war der am reichsten ausgestattete des gesamten Baukomplexes. Zuerst kam ein fast quadratischer überkuppelter Raum von ca. 4,80 m². Er hatte an den Wänden durchgehend ca. 0,60 m hohe Bänke, deren Sitzfläche mit geometrischen Mosaiken verziert waren, ebenso der Boden. Die Vorderseite der Bänke war mit Stuck überzogen und als Marmorimitation bemalt. Der Boden der sich anschließenden Apsis, die mit einer Halbkuppel abgeschlossen war, liegt erhöht auf dem Niveau der Bänke. Hier befindet sich das einzige gegenständliche Mosaik des gesamten Baukomplexes. Die Kuppeln stürzten beim Erdbeben ein, doch der noch verbliebene Wandstuck sowie die zerbrochenen Reste zeigen, dass er von höchster Qualität war.

Wer ist der Erbauer?

Robert W. Hamilton, der Ausgräber von Khirbat al Mafjar, konnte in seinen Veröffentlichungen überzeugend nachweisen, dass der Komplex nicht von Hischam (724-743), sondern von seinem Nachfolger Walid II. gebaut wurde. Das Bad war schon längere Zeit in Gebrauch, während die übrigen Bauten noch nicht fertig gestellt waren, als Walid II. nach einjähriger Herrschaft bereits 744 ermordet wurde. Die fast lebensgroße Figur des Kalifen, die über dem Eingang zum Bad in einer Nische aufgestellt war, entspricht aufgrund stilistischer Untersuchungen eher den Bildwerken im Palast, nicht denen im Badegebäude. Die Figur wurde daher offensichtlich erst geschaffen, nachdem Walid II. die Nachfolge Hischams angetreten hatte. Die luxuriöse Ausstattung des Badegebäudes, insbesondere auch die halbbekleideten weiblichen Stuckfiguren entsprechen durchaus dem freigeistigen und exzentrischen Charakter Walids II., wie er in den Quellen geschildert wird.

Interpretation

Der Ausgräber betont den „malerischen Realismus" des Baummosaiks und versucht Parallelen dazu in der Ummajjaden-Zeit zu finden. Er ist unentschieden, ob das Mosaik eher dem Wiederaufleben hellenistischer Tradition, wie sie sich in den römischen Mosaiken in Afrika, Konstantinopel oder Antiochia spiegelt, verdankt oder eher persischem Einfluss, für den er allerdings keine Belege beibringen kann. Vielmehr sieht er einen möglichen Einfluss von Bildteppichen. Er verweist ausdrücklich darauf, dass keine Glasmosaiksteine verwendet wurden.

Der Kunsthistoriker Richard Ettinghausen hat in seinem Buch drei Arten des künstlerischen Einflusses untersucht: 1. den Transfer, 2. die Adaption und 3. die Integration, die eine Form des künstlerischen Austausches ist, bei der es schwierig ist zu bestimmen, wer der Gebende und wer der Nehmende ist. Als Beispiel für die Integration führt er das Badegebäude und auch das Baummosaik an. Ettinghausen verweist darauf, dass es in römisch-byzantinischen Mosaiken üblich ist, friedliche Tiere und zugleich Angriffe von wilden Tieren darzustellen wie bei den Mosaiken des großen Palastes in Konstantinopel (3. Viertel des 6. Jahrhunderts) und den Mosaiken von Antiochia. Ferner belegt er, dass das Motiv des Löwen, der ein schwächeres Tier tötet, seit Jahrtausenden vor allem im Zusammenhang mit dem jeweiligen Herrscher vorkommt wie bei Assurbanipal II., Sargon II. und den Reliefs von Persepolis, aber auch noch bei dem Mantel Rogers II. von Sizilien, der von arabischen Handwerkern geschaffen wurde, und auf einem Siegel des Großwesirs Qara Oweis Pascha von 1578. Danach hatte das Apsismosaik des Diwan die Aufgabe auf die unwiderstehliche Macht des Kalifen zu verweisen, was bedeutet, dass dieses orientalische Thema in der Sprache der Kunst des Westens ausgedrückt wurde. Dazu kommt Folgendes: Der Kalif thronte wohl auf dem Mosaik. Das bedeutet, rechts von ihm befand sich das friedliche Äsen der Gazellen, was das Reich des Islam veranschaulicht, während die Szene links von ihm das Reich des Bösen versinnbildlicht. Dazu lassen sich christliche Beispiele anführen wie die Stelle aus Matthäus 25, 31-46: „Wenn aber des Menschen Sohn kommen wird in seiner Herrlichkeit und alle heiligen Engel mit ihm, dann wird er sitzen auf dem Stuhl seiner Herrlichkeit, und werden vor ihm alle Völker versammelt werden. Und er wird sie voneinander scheiden, gleich als ein Hirte die Schafe von den Böcken scheidet, und wird die Schafe zu seiner Rechten stellen und die Böcke zu seiner Linken. Da wird dann der König sagen zu denen zu seiner Rechten: Kommt her, ihr Gesegneten meines Vaters, ererbt das Reich, das euch bereitet ist von Anbeginn der Welt! [...]

Dann wird er auch sagen zu denen zur Linken: Gehet hin von mir, ihr Verfluchten, in das ewige Feuer, das bereitet ist dem Teufel und seinen Engeln! [...] Und sie werden in die ewige Pein gehen, aber die Gerechten in das ewige Leben." In diesem Zusammenhang verweist Ettinghausen u.a. auf ein Mosaik in San Apollinare Nuovo in Ravenna, das die Scheidung der Schafe von den Böcken zum Inhalt hat und zu den unter Theoderich entstandenen Mosaiken gehört (siehe S. 117 ff.). Auch hier stehen die Schafe rechts von Christus, die Böcke links von ihm. Ettinghausen betont, dass die Bedeutung der rechten als der guten Seite den Arabern bekannt war, und verweist auf noch heute gepflegte Bräuche.

Historische Einordnung

Der Prophet Mohammed hatte bei seinem unerwarteten Tode (632) kein gefestigtes Staatswesen hinterlassen. Trotz aller zentrifugalen Kräfte erwies sich die einmal verkündete Idee als durchsetzungsfähig. Die ersten vier Kalifen wurden nach dem sich ausbildenden islamischen Recht gewählt. Obgleich es immer wieder zu inneren Zwistigkeiten kam, war dies die Zeit der ersten großen Ausdehnung des islamischen Herrschaftsgebietes. Nach Überwindung der Wirren, die durch Alis Herrschaft und Ermordung entstanden waren (656-661), trat die Dynastie der Umajjaden statt der gewählten Führer des Islam als neue politische Kraft auf. In die Zeit dieser Dynastie (661-750) fällt die zweite große Eroberungswelle, aber es vollzogen sich auch entscheidende Änderungen im Herrschaftssystem hin zu einem Staat. Dabei wurde die bestehende byzantinische Verwaltungsstruktur weitgehend übernommen, auch das Militärwesen wurde nach byzantinischem Vorbild organisiert. Die umajjadische Kultur kann weniger als arabische, sondern eher als ostbyzantinische, hellenistisch-orientalische Kultur bezeichnet werden, in der die verschiedenen Einflüsse verschmolzen. In der Religion ist allerdings eindeutig das arabisch-islamische Element vorherrschend. Die prachtvollen Paläste und Wüstenschlösser der Kalifen und Emire zeigen Elemente der klassischen und der orientalischen Kunst. In diesen Zusammenhang gehört auch Khirbat al Mafjar. In den Moscheen dagegen wie z.B. in der Umar-Moschee in Jerusalem (691) oder in der „Großen Moschee" in Damaskus (705) setzte sich das islamisch-arabische Element stärker durch. Zwischen den Umajjaden und dem byzantinischen Reich gab es nicht nur religiös fundierte Feindschaft und kriegerische Auseinandersetzungen, sondern auch ambivalente Haltungen wie Attraktion und Opposition. Hamilton A. R. Gibb hat darauf verwiesen, dass es verlässliche Zeugnisse gibt, wonach Walid I. den Kaiser von Ostrom um Unterstützung beim Bau der Moscheen in Medina und in Damaskus bat und diese Unterstützung auch erhielt, darunter einige Mosaizisten, Gold, um sie zu bezahlen, und Mosaiksteine. Gerade im syrisch-palästinensischen Raum gab es auch christliche Handwerker, die Mosaiken stellen konnten. Nach Gibb erfolgte nach dem Scheitern der Belagerung Konstantinopels 717/18 vor allem unter Hischam eine Abwendung von der byzantinischen Tradition und eine Hinwendung zum Osten. Allerdings zeigt der Befund von Khirbat al Mafjar, dass man sich die Auswirkungen dieser Entwicklung nicht als plötzlichen Wandel vorstellen darf.

Hinweise zum Unterricht

Beginn und Ausbreitung des Islam sind im Zusammenhang der Dreiteilung der Mittelmeerwelt Thema des Geschichtsunterrichts. An dem Fußbodenmosaik von Khirbat al Mafjar lässt sich exemplarisch der künstlerische Austausch zwischen dem (ost-)römischen Reich und der assyrisch-orientalischen Tradition in der Zeit der Umajjadendynastie aufzeigen. Wird später im Zusammenhang mit den Staufern der Krönungsmantel Rogers II. gezeigt, sollte auf das Mosaik zurückgegriffen werden.

In der Oberstufe empfiehlt sich, zusammen mit den Kunstunterricht die angesprochenen Motive von der assyrischen Zeit bis ins 16. Jahrhundert zu verfolgen.

Literatur

Richard Ettinghausen, From Byzantium to Sassanian Iran and the Islamic World. Three modes of artistic influence, Leiden 1972.

Hamilton A. R. Gibb, Arab-Byzantine Relations under the Umayyad Caliphate, in: Dumbarton Oaks Papers 12, 1958, S. 221 - 233.

Robert W. Hamilton, Khirbat al Mafjar. An Arabian mansion in the Jordan Valley, with a contribution by Oleg Grabar, Oxford 1959.

Franz Georg Maier, Die Verwandlung der Mittelmeerwelt, Frankfurt 1968.

Die Himmelsreise des Propheten Mohammed

Beschreibung

Das Bild ist zweigeteilt. Das untere Drittel zeigt eine Stadt vor einem dunkelblauen Sternenhimmel, die auf einem Berg liegt und von einer grünen Mauer mit spitzen Zinnen befestigt ist. Auf der rechten Seite wird sie von Baumgipfeln überragt. Den größten Teil innerhalb der Stadt nimmt ein quadratischer Platz ein, der durch eine hohe Mauer abgegrenzt wird. Diese Mauer, deren Steine außen dunkelgrau und innen hellrot sind, wird von zahlreichen spitzbogigen Toren an allen Seiten unterbrochen. In den zwei vorderen Ecken stehen Minarette. Auf dem Pflaster des Platzes steht ein hohes turmartiges Gebäude, dessen unterer Teil grün, der obere Teil schwarz ist. Das goldfarbene flache Dach ist durch ein Muster aus dunkleren Kreisen verziert. Ein verziertes spitzbogiges Fenster auf der

Die Himmelsreise des Propheten Mohammed, persische Buchmalerei, 1494/95, 17,8 x 11,8 cm, London, British Library, Or. 6810, f. 5r.

Vorderseite ist geschlossen. Auf dem Platz stehen drei kleinere Häuschen, zwei davon mit einem zwiebelförmiges Dach. Bei einigen weiteren Bauten ist die Funktion nicht eindeutig. Auf dem Platz stehen zwei Männer mit weißem Turban, einer von ihnen hat die Hände erhoben.

Direkt hinter den beiden hinteren Ecken der Mauer stehen zwei weitere Minarette, die vielleicht zu benachbarten Moscheen gehören, die durch hohe Kuppeln gekennzeichnet sind. Die Stadt besteht aus etwa einem Dutzend würfel-

förmiger Häuser, die aus großen rechteckigen Steinen gebaut und grau, grün oder blau gestrichen sind. Die erkennbaren Fenster sind hoch und rechteckig, einige enden in einem Rund- oder Spitzbogen und bestehen teilweise aus gemustertem Glas. Mehrere Häuser besitzen einen Schornstein.

Vor dem Sternhimmel spielt sich die Handlung des Bildes ab. Innerhalb vielfach verschlungener gelber Wolken, deren Ende geflammt sind, schweben zwölf Engel, von denen nur die Köpfe und Oberkörper zu sehen sind. Sie sind in verschiedene bunte Gewänder gekleidet, auch ihre Flügel zeigen kräftige Farben (rot, grün, gelb, blau). Alle Engel besitzen runde Gesichter mit schmalen gebogenen Augenbrauen und schwarzen halblangen Haaren. Einige scheinen miteinander zu sprechen, zwei schieben eine Wolke beiseite und einer zeigt auf die Person in ihrer Mitte, einen Mann, der im Damensitz auf einem eigenartigen vierbeinigen Wesen reitet. Es hat zierliche Beine, die in Paarhufen enden, den Körper eines Pferdes und den Kopf einer Frau. Auf ihm trägt sie eine Krone, und ihre langen schwarzen Haare fallen um ihren Hals. Der Reiter führt das Tier an einem dunklen und einem weißen verzierten Zügel. Er trägt einen weißen Turban und langen braunen Umhang über einem blauen Untergewand. Sein bärtiges Gesicht ist nach hinten gerichtet. Der Engel, der ihm am nächsten steht, scheint eine besondere Bedeutung zu haben. Er hat ein doppeltes Flügelpaar und weist dem Reiter mit der rechten Hand den Weg.

Am oberen Rand des Bildes sind fünf unterschiedlich große Kästchen abgeteilt und mit persischen Schriftzeichen beschrieben, wobei die größeren Buchstaben vielleicht eine Überschrift darstellen oder den Titel des Bildes nennen.

Interpretation

Das Bild zeigt die Nacht- und Himmelsreise des Propheten Mohammed. Nach der muslimischen Legende führte der Erzengel Gabriel Mohammed nach Jerusalem und von dort aus durch die sieben Himmel. Dazu benutzte der Prophet den Buraq, ein weißes Reittier mit menschlichem Gesicht, das kleiner war als ein Maultier, aber größer als ein Esel und die Hufe eines Kamels besaß. Mohammed hat gerade Mekka, wo seine Reise begann, verlassen. Von der Stadt ist noch der Platz mit der Kaaba zu sehen, der von Moscheen und Häusern umgeben ist. Engel geleiten den Propheten auf sei-

nem Weg. Der Engel unmittelbar vor ihm ist wahrscheinlich der Erzengel Gabriel.

Die Miniatur ist Teil einer Handschrift mit den fünf Epen („Hamsä") des persischen Dichters Nezāmī von Gandscha (1141-1209). Das erste Epos mit dem Titel „Schatzhaus der Geheimnisse" entstand 1176 und enthält eine hymnische Darstellung der Himmelsreise. Der Text von Nezāmī, der kaum Einzelheiten der Handlung nennt, ist aber nicht die Vorlage des Bildes. Die Darstellung orientiert sich entweder an älteren illustrierten Handschriften von Nezāmīs Werk oder an anderen literarischen Gestaltungen der Himmelfahrt. Die meisten dieser Bilder zeigen nur Mohammed auf dem Buraq im Himmel, während Mekka fehlt. Auf vielen der älteren Bildern ist auch Mohammeds Gesicht verschleiert.

Die Handschrift entstand 1494/95 in Herat und wurde von dem berühmten persischen Maler Bihzad (1450/60-1535/36) und seinen Schülern ausgemalt. Vor allem in den Gesichtszügen der Engel und des Buraq ist der chinesische Einfluss auf die persische Malerei im 15. Jahrhundert erkennbar.

Die Himmelsreise Mohammeds („Midrasch")

Die Legende von Mohammeds Himmelsreise stützt sich auf einen Vers des Koran: „Preis dem, der seinen Diener des Nachts führte von der heiligen Moschee zur fernsten Moschee, deren Umgebung wir gesegnet haben, um ihm unsere Zeichen zu zeigen." (Sure 17, Vers 1). Daraus entwickelten sich zahlreiche volkstümliche Erzählungen, „die später mit theologischen, mystischen und literarischen Elementen angereichert wurden, bis nach und nach der ganze Stoff in die islamische Eschatologie einging" (Séguy).

Nach dieser Legende vollzieht sich die Reise in mehreren Etappen. Im Jahre 621 glaubt Mohammed, dass seine Mission gescheitert ist, aber trotz seiner Einsamkeit und Besorgnis hält er an seinem Auftrag fest. Als er eines Nachts in der Nähe der Kaaba schläft, kommt der Erzengel Gabriel in sein Zimmer, öffnet ihm die Brust und reinigt sein Herz. Dann führt er ihn zu seinem Reittier Buraq, der ihn nach Jerusalem bringt. Auf dieser Nachtreise („Isra'") besucht er auch den Berg Sinai, das Grab Abrahams in Hebron und Bethlehem als Geburtsstätte Jesu. In Jerusalem empfangen ihn mehrere Propheten, unter ihnen Abraham, Moses und Jesus. Nach einem gemeinsamen Gebet beginnt seine Reise durch die sieben Himmel, bis er vor den Thron Allahs kommt. Dort fällt er auf die Erde und betrachtet Gott nur mit den Augen seines Herzens. Der Allmächtige gibt Mohammed den Auftrag, fünfzig Mal am Tag zu beten. Auf dem Rückweg trifft er Moses, der ihm rät, um eine Verringerung dieser Pflicht zu bitten. Mohammed macht dies so lange, bis nur noch fünf tägliche Gebete verlangt werden. Anschließend führt der Erzengel Gabriel durch das Paradies und schließlich in einer weiteren Reise durch die Hölle.

Die Malerei im Islam

In seiner Anfangszeit lehnte der Islam Bilder von lebenden Geschöpfen ab, weil er darin eine blasphemische Anmaßung sah, die Schöpfung Allahs zu imitieren. Die Kunst in den Moscheen oder in Koranhandschriften beschränkte sich auf eine reiche Ornamentik. Doch wurde dieses Verbot nicht lange streng beachtet. Durch die Kultur unterworfener Völker entwickelte sich eine Kunst, die sich besonders in der Buchmalerei auswirkte. Wichtige Einflüsse waren dabei anfangs Byzanz, das sassanidische Persien und Turkestan. Nach dem Einfall der Mongolen (Reich der Il-Khane und Timurs) geriet die Kunst unter den Einfluss der chinesischen Malerei. Ihre Zentren im 14. und 15. Jahrhundert wurden Schiras, Täbris und besonders Herat, die Hauptstadt Chorasans. Hier begann mit Schah Ruch (1404-

1447) eine kulturelle Blüte, die sich vor allem in der Gründung einer Bibliothek und in der Herstellung vieler Handschriften zeigte.

Hinweise für den Unterricht

Für den Unterrichtseinsatz sind mehrere Möglichkeiten denkbar. Bei der Beschreibung des Bildes kann der Lehrer auf Mekka und seine Bedeutung für den Islam (Kaaba als zentrales Heiligtum) eingehen. Auch Hinweise zur Architektur (Minarette, Kuppen, Haus- und Fensterformen) sind denkbar. Das Bild von der Himmelsreise des Propheten kann aber auch als Einstieg in die Behandlung des Islam dienen. Dazu muss der Lehrer die Legende erzählen. Sie enthält wesentliche Elemente der Religion (z.B. Himmels- und Gottesvorstellung) und geht auch auf ihre Wurzeln ein (Abraham, Moses und Jesus als Vorläufer des Propheten, Jerusalem als heilige Stätte). In der Vermittlung der Lehren einer anderen Religion ist sehr viel Sensibilität gefordert: „Man muss sich davor hüten, die verschiedenen Phasen dieser Wunderreise aus rationalistischer Sicht zu verfolgen." (Séguy). Möglich ist ein Hinweis auf ähnliche Legenden in anderen Religionen (Jakobs Traum, die Himmels- und Höllenreise von Arda Viraf, einem Jünger Zahratustras, Himmels- und Höllenvisionen christlicher Mystiker). Schließlich kann die Legende als ein einzigartiges literarische Zeugnis behandelt werden, das viele Parallelen zu Dantes „Göttlicher Komödie" aufweist.

Literatur

Marie-Rose Séguy (Hrsg.), Muhammeds wunderbare Reise durch Himmel und Hölle, München 1977.

Rudi Paret, Symbolik des Islam, Stuttgart 1958 (=Symbolik der Religionen, Bd. 2).

Die Remigius-Legende und die Taufe Chlodwigs

Beschreibung

Die drei Bilder sind eingerahmt durch eine schmale Leiste, die mit Blumen und Ranken verziert ist, während die Ecken an eingesetzte Edelsteine erinnern. Das oberste Feld zeigt in der Mitte den Bischof Remigius mit Heiligenschein, der zwischen zwei Säulen steht. Wie seine drei Begleiter ist er mit Albe und Pluviale bekleidet und trägt Sandalen. In der linken Hand hält er eine Tafel oder ein Buch, die rechte reicht er einer Frau, die auf einer Liege gebettet ist. Diese Liege ist zum größten Teil mit einem Tuch bedeckt, und an dem Ende eines Seitenteiles ist ein Kreuz angebracht. Die Beine der Frau sind in ein Tuch gewickelt. Ein weiteres Tuch, das sie über den Kopf geschlagen hat, bedeckt ihre Arme und ihren Oberkörper. Von den Personen hinter der Liege – ein älterer und ein jüngerer Mann und wahrscheinlich eine Frau – ist nur der jüngere Mann vollständig sichtbar. Er trägt über einem kurzen gegürteten Gewand einen Umhang, der auf der rechten Schulter von einer Fibel zusammengehalten wird. Hinter Remigius stehen drei Männer, von denen der vorderste mit der geöffneten Hand auf die Szene vor ihm zeigt. Zwei von ihnen halten wie Remigius ein Buch oder eine Rolle. Den Abschluss des Bildes bildet auf jeder Seite eine weitere Säule, wodurch ein Innenraum angedeutet wird.

Remigius und seine drei Begleiter begegnen uns auch auf den beiden anderen Bildern. In der mittleren Szene erscheinen zwei von ihnen – ausgedrückt durch die Körper- und Handhaltung – in einem lebhaften Gespräch, während der dritte auf Remigius weist. Vorne sitzt ein Mann auf einer niedrigen Liege mit einer aufrecht stehenden Rückenlehne und nach oben gebogenen unteren Enden. Er hat seine

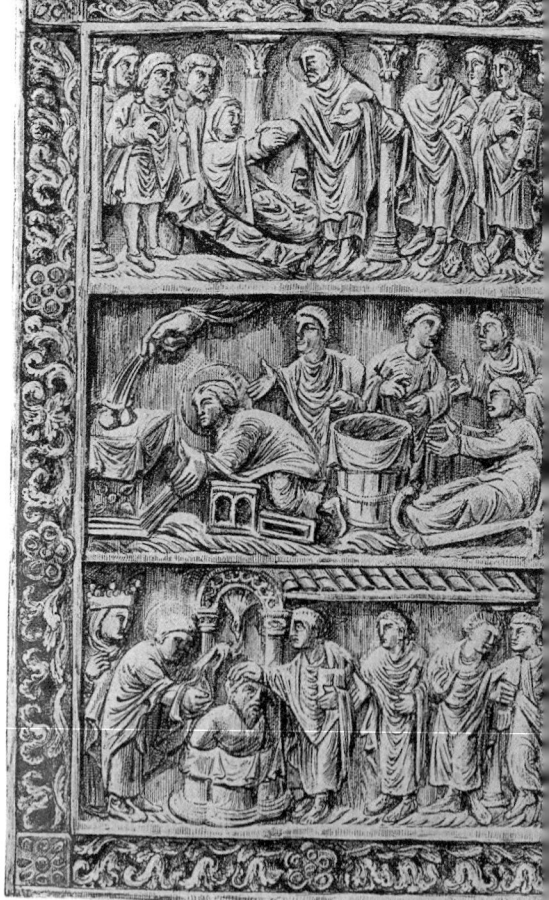

Buchdeckel mit Elfenbeinschnitzerei, 10. Jh., 18,2 x 12 cm, Amiens, Musée Picardie.

Arme ausgestreckt und die Hände geöffnet. Neben der Liege steht ein großer, leerer Holzbottich, über dessen Rand ein Tuch geschlagen ist. Auf der linken Seite kniet Remigius auf einem Schemel, die Ellbogen auf eine Bank gestützt. Seine Hände sind zum Gebet aufeinander gelegt. Auf dem Altar vor ihm, der – wahrscheinlich mit Edelsteinen – verziert und mit einem Tuch bedeckt ist, stehen zwei kleine bauchige Gefäße. Eine große Hand, die von oben in das Bild reicht, hat die beiden ersten Finger wie zum Schwur ausgestreckt. Von diesen Fingern gehen zwei Strahlen in die Öffnungen der Gefäße.

Das untere Bild stellt eine Taufszene dar. Das Taufbecken in der Form eines Vierpasses ist mit einem Tuch ausgeschlagen. In ihm steht ein bärtiger Mann, von dem nur der Kopf, die Schultern und der obere Teil der Brust zu sehen sind. Rechts von ihm steht Remigius und berührt seinen Kopf mit der rechten Hand, während er in der linken ein Buch hält. Von seinen drei Begleitern zeigt der erste wieder auf die Szene, während die beiden anderen zueinander sprechen. Auf der anderen Seite des Taufbeckens steht ein Mann, ebenfalls mit Heiligenschein, der mit beiden Händen ein großes Tuch hält. Hinter ihm ist eine gekrönte Frau zu erkennen. Ein Dach mit Ziegeln und ein Rundbogen auf zwei Säulen deutet den Raum an, in dem die Taufe stattfindet. Unter dem Bogen, direkt über Taufbecken und Täufling, wird ein Vogel sichtbar, der senkrecht nach unten fliegt und in seinem Schnabel ein kleines Gefäß trägt.

Interpretation

Die drei Bilder zeigen Szenen aus dem Leben des Bischofs Remigius. Zwei von ihnen gehören der Legende an, wie sie vor allem Hinkmar von Reims (um 806-882, Bischof seit 845) in seinem Werk „Vita Remigii episcopi Remensis" berichtet. Darin wird das Leben des Heiligen in deutlicher Anlehnung an das Leben Christi erzählt. Hinkmar leistet damit nicht nur einen Beitrag zur Verehrung seines Vorgängers, sondern will auch den Vorrang seines Erzbistums dokumentieren.

Der Legende nach wurde Remigius nach Toulouse gerufen, wo ein Mädchen von einem bösen Geist besessen war. Alle Bemühungen der Eltern, auch eine Wallfahrt nach Rom, hatten keine Heilung gebracht. Es gelang Remigius, den Dämon auszutreiben, aber das Mädchen starb dabei und wurde von ihren Verwandten in der Kirche aufgebahrt. Als Remigius davon erfuhr, erweckte er sie mit den Worten „Puella, in domini nostri Iesu Christi surge" wieder zum Leben. Diesen Augenblick stellt das erste Bild dar.

Auch die zweite Szene stammt aus der Remigius-Legende. Ein Mann aus einer angesehenen Familie war krank und wollte sich von Remigius taufen lassen. Aber das dafür nötige Öl („oleum exorcizatum" und „chrisma") fehlte. Da stellte der Bischof zwei Salbölfläschchen auf den Altar und betete. Als er sich erhob, waren sie mit dem Öl gefüllt. Hier wird ebenfalls der Augenblick des Wunders dargestellt: Die Hand Gottes füllt die beiden Ampullen auf dem Altar.

Im Unterschied zu diesen beiden Legenden zeigt das dritte Bild ein historisches Ereignis, nämlich die Taufe Chlodwigs in der Kirche in Reims, bei der auch die Königin Chrodichilde anwesend ist. Dieses Geschehen wird legendär überhöht. Eine Taube bringt die Ampulle mit dem Salböl vom Himmel.

Die drei Bilder weisen mehrere Parallelen auf. Die oberste und unterste Szene sind ähnlich aufgebaut, bei beiden Bildern steht Remigius als Handelnder in der Mitte und wendet sich nach links dem Mädchen bzw. Chlodwig zu. Hinter ihm stehen jeweils die drei Geistlichen, ihm gegenüber zwei oder drei weitere Personen. Das mittlere Bild weicht im Aufbau, aber auch in der Darstellung der Gesichter und Frisuren davon ab, doch der Mann auf der Liege erinnert an das Mädchen auf der Bahre und die Gefäße auf dem Altar verweisen auf die Ampulle, die für die Taufe Chlodwigs von der Taube gebracht wird. Daneben gibt es auch inhaltliche Übereinstimmungen. Bild 2 und 3 zeigen eine Taufe, die im geistlichen Sinn einer Wiedergeburt und einem neuen Leben entspricht. Damit sind sie mit dem ersten Bild verknüpft.

Remigius und die Taufe Chlodwigs

Remigius stammte aus einer vornehmen nordgallischen Familie und wurde um 438 in Laon geboren. Die Legende nach war sein Vater Aemilius Graf von Laon, seine Mutter die hl.

Caelinia (Cilinia), seine Amme die hl. Balsamia. Historisch gesichert ist sein älterer Bruder Principius als Bischof von Soissons. Schon mit 22 Jahren soll Remigius zum Bischof von Reims gewählt worden sein. Mit dem Frankenkönig stand er seit Beginn von dessen Regierung im Briefwechsel. Den Anfang bildete ein Glückwunschschreiben an Chlodwig anlässlich dessen Thronbesteigung in der ehemaligen römischen Provinz Belgica II (481), deren Hauptstadt Reims war. Der Brief ist in Form eines Fürstenspiegels abgefasst, in dem der Bischof den König zur Verteidigung des Glaubens auffordert und ihm seine Zusammenarbeit anbietet. Später hatte Remigius zusammen mit Königin Chrodichilde großen Anteil an Chlodwigs Bekehrung. Das Gelübde, das der Frankenkönig während der Schlacht von Tolbiacum (Zülpich) gegeben hat, gehört wahrscheinlich der Legende an. Der genaue Zeitpunkt der Taufe ist nicht geklärt, die meisten Historiker gehen davon aus, dass sie erst nach 496 (zwischen 498 und 508) erfolgte.

Wichtiger als die Taufe selbst war die Entscheidung Chlodwigs, nicht den arianischen, sondern den katholischen Glauben anzunehmen, zu dem sich auch die meisten seiner galloromanischen Untertanen bekannten. Damit hatte er den Episkopat als eine wichtige Säule seiner Macht gewonnen und die Voraussetzung für eine merowingische „Landeskirche" geschaffen, die zur Einheit und Verwaltung des Reiches beitrug. In den nächsten Jahren betrieb Chlodwig eine aktive Kirchenpolitik. Beispiele dafür sind die Neuorganisation von Bistümern, das Konzil von Orléans (511) und die Errichtung der Apostelkirche über dem Grab der Hl. Genoveva in Paris als dynastisches Mausoleum. Aber trotz der Taufe des Königs und zahlreicher Anhänger erfolgte die vollständige Christianisierung erst durch die Mission im 6. und 7. Jahrhundert.

Remigius überlebte den König um mehr als zwanzig Jahre. Er starb wahrscheinlich am 13. Januar 533, nachdem er über siebzig Jahre lang Bischof gewesen war. Die erste Translation seiner Gebeine erfolgte um 565, was einer Heiligsprechung gleichkam. Zusammen mit dem heiligen Martin wurde Remigius schon bald als Apostel der Franken verehrt, außer in Reims vor allem in den Diözesen Köln und Trier. In Köln war der 1. Oktober als „St. Remeisdach" ein wichtiger Termin für Zahlungen. Aber auch im übrigen Deutschland war der Bischof sehr populär, wovon zahlreiche Patrozinien sprechen (Altar im 1007 geweihten Dom in Bamberg, die Benediktinerpropstei St. Remigius bei Kusel/Pfalz, Kirchen in Raisting und Schleching).

Das Ölfläschchen („Sainte Ampoule"), das nach der Legende die Taube vom Himmel brachte, verwendete man seit 1027 bei den Krönungen der französischen Könige und bewahrte es in der Basilika St. Remi in Reims auf. Während der Französischen Revolution wurde es zerschlagen, aber die Reste gerettet und zum letzten Mal bei der Krönung Karls X. (1825) verwendet.

Das wichtigste Ereignis im Leben des Remigius, die Taufe Chlodwigs, war ein beliebtes Thema der kirchlichen Kunst wie der Historienmalerei. Unter den zahlreichen Darstellungen im religiösen Bereich sind zwei besonders bedeutsam. Das Calixtusportal am nördlichen Seitenschiff der Kathedrale von Reims (ca. 1225/30) stellt Szenen aus der Remigius-Legende dar, von denen die Taufe Chlodwigs den Abschluss bildet. Das Bild erinnert in seinem Aufbau an die Elfenbeinschnitzerei. Auf einem frühbarocken Seitenaltar im südlichen Querschiff von St. Rémi (1610) steht die Taufe Christi im Mittelpunkt. Sie wird eingerahmt von der Taufe Konstantins durch Papst Silvester (links) und von der Taufe Chlodwigs.

Die Remigius-Legende und die Taufe Chlodwigs

Zusätzliches Material

Die Taufe Chlodwigs

Der König bekam nun von der Königin Chrodichilde den ersten Sohn. Sie wollte ihn taufen lassen und drang deshalb unaufhörlich in ihren Gemahl und sprach: „Nichts sind die Götter, die ihr verehrt." Aber wie oft auch die Königin so sprach, sie konnte doch des Königs Gemüt nicht zum Glauben bekehren. „Auf unserer Götter Geheiß", sagte er, „wird alles erschaffen und erzeugt, euer Gott vermag augenscheinlich nichts und ist, was noch mehr ist, nicht einmal vom Stamme der Götter." [...] Die Königin aber ließ nicht ab in ihn zu dringen, dass er den wahren Gott erkenne und ablasse von den Götzen. Aber auf keine Weise konnte er zum Glauben bekehrt werden, bis er endlich einst mit den Alamannen in einen Krieg geriet: Da zwang ihn die Not zu bekennen, was sein Herz vordem verleugnet hatte. Als die beiden Heere zusammenstießen, kam es zu einem gewaltigen Blutbad, und Chlodovechs Heer war nahe daran, völlig vernichtet zu werden. Als er das sah, erhob er seine Augen zum Himmel, sein Herz wurde gerührt, seine Augen füllten sich mit Tränen und er sprach: „Jesus Christ, Chrodichilde verkündet, du seiest der Sohn des lebendigen Gottes; Hilfe, sagt man, gebest du den Bedrängten, Sieg denen, die auf dich hoffen - ich flehe dich demütig an um deinen mächtigen Beistand: Gewährst du mir jetzt den Sieg über diese meine Feinde und erfahre ich so jene Macht, die das Volk, das deinem Namen sich weiht, an dir erprobt zu haben rühmt, so will ich an dich glauben und mich taufen lassen auf deinen Namen. Denn ich habe meine Götter angerufen, aber wie ich erfahre, sind sie weit davon entfernt, mir zu helfen. Ich meine daher, ohnmächtig sind sie, da sie denen nicht helfen, die ihnen dienen. Dich nun rufe ich an, und ich verlange, an dich zu glauben; nur entreiße mich aus der Hand meiner Widersacher." Und da er solches

gesprochen hatte, wandten die Alamannen sich und begannen zu fliehen. Als sie aber ihren König getötet sahen, unterwarfen sie sich Chlodovech [...] der Königin aber erzählte er, wie er Christi Namen angerufen und so den Sieg gewonnen habe. Das geschah im fünfzehnten Jahr seiner Regierung.

Darauf ließ die Königin heimlich den Bischof von Reims, den heiligen Remigius, rufen und bat ihn, er möchte das Wort des Heils dem Könige zu Herzen führen. [...] Jener aber sprach: „Gern würde ich, heiligster Vater, auf dich hören, aber eins macht mir noch Bedenken, das Volk, das mir anhängt, duldet nicht, dass ich seine Götter verlasse; doch ich gehe und spreche mit ihnen nach deinem Worte." Als er darauf mit den Seinigen zusammentrat, rief alles Volk zur selben Zeit, noch ehe er den Mund auftat, denn die göttliche Macht kam ihm zuvor: „Wir tun die sterblichen Götter ab, gnädiger König, und sind bereit, dem unsterblichen Gott zu folgen, den Remigius verkündet." Solches wurde dem Bischof gemeldet, und er befahl hocherfreut, das Taufbad vorzubereiten. Mit bunten Decken wurden nun die Straßen behängt, mit weißen Vorhängen die Kirchen geschmückt, die Taufkirche in Ordnung gebracht, Wohlgerüche verbreiteten sich, es schimmerten hell die duftenden Kerzen, und das ganze Heiligtum der Taufkirche wurde von himmlischem Wohlgeruch erfüllt; und solche Gnade ließ Gott denen zuteil werden, die damals gegenwärtig waren, dass sie meinten, sie wären in die Wohlgerüche des Paradieses versetzt. Zuerst verlangte der König vom Bischof getauft zu werden. Er ging, ein neuer Konstantin, zum Taufbade hin, sich reinzuwaschen von dem alten Aussatz und sich von den schmutzigen Flecken, die er von alters her gehabt, im frischen Wasser zu reinigen. Als er aber zur Taufe hintrat, redete ihn der Heilige Gottes mit beredtem Munde also an: „Beuge still deinen Nacken, Sicamber, verehre, was du verfolgtest, verfolge, was du verehrtest." Es war nämlich der heilige Bischof Remigius ein

Mann von hoher Wissenschaft und besonders in der Kunst der Beredsamkeit erfahren, aber auch durch Heiligkeit zeichnete er sich so aus, dass er an Wundertaten dem heiligen Silvester gleichkam. Wir haben noch jetzt seine Lebensbeschreibung, die berichtet, dass er einen Toten erweckt habe. Also bekannte der König den allmächtigen Gott als den dreieinigen und ließ sich taufen im Namen des Vaters, des Sohnes und des Heiligen Geistes und wurde gesalbt mit dem heiligen Öl unter dem Zeichen des Kreuzes Christi. Von seinem Heer aber wurden mehr als dreitausend getauft.

Gregor von Tours, Historiarum libri decem, II, cap. 28, 29, 30, 31, aufgrund der Übersetzung von W. Giesebrechts neu bearbeitet von Rudolf Buchner, 5. Auflage, Darmstadt 1977, S. 115-121.

Tympanon des Seitenportals der Kathedrale Notre-Dame in Reims, 13. Jh.

Frühbarocker Seitenaltar in der Basilika S. Rémi in Reims, 1610. Die Taufe Christi ist eingerahmt von der Taufe Konstantins durch Papst Silvester (links) und von der Taufe Chlodwigs.

Hinweise für den Unterricht

Bei der Auswertung sollte der Lehrer die Legende zu den beiden oberen Bildern erzählen, während sich das geschichtliche Ereignis und seine legendäre Überhöhung aus dem dritten Bild (Taube mit Ölgefäß) erarbeiten lassen. Dabei bietet sich ein Vergleich mit dem Bericht Gregors von Tour an, der ebenfalls legendäre Züge enthält (Sieg auf Grund des Gebetes) und Chlodwig sehr bewusst als „neuen Konstantin" stilisiert.

Das Thema lässt sich auf verschiedene Weise fortführen. Der Lehrer kann auf die politische Bedeutung der Taufe Chlodwigs oder auf Reims als den traditionellen Krönungsort der französischen Könige hinweisen, wo die angeblich vom Himmel geschickte „Sainte Ampoule" bis ins 19. Jahrhundert verwendet wurde. Die Ausgestaltung der Legende durch Hinkmar und die Entstehung des Bucheinbandes zeigen das Anknüpfen der Karolinger an die merowingische Tradition.

Literatur

Alain Dierkens, Die Taufe Chlodwigs, in: Die Franken: Wegbereiter Europas. Vor 1500 Jahren: König Chlodwig und seine Erben, Bd. 1, Mainz 1996, S. 183-191.

Michel Rouche, Die Bedeutung der Taufe Chlodwigs, in: Die Franken, a.a.O., S. 192-199.

Knut Schäferdiek, Remigius von Reims. Kirchenmann einer Umbruchszeit, in: ZfKG 94, 1983, S. 256-278.

Wolfram von den Steinen, Chlodwigs Übergang zum Christentum. Eine quellenkritische Studie, Darmstadt 1953 (Erstveröffentlichung in: MIÖG, 12. Erg.-Bd. 1932, S. 417-541).

Karl der Große – Reiterstatuette und *Münzbild

Beschreibung

Pferd und Reiter der *Statuette vermitteln einen etwas widersprüchlichen Eindruck. Nach Gangart, Wendung des Kopfes sowie nach Anordnung der Stirnhaare könnte es sich um eine antike Plastik handeln. Der Reiter dagegen ist als karolingisches Werk ausgewiesen durch Stil, Tracht und Insignien. Der Herrscher trägt einen von lilienartigen Verzierungen bekrönten Kronreif über dem kurzen, rund geschnittenen Haar sowie einen Schnauzbart. Die unter dem Knie gebundenen Hosen und die Schuhe sind deutlich zu sehen. Der Mantel ist mit einer Spange zusammengehalten und lässt den rechten Arm frei, dadurch wird der eng anliegende Ärmel seines Wamses sichtbar. In der Linken trägt er als Herrschaftssymbol einen Globus, in der Rechten hielt er ursprünglich wohl ein Szepter oder ein Schwert.

Reiterstatuette, um 870, Bronze, H. 23, 5 cm, Metz, Aufbewahrungsort: Paris, Musée du Louvre.

Überlieferungsgeschichte

In dem noch erhaltenen Verzeichnis des Kirchenschatzes der Kathedrale von Metz vom 20. November 1567 findet sich der Hinweis auf eine silberne und eine bronzene Statuette von Karl dem Großen. In späteren Aufzeichnungen wird berichtet, dass die silberne Statuette, die heute verloren ist, an allen Festtagen des Jahres, die bronzene lediglich an Karls Todestag in der Kathedrale gezeigt wurde. Das weist darauf hin, dass die Bronzestatuette als die ältere und somit wertvollere angesehen wurde. Dieser Brauch hielt sich bis zur Französischen Revolution. Nach verschiedenen Standorten und Kriegsereignissen, bei denen die Statue beschädigt wurde, kam sie dann in ihren heutigen Standort, den Louvre. 1934 wurde sie einer eingehenden Restaurierung unterzogen, die wichtige Aufschlüsse geliefert hat. Dabei wurde auch das erhobene Schwert entfernt, das man als spätere Zutat erkannte; zugleich bezweifelte man die Richtigkeit dieser Ergänzung.

Reiter, Pferd und Kopf des Reiters wurden einzeln gegossen und dann zusammengefügt. Die Satteldecke wurde zusammen mit der Reiterfigur gegossen, vielleicht um einen leichteren Zusammenhalt der beiden Teile zu erreichen. Da das Zaumzeug des Pferdes und die Satteldecke genau aufeinander bezogen sind, müssen Pferd und Reiter zur gleichen Zeit entstanden sein. Schwierige Teile wie Arme und Beine des Reiters sind als Vollguss ausgeführt, sonst handelt es sich um Hohlguss. Durch dieses komplizierte Verfahren erklärt sich auch die etwas hellere Farbe des Kopfes.

Wann ist die Statuette entstanden?

Heute sind die Kunstwissenschaftler übereinstimmend der Meinung, dass die Statuette um 870 in Metz entstanden ist. Ausschlaggebend sind dafür stilistisch gut vergleichbare Darstellungen unter anderem auf den sog. jüngeren Metzer Elfenbeintafeln, die üblicherweise ins 9. Jahrhundert datiert werden. Auch die komplizierte Herstellungsweise der Statuette deutet auf Metz hin.

Wer ist dargestellt?

Karl II. dem Kahlen (843-877) war im Vertrag von Verdun 843 das westliche Teilreich zugesprochen worden. Wenn er die Statuette in Auftrag gegeben hat, dann wohl im Zusammenhang seiner Krönung zum König von Lotharingien 869. Denn bereits 870 musste er den östlichen Teil Lotharingiens und damit auch Metz an seinen Bruder Ludwig den Deutschen abgeben. Die Forschung tut sich allerdings schwer, in der Statuette ein Bildnis Karls des Kahlen zu sehen. Dazu trägt die Ähnlichkeit mit einem Münzbild Karls des Großen bei (s.u.). Manche sehen in dem Reiterbildnis ein Symbol, „das Bild des karolingischen Herrschers schlechthin" (Florentine Mütherich). Freilich wäre auch denkbar, dass sich Karl der Kahle als neuer Karl der Große darstellen ließ. Einigkeit bei den Interpreten besteht jedoch darin, dass mit dieser Statuette ein Werk der imperialen karolingischen Kunst erhalten ist, ein einzigartiges Zeugnis dafür, wie die Antike in der karolingischen Renaissance wieder aufgegriffen wurde. In diesem

Zusammenhang wird auch darauf verwiesen, dass Karl der Große auf seiner Rückreise von Rom (801) neben anderen antiken Bildwerken die Reiterstatue Theoderichs aus Ravenna nach Aachen bringen und in Aachen in seinem Palastbereich aufstellen ließ. So berichtet es jedenfalls der Geschichtsschreiber Agnellus (839).

Bildnismünze Karls des Großen, Vorder- und Rückseite, Prägeort Mainz (?), nach 800, Silber, 1,60 g, Dm 19,9 mm, rechts leicht ausgebrochen, Aufbewahrungsort: Paris, Bibliothèque Nationale de France, Cabinet des Médailles, Inv.Nr. 981.
Vorderseite: KAROLUS IMP(erator) AUG(ustus). Mit dem Lorbeer bekröntes Brustbild nach rechts, das den Kaiser mit Schnauzbart zeigt. Karl trägt das paludamentum, den römischen Soldatenmantel, der mit einer runden Fibel über der Schulter zusammengehalten wird. Unter der Büste ein M.
Rückseite: XPICTIANA RELIGIO (christliche Religion).
Ein viersäuliges Gebäude, das durch ein Kreuz in der Mitte und eines auf dem Giebel als Kirche gekennzeichnet ist. Die Umschrift ist aus griechischen und lateinischen Buchstaben gemischt.

Interpretation

Das M unter der Büste wird als Abkürzung für „Moguntia" (Mainz) gedeutet. Dort ist eine relativ kontinuierliche Münztätigkeit in karolingischer Zeit nachgewiesen. Karl trägt den Lorbeerkranz der römischen Caesaren, die *corona triumphalis,* deren zusammengeknotete Bänder hinten herabfallen. Die Darstellung knüpft bewusst an das Münzporträt der römischen Kaiser an. Schon von Zeitgenossen wurde Karl als der „neue Konstantin" (Constantinus novus) bezeichnet. Allerdings lässt sich kein direktes Münzvorbild benennen, was durchaus der karolingischen Renaissance entspricht, die Anleihen aus der Antike nimmt, aber zu eigenständigen Bildlösungen kommt. Eine bloße Kopie eines antiken Vorbildes hätte wohl auch dem Selbstbewusstsein Karls widersprochen. Das viersäulige Kirchengebäude auf der Rückseite geht auf die Münzdarstellung antiker Tempel zurück. Das Kreuz ersetzt jedoch das Kultbild einer antiken Gottheit, aus dem heidnischen Tempel ist eine christliche Kirche geworden. Die Umschrift bezeugt den Sieg der christlichen über die heidnische Religion. Die Schreibweise aus griechischen (XPIC = Chi, Rho, Jota, Sigma) und lateinischen (TIANA RELIGIO) Buchstaben ist wohl als Zeichen der Einheit der griechischen und lateinischen Kirche zu interpretieren. Sie war vermutlich nicht als eine Verbeugung vor dem oströmischen Kaiser gedacht.

Diskutiert wurde auch häufig die Frage, ob es sich um ein lebensnahes Porträt handle. Vor dem 4. nachchristlichen Jahrhundert kann man durchaus von einer Porträtähnlichkeit der Münzbilder ausgehen, doch dann wurde diese aufgegeben. Seit dem 7. Jahrhundert kommen in Europa mit Ausnahme des langobardisch-byzantinischen Italien keine Herrscherbilder auf Münzen mehr vor. Von daher wäre es ganz einmalig, wenn Karls Bildnismünzen sein natürliches Aussehen überlieferten.

Um 830 beschreibt Einhard, der Biograph Karls, aus der Erinnerung seine Erscheinung so: „Er war von breitem und kräftigem Körperbau, hervorragender Größe, die jedoch das rechte Maß nicht überschritt, denn seine Länge betrug bekanntlich sieben seiner Füße. Der Schädel war rund, die Augen groß und lebhaft, die Nase überragte ein wenig das Mittelmaß. Er hatte schönes graues Haar und ein freundliches und heiteres Gesicht. So bot seine Gestalt im Stehen wie im Sitzen sich voller Autorität und Würde dar, obgleich sein Nacken dick und etwas zu kurz und sein Bauch hervorzutreten schien, verdeckte das Ebenmaß der anderen Glieder das." (Einhard, de vita Caroli Magni, 22, 1f.). Diese Beschreibung entspricht, soweit überhaupt vergleichbar, dem Münzbild. Der Schnauzbart wird allerdings von Einhard nicht erwähnt. Die Kopfform und der Schnauzbart verbinden das Münzbild mit der Reiterstatue von Metz.

Zusätzliches Material

Indienstnahme der Statuette für Hitlers Ziele

Von den Nationalsozialisten wurde Karl der Große als „Sachsenschlächter" diffamiert, der die germanisch-sächsische Freiheit durch Unterwerfung unter den „römisch-orientalischen Christenglauben" vernichtet habe. Doch diese Deutung wurde von Hitler auf dem Reichsparteitag 1935 in Nürnberg zurückgewiesen. Nach Beginn des Russlandfeldzuges wurde auf deutsche Veranlassung eine „Légion des volontaires français contre le bolchévisme" gegründet, aus der die „Division Charlemagne" hervorging. Hitler ließ 1943 durch die Porzellanmanufaktur von Sèvres 80 Platzteller herstellen, wohl um bei Ordensverleihungen an Angehörige dieser Division ein Geschenk parat zu haben. Auf der Vorderseite ist die Metzer Reiterstatuette mit erhobenem Schwert zu sehen, auf der Unterseite steht:

IMPERIUM CAROLI MAGNI	Das Reich Karls des Großen
DIVISUM PER NEPOTES	von seinen Enkeln geteilt
ANNO DCCC XL III	im Jahre 843
DEFENDIT ADOLPHUS HITLER	verteidigte Adolf Hitler
UNA CUM OMNIBUS EUROPAE POPULIS	gemeinsam mit allen Völkern Europas
ANNO MCM XL III	im Jahre 1943

Vorder- und Rückseite des Platztellers, den Adolf Hitler zur 1100-sten Wiederkehr der Teilung von Verdun fertigen ließ. Das abgebildete Exemplar war im persönlichen Besitz Adolf Hitlers auf dem Berghof. Aufbewahrungsort: Paris, Musée de l'Armée, Inv. Nr. 997 777.1

Hinweise für den Unterricht

Im Zusammenhang mit der Behandlung des Frankenreiches und der Herrschaft Karls des Großen kann die Reiterstatuette und das Münzbild als Ausdruck des Selbstbewusstseins des Kaisers und der karolingischen Renaissance behandelt werden. Der Rückgriff auf die Antike kann sowohl bei der Statuette (z.B. Reiterstandbild Mark Aurels in Rom, Reiterstatue Theoderichs, die von Karl von Ravenna nach Aachen gebracht wurde, getilgte Abbildung der Reiterstatue Theoderichs in der Palastdarstellung in San Apollinare Nuovo) wie bei der Münze verdeutlicht werden.

Beim Unterrichtsthema Nationalsozialismus in der Sekundarstufe I kann über die Abbildung der Statuette auf dem Teller die ursprüngliche Ablehnung durch die Nationalsozialisten, aber dann die Vereinnahmung Karls des Großen durch Hitler thematisiert werden. In der Oberstufe kann der Hinweis auf die Nationalsozialisten bereits bei der Behandlung Karls des Großen erfolgen. Eine Zusammenarbeit mit dem Kunstunterricht bietet sich an.

Literatur

George Henderson, Emulation and invention in Carolingian Art, in: Carolingian culture: emulation and innovation, ed. by Rosamond McKitterick, Cambridge 1994, p. 248 - 273.

Bernd Kluge, Nomen imperatoris und Christiana religio. Das Kaisertum Karls des Großen und Ludwigs des Frommen im Licht der numismatischen Quellen, in: Kunst und Kultur der Karolingerzeit. Beiträge zum Katalog der Ausstellung Paderborn 1999, hrsg. von Christoph Stiegemann/Matthias Wemhoff, Mainz 1999, S. 82 - 90.

Florentine Mütherich, Die Reiterstatuette aus der Metzer Kathedrale, in: Studien zur Geschichte der europäischen Plastik. Festschrift Theodor Müller, München 1965, S. 9 - 16.

Karl Ferdinand Werner, Charlemagne – Karl der Große. Eine französisch-deutsche Tradition, in: Krönungen. Könige in Aachen – Geschichte und Mythos, Katalog der Ausstellung, hrsg. v. Mario Kramp, Bd. 1, Mainz 2000, S. 25 - 33.

Die Reichskrone, ca. 960; Gold, Eisenreifen, Email, Perlen und Edelsteine, Durchmesser ca. 22 cm; Größe der Bild-
platten 8,5 x 12 cm, der Schläfenplatten 8,5 x 13 cm, der Nackenplatte 9 x 15 cm und der Stirnplatte
1,5 x 15 cm , Wien, Schatzkammer.

Die Reichskrone

Beschreibung

In ihrer heutigen Form besteht die Reichskrone aus acht Platten, einem Kreuz und einem Längsbügel. Von außen nicht sichtbar sind zwei Eisenreifen, die die Platten zusammenhalten, drei kleine waagrechte Röhrchen am unteren Ende der beiden Seitenplatten und je eine Goldhülse am oberen Ende der vier Edelsteinplatten. Die Platten besitzen Scharniere, die durch perlengekrönte Goldstifte zusammengehalten werden. Vier der Platten enthalten Bilder in *Goldschmelztechnik. Sie zeigen Christus und drei Könige aus dem Alten Testament.

Die Könige David (Rex David) und Salomon (Rex Salomon) sind ähnlich gekleidet und blicken jeweils in die Richtung des anderen. Sie tragen Kronen, prächtig geschmückte Kleidung (kurze Tunika unter einem weiten Mantel, Beinkleider, Schuhe). Beide halten in den erhobenen Händen je ein Spruchband: David: „Honor regis iudicium diliget" („Die Ehre des Königs liebt den Rechtsspruch", nach Psalm 99,4) und Salomon: „Time dominum et recede a malo" („Fürchte den Herrn und weiche dem Bösen", Sprüche 3, 7).

Die dritte Bildplatte gibt ein Ereignis aus dem Alten Testament (2. Könige 20) wieder. Die beiden Personen werden als Isais Propheta und Ezechias Rex (König Hiskia) bezeichnet. Der König sitzt mit gesenktem Haupt, das er aufstützt, auf einem prächtig geschmückten Thron, seine Füße hat er auf ein reich verziertes Podest gesetzt. Er ist wie die beiden anderen Könige gekleidet. Der Prophet, der vor seinem

Thron steht, hat einen Heiligenschein und ist barfuß. Er trägt eine lange Tunika und einen Umhang. Auf seinem Spruchband steht „Ecce adiciam super dies tuos XV annos" („Siehe ich will zu deinen Lebenstagen noch 15 Jahre hinzufügen", 2. Könige 20, 6).

Die vierte Bildplatte zeigt die „Maiestas Domini". Christus mit einem dreifachen Kreuznimbus sitzt auf einem Thron, der von Säulen getragen und mit einem Kissen belegt ist. Seine nackten Füße ruhen auf einer Fußstütze. Er hält in der linken Hand ein Buch, die Rechte ist erhoben, wobei er den Daumen und die beiden ersten Finger ausgestreckt hat. Zu seinen beiden Seiten stehen zwei Seraphim, Engel mit sechs Flügelpaaren, auf runden Scheiben. Ein Spruchband fehlt, dafür steht über den Figuren „Per me reges regnant" („Durch mich regieren die Könige", Spr. 8, 15). Alle Bilder sind eingerahmt durch jeweils zehn kunstvoll gefasste Saphire und 14 große Perlen.

Bei den mit Edelsteinen geschmückten Platten sind die beiden Schläfenplatten und die Stirn- und Nackenplatte jeweils ähnlich gearbeitet. Um einen Smaragd in der Mitte sind vier Rubine an seinen Ecken angebracht, darüber und darunter wurden jeweils drei Perlen kleeblattartig gefasst und mit Goldgranulaten verziert. Acht große Perlen bilden einen inneren, zehn Saphire und zwölf große Perlen den äußeren Rahmen. Dazwischen gibt es weitere kleinere Edelsteine und Perlen. Besonders prunkvoll ist die Stirn- und Nackenplatte gearbeitet. Zwischen den zwölf großen Edelsteinen unterschiedlicher Farbe sind 18 große Perlen (eine ist auf der Stirnseite durch einen Stein ersetzt) und zwölf kleine Steine angebracht. Alle Perlen sind durchbohrt, während die Edelsteine durch Golddraht gefasst wurden, der sie wie durch „Krallen" festhält.

Über der Stirnplatte ist ein Kreuz aufgesetzt, das durch vier große und zahlreiche kleine Edelsteine geschmückt ist. Die Rückseite enthält eine in *Niellotechnik gearbeitete Kreuzi-

gungsdarstellung mit der Inschrift „Jhc Nazarenus Rex Iudeorum". Auf dem Bügel wechseln Edelsteine und Perlen. Auf den aufgesetzten acht perlenverzierten Halbbögen ergeben Buchstaben aus Perlen die Inschrift „Chuonradus dei gratia romanoru[m] imperator aug[ustus]" („Konrad von Gottes Gnaden römischer Kaiser").

Interpretation

Die Krone vereint in ihrer Form, den Bildern und den verarbeiteten Edelsteinen verschiedene Symbole. Die Platten bilden ein Achteck, das auch als zwei Vierecke (Bild- und Edelsteinplatten) betrachtet werden kann. Während das Oktogon häufig im Zusammenhang mit dem Kaisertum auftritt (z.B. bei der Pfalzkapelle in Aachen), könnten die beiden Vierecke für die Grundrisse der Stadt Rom und das himmlische Jerusalem (Off. 21, 16) stehen.

Bilder und Edelsteine verweisen in vielfältiger Form auf die Bibel, vor allem auf das Alte Testament und die Offenbarung. Die bei den Edelsteinen häufig verwendete Zahl zwölf entspricht dem Schmuck auf dem Amtsschild des Hohen Priesters („Choschen"), das zwölf Steine für die Stämme Israels besaß (2. Mose 28, 15-30). Die unter der Krone getragene Mitra erinnert ebenfalls an dieses Amt. Aus dem Alten Testament stammen auch die drei Könige, der Prophet Jesaja und die Seraphim (Jesaja 6, 2).

Die Zahl zwölf findet sich auch in der Offenbarung bei der Beschreibung des himmlischen Jerusalems (zwölf Tore und Edelsteine entsprechend den zwölf Stämmen Israels). Auch die Darstellung Christi könnte sich auf die Apokalypse beziehen. Weitere Zahlensymbole wie die Zahl 144 (12 x 12) oder die Gestaltung der Schläfenplatten unterstützen diese Deutung (Decker-Hauff). Die Krone ist also hauptsächlich eine Insignie mit einem religiösen Symbolgehalt, ein „Zeichen der Heiligkeit" (Decker-Hauff). Die alttestamentlichen Könige und Christus sind nicht nur nachzuahmende Vorbilder für den Kaiser, sondern er steht in ihrer Nachfolge. Seine Herrschaft vereinigt das Kaiser- mit dem Priesteramt und verweist gleichzeitig auf das Ende der Geschichte.

Die Entstehung der Reichskrone

Über das Alter und den Entstehungsort der Reichskrone gibt es seit langem Kontroversen. Nach der Meinung der meisten Wissenschaftler sind die Platten in ottonischer Zeit entstanden, vielleicht anlässlich der Kaiserkrönung Ottos I. im Jahr 963, bei der er „neue und bewundernswürdige Herrschaftszeichen und Gewänder" getragen habe (Luitprand von Cremona, zit. nach Decker-Hauff). Der Entstehungsort konnte bisher nicht eindeutig bestimmt werden. Geht man von der ottonischen Entstehungszeit aus, ist der Raum Essen denkbar, wo vielleicht der Kölner Erzbischof Brun als Auftraggeber in Frage kommt, oder die Insel Reichenau. Für beide Orte gibt es verwandte Kunstwerke aus ottonischer Zeit, in der wie bei der Krone byzantinischer Einfluss sichtbar wird. Der Bügel stammt mit Sicherheit von Konrad II., der ihn nach seiner Kaiserkrönung anbringen ließ. Aber die Goldröhren, in denen er steckt, können zum ursprünglichen Bestand der Krone gehört und einen älteren Bügel ersetzt haben. Das Kreuz wurde wahrscheinlich erst nachträglich aufgesteckt und

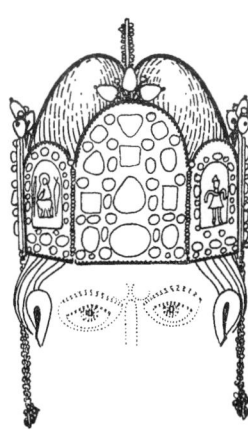

Rekonstruktionszeichnung der ursprünglichen Krone. Quelle: Decker-Hauff, S. 581.

besteht aus zwei verschiedenen Teilen. Die edelsteingeschmückte Vorderseite könnte ein (ottonisches) Brustkreuz gewesen sein, die Kreuzigungsdarstellung ist jünger und wurde erst später an die Vorderseite angefügt.

Das ursprüngliche Aussehen der Krone

Die Reichskrone, die in dieser Form einzigartig ist, lässt sich durch Text- und Bildzeugnisse rekonstruieren. Da sie für einen Kopf zu groß ist, wurde sie über einer Stoffkappe und einer Mitra getragen, wobei die heutige Mitra erst aus dem 18. Jahrhundert stammt. An den beiden Schläfenplatten waren nach byzantinischem Vorbild „Pendilien" angebracht, verzierte Kettchen, die in Edelsteinen endeten. In die Hülsen, die an den Steinplatten angebracht sind, wurden dreiteilige lilienförmige Zierrate gesteckt. Der größte und berühmteste Stein der Krone, der „Waise", ist verloren gegangen. Wahrscheinlich war er ein Opal, der als oberster Stein auf der Stirnplatte angebracht war und jetzt durch einen kleineren dreieckigen Saphir ersetzt ist.

Das Schicksal der Reichskrone

Die Reichskrone war Teil der Reichsinsignien, die vor allem für die Krönung notwendig waren, aber auch während der Regierungszeit in besonderer Weise die Bedeutung der Kaiserwürde zeigten. Die Krone ist so gearbeitet, dass sie auseinander genommen werden konnte. Aber die meisten Herrscher führten sie nur selten bei sich und verwahrten sie an einem sicheren Ort. Durch den Wechsel der Dynastien änderten sich auch die Aufbewahrungsorte (Trifels, Hagenau, Kyburg bei Winterthur, Karlstein bei Prag). Seit 1314 wurden die Reichskleinodien, zu denen auch zahlreiche Reliquien gehörten, in einer „Heiltumsweisung" öffentlich gezeigt. 1421 brachte man sie vor den Hussiten in Sicherheit und bewahrte sie in den nächsten Jahrhunderten in der Reichsstadt Nürnberg in einer Kapelle des Heilig-Geist-Spitals auf. 1796 übergab man sie – um sie vor einem Angriff der Franzosen zu retten – den Habsburgern. Seit 1818 sind die Reichsinsignien in der Wiener Schatzkammer. Nach dem Anschluss Österreichs ließ Hitler sie 1938 anlässlich des Reichsparteitags wieder nach Nürnberg bringen, wo sie den Zweiten Weltkrieg im „Kunstbunker" unterhalb der Burg überlebten. Der Versuch, sie bei Kriegsende dort zu verstecken und in Nürnberg zu behalten, scheiterte. Sie wurden wieder in die Schatzkammer nach Wien zurückgebracht.

Zusätzliches Material

Das Amtsschild des Hohen Priesters

Die Brusttasche für die Losentscheidungen sollst du wie den Priesterschurz machen kunstreich gewirkt aus Gold, blauem und rotem Purpur Scharlach und gezwirnter feiner Leinwand. Viereckig soll sie sein und doppelt gelegt; eine Spanne soll ihre Länge sein und eine Spanne ihre Breite. Und du sollst sie besetzen mit vier Reihen von Steinen. Die erste Reihe sei ein Sarder, ein Topas, und ein Smaragd, die andere ein Rubin, ein Saphir und ein Diamant, die dritte ein Lynkurer, ein Achat und ein Amethyst, die vierte ein Türkis, ein Onyx und ein Jaspis; in Goldgeflecht sollen sie gefasst sein. Zwölf sollen es sein in Siegelstecherarbeit nach den Namen der Söhne Israels, dass auf jedem ein Name stehe nach den zwölf Stämmen.

2. Mose 28, 15-21

Das himmlische Jerusalem

Und er [einer der sieben Engel] führte mich hin im Geist auf einen großen und hohen Berg und zeigte mir die heilige Stadt Jerusalem hernieder fahren aus dem Himmel von Gott, die hatte die Herrlichkeit Gottes. Und ihr Licht war gleich dem alleredelsten Stein, einem Jaspis, klar wie Kristall. Und sie hatte eine große und hohe Mauer und hatte zwölf Tore und auf den Toren zwölf Engel und Namen darauf geschrieben, nämlich der zwölf Geschlechter der Kinder Israel: von Morgen drei Tore, von Mitternacht drei Tore, von Mittag drei Tore, von Abend drei Tore. Und die Mauer der Stadt hatte zwölf Grundsteine und auf ihnen die zwölf Namen der zwölf Apostel des Lammes. Und der mit mir redete, hatte einen Messstab, ein goldnes Rohr, dass er die Stadt messen sollte und ihre Tore und Mauer. Und die Stadt liegt viereckig, und ihre Länge ist so groß wie die Breite. Und er maß die Stadt mit dem Rohr auf zwölftausend Feld Wegs. Die Länge und die Breite und die Höhe der Stadt sind gleich. Und er maß ihre Mauer hundertvierundvierzig Ellen nach Menschenmaß, das der Engel gebrauchte. Und ihre Mauer war aus Jaspis und die Stadt aus reinem Golde, gleich dem reinen Glase. Und die Grundsteine der Mauer um die Stadt waren geschmückt mit allerlei Edelgestein. Der erste Grundstein war ein Jaspis, der zweite ein Saphir, der dritte ein Chalcedon, der vierte ein Smaragd, der fünfte ein Sardonyx, der sechste ein Sardis, der siebente ein Chrysolith, der achte ein Beryll, der neunte ein Topas, der zehnte ein Chrysopras, der elfte ein Hyazinth, der zwölfte ein Amethyst. Und die zwölf Tore waren zwölf Perlen, und ein jegliches Tor war von einer einzigen Perle, und die Gassen der Stadt waren lauteres Gold wie durchscheinendes Glas.

Offenbarung des Johannes 21, 9-21

Die Reichskrone in der Krönungsliturgie

Empfange die Krone des Reiches, die aus unwürdigen Händen der Bischöfe dennoch deinem Haupte aufgesetzt wird. Mögest du wissen, dass sie heiligen Ruhm, Ehre und tapferes Handeln klar vor Augen stellt und möge dir ganz bewusst sein, dass du durch diese Krone an unserem Amt teilhast, damit so, wie wir in inneren Dingen als Hirten und Lenker der Seelen erkannt werden, du auch in den äußeren Dingen als ein wahrer Gottesdiener und mächtiger Verteidiger der Kirche Christi gegen alle Feindschaften tätig wirst, auch als Verteidiger des Reiches, das dir von Gott gegeben ist und das nun, indem wir den Dienst des Segnens an Stelle der Apostel und aller Heiligen vollziehen, deiner Leitung anvertraut wird. Mögest du als des Reiches nutzbringender Verwalter und tüchtiger Herrscher in Erscheinung treten, damit du, geschmückt mit Edelsteinen der Tugend und gekrönt mit dem Siegespreis immerwährender Glückseligkeit im Kreise ruhmreicher Streiter zusammen mit dem Heiland und Erlöser Jesus Christus ohne Ende verherrlicht wirst. Dir ist anvertraut, seinen Namen und sein Stellvertreteramt zu führen, der als Gott mit Gott dem Vater in der Einheit mit dem heiligen Geist lebt und herrscht.

Aus der Krönungsliturgie, zitiert nach Reinhart Staats, S. 113-114.

Die Reichskrone bei der Staufern
Diu krône ist elter danne der künec Philippes sî:
dâ mugent ir alle schouwen wol ein wunder bî,
wies ime der smit sô ebene habe gemachet.
Sin keiserlîchez houbet zimt ir alsô wol,
daz si ze rehte nieman guoter scheiden sol:
ir dewederz dâ daz ander niht enswachet.
Si lachent beide ein ander an,
daz edel gesteine wider den jungen süezen man:
die ougenweide sehent die fürsten gerne.
swer nû des rîches irre gê,
der schouwe wem der weise ob sîme nacke stê:
der stein ist aller fürsten leitesterne.

(Die Krone ist älter als der König Philippus: Ihr alle könnt ein Wunder dabei erblicken, wie sie ihm nämlich der Goldschmied so passend gearbeitet hat! Sein kaiserliches Haupt gehört so ganz zu ihr, dass niemand, der guten Willens

ist, sie rechtens scheiden darf: Jedes von beiden steigert da das andere. Sie lachen strahlend einander an, das Edelgestein und der junge gottwohlgefällige Mann. Solche Lust der Augen wünschen sich die Fürsten. Wer jetzt noch nach dem König sucht, der sehe nur, wer die Krone trägt; ihr Stein ist aller Fürsten Leitstern.)

Walther von der Vogelweide, Gedichte. Mittelhochdeutscher Text und Übertragung, ausgewählt und übersetzt von Peter Wapnewski, Frankfurt am Main 1982, S. 128-129.

Die Kaiserkrone von 1871

Der Reichskrone nachempfunden ist die Kaiserkrone des Deutschen Kaiserreiches von 1871. Sie wurde nie angefertigt und existiert nur in heraldischen Abbildungen. Sie besteht aus vier größeren und vier kleineren achteckig zusammengestellten, oben abgerundeten, mit Brillanten eingefassten Goldplatten. Die größeren Platten zeigen ein Kreuz, die kleineren einen Adler. Über diesen Platten befinden sich vier mit dem Reichsapfel bekrönte Bügel. Die Krone ist golden gefüttert und wird meist mit goldenen Kronenblättern dargestellt.

Gert Oswald, Lexikon der Heraldik, Mannheim, Wien, Zürich 1984, S. 219-220.

Die Reichskleinodien in Nürnberg 1938

Anlässlich der Rückholung der Reichskleinodien nach Nürnberg 1938 hielt der „Reichsstatthalter der Deutschen Ostmark", Dr. Arthur Seyß-Inquart, eine Rede, die der folgende Artikel der nationalsozialistischen Zeitung „Völkischer Beobachter" in Auszügen wiedergibt:

Auf Anordnung des Führers übergab am Dienstagvormittag in der 600-jährigen Meistersingerkirche in der Altstadt Nürnberg der Reichsstatthalter der Deutschen Ostmark, Dr. Seyß-Inquart, in einem Festakt von wahrhaft geschichtlicher Bedeutung die Reichsinsignien und Reichskleinodien, die Wahrzeichen deutscher Macht und Herrlichkeit, dem Oberbürgermeister der Stadt der Reichsparteitage. Damit sind die Symbole einstiger Reichsherrlichkeit in des Reiches Mitte zurückgekehrt. [...] „Am 15. März 1938 meldete der Führer und Reichskanzler der deutschen Nation und des Deutschen Reiches vor der Geschichte den Eintritt seiner Heimat in das Deutsche Reich. Wonach Jahrhunderte deutscher Geschichte gerungen haben, wofür Millionen der besten Deutschen geblutet haben, war vollendet: Die Ostmark ist heimgekehrt, das Reich wieder erstanden. In diesen feierlichen Stunden übernahm der Führer als Einiger des Reichs in der Burg zu Wien Krone und Kronschatz des Heiligen Römischen Reiches Deutscher Nation in des Großdeutschen Reiches Obhut. Heute erfülle ich den Auftrag des Führers, diese dem deutschen Volk heiligen Insignien deutscher Reichswürde in die Herzstadt des Reiches zurückzubringen. Die Reichskleinodien sollen, wie in den früheren Jahrhunderten, nun wieder in Nürnberg aufbewahrt und behütet werden. [...] Und darum nehmen wir Ostmärker von diesem Kleinod der Nation nicht Abschied, denn das Reich ist unser Reich geworden."

Völkischer Beobachter vom 8. September 1938, S. 5

Hinweise für den Unterricht

Die Reichskrone ist ein herausragendes Zeugnis für die Goldschmiedekunst im 10. Jahrhundert, vor allem aber in ihrer symbolischen Aussage ein zentraler Gegenstand der mittelalterlichen und frühneuzeitlichen Geschichte. Für eine Besprechung sollte ein Bild der Krone als Ganzes und der einzelnen Bildplatten zur Verfügung stehen. Die Bezüge zum Alten Testament können von den Schülern hergestellt werden, die Hinweise auf die Offenbarung Johannis wird der Lehrer ergänzen müssen. Die Bedeutung der Reichskrone und der Reichskleinodien lässt sich auch an ihrer wechselvollen Geschichte und den verschiedenen Aufenthaltsorten deutlich machen (Burg Karlstein, Nürnberg 1421-1796 und 1938-1945, Wien). Zur größeren Anschaulichkeit trägt ein Modell bei, das der Lehrer selbst herstellen kann. Einen Bastelbogen (Maßstab 1:1,3) bietet das Kunsthistorische Museum Wien an.

Literatur

Hansmartin Decker-Hauff (in Zusammenarbeit mit Percy Ernst Schramm), Die „Reichskrone", angefertigt für Kaiser Otto I., in: Percy Ernst Schramm, Herrschaftszeichen und Staatssymbolik. Beiträge zu ihrer Geschichte vom 3. bis zum 16. Jahrhundert, Bd. II, Stuttgart 1955, S. 560-637

Georg Johannes Kugler, Die Reichskrone, München ²1986.

Reinhart Staats, Die Reichskrone. Geschichte und Bedeutung eines europäischen Symbols, Göttingen 1991.

Gunther G. Wolf, Die Wiener Reichskrone. Schriften des Kunsthistorischen Museums Wien, Bd. 1, Wien 1995.

Das Herrscherbild Ottos III.

Beschreibung

Das Bild, das mit einem Rundbogen abschließt, wird von einem breiten roten Rand und einem schmalen dunkelroten Strich eingerahmt. Auf einem Golduntergrund sind die Personen und Symbole auf mehreren Ebenen angeordnet. Auf der deutlich abgegrenzten untersten Ebene stehen vier Männer. Die beiden Geistlichen auf der rechten Seite sind mit Albe, Glockenkasel, Stola und Pallium bekleidet. Was sie in den Händen tragen, ist durch die Kasel verdeckt. Ihnen gegenüber stehen zwei mit Helm, Schild und Speer bewaffnete Männer. Sie tragen eine knielange Tunika über roten Beinkleidern, weiße Stiefel und einen roten Umhang, der an der rechten Schulter zusammengehalten wird. Bei den Figuren über ihnen lassen sich drei Ebenen unterscheiden. Unten stehen sich zwei Männer gegenüber, die ähnlich bekleidet sind wie die Krieger. Aber sie tragen Kronen und haben jeweils eine Lanze mit roter Fahne geschultert. Mit ihrer freien Hand weisen sie auf die Person zwischen und über ihnen. Hier sitzt ein Mann in etwa doppelter Größe auf dem runden dunkelblauen Polster eines hölzernen Thrones ohne Rückenlehne. Auch er ist bekleidet mit einer weißen Tunika über roten Beinkleidern, einem roten Umhang, roten Schuhen und einer Krone. Die Unterarme hat er ausgestreckt, die linke Hand ist geöffnet, in der rechten hält er einen Reichsapfel. Die Bedeutung dieser Person wird nicht nur durch die Größe und Haltung betont. Sie ist eingerahmt durch eine mandelförmige Aureole (Mandorla). Der Thron steht nicht auf dem Boden, sondern wird von einer hockenden Frauengestalt mit beiden Händen gehalten. Diese Frau trägt ein einfaches graues Kleid, Kopf, Arme und ein sichtbarer Fuß sind rot. Über die Brust des Herrschers läuft ein weißes

Miniatur (f. 16r) im Liuthgar-Evangeliar, Reichenau um 1000 n. Chr., 21,8 x 21,5 cm, Aachener Domschatz (Inventar Grimme Nr. 25).

Band, das auf beiden Seiten von den vier geflügelten Evangelistensymbolen gehalten wird: links von einem Stier (Lukas) und einem Engel (Matthäus), rechts von einem Adler (Johannes) und einem Löwen (Markus). Der Kopf und die Spitze der Mandorla reichen in einen blauen Kreis, der oben sogar über den Rahmen hinausragt. In ihm erscheint vor einem goldenen Kreuz eine übergroße Hand, deren Finger die Krone berühren.

Interpretation

Die Miniatur, die „vielleicht erregendste Bildschöpfung der späten Ottonenzeit" (Fried), ist seit langem Gegenstand wissenschaftlicher Kontroversen. Als gesichert darf gelten, dass die Handschrift um 1000 n. Chr. auf der Insel Reichenau für Otto III. angefertigt wurde und ihm gewidmet ist. Die Seite gegenüber dem Herrscherbild zeigt auf einem Dedikationsbild einen Mann mit Tonsur, der ein Buch in der Hand hält. Die dazugehörige Inschrift lautet: „Hoc, Auguste, libro / tibi cor Deus induat, Otto / Quem de Liuthari te / suscepisse memento." („Mit diesem Buch, Kaiser Otto, bekleide dir Gott das Herz. Gedenke, dass du es von Liuthar empfangen hast.") Der hier namentlich genannte Liuthar konnte bisher nicht als Mönch oder Abt bestimmt werden. Das Herrscherbild stellt Otto III. dar und nimmt in der Handschrift die Stelle ein, die sonst einem Christusbild vorbehalten war.

Die Darstellung ist deshalb vor allem ein Zeugnis für die religiöse Herrschaftsauffassung des Kaisers und vielleicht von ihm persönlich beeinflusst. Durch seine Armhaltung erhält sein Körper die Form eines Kreuzes. Seine Krone wird von der Hand Gottes berührt und durch die Mandorla und das Schriftband ragt er in die himmlische Sphäre hinein, zu der die Evangelistensymbole gehören. Die Frau, die seinen Thron trägt, wird allgemein als eine Personifikation der Erde („terra") gedeutet. In dieser Herrscherapotheose geht Otto III. weit über vergleichbare zeitgenössische Herrscherbilder hinaus. Gleichzeitig zeigt das Bild den hierarchischen Aufbau seiner Herrschaft. Die vier Männer auf der untersten Ebene sind wichtige Stützen seiner Macht. Die Geistlichen sind durch das Pallium als Erzbischöfe ausgewiesen, denen im weltlichen Bereich Herzöge entsprechen. Die beiden Könige stehen nahe am Thron und weisen auf den Kaiser, mit dem sie auch sonst eng verbunden sind. Das Schriftband endet jeweils an ihren Kronen, und die Spitzen der Fahnenlanzen reichen bis zu den unteren Evangelistensymbolen. Johannes Fried hat sie überzeugend als Boleslaw Chrobry und Stephan I. von Ungarn gedeutet. Während Stephan mit Zustimmung Ottos III. 1000/1001 gekrönt wurde, ist ein vergleichbarer Vorgang beim Polenherzog umstritten. Doch es ist denkbar, dass anlässlich von Ottos

Pilgerfahrt nach Gnesen im Jahre 1000 n. Chr. und der Errichtung dieses Erzbistums eine Königserhöhung erfolgte. Durch die Rangerhöhung sind beide Monarchen eingebunden in die vom Kaiser verfolgte Politik der „Renovatio imperii Romanorum".

Otto III. und die „Renovatio imperii Romanorum"

Otto III. wurde 980 geboren und als Dreijähriger zum König gewählt und gekrönt. Im selben Jahr trat er die Nachfolge seines Vaters an, wobei seine Mutter Theophanu von Byzanz und seine Großmutter Adelheid von Burgund die Vormundschaft bis 991 bzw. 994 übernahmen. Großen Einfluss auf seine Erziehung hatten Bernward von Hildesheim (960-1022, Bischof seit 993) und der Grieche Johannes Philagathos. Seit seiner Kaiserkrönung im Jahre 996 stand Otto in Verbindung mit Gerbert von Aurillac (um 950-1003, seit 999 Papst Silvester II.) und dem Prager Erzbischof Adalbert (um 956-997).

Ottos Ziel war die „Renovatio imperii Romanorum" (Inschrift einer Bulle 998), eine staatliche und religiöse Erneuerung seines Reiches, mit der er auf spätantike und karolingische Traditionen zurückgriff. Daneben war er geprägt von der Herrschaftsauffassung des oströmischen Kaisertums und von den chiliastischen Strömungen seiner Zeit. Zentrum des Reiches sollte Rom, die Hauptstadt der Welt („caput mundi") sein, wo Otto auf dem Palatin eine Pfalz erbauen ließ und römisches Hofzeremoniell einführte. Trotz des Zusammenwirkens mit dem Papst betonte er den Vorrang des Kaisers und sah seine Aufgabe darin, ihn gegen die Interessen des stadtrömischen Adels zu schützen. Eine wichtige Maßnahme zur Durchsetzung seiner Ziele war Ottos Pilgerfahrt nach Gnesen an das Grab Adalberts, der 997 bei der Mission der Pruzzen das Martyrium erlitten und sofort als Heiliger verehrt wurde. Diese Reise, auf der sich der Kaiser als

„servus Iesu Christi" und „servus apostolorum" bezeichnete, diente auch zur Verbreitung des Adalbertkultes, für den in Aachen und Rom Kirchen errichtet werden sollten. Eine Translation von Reliquien nach Aachen und die Öffnung des Grabes von Karl dem Großen folgten. In diesem Zusammenhang muss das Herrscherbild des Liuthar-Evangeliars gesehen werden, aber auch die Königserhebung des Polenherzogs, die Krönung des ungarischen Königs und die Errichtung der Erzbistümer Gnesen und Gran. Sie waren wichtige Bestandteile der „Renovatio", zu der auch eine weitreichende Missionierung in Osteuropa gehörte. Die Vertreibung Ottos III. und des Papstes im Februar 1001 aus Rom und der frühe Tod des Kaisers beendeten die Renovatio-Politik, von der sich sein Nachfolger Heinrich II. deutlich absetzte.

Zusätzliches Material

Herrscherbild Ottos III.

Herrscherbild Ottos III. in der Bamberger Apokalypse, um 1001, Reichenau, Bamberg, Staatsbibliothek, Bibl. 140 fol. 59v–60r.

Auf dem oberen Bild sitzt Otto III. als gekrönter Herrscher mit Szepter und Reichsapfel auf dem Thron. Petrus und Paulus stehen ihm zur Seite und unterstützen seine Herrschaft, indem sie die Krone festhalten. Auf der Zone darunter bringen vier gekrönte Frauen, die Personifikationen von vier Völkern, dem Kaiser Gaben. Die beiden Inschriften lauten: „Utere terreno, caelesti postea regno." („Übe die irdische Herrschaft aus, später die himmlische.") und „Distincte gentes famulantur dona ferentes." („Verschiedene Völker dienen und bringen Geschenke.").

Krönungsbild Heinrichs II.

Krönungsbild Heinrichs II. in dem von ihm gestifteten Perikopenbuch, um 1007, Reichenau, München, Bayer. Staatsbibliothek Clm 4452 fol. 2r.

Auf diesem Bild ist in der oberen Zone Christus die beherrschende Figur. Er sitzt auf dem Thron und krönt Heinrich II. und Kunigunde, die in demütiger Haltung auf beiden Seiten stehen. Sie werden von Petrus und Paulus unterstützt. In der unteren Zone sind neun huldigende Völker dargestellt, wiederum in der Personifikation von gekrönten Frauen. Die Inschriften lauten: „Tractando iustum discernite semper honestum, / Utile conveniat, consultum legis ut optat." („Durch gerechtes Handeln trefft immer die Entscheidung für das Ehrenhafte, / es möge Nutzen bringen, wie der Rat des Gesetzes es wünscht.") und „Solvimus ecce tibi, rex, censum iure perenni, / Clemens esto tuis, nos reddimus ista quotannis." („Siehe, wir bringen dir, König, die Leistungen dar nach ewigem Recht, / sei milde zu den Deinen, wir leisten dies jedes Jahr.").

Zwei Zeitgenossen über Otto III.

Thietmar von Merseburg (975 – 1018) berichtet im Jahr 1000 n. Chr. über Otto III.:

Als nun der Kaiser von den Wundern erfuhr, die Gott durch seinen geliebten Märtyrer Adalbert wirke, beeilte er sich, dorthin zu reisen, um zu beten. [...] Bei der Ankunft in Zeitz wurde der Caesar [...] mit kaiserlichen Ehren aufgenommen. Dann zog er geradenwegs nach der Burg Meißen. [...] Dann reiste er durch das Milzenerland; an der Grenze des Gaues Diadesi [am Bober bei Sprottau] traf er mit Boleslaw zusammen [...], der ihn voller Freude gastlich in Eulau bewirtete. Jede Schilderung der prächtigen Aufnahme des Caesars durch ihn und des Geleits durch sein Land bis nach Gnesen wäre unsagbar unglaubwürdig. Angesichts der ersehnten Burg pilgerte er demütig barfuß, wurde vom dortigen Bischof Unger ehrfurchtsvoll empfangen und in die Kirche geleitet; hier bat er unter Tränen den Märtyrer Christi um seine Fürbitte zur Erlangung der Gnade Christi. Dann errichtete er unverzüglich dort ein Erzbistum. [...] In der Absicht, das großenteils verfallene altrömische Brauchtum in seiner Zeit zu erneuern, traf der Kaiser vielerlei Maßnahmen, die eine sehr unterschiedliche Aufnahme fanden. So pflegte er ganz allein an einem halbkreisförmigen, erhöhten Tische zu tafeln. Da er über die Ruhestätte der Gebeine Kaiser Karls im Unklaren war, ließ er an der vermuteten Stelle heimlich den Bodenbelag aufbrechen und nachgraben, bis man sie auf königlichem Throne fand. Nach Entnahme des goldenen Halskreuzes und eines Teils der noch unvermoderten Gewänder legte man das Übrige in tiefer Ehrfurcht wieder hinein. Doch wie könnte ich die einzelnen Reisen kreuz und quer durch alle seine Bistümer und Grafschaften aufzählen? Nach Erledigung aller Geschäfte nördlich der Alpen suchte er das Römische Kaiserreich auf und kam zur Burg des Romulus.

Thietmar von Merseburg, Chronik, hg. und übersetzt von Werner Trillmich. Ausgewählte Quellen zur deutschen Geschichte des Mittelalters, Bd. 9, Darmstadt 1974, S. 161-165.

Brun von Querfurt (974-1009), der Hofkaplan Ottos III., kritisiert in seiner Märtyrerbiographie „Vita quinque fratrum" die Politik des Kaisers:

Der fromme Otto starb, als man es am wenigsten erwartete; er, der große Kaiser, in einer engen Burg. Hat er auch sonst viel Gutes getan, so war er doch in diesem einen Punkte im Irrtum befangen, dass er das Herrenwort vergaß: „Mein ist die Rache, ich bin der Vergelter." Denn da ihm Rom allein gefiel und er das römische Volk vor allen anderen durch Geldgeschenke und Ehren auszeichnete, wollte er für immer in Rom verweilen und in kindlichem Spiele die Stadt zu ihrem alten Glanz und Ruhm erheben. Du brauchst nicht lange nach einem hierfür passenden Worte der Bibel zu suchen, schon beim Psalmisten findest du: „Eitel ist der Menschen Sinnen." Dies war die Sünde des Königs: Das Land seiner Geburt, das liebe Deutschland, wollte er nicht einmal mehr sehen, so groß war seine Sehnsucht, in Italien zu bleiben. [...] Der gute Kaiser befand sich nicht auf dem rechten Wege, als er die gewal-

Das Herrscherbild Ottos III.

tigen Mauern der übergroßen Roma zu stürzen dachte; denn wenn auch deren Bürger seine Wohltaten nur mit Bösem vergolten hatten, so war doch Rom der von Gott den Aposteln gegebene Sitz. Und selbst da brach die Liebe zu seinem Geburtslande, dem Sehnsucht weckenden Deutschland, nicht in ihm durch; das Land des Romulus, vom Blute seiner lieben Getreuen durchtränkt, gefiel in seiner buhlerischen Schönheit dem Kaiser immer noch mehr. Wie ein alter Heidenkönig, der sich in seinem Eigenwillen verkrampft, mühte er sich zwecklos ab, den erstorbenen Glanz des altersmorschen Rom aufs Neue zu beleben.

Geschichte in Quellen, Bd. 2: Mittelalter, hg. von Wolfgang Lautemann, München 1978, S. 215.

Hinweise für den Unterricht

Das Bild ist in erster Linie eine Quelle für die Herrschaftsauffassung Ottos III. und der „Renovatio imperii Romanorum". Um dies zu zeigen, empfiehlt sich ein Vergleich mit anderen zeitgenössischen Herrscher- oder Krönungsbildern. So stellt die Reichenauer Apokalypse zwar ebenfalls den Kaiser im Mittelpunkt, doch wird er hier „nur" von den beiden Aposteln Petrus und Paulus gekrönt. Mandorla, Evangelistensymbole oder die Hand Gottes fehlen. Noch bescheidener lässt sich Ottos Nachfolger Heinrich II. in dem Perikopenbuch abbilden. Hier bestimmt ein übergroßer Christus die Mitte des Bildes, während Heinrich und Kunigunde, wiederum unterstützt durch die beiden Apostel, als sehr kleine Figuren auf beiden Seiten des Thrones stehen, um ihre Kronen von Christus aufgesetzt zu bekommen. Auch bei späteren Herrscherdarstellungen bis zur Gegenwart bietet sich ein vergleichender Rückgriff an. Kontroverse zeitgenössische Beurteilungen Ottos bieten Thietmar von Merseburg und Brun von Querfurt. Darüber hinaus lassen sich an dem Bild zwei charakteristische Elemente für das Herrschaftsverständnis des frühen Mittelalters herausarbeiten. Der Ursprung der Herrschaft ist Gott, was auch als Abgrenzung gegenüber dem Machtanspruch des Papstes verstanden wird, und der Staat ist hierarchisch gegliedert (Kaiser, Könige, Herzöge, Erzbischöfe). Auch die Form der Darstellung zeigt typische mittelalterliche Elemente: die Verwendung von Symbolen (Evangelisten, Hand Gottes, blauer Kreis als Himmel) und Personifikationen (Terra), die verschiedenen Ebenen und die Größenverhältnisse (Hand Gottes, Kaiser, übrige Personen).

Literatur

Johannes Fried, Otto III. und Boleslaw Chrobry. Das Widmungsbild des Aachener Evangeliars, der „Akt von Gnesen" und das frühe polnische und ungarische Königtum. Eine Bildanalyse und ihre Folgen, Stuttgart 1989.

Ernst Günther Grimme, Das Evangeliar Ottos III. im Domschatz zu Aachen, Freiburg 1983.

Percy Ernst Schramm, Die deutschen Kaiser und Könige in Bildern ihrer Zeit 751-1190. Neuauflage unter Mitarbeit von Peter Berghaus, Nikolaus Gussone, Florentine Mütherich, hg. von Florentine Mütherich, München 1983.

Stephan Weinfurter, Sakralkönigtum und Herrschaftsbegründung um die Jahrtausendwende. Die Kaiser Otto III. und Heinrich II. in ihren Bildern, in: Helmut Altrichter (Hrsg.), Bilder erzählen Geschichte, Freiburg/Brsg. 1995, S. 47-103.

Die Bronzetüren von Gnesen

Beschreibung der Bildfelder

I. Das erste Bild unten auf dem linken Türflügel schildert die Geburt des Heiligen Adalbert. Das Bildfeld ist durch zwei Arkaden geteilt, unter denen links die Wöchnerin im Bett sitzt, während eine Dienerin ihr Essen bringt, rechts wird das Kind von zwei Frauen gebadet.

II. Die Eltern, begleitet von der Amme, bringen das kranke Kind in die Kirche und weihen es auf dem Altar für den Dienst an Gott.

III. Dieses Bild ist wie das erste durch zwei Arkaden geteilt. Seine Eltern bringen den Knaben nach Magdeburg in die Klosterschule. Der Mann, der den Knaben begrüßt, hält einen Stock in der Linken. Es handelt sich vermutlich um den Lehrer Octricus. Sein Begleiter hinter ihm trägt eine Tonsur. Die Architektur des Domes scheint beim Guss verdrückt zu sein.

IV. Adalbert verrichtet sein Gebet an Gräbern von Märtyrern, die hier durch eine Kapelle repräsentiert sind. Eine Tonsur kennzeichnet ihn jetzt als Geistlichen. Der Löwenkopf mit dem Ring als Türzieher ist für sich gegossen und auf die Unterlage aufgeschweißt, allerdings so schief, dass einige buchstabenartige Zeichen am linken Rand des Löwenkopfes oben überschnitten sind. Sie sind nicht lesbar.

V. Adalbert empfängt von Otto II. den Bischofsstab. Hinter dem Kaiser steht ein Schwertträger, während die vier Begleiter des Heiligen durch ihre Tonsur als Geistliche gekennzeichnet sind.

VI. Adalbert mit Mitra und Bischofsstab ist begleitet von zwei Geistlichen, von denen der ihm am nächsten stehende ein aufgeschlagenes Buch trägt, dessen angedeutete Buchstaben ohne Zusammenhang sind. Er heilt einen Besessenen, der nur mit einem Schurz bekleidet gebunden herbeigeführt wird. Ein Dämon ent-

Innere Tür der Südvorhalle im Dom von Gnesen, um 1170, Bronze. Die beiden Türflügel sind ca. 2 cm dick, der linke Flügel ist 3,28 m hoch, 0,84 m breit, der rechte ist 3,23 hoch, 0,83 breit.

weicht seinem Munde. Ein betrübtes Paar, wohl die Eltern, folgt dem Kranken.

VII. Im Schlaf erscheint Christus dem schlafenden Adalbert. Der Zeigegestus macht deutlich, dass Adalbert von Christus angewiesen wird.

VIII. Bischof Adalbert steht vor dem böhmischen Herzog, der ähnlich wie Otto II. (s. V) dargestellt ist. Hinter dem Herzog steht ein Schwertträger, im Hintergrund ist ein gemauerter hoher Turm mit Zinnen zu sehen. Hinter dem Bischof erscheinen zwei Juden, kenntlich an ihren Spitzhüten, die wegen der beiden christlichen Sklaven von Adalbert verklagt werden. Sie führen zwei durch Handfesseln und Halsschlingen gefesselte Sklaven herbei, die nur mit einem einzigen Paar Beine dargestellt sind.

IX. Aus der Heiligenvita ist bekannt, dass Adalbert in das Kloster des Hl. Alexius nach Rom ging und dort die Mönche durch das Tragen von Wein- und Wassergefäßen bediente. Durch Einwirken des Teufels fällt er öfters hin und zerbricht dabei die Gefäße. Als bei einer solchen Gelegenheit der Weinkrug besonders kräftig zu Boden fiel, blieben Krug und Wein unbeschädigt. Links ist das Hinwerfen, daneben das Tragen des unversehrten Weingefäßes sowie das Erstaunen der Mönche geschildert, von denen vier bereits am Tisch sitzen, während einer hinter Adalbert steht.

Das neunte Bild ist das oberste auf dem linken Türflügel, auf dem rechten beginnt die Bildfolge oben. Während der linke Türflügel das Leben des Heiligen bis zu seiner Mission erzählt, stellt der rechte die Mission bis zu seiner Ermordung und Bestattung dar.

X. Adalbert, gekennzeichnet durch Mitra und Bischofsstab, steht mit drei Begleitern in einem Schiff. Zwei Ruderer sind zu sehen. An Land zeigen sechs mit Schwert, Lanzen und Schild gerüstete Pruzzen auf die Ankömmlinge. Sie sind mit langen hängenden Schnurrbärten gekennzeichnet.

XI. Drei Männer begleiten den Heiligen, bei zweien ist zu sehen, dass sie ein Buch in Händen tragen. Adalbert tauft sechs Heiden, der erste steht bereits in einer Art Bottich.

XII. Der Bischof predigt einer Reihe von Pruzzen, acht stehen gedrängt beisammen. Ihr Anführer hält einen Stab oder eine Lanze in der Rechten. Sie scheinen untereinander zu diskutieren. Auch die drei Begleiter Adalberts sind bewegter als zuvor dargestellt.

XIII. Adalbert zelebriert eine Messe. Er ist ohne Mitra dargestellt. Der eine Begleiter hält den Bischofsstab und ein Buch, die beiden anderen sind als Diakone gekleidet. Vor dem Altar stehen vier bewaffnete Pruzzen, der dem Altar am nächsten Stehende zeigt auf Adalbert.

XIV. Adalbert ohne Amtsinsignien und barfüßig ist betend in die Knie gesunken, ein Mann stößt ihm den Speer in den Rücken, während der andere Mörder auf ihn tritt und mit der Axt den Kopf abschlägt. Zwei der Begleiter wenden den Kopf der Szene zu, obgleich sie in die andere Richtung gehen, der dritte wendet sich mit einer Trauergeste ab.

XV. Den linken Teil des Bildfeldes nimmt analog zum linken Türflügel ein Löwenkopftürzieher ein. Rechts ist hoch zwischen Bäumen der Leichnam gebettet. Der abgeschlagene Kopf ist auf einen seiner Äste beraubten Stamm gesteckt, wohl den Vögeln zum Fraß. Doch ein Adler auf einer hohen Pflanze sitzend bewacht ihn.

XVI. Die Auslösung des Leichnams (s.u.)

XVII. Die Bahre mit dem mit einem Tuch bedeckten Leichnam wird von zwei Trägern getragen. Voraus gehen ein Bischof, der das Räucherfass schwingt, und ein Priester. Der Bahre folgen der Herzog und seine trauernde Frau, die beide an der Krone kenntlich sind. Unter der Bahre kauern zwei Männer, von denen der eine missgebildet ist. Der Legende nach handelt es sich um zwei Krüppel, die am Wegrand sitzen und geheilt werden.

XVIII. Mit liebevoller Geste wird der Leichnam von zwei Helfern ins Grab gebettet. Rechts im Hintergrund ist durch Türme und Bogen die Stadt Gnesen angedeutet. Ein Bischof mit Mitra und Stab segnet den Toten, hinter ihm steht der trauernde Herzog Boleslaw. Zwei Kleriker, der eine mit Kreuz und Räucherfass, der andere mit Weihwasserkessel und Wedel begleiten die Beisetzung. Mitten im Hintergrund steht eine schwer erkennbare Figur, die als Zeichen der Trauer den geneigten Kopf mit der Hand hält.

Das Bildfeld des Ausschnittes ist ca. 0,46 m breit und ca. 0,31 m hoch.

Ausschnitt: Die Auslösung des Leichnams des Hl. Adalbert

Die Bildmitte ist bestimmt durch eine hoch gewachsene männliche Figur, die mit einem reich verzierten Mantel und einer Krone bekleidet ist, es handelt sich um Herzog Boleslaw. Die linke Hand ist hinweisend erhoben, die rechte liegt auf der Schulter eines Mannes in leicht gebückter Haltung. Dieser ist mit beiden Händen dabei, eine Waagschale zu füllen. Die Waage mit zwei Schalen wird von einem ihm gegenüberstehenden Mann gehalten, hinter der Waage ist ein halbkugeliges Gefäß mit Standring zu sehen, das mit kleinen runden Stücken gefüllt ist. Hinter dem Herzog steht ein Schwertträger, dann folgen drei Männer, die beiden vorderen tragen einen reich verzierten Mantel, der dritte ist bis auf seinen Kopf durch die beiden andern verdeckt. Ins Bildfeld ragt von oben der untere Teil des Ringes des Türziehers herein. Auf der rechten Bildhälfte sind fünf Pruzzen – kenntlich an ihren Schnurrbärten und den Schilden – zu sehen. Derjenige unmittelbar hinter dem, der die Waage hält, hat die Rechte zeigend erhoben. Er scheint der Anführer der Pruzzen, der dem Herzog gegenüber wohl etwas zuruft. Es handelt sich um den Kauf des Leichnams an den Boleslaw. Auf der rechten Seite ist der Guss missglückt.

Zur Herstellung der Türen

Bronze wurde im Mittelalter als Kupfer-Zinn- und als Kupfer-Zink-Legierung verarbeitet. Die Metallmischung war teilweise sehr unterschiedlich. Das lässt sich auch bei den beiden Flügeln der Gnesener Tür feststellen: Der linke Flügel ist dunkler und rötlicher, enthält demnach mehr Kupfer, während der rechte eine eher messingartige Färbung hat und vermutlich mehr Zink enthält. Auch die Herstellungsweise der beiden Flügel ist verschieden. Der ganze linke Flügel wurde als einheitliches Stück gegossen, der rechte dagegen in mehreren Teilen, die nach dem Guss zusammengelötet wurden. Bereits aufgrund der Herstellung in einem Guss muss man an eine oder mehrere Gusshütten in Gnesen denken. Das Wachsausschmelzverfahren, das auch als „Guss in verlorener Form" bezeichnet wird, war im Mittelalter üblich. Das Modell aus Wachs wird dabei in Ton und Lehm fest eingebettet und bildet die Gussform. Diese wird erwärmt und gebrannt, das Wachs schmilzt und muss durch ein zuvor mit eingebettetes System von Anguss- und Luftkanälen vollständig ausfließen. Dann wird das legierte Metall in die Form eingeleitet. Nach der Erstarrung des Metalls wird die Form zerschlagen und das Metall nachbearbeitet.

Stilistisch sind die Gnesener Flügel von der Kunst des Maaslandes abhängig. Das wird vor allem an der Ornamentik des seitlichen Rankenwerks deutlich. Ob unter Umständen Künstler von der Maas in Gnesen tätig waren, lässt sich nicht nachweisen. Vergleicht man die Bildfelder der beiden Flügel, so wird deutlich, dass wohl mehrere Künstler auch bei der Erstellung des Modells beteiligt waren.

Die Person des Adalbert

Adalbert stammte aus der bedeutenden böhmischen Fürstenfamilie der Slavnikiden. Um 956 geboren und auf den Namen Wojtech getauft, wurde er in der Domschule in Magdeburg erzogen, wo er den Namen des dortigen Erzbischof Adalbert annahm. Sein Lehrer war der Gelehrte Octricus. 983 wurde er Bischof von Prag, wo er aber Schwierigkeiten mit der Bevölkerung hatte und daher nach Rom ging. Als sich Otto III. 996 zur Kaiserkrönung in Rom aufhielt, lernte er Adalbert dort kennen und war beeindruckt von seiner Frömmigkeit. Adalbert kam 997 bei der Mission der Pruzzen um. Sein Leichnam wurde von dem Polenherzog Boleslaw Chrobry den Pruzzen abgekauft und nach Gnesen gebracht. Bereits 999 wurde er von Papst Sylvester II. heilig gesprochen.

Historischer Hintergrund

Otto III., 980 geboren, wurde bereits 983 zum König gekrönt. Wenige Monate darauf starb sein Vater Otto II., nach dem Tod seiner Mutter Theophano führte seine Großmutter Adelheid die Regentschaft, bis Otto sie im Alter von 14 Jahren übernahm. 996 wurde er zum Kaiser gekrönt. 999 machte er sich von Rom auf und begab sich auf Pilgerfahrt zum Grab des hl. Adalbert in Gnesen. An der Grenze zu Polen wurde er von dem Herzog Boleslaw Chrobry mit großem Prunk empfangen und nach Gne-

sen geleitet. Er betete am Grabe des Märtyrers. Dort krönte er mit seiner Krone Boleslaw Chrobry zum König. Bald darauf verkündete Otto seine Absicht, in Gnesen ein Erzbistum zu gründen. Die Vollendung dessen, was am Grabe Adalberts begonnen hatte, wurde durch den frühen Tod Ottos III. 1002 verhindert. Wie dieser Akt von Gnesen zu deuten und zu bewerten ist, ist in der historischen Forschung umstritten. Johannes Fried kommt zu dem Schluss, dass es sich um eine weltliche Königserhebung Boleslaws im Jahre 1000 gehandelt hat, wahrscheinlich sei eine kirchliche Salbung geplant gewesen, doch die musste vorerst bis zur Klärung der kanonischen Rechte unterbleiben.

Die Bedeutung Adalberts für Polen

Die Konzentration des Bildprogramms auf eine Heiligenfigur ist eine ikonographische Besonderheit. Die politische sowie die kirchenpolitische Lage Polens gegen Ende des 12. Jahrhunderts haben sicherlich auf die Gestaltung des Bildprogramms eingewirkt. Die Bildauswahl berücksichtigt nicht alle überlieferten Stationen des Heiligenlebens. Auch wurde nicht daran erinnert, dass 1038/39 Tschechen die Gnesener Kirche geplündert und verwüstet sowie die Reliquien Adalberts geraubt hatten. Erst 1127 wurde das Haupt des Heiligen durch ein Wunder wieder gefunden. Der Märtyrer wurde der Heilige Polens. Johannes Fried zitiert eine Adalbert-Sequenz aus der 2. Hälfte des 12. Jahrhunderts, in der es heißt:
Corpus sanctum pii
Referunt Poloni
Congaudentes sui
Meritiis patroni
(„Den heiligen Leib holten die frommen Polen und erfreuten sich der Verdienste ihres Patrons".)
Er endet:

Tua nobis sanctitas,
Adalberte, Sancte, sit propicia.
Conserva tuos de
Tua Polonia
Qui tibi devote
Canunt Alleluia.
(„Deine Heiligkeit, St. Adalbert, sei uns gnä-
dig. Schütze die Deinen aus deinem Polen, die
dir demütig das Halleluja singen.")

Hinweise zum Unterricht

Die Bronzetür von Gnesen kann im Zusammenhang mit den europäischen Herrschaftsbil-
dungen um 1000 behandelt werden. Entsprechend dem Alter der Schüler wird der
Schwerpunkt auf der Betrachtung der Bronzetür mit der Legende sowie auf der Kunst des
Bronzegusses liegen. Wird in der 10. Jahrgangsstufe oder in der Oberstufe das Verhältnis der Deutschen zu den Polen in der Gegenwart behandelt, kann das nicht ohne Rückgriff
auf die Vergangenheit, insbesondere auf die
polnischen Teilungen geschehen. In diesem
Zusammenhang bietet es sich an, auf die
Begegnung Ottos III. und des Herzogs
Boleslaw Chrobry sowie die Bronzetür von
Gnesen einzugehen. In der Oberstufe kann
auch die These Frieds behandelt werden.

Literatur

Johannes Fried, Otto III. und Boleslaw Chrobry,
Stuttgart 1989.

Ders., Der Hl. Adalbert und Gnesen, in: Archiv
für mittelrheinische Kirchengeschichte, 50, 1998,
S. 41 - 70.

Ursula Mende/Albert und Irmgard Hirmer, Die
Bronzetüren des Mittelalters, 800-1200, München 1994.

*Miniatur aus der Weltchronik Ottos von Freising, Ms. Bose q. 6 (f. 79r), zwischen 1157 und 1185,
*Federzeichnung, 15,3 x 14,5 cm, Jena, Universitätsbibliothek.

Das Ende Papst Gregors VII.

Beschreibung

Die Miniatur ist eine Bildergeschichte aus vier Szenen. Sie ist als Federzeichnung ausgeführt und zweifach gerahmt. Die Überschriften in den Rahmen (Tituli) bezeichnen die Szenen, die Bildinschriften nennen die zentralen Personen.

Oben links:
Titulus: „En fidei scisma fit papa priore manente" („Siehe, es kommt zu einer Spaltung des Glaubens, aber der erste Papst bleibt [im Amt].")); Inschriften: Heinricus IIIIus. [Heinrich IV.]; Guibertus [Wibert].

Heinrich IV. und Wibert thronen auf zwei Sesseln nebeneinander. Der bärtige Kaiser ist bekleidet mit langer Tunika, deren Ärmel verziert sind, einem Umhang, der durch eine runde Spange zusammengehalten wird, und prunkvollen Schuhen. Auf dem Kopf trägt er eine Krone, die linke Hand hält ein Szepter.

Der Zeigefinger der rechten Hand ist vor der Brust ausgestreckt. Die Kleidung des Papstes besteht aus einem langen festlichen Gewand (Dalmatika), einem Messgewand (Kasel) mit einer Borte am Hals und auf der Vorderseite. Die Schuhe ähneln denen des Kaisers. Die Kopfbedeckung, eine Tiara, ist am Saum und in der Längsachse gestreift. Er hält beide Hände mit gestrecktem Daumen, Zeige- und Mittelfinger segnend vor der Brust. Zwischen Kaiser und Papst steht ein bärtiger, barhäuptiger Mann mit langer Tunika, die an den Ärmeln verziert ist. Das nach oben gerichtete entblößte Schwert zeigt mit der Spitze auf den Kaiser, die linke Hand mit ausgestrecktem Daumen, Zeige- und Mittelfinger auf den Papst.

Oben rechts:
Titulus: Die hier angebrachte Überschrift gehört zur dritten Szene; Inschrift: Gregorius VIIus [Gregor VII.]
Das Bild gehört eng zur linken Darstellung, von der es nicht getrennt ist. Durch ein Tor mit Zinnen und geöffneter Tür eilt Papst Gregor aus der Stadt. Ein Krieger schwingt mit der rechten Hand ein erhobenes Schwert. Er trägt einen Helm, ein langärmeliges, knielanges Kettenhemd und eine Rüstung an Unterschenkeln und Füßen. Mit der linken Hand berührt er den Rücken des Papstes, der bereits auf der anderen Seite des Tores ist. Gregor ist gekleidet wie Wibert, doch fehlt der Schmuck an seiner Kasel und Tiara.

Unten links:
Titulus: „Devovet expulsus clerum cum rege furente." („Vertrieben verflucht [bannt] er den [abtrünnigen] Klerus zusammen mit dem rasenden König."); Inschrift: Gregorius VIIus [Gregor VII.]
Gregor, diesmal mit Bart und etwas schmuckvollerem Gewand, steht zwischen vier Bischöfen. In der rechten Hand hält er in Schulterhöhe eine gelöschte Kerze. Die vier Bischöfe, zwei auf jeder Seite, haben ihr Gesicht dem

Papst zugewendet und die Hände erhoben. Sie tragen lange Gewänder und Mitren mit zwei „Hörnern" (Cornua). Von dem hinteren Bischof auf der linken Seite ist nur der Kopf ausgeführt.

Unten rechts:
Titulus: „Hic exul legi paret mutabilis evi." („Hier gehorcht der Verbannte dem Gesetz der unbeständigen Lebensdauer."); Inschrift: Gregorius VIIus moritur [Gregor VII. stirbt].
Diese Szene ist von der vorherigen durch einen Turm getrennt. Der tote Gregor liegt in einem Sarkophag, der durch unregelmäßige Striche als Marmor gekennzeichnet ist. Seine Augen sind geschlossen, der Körper ist mit Binden umwickelt. Hinter dem Sarg stehen zwei Bischöfe. Sie neigen ihre Oberkörper nach vorne, haben die Augen gesenkt, halten eine Hand an ihre Wange und strecken die andere von sich.

Interpretation

Die Bilder sind Illustrationen zur Weltchronik Ottos von Freising. Drei der Bilder stellen Ereignisse dar, die auch im Text genannt werden: die Ernennung Wiberts zum Papst, die Vertreibung Gregors aus Rom und sein Tod in Salerno. Für das dritte Bild fehlt ein entsprechender Text, so dass der Zeichner hier zusätzliche Informationen besessen haben muss.
Bild 1 zeigt die Ernennung Wiberts zum (Gegen-)Papst und Heinrich als gekrönten Kaiser. An die statische Darstellung schließt sich die bewegte Vertreibung Gregors aus Rom unmittelbar an und bildet damit einen deutlichen Gegensatz. Die obere Bildzeile lässt sich – isoliert betrachtet – zunächst als eine Parteinahme zugunsten Heinrichs lesen, doch wird diese Deutung durch die beiden anderen Bilder widerlegt. Im dritten Bild spricht Gregor den Bannfluch gegen Heinrich aus, die gelöschte Kerze ist das sichtbare Zeichen dafür. Die ihn umgebenden Bischöfe drücken ihre

Miniatur: Das Ende Papst Gregors VII.

Zustimmung aus. Damit steht die Szene im Gegensatz zum ersten Bild, bei dem gezeigt werden soll, dass Kaiser und Papst nur unter dem Schutz des Schwertes ihr Amt ausüben können. Gregors Tod soll Mitleid erwecken, was vermutlich auch für die Darstellung seiner gewaltsamen Vertreibung gilt. Diese Deutung wird nicht nur durch den Text der Weltchronik unterstützt, sondern auch durch die Tituli („der erste Papst bleibt [im Amt]", „der rasende König") und die Inschriften: Sie bezeichnen Gregor jedes Mal mit seinem offiziellen Papstnamen, während der Gegenpapst nur Wibert genannt wird.

Die Bilder gehören zu den ältesten Illustrationen einer mittelalterlichen Chronik und sind „Zeugnis eines neuen und zukunftsträchtigen Strebens, profane Geschichtserzählung durch narrative Bildstrukturen zu ergänzen und unmittelbar zu vergegenwärtigen" (Nilgen).

Die Weltchronik Ottos von Freising und ihre Bilder

Otto von Freising wurde um das Jahr 1112 als Sohn des Markgrafen Leopold III. von Österreich geboren. Seine Mutter Agnes war eine Tochter Kaiser Heinrichs IV. Durch die erste Ehe seiner Mutter war er mit den Staufern verwandt. Otto wurde für die geistliche Laufbahn bestimmt. Er studierte Theologie in Frankreich und trat 1133 in das Zisterzienserkloster Morimond ein. Seit 1138 war er Bischof von Freising. Von 1143 bis 1146 entstand seine „Chronica sive Historia de duabus civitatibus" („Chronik oder die Geschichte der zwei Staaten"), eine Weltchronik, in der die Geschichte von der Erschaffung der Erde bis zum Weltgericht behandelt ist.

Von den überlieferten Handschriften enthalten zwei einen Zyklus von insgesamt 14 Miniaturen. Die ältere von ihnen, das Manuskript der Universitätsbibliothek Jena (Ms. Bose q. 6) entstand zwischen 1157 und 1185 und ist vielleicht eine Kopie des Exemplars, das Otto seinem Neffen Friedrich I. Barbarossa widmete. Direkt abhängig davon ist die Mailänder Handschrift (Ambrosiana F. 129 sup.; jetzt S.P. 48), die zu Beginn des 13. Jahrhunderts kopiert wurde, doch weichen die Illustrationen im Stil und in Einzelheiten von ihrer Vorlage ab.

Historische Einordnung

Die vier Bilder beziehen sich auf Ereignisse des Investiturstreits aus den Jahren 1084 und 1085. Heinrich IV. war 1077 durch seine Buße in Canossa vom päpstlichen Bann gelöst worden. Drei Jahre später wurde er vom Papst erneut gebannt, worauf er auf der Synode von Brixen 1080 Gregor VII. für abgesetzt erklärte und Erzbischof Wibert von Ravenna als Papst einsetzte. Aber erst vier Jahre später konnte er in Rom einziehen, wo Wibert offiziell gewählt wurde (Papstname Clemens III.) und Heinrich zum Kaiser krönte. Gregor war nicht aus Rom vertrieben worden, sondern hatte sich in der Engelsburg verschanzt. Nach dem Angriff der mit Gregor verbündeten Normannen, die zum Rückzug Heinrichs aus Rom führten, musste auch Gregor die Stadt verlassen. Auf der Synode von Salerno bannte er Heinrich erneut, ein Jahr später starb er und wurde im Dom von Salerno begraben.

Zusätzliches Material

Das Ende Papst Gregors nach der Weltchronik Ottos von Freising
Er [Gregor] hatte schon vor seiner Wahl lange Zeit auf die Erringung der Freiheit der Kirche hingearbeitet; als er nun zur päpstlichen Würde emporgestiegen war, hielt er es für seiner nicht würdig, diese Bestrebungen aufzugeben; so setzte er sich mit aller Kraft dafür ein und ebenso für die Ausrottung der Simonie und die Beseitigung der Unenthaltsamkeit der Kleriker.

Miniatur: Das Ende Papst Gregors VII.

[...] Als ‚Vorbild der Herde' bestätigte er selbst durch sein Beispiel, was er mit Worten lehrte; als tapferer Streiter in allen Lagen fürchtete er sich nicht, sich als Mauer vor das Haus des Herrn zu stellen. [...] Wie viel Unheil jedoch, wie viele Kriege mit ihren verhängnisvollen Folgen daraus entstanden sind, wie oft das unglückliche Rom belagert, erobert und verwüstet, wie Papst wider Papst und König wider König gesetzt worden sind, das zu erzählen widerstrebt mir. [...] Der oben genannte Papst Gregor wurde nämlich vom König aus Rom vertrieben und Erzbischof Wibert von Ravenna widerrechtlich an seine Stelle gesetzt. Gregor lebte nun in Salerno, und als die Zeit seiner Abberufung herannahte, soll er gesagt haben: ‚Ich habe die Gerechtigkeit geliebt und das Unrecht gehasst, deshalb sterbe ich in der Verbannung.' Während also das Reich infolge der Absetzung seines Oberhauptes durch die Kirche schwer erschüttert war, erlitt auch die Kirche einen tiefen Schmerz, weil sie nun einen solchen Hirten verlor, der unter allen Priestern und römischen Bischöfen durch seinen Eifer und sein Ansehen hervorragte."

Otto Bischof von Freising, Chronik oder Die Geschichte der zwei Staaten, übersetzt von Adolf Schmidt, hg. von Walther Lammers, Darmstadt ⁵1990, S. 489-493 (zweisprachige Ausgabe; Abbildungen aus dem Cod. Jenensis Bose q. 6.).

Hinweise für den Unterricht

Die Quelle ist nicht geeignet, um mit ihr die historischen Ereignisse zu erarbeiten. Diese sollten bereits bekannt sein, so dass die Schüler die bildliche Darstellung an ihnen überprüfen können. Ein Hinweis auf die Überlieferung (Weltchronik eines Bischofs) und die Übersetzung der Tituli ist anfangs nicht nötig.
Die Erarbeitung kann in zwei Schritten erfolgen. Zu Beginn steht eine genaue Beschreibung von Bild 1 und 2: die Benennung der Ereignisse

und Personen, die Art der Darstellung und der Bezug der beiden Szenen zueinander. Danach lassen sich Hypothesen über eine Tendenz oder Parteinahme des Zeichners entwickeln. Diese wird anhand der beiden anderen Bilder überprüft. Für eine abschließende Bewertung lassen sich auch die Tituli und der Text der Chronik heranziehen.

Literatur

Ursula Nilgen, Die Illustration der Weltchronik Ottos von Freising, in: Freising. 1250 Jahre geistliche Stadt. Bd. 2: Beiträge zur Geschichte und Kunstgeschichte einer altbayerischen Bischofsstadt, München 1994, S. 79-123 (Abbildungen aus dem Cod. Jenensis Bose q. 6.).

Walther Scheidig, Der Miniaturenzyklus zur Weltchronik Ottos von Freising im Codex Jenensis Bose q. 6, Straßburg 1928. Studien zur deutschen Kunstgeschichte, H. 257 (Abbildungen aus der Mailänder Handschrift).

Zwei Ausschnitte des Teppichs von Bayeux, 2. Hälfte des 11. Jahrhunderts. Der Teppich ist heute noch etwa 68,38 m lang und zwischen 45,7 und 53,6 cm hoch, Aufbewahrungsort: Bayeux, Musée (ehemaliges Grand Seminaire).

Der Teppich von Bayeux

Beschreibung zweier Szenen

1. Das Beladen der Schiffe

Drei Männer in kurzem gegürtetem Gewand mit langen Ärmeln tragen an einer Stange zwei Kettenhemden mit kurzem Beinschutz, außerdem Schwerter und Helme, der vordere trägt noch eine Lanze. Im Hintergrund trägt ein Mann ein Fass mit einem Spundloch, vor ihm hat ein anderer Mann ein geschlachtetes Schwein geschultert und trägt eine langstielige Axt. Voraus geht dieser Gruppe eine andere. Einem Mann, der einen Sack geschultert hat, folgen zwei Männer, die mit Stricken einen vierrädrigen Wagen mit einem Fass mit zwei Spundlöchern ziehen. Außerdem ist der Karren mit Lanzen gefüllt. Auf die senkrechten Holmen des Karrens sind zusätzlich noch Helme gesteckt. Die Szene ist überschrieben: „Isti portant armas ad naves, et hic trahunt carrum cum vino et armis" („Diese Männer tragen Waffen zu den Schiffen, und hier ziehen sie einen Wagen mit Wein und Waffen"). Die Darstellung wird oben und unten von schmalen Randstreifen mit Fabeltieren gesäumt.

2. Die Schiffe auf Fahrt und die Landung
Ein Schiff fährt mit geblähten Segeln, es transportiert Männer und Pferde. Von links schiebt sich der Bug eines weiteren Schiffes ins Bild. Ein anderes Schiff ist bereits an Land angekommen. Das Segel ist eingeholt, der Mastbaum wird gerade gelegt, zwei Pferde verlassen das Schiff, was durch die niedrige Seitenwand des Schiffes begünstigt wird. Ein Hafen ist nicht zu erkennen. Am Ufer sind die Hecks zweier weiterer Schiffe zu sehen. Die Inschrift lautet: „Hic exeunt caballi de navibus" („Hier verlassen die Pferde die Schiffe"). Das Segel des fahrenden Schiffes füllt einen Teil des oberen Randstreifens aus. Der Rest sowie der untere Randstreifen ist wiederum durch Tiere ausgefüllt. Der Mastbaum des Schiffes am Ufer ragt ebenfalls in den oberen Randstreifen.

Was ist auf dem Teppich dargestellt?

Der *Bildteppich erzählt aus zeitgenössischer Sicht die Ereignisse zwischen 1064, als Harold, ein vornehmer Angelsachse, in die Normandie aufbrach, und der Schlacht bei Hastings (1066), in der Herzog Wilhelm aus der Normandie siegte. Da vermutlich zwei Bildfelder des Teppichs am Ende fehlen, ist es möglich, dass noch die Krönung Wilhelms in Westminster dargestellt war. Neben den politischen Ereignissen werden viele Alltagsszenen wie das Beladen der Schiffe dargestellt. Insofern ist der Teppich eine unschätzbare historische Quelle aus der Zeit der zweiten Hälfte des 11. Jahrhunderts.

Auftraggeber

Wilhelm der Eroberer hatte zwei Stiefbrüder, Odo, den Bischof von Bayeux, und Robert, den Grafen von Mortain. Alle drei Brüder sind auf dem Teppich dargestellt, doch Odo kommt nach der Darstellung des Teppichs eine besonders wichtige Rolle im Geschehen zu. In Wirklichkeit dürfte das nicht so gewesen sein. Aus diesem Grunde und weil der Teppich nachweislich ab 1476 in der Kathedrale von Bayeux aufbewahrt wurde und einmal im Jahr eine Woche lang gezeigt wurde, nimmt man an, dass Odo der Auftraggeber des Teppichs war. Es dürfte feststehen, dass der Teppich nichts berichtete, was der Absicht Odos zuwiderlief. Auch von den rastlosen und äußerst erfolgreichen diplomatischen Aktivitäten, die Wilhelm im Vorfeld der Invasion entfaltete, wird nichts dargestellt. Ob es wirklich nur widrige Winde waren, die die Invasionsschiffe wochenlang an der Küste der Normandie festhielten, ist zu bezweifeln. Vermutlich hatte Wilhelm Nachricht, dass die Norweger unter Harald Hardrada in England einfallen wollten. Wenn das zutrifft, dann konnte er mit der Invasion abwarten, bis sich König Harold diesen Angreifern zugewandt hatte. Harold besiegte die Norweger, musste sich dann aber in den Süden begeben, da ihn die Nachricht von der Invasion Wilhelms erreicht hatte.

Material

Nach heutigem Verständnis ist der Teppich von Bayeux ein bestickter Leinenstreifen, der als Wandbehang diente. Die Bezeichnung „Teppich" hat sich jedoch eingebürgert. Ursprünglich war der Teppich länger, aber das Ende ist beschädigt und unvollständig. Er besteht aus acht Streifen unterschiedlicher Länge, die sorgfältig aneinander genäht sind. Die Stickerei ist mit farbigen Wollfäden ausgeführt, dabei wurden verschiedene Sticharten verwendet. Die Lege- oder Überfangarbeit wird mit Stiel- und Steppstichen abgegrenzt, diese werden auch für Linien und Buchstaben verwendet oder um den Figuren dreidimensionale Wirkung zu verleihen. Bei der Restaurierung des Teppichs 1982/83 hat sich gezeigt, dass die Farben der Vorder- und der Rückseite kaum voneinander abweichen. Das heißt, dass die Farben sich fast unverändert über die Jahrhunderte erhalten haben.

Datierung

Die Schlacht von Hastings (1066) ist auf dem Teppich dargestellt. Man geht davon aus, dass der Teppich bald darauf, vermutlich vor 1082 hergestellt wurde. Odo wurde 1082 von Wilhelm eingekerkert. Die Gründe dafür sind uns nicht überliefert. Aufgrund dessen nimmt man an, dass der Teppich zuvor entstanden ist. Stilistische Gründe werden ebenfalls für diese Datierung vorgebracht.

Funktion

Ob der Teppich ursprünglich für die Kathedrale von Bayeux gedacht war, in der er lange Zeit gezeigt wurde, oder als Schmuck der Wände in einem von Odos Palästen, ist umstritten. Für die Palastlösung wird vorgebracht, in dem Raum der Kathedrale hätte der Wandbehang seine Wirkung verloren, zum andern passe sein kriegerischer Inhalt eher in eine weltliche Umgebung, in der die heroischen

Ereignisse von Sängern vorgetragen wurden. Dagegen wird auf Beispiele verwiesen, die zeigen, dass Schlachtszenen und Ritterkämpfe sich durchaus in Kirchen finden. Zum anderen erfolgte 1077 die Weihe der Kathedrale von Bayeux durch Odo, an der auch Wilhelm teilnahm. Doch könnte es auch sein, dass der Teppich als „mobiles Triumphdenkmal" an mehreren Orten gezeigt wurde, wenn er auch in Bayeux aufbewahrt wurde.

Herstellungsort

Viele Kunstwissenschaftler sind der Meinung, dass der Teppich in Südengland hergestellt wurde. Sie verweisen auf Anglizismen in der Sprache, ferner auf eine stilistische Nähe zu Handschriften, die in Canterbury hergestellt wurden, und schließlich auf die dargestellten Schrecken des Krieges mit ihren Auswirkungen auf die Zivilbevölkerung. Letzteres dürfte seinen Grund darin haben, dass es die Besiegten waren, die den Auftrag zur Herstellung dieses Wandteppichs erhalten hatten. Andere Kunsthistoriker werten die künstlerischen Zusammenhänge anders und verorten die Entstehung des Teppichs in die Normandie oder sogar nach Bayeux. Gesichert ist jedoch, dass der Teppich nach einer Vorzeichnung, von der sich keine Spuren mehr finden, angefertigt wurde. Das geschah vermutlich in einer Werkstatt. In solchen Werkstätten arbeiteten nicht nur Frauen, sondern auch Männer. Häufig waren sie im Umkreis und unter Aufsicht von Klöstern und Höfen angesiedelt. Die Vorstellung, die im 18. Jahrhundert und noch später vorherrschte, die Frau Wilhelms, Mathilda, habe den Teppich gestickt, ist eine hübsche Erfindung.

Wie zuverlässig sind die Schiffsdarstellungen?

Da sich keine Überreste von Schiffen, die im 11. Jahrhundert zwischen der Normandie und England verkehrten, erhalten haben, ist der Teppich unsere einzige Quelle. Die Schiffe ähneln den skandinavischen Funden der Wikingerzeit, doch wird von Kennern davor gewarnt, allzu weit reichende Schlüsse, was die Einzelheiten angeht, zu ziehen. Am ehesten entsprechen die Schiffe der Bauart jener dänischen Schiffe aus dem frühen 11. Jahrhundert, die in Skuldelev am Roskilde-Fjord gefunden wurden.

Hinweise für den Unterricht

Auch wenn im heutigen Geschichtsunterricht die Eroberung Englands durch die Normannen kaum mehr thematisiert wird, so ist der Teppich von Bayeux eine unschätzbare Quelle für das Alltagsleben, das nach allen Lehrplänen behandelt werden soll. Eine Zusammenarbeit mit dem Englischunterricht bietet sich an. Der Detailreichtum der Darstellung lädt dazu ein, die Schüler eine der beiden Szenen nach ihrer Wahl nacherzählen zu lassen. Außerdem kann das Jugendbuch von Lars-Henrik Olsen, Stich um Stich. Die Normannen und der Teppich von Bayeux, Würzburg 1996, parallel im Deutschunterricht gelesen werden oder ein ausgewählter Abschnitt wird im Geschichtsunterricht eingesetzt.

Literatur

Wolfgang Grape, Der Teppich von Bayeux. Triumphdenkmal der Normannen, München 1994.

Ulrich Kuder, Der Teppich von Bayeux oder: Wer hatte die Fäden in der Hand?, Frankfurt am Main 1994.

David M., Wilson, Der Teppich von Bayeux, Frankfurt am Main 1985.

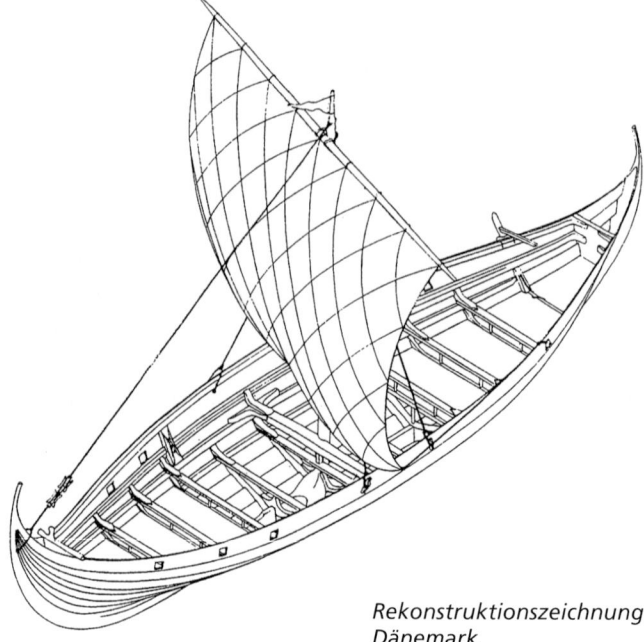

Rekonstruktionszeichnung des Wracks Nr. 3 von Skuldelev, Dänemark.

Das Krönungsbild im *Evangeliar Heinrichs des Löwen

Beschreibung

Das Bild ist zweigeteilt. Im oberen Teil thront Christus als Halbfigur, Goldgrund und gestirnter Himmel rahmen ihn ein. Er trägt den Kreuznimbus. In seinen Händen hält er ein weißes Band, auf dem in roten Lettern in lateinischer Fassung zu lesen ist: „Wer mir nachfolgen will, der verleugne sich selbst und nehme sein Kreuz auf mich und folge mir nach" (Matth. 16, 24). Als Thron dienen farblich abgestufte umeinander liegende Kreise, in der Mitte des kleinsten befindet sich ein Stern, eine Darstellung der Himmelssphären. Christus wird von drei Ebenen umgeben: Oben sind zwei Engel mit ausgebreiteten Flügeln und gewöhnlichem Nimbus zu sehen, darunter befinden sich Propheten und Apostel, deren Namen auf einer goldfarbenen Leiste mit purpurnen Buchstaben über den Personen angegeben sind – der Evangelist Johannes mit Buch, Johannes der Täufer, Petrus mit Schlüsseln, der Apostel Bartholomäus. Er trägt wie auch Johannes der Täufer einen Palmwedel. Darunter – ebenfalls getrennt durch eine Goldleiste mit Namen – Blasius, Geor(g)ius, Gregorius, Thomas Beckett (von links nach rechts). Blasius und Thomas Beckett sind im Bischofsornat dargestellt.

Eine weiße Inschriftenleiste, auf der in roter Farbe Titel und Namen der unten abgebildeten Personen angegeben sind, teilt das Bild. Durch die Himmelssphären ist der untere mit dem oberen Bildteil verbunden. Die Hände Christi, die auf dem oberen Teil das Spruchband halten, ragen unten aus den Sphären heraus und halten zwei Kronen über dem knienden Herzog Heinrich und der wohl stehenden Herzogin Mathilde. Beide halten ein Kreuz in

Krönungsbild im Evangeliar Heinrichs des Löwen (fol. 171v), entstanden vermutlich 1188, Malerei auf Pergament, 34,2 x 25,5 cm, geschaffen von Mönch Herimann in Helmarshausen. Aufbewahrungsort: Herzog-August-Bibliothek Wolfenbüttel.

der Hand. Links hinter Heinrich sein Vater Herzog Heinrich und seine Mutter, die Herzogin Getrud, beide ohne Krone, daneben Kaiser Lothar und Kaiserin Richenza, die Eltern Gertruds, beide mit Kronen. Die Herzogin Mathilde wird als Tochter des englischen Königs Heinrich bezeichnet, hinter ihr steht ihr Vater, dann Königin Mathilde, ihre Mutter, beide mit Kronen. Über die dahinter stehende weibliche Person gibt die Namensleiste keine Auskunft. In den Rahmenecken sind jeweils bezeichnete Personen dargestellt. Bräutigam und Braut aus dem Hohenlied Salomos (oben links und rechts), Paulus und Sacharja (unten links und rechts). Die Spruchbänder unter den Eckfiguren beziehen sich alle auf „himmlische Kronen".

Umgeben ist das Bild von einem Rahmen, der die Eckbilder miteinander verbindet. Die vor-

---

herrschenden Farben sind Gold, Purpur, Rot und Blau. Die Gewänder, besonders die des Herzogpaares, erinnern an kostbare byzantinische Seidengewebe.

Zum vorliegenden Evangeliar und seiner Geschichte

Evangeliare sind zum gottesdienstlichen Gebrauch bestimmt und enthalten die vollständigen lateinischen Texte der vier Evangelien. Seit karolingischer Zeit ist es üblich, die Evangeliare mit Zierseiten, Dedikationsbildern und Herrscherdarstellungen zu schmücken. Sicherlich war die vorliegende Prunkhandschrift nicht zum täglichen Gebrauch bestimmt, sondern wurde nur zu besonderen Anlässen benutzt. Das Evangeliar war für die Braunschweiger Blasiuskirche (Dom) bestimmt. Die Schicksale des Evangeliars sind nicht in allen Einzelheiten geklärt. 1594 war es im Besitz des Domkapitels in Prag und gehörte zum Schatz der Kathedrale St. Veit. 1861 wurde es von König Georg V. von Hannover zurück erworben, es wurde dann in den „Welfenschatz" eingegliedert und war noch in den 30er-Jahren des 20. Jahrhunderts in welfischem Privatbesitz. Später tauchte das Evangeliar in London auf und wurde 1983 zur Versteigerung angeboten. Für 32,5 Millionen DM erhielt ein deutsches Konsortium den Zuschlag. Seit 1989 wird es in Wolfenbüttel aufbewahrt.

Interpretation

Für die Interpretation des Krönungsbildes ist die Entstehungszeit von besonderer Wichtigkeit. Heinrich der Löwe hatte 1168 Mathilde von England geheiratet. 1172 unternahm er eine Pilgerfahrt nach Jerusalem, bei seiner Rückkehr ließ er in Braunschweig im Burgbezirk an Stelle der alten Stiftskirche eine neue und größere errichten mit dem hl. Blasius und dem hl. Johannes dem Täufer als Haupt-

patrone. 1176 verweigerte er bei der Zusammenkunft mit Kaiser Friedrich I. in Chiavenna die erbetene Waffenhilfe. Die Klagen einer Reihe von geistlichen und weltlichen Fürsten gegen Gewaltakte Heinrichs bildeten den Rechtsgrund für einen Prozess. In Überschätzung seiner Macht weigerte sich Heinrich vor dem königlichen Gericht zu erscheinen. Wegen Landfriedensbruch verfiel er der Acht und der Oberacht. Da er auch daraufhin nicht erschien, machte er sich des Majestätsverbrechens schuldig und verlor nicht allein seine Eigengüter, sondern auch seine Lehen. Zunächst leistete Heinrich militärischen Widerstand, musste sich aber im Herbst 1181 dem Kaiser unterwerfen. Seine Herzogtümer waren für ihn verloren, aber der Kaiser hob die Acht auf und gab ihm seine umfangreichen Besitzungen, darunter auch Braunschweig, zurück. Der Herzog musste aber 1182/83 und 1189 nach England ins Exil gehen.

Da Thomas Beckett unter den Heiligen erscheint, kann das Evangeliar nicht vor 1173, dem Jahr seiner Heiligsprechung, angefertigt worden sein. Andererseits muss es vor dem Tod Mathildes 1189 entstanden sein. Lange wurde die Entstehung des Evangeliars in engem Zusammenhang mit dem Auftrag, die Blasiuskirche neu zu bauen, gesehen. Solange eine frühe Entstehungszeit angenommen wurde, deutete man das Krönungsbild als Ausweis für den politischen Machtanspruch des Welfen, einige Wissenschaftler vermuteten sogar, Heinrich habe die Errichtung eines eigenen Königtums verfolgt. Das war allerdings nach dem Prozess nicht mehr denkbar. Neuere Untersuchungen haben einen engen Zusammenhang zwischen dem Evangeliar und der Stiftung des Marienaltars im Braunschweiger Dom, die 1188 erfolgte, ergeben. Denn in der Weihinschrift des Marienaltars, die erst 1966 wieder entdeckt wurde, werden einige Vorfahren des herzoglichen Paares genannt, die auffallend den im Krönungsbild Abgebildeten entsprechen. Außerdem ist in den im Krönungsbild genannten Bibelstellen von der Krone des ewigen Lebens die Rede und Christus fordert zu seiner Nachfolge auf. Im Widmungsgedicht des Evangeliars werden zwar die kaiserlichen Vorfahren Heinrichs und die königlichen Mathildes genannt, aber es heißt auch, dass das Buch Christus in der Hoffnung auf das ewige Leben dargebracht wird. Im dazugehörigen Widmungsbild weisen die Heiligen, die das Stifterpaar begleiten, auf die thronende Muttergottes als die unmittelbare Empfängerin des Buches hin. Ihr wurde von dem Herzogspaar 1188 der bereits genannte Altar gestiftet. So sind wohl die Kronen als die Kronen des ewigen Lebens zu deuten. Auch kunsthistorische Gründe sprechen für eine späte Datierung des Evangeliars. Zudem hat Heinrich nach seiner Rückkehr aus dem ersten Exil der Blasiuskirche umfangreiche und wichtige Stiftungen gemacht, die in den Annales Stederburgenses zum Jahre 1194 erwähnt sind.

Horst Fuhrmann hat darauf verwiesen, dass an der Wende vom 11. zum 12. Jahrhundert der weltliche Herrscher aus liturgischen Handschriften verschwindet: „Unser Evangeliar erscheint wie ein später Nachzügler und ist sicherlich Ausdruck des herrscherlichen Ehrgeizes Heinrichs des Löwen. Ebenso singulär wie das Aufgebot an Herrscherpersönlichkeiten in einem Evangeliar ist die prunkvolle Ausführung: Das Format ist ungewöhnlich groß, die Ausmalung überbordend reich, die Farben – darunter Purpur und Gold – von seltenem Aufwand, das Widmungsgedicht in Goldtinte geschrieben, der ursprüngliche Einband war ebenfalls golden." Fuhrmann vermutet, dass mit der Handschrift der Vorstellung des Auftraggebers entsprochen wurde, möglicherweise habe er selbst die Gestaltung der Handschrift maßgeblich beeinflusst. „Die herbeigezwungene antiquierte Form des Evangeliars offenbart vielleicht die Tragik Heinrichs des Löwen: Er bot die Fülle seines Herrschertums auf, ohne sein Herrschertum letztlich erfüllt zu sehen." (S. 19)

In diesem Zusammenhang ist noch darauf zu verweisen, dass Heinrich II. von England, Mathildes Vater, keineswegs unschuldig am Tode Thomas Becketts war. Er wird als königlicher Vater Mathildes dargestellt, ebenso wie Heinrich der Stolze, der Vater des Löwen, als Schwiegersohn des Kaisers Lothar, aber nicht als Geächteter erscheint. Das Krönungsbild bildet mit der gegenüberliegenden Seite, auf der die Schöpfung und die Wiederkunft Christi miteinander verbunden sind, den Abschluss der Lebensbilder Christi.

Das Widmungsgedicht des Evangeliars

„Wenn jemand diese goldgeschmückte Seite liest, so bezeugt sie ihm, daß Herzog Heinrich, Christus ganz ergeben, zusammen mit seiner Ehegefährtin die Liebe zu ihm über alles gestellt hat.

Sie ist königlichen, er kaiserlichen Stammes.

Nur ihm, dem Nachfahren Karls des Großen, hat England Mathilde anvertraut, die die Nachkommenschaft erzeugen sollte (und) durch die Friede und Heil Christi diesem Land zuteil wird. Diese Aufgabe, die die Liebe zur Urheberin hat, vereinte das hohe Paar. Wahrhaftig, sie lebten ein frommes Leben, allen Tugenden zugetan.

Ihre Großzügigkeit übertraf noch die Taten der Vorfahren und hat diese Stadt – überall in der Welt spricht man davon – durch Heiligenreliquien, an die sich die Verehrung der Frommen heftet, erhöht, mit Kirchen geschmückt und durch Mauern erweitert.

Zu diesen Taten, Christus, gehört auch dieses goldglänzende Buch.

Es wird Dir in feierlicher Weise in der Hoffnung auf das ewige Leben dargebracht.

Möge ihnen in der Gemeinschaft der Gerechten ein Platz bereitet sein.

Sprecht, ihr Zeitgenossen, und berichtet der Nachwelt davon!

Sieh hier, Petrus, dieses Buch ist das Werk Deines Mönches Herimann, das ihm in Helmarshausen der Abt Konrad II. auftrug und damit getreuen Sinnes den Befehl des Herzogs ausführte."

Übersetzung von Ulrich Victor, in: Das Evangeliar Heinrichs des Löwen, S. 9.

Helmarshausen und der Mönch Herimann

Am Schluss des Widmungsgedichtes wird mitgeteilt, dass das Evangeliar in Helmarshausen entstanden ist. Gemeint ist damit die Benediktinerabtei Helmarshausen an der Diemel, südwestlich der heutigen Stadt Bad Karlshafen im nördlichen Hessen, nahe der Grenze zu Niedersachsen gelegen. Das Kloster wurde bereits 997 von Otto III. in den Rang einer Reichsabtei erhoben. Seit dem Ende des 11. Jahrhunderts lässt sich in Helmarshausen ein Skriptorium, eine Schreib- und Malwerkstatt nachweisen, die sich bald zu einem führenden künstlerischen Zentrum im norddeutschen Raum entwickelte. Über den Mönch Herimann, der nach Ausweis des Gedichtes das Buch verfertigte, ist nichts Weiteres bekannt. Ob er Schreiber oder Maler des Evangeliars war, wissen wir nicht. Die Konzeption des Bilderzyklus lässt eine umfassende theologische und literarische Bildung erkennen. Allerdings erscheint sein Name auch in einem Verzeichnis der Äbte und Mönche des Klosters, d.h. er muss eine bedeutende Stellung innerhalb des Klosters gehabt haben.

Hinweise zum Unterricht

Anhand des Krönungsbildes und der zeitlichen Einordnung des Evangeliars lässt sich nachweisen, dass das Bild und auch das ganze Buch durchaus Zeichen für das Selbstbewusstsein Heinrichs des Löwen sind, dass es sich bei der Krönung aber nicht um eine angestrebte weltliche Würde handelt, sondern die Kronen als die Kronen des ewigen Lebens zu deuten sind. Im Kontext der Auseinandersetzungen Friedrichs I. mit Heinrich dem Löwen kann das Bild durchaus schon in der Mittelstufe eingesetzt werden. Für eine vertiefte Betrachtung bietet sich in der Oberstufe auch eine Kooperation mit dem Kunstunterricht an.

Literatur

Das Evangeliar Heinrichs des Löwen, hrsg. von der Niedersächsischen Landeszentrale für politische Bildung, Hannover 1984.

Horst Fuhrmann, Herzog Heinrich der Löwe, sein Evangeliar – und die Frage des gerechten Preises, in: Das Evangeliar Heinrichs des Löwen und das mittelalterliche Herrscherbild, München 1986 (Ausstellungskataloge/Bayerische Staatsbibliothek; 35), S. 9 - 23.

Stephan Noth, Das Krönungsbild im Evangeliar Heinrichs des Löwen, in: GWU 1989, S. 77 - 83.

Fresken in der Silvesterkapelle der Kirche Santi Quattro Coronati in Rom, um 1246, ca. 110 x 140 cm.

Papst und Kaiser im „Silvesterzyklus"

Beschreibung

Das dargestellte Ereignis spielt sich vor einer Stadt ab, die am rechten Rand formelhaft durch ein hohes Tor mit Zinnen, angebauten Türmen und einem Stück Mauer gekennzeichnet ist. Ein Schimmel, der eine Satteldecke mit roten Fransen trägt, wird gerade durch das Tor geführt. Ein Mann, von dem nur der Oberkör-

per sichtbar ist, steht hinter dem Pferd und hält es am Zügel. Über dem Tor zwischen den Türmen sieht man fünf Männer, von denen einer eine Krone auf dem Arm und ein anderer ein Buch hält. Neben dem linken Turm steht ein Mann mit einem gestreiften Sonnenschirm (oder Rundbaldachin) in der rechten Hand.
Im Mittelpunkt des Bildes begegnen sich zwei Männer. Auf einem Podium, das mit einem roten blumenverzierten Tuch bedeckt ist, steht eine mit Perlen und Edelsteinen prachtvoll geschmückte Sesselbank. Dahinter steht ein barhäuptiger Geistlicher mit Tonsur in einer reich bestickten Tunika, der in seiner rechten

---

Hand ein Prozessionskreuz hält. Auf der Bank sitzt ein älterer Geistlicher mit grauem Bart. Er trägt eine weiße Tunika mit einer bestickten Borte, eine purpurfarbene Kasel, ein Pallium und auf dem Kopf eine Mitra mit zwei „Hörnern". Seine besondere Bedeutung wird durch einen Heiligenschein ausgedrückt. Er hat den Kopf etwas nach vorn geneigt und die rechte Hand mit zwei ausgestreckten Fingern wie zum Schwur erhoben. Mit der linken Hand hält er eine spitze Kopfbedeckung, die durch rote rechteckige Muster mit wechselnden Längs- und Querstreifen geschmückt ist und unten mit einem Kronreif abschließt.

Die Kopfbedeckung übergibt ihm gerade ein zweiter Mann, der schwungvoll das Podium betritt. Er ist barhäuptig und hat einen rotblonden Bart. Über seiner mit Perlen und Edelsteinen reich bestickten Tunika trägt er einen Mantel, der von einer Brosche zusammengehalten wird. Die nach hinten ausgestreckte linke Hand hält ebenfalls die Zügel des Schimmels.

Das zweite Bild schließt sich unmittelbar an. Von der Stadt ist nur noch ein Teil des Torbogens sichtbar. Der ältere Geistliche, diesmal ohne Heiligenschein, sitzt mit seiner neuen Kopfbedeckung auf dem Schimmel. Ein anderer Begleiter ohne Tonsur und mit einer einfarbigen Tunika hält den Sonnenschirm. Zu seinem berittenen Gefolge gehören auch zwei jüngere und ein älterer Bischof. Sie tragen weiße Gewänder und Mitren und zeigen mit der rechten Hand auf den älteren Geistlichen. Sein Gegenüber, diesmal mit Krone, führt das Pferd mit der rechten Hand am Zügel und zeigt mit der linken auf das Stadttor. Vor ihm geht ein Mann mit gewickelten Wadenstrümpfen, einer kurzen, reich bestickten Tunika und einem purpurfarbigen Umhang. In der rechten Hand trägt er ein langes Schwert in der Scheide über der rechten Schulter, seine Linke weist ebenfalls auf das Stadttor, durch das gerade ein Geistlicher in weißem Gewand mit einem Prozessionskreuz hineinreitet.

Interpretation

Die Bilder gehören zu einem Freskenzyklus, der in elf Einzelszenen die Legende von Kaiser Konstantin und Papst Silvester erzählt. Die Fresken beginnen an der ursprünglichen Eingangswand und setzen sich im Uhrzeigersinn fort. Innerhalb dieser Bildfolge stellen die beiden Einzelbilder die zentrale Aussage des Verhältnisses zwischen Kaiser und Papst dar, wie sie in der „Konstantinischen Schenkung" behauptet wurde.

Auf dem ersten Bild nähert sich der barhäuptige Kaiser Konstantin dem thronenden Papst Silvester und überreicht ihm eine kronengleiche Kopfbedeckung (Phrygium), mit der er ihn zum Herrscher Roms und damit zum Mitregenten bestimmt. Der Schimmel und der Sonnenschirm, der aus dem byzantinischen Hofzeremoniell stammt, werden bereits für den Einzug des Papstes in die Stadt Rom bereitgehalten. Die Rangstellung zwischen Kaiser und Papst ist eindeutig. Dem thronenden Papst mit Mitra und Heiligenschein nähert sich der barhäuptige Kaiser in fast unterwürfiger Geste und überreicht ihm die Spitzhaube als Zeichen seiner Rangerhöhung.

Das folgende Bild zeigt den Papst, jetzt mit dem Phrygium bekrönt, auf dem Schimmel. Er reitet, begleitet von den Bischöfen, im Triumphzug in Rom ein. Damit vollendet er die „Possessio" durch einen Umritt, mit der er seine Besitzergreifung demonstriert. Der Kaiser führt das Pferd und leistet ihm den Dienst als „Strator". Krone und Schwertträger verweisen darauf, dass es sich von kaiserlicher Seite um einen offiziellen Staatsakt handelt.

Der Freskenzyklus setzt den Text des „Constitutum Constantini" um und sollte den Vorrang des Papstes vor dem Kaiser und den päpstlichen Anspruch auf die Stadt Rom dokumentieren. Dies war gerade zur Entstehungszeit der Fresken von großer Bedeutung. Papst Gregor IX. (1227-1241) hatte Kaiser Friedrich II. zwei Jahre nach seinem Sieg über die lombardischen Städte (1237) gebannt. Die darauf folgende Auseinandersetzung wurde vom Papst und vom Kaiser mit allen politischen und propagandistischen Mitteln geführt. Innozenz IV. (1243-1254) floh nach Lyon und berief dort ein allgemeines Konzil ein, in dessen Verlauf Friedrich 1245 für abgesetzt erklärt wurde. Er predigte einen Kreuzzug gegen den Kaiser und unterstützte die Wahl von Gegenkönigen in Deutschland. In diesen Zusammenhang gehören die Fresken, deren Bilder ein „kirchenpolitisches Propagandamanifest" (Bruhns) darstellen.

Die Kirche Santi Quattro Coronati und die Silvesterkapelle

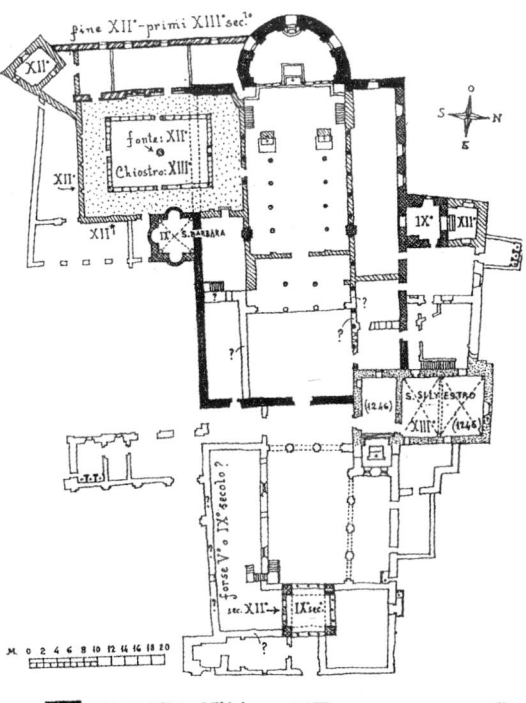

PERIMETRO DELLA BASILICA DEL V° E IX° SEC¹°

IX°SEC:LEONE IV°(847-855)

XII° SEC E,IN PARTICOLA: RE,RIDUZIONE DELLA CHIESA (1111-1116)PER OPERA DI PP. PASQUALE II° (1099-1118)

FINE XII⁵-PRIMI XIII° SEC⁵⁹

XIII° SECOLO

STRUTTURE POSMEDIOE, VALI E ANCHE STRUTTURE DI DATAZIONE NON ACCERTATA

Grundriss der Kirche Santi Quattro Coronati.

Die Kirche „Santi Quattro Coronati" entstand im 4. Jahrhundert als Titularkirche („Tituli Aemiliana") und wurde im Jahre 499 n. Chr. erstmals namentlich genannt. Der Kult, von dem sich ihr heutiger Name ableitet, geht zurück auf die Legende von den vier christlichen Steinmetzen Sempronianus (oder Symphorianus), Claudius, Nikostratus und Castorius (oder Clemens) aus Dalmatien. Sie weigerten sich, in einem kaiserlichen Steinbruch in Pannonien ein Götterbild herzustellen und wurden deshalb in die Save geworfen. Ein Kult der „gekrönten Märtyrer" entstand schon bald nach ihrem Tod in Rom. Ihre Verehrung in der Kirche Santi Quattro Coronati geht wahrscheinlich auf das 6. Jahrhundert zurück.

Leo IV., der in dieser Kirche 847 zum Papst gewählt wurde, veranlasste einen Neubau. Nach der Zerstörung durch die Normannen 1084 folgte ein weiterer Neubau nach 1100. Dabei wurde ein Teil des Langhauses in einen Vorhof der neuen Kirche umwandelt. Seine heutige Form als Festung zum Schutz des benachbarten Laterans erhielten Kirche und Kloster im 13. Jahrhundert.

Nach einer Widmungsinschrift stiftete Stefano de Normandis, Kardinal in Santa Maria in Trastevere, ein Oratorium, das am 30. März 1246 durch Raynaldus von Ostia, einem Neffen Papst Gregors IX., eingeweiht wurde. Der kleine rechteckige Raum mit einem Tonnengewölbe war am Ende des nördlichen Seitenschiffes und im Nordteil eines älteren *Portikus errichtet worden. Im 16. Jahrhundert erhielt die Kapelle einen neuen Zugang auf der Längsseite. Dabei wurde der ursprüngliche Eingang auf der Schmalseite zugemauert. Die andere Schmalseite erhielt einen Durchgang zu einem neuen Altarraum.

Die Kapelle war Papst Silvester geweiht und mit einem Freskenzyklus zur Silvester- und Konstantinslegende geschmückt. Die weitere Ausmalung der Kapelle besteht aus einem Fries oberhalb des Freskenzyklus, aus 19 (ursprünglich 22) Medaillons von Propheten und Patriarchen mit Schriftbändern und einer Darstellung des Jüngsten Gerichts in der halbrunden *Lunette der ursprünglichen Eingangswand. Bei den Umbauten im 16. Jahrhundert wurden einige Bilder zerstört, darunter wahrscheinlich auch Teile des Freskenzyklus.

Die Silvesterlegende und die Konstantinische Schenkung

Über das Papsttum Silvesters I. (314-335) ist sehr wenig bekannt. Aber da seine Amtszeit mit der Regierung Kaiser Konstantins zusammenfiel, wurde er schon früh zum Mittelpunkt von Legenden, die in ihm den Grund für die „konstantinische Wende" sahen. Diese wurden bereits Ende des 4. Jahrhunderts in den „Actus Silvestri" zusammengefasst. Eine erweiterte jüngere Fassung entstand etwa ein Jahrhundert später. Die Silvesterlegende wurde im 8. Jahrhundert ein wichtiger Bestandteil des „Constitutum Constantini" und diente in dieser gefälschten Urkunde als Rechtfertigung für den Primat des Papstes und seinen Anspruch auf den Kirchenstaat. Sie war während des gesamten Mittelalters ein wichtiges Dokument für die kirchlichen, politischen und territorialen Ansprüche des Papstes gegenüber den deutschen Kaisern. Im 15. Jahrhundert wurde sie von Nikolaus von Kues und von Lorenzo Valla als Fälschung entlarvt.

Die Legende, der der Bilderzyklus folgt, beginnt mit der Erkrankung Kaiser Konstantins an der Lepra. Die Ärzte raten ihm, zur Heilung im Blut unschuldiger Kinder zu baden, doch der Kaiser verzichtet aus Mitleid mit ihnen und ihren Müttern auf diese Möglichkeit. Da erscheinen ihm im Traum zwei Männer und weisen ihm einen anderen Weg zur Heilung. Der Kaiser soll sich an den Bischof Silvester, den Vorsteher der römischen Gemeinde, wenden, der sich wegen der Christenverfolgung auf dem Berg Soracte bei Rom aufhält. Konstantin schickt Boten zu Silvester, der

ihnen zum Kaiser folgt und seinen Traum deutet: Die beiden Männer waren die Apostel Petrus und Paulus. Konstantin bekehrt sich darauf zum Christentum und lässt sich taufen.

Während diese Ereignisse bereits in den „Actus Silvestri" standen, findet sich die Verleihung des Phrygiums, der Ritt in die Stadt Rom und der Stratordienst des Kaisers erst im „Constitutum Constantini". Hier heißt es außerdem, dass Konstantin Byzanz als neue weltliche Hauptstadt des Reiches gewählt habe, um dem Papst Rom ganz zu überlassen. Zwei weitere Bilder des Zyklus beziehen sich nur auf Papst Silvester: Er erweckt einen Stier zum Leben, der von einem Rabbi getötet wurde, und befreit die Kampagna von einem Drachen.

Zusätzliches Material

Aus dem „Constitutum Constantini":

11. [...] Als Inhaber der kaiserlichen Macht auf Erden haben wir bestimmt, dass seine [des Papstes] hochheilige römische Kirche und der hochheilige Stuhl Petri ruhmvoller verehrt und verherrlicht werde als unsere kaiserliche Macht und unser irdischer Thron. Deshalb verleihen wir ihm die kaiserliche Macht, die Ehre, die Kraft und die kaiserlichen Ehrenbezeigungen.

12. Wir bestimmen außerdem, dass er die Vorherrschaft [principatus] besitze über die vier Hauptbischofssitze Antiochia, Alexandria, Konstantinopel und Jerusalem sowie über alle Kirchen Gottes auf der gesamten Erde. Der jeweilige Papst der hochheiligen Kirche soll erhabener sein und ein Herrscher [princeps] aller Bischöfe auf der ganzen Welt. [...]

14. [...] Deshalb überlassen wir den heiligen Aposteln Petrus und Paulus, unseren hochheiligen Herren, und durch sie unserem Vater, dem heiligen Silvester, dem obersten Bischof und allgemeinen Papst der Stadt Rom sowie allen seinen Nachfolgern, die auf dem Stuhl Petri sit-

zen werden bis an das Ende der Welt, von nun an unseren kaiserlichen Lateranpalast, der alle Päläste auf der ganzen Welt übertrifft. Wir überlassen ihm das Diadem, nämlich die Krone unseres Hauptes und gleichzeitig die Mitra [frygium], den kaiserlichen Schulterschmuck, den Purpurmantel [chlamis pupurea], die scharlachrote Tunika und das gesamte kaiserliche Gewand [...], die kaiserlichen Szepter und Siegel, die Banner und die verschiedenen Ehrenzeichen. [...]

16. Wir bestimmen hier und jetzt, dass unser Vater Silvester als oberster Bischof [...] ein Diadem, nämlich die Krone, die wir ihm von unserem Haupt übergeben, aus dem reinsten Gold und mit prächtigen Edelsteinen zum Lobe Gottes und zur Ehre des heiligen Petrus tragen soll. [...] Wir haben ihm eine Mitra von weißem Glanz, ein Sinnbild für die strahlende Auferstehung unseres Herrn, eigenhändig auf sein hochheiliges Haupt gesetzt. Indem wir den Zügel seines Pferdes hielten, haben wir ihm aus Ehrfurcht vor dem heiligen Petrus des Dienst eines Reitknechts [strator] erwiesen. [...]

17. Die päpstliche Macht soll durch die kaiserliche nicht in den Schatten gestellt werden, sondern mit mehr Glanz und Würde als die weltliche Macht geschmückt werden. Deshalb haben wir unserem Vater Silvester, dem hochheiligen Bischof und allgemeinen Papst, unseren Palast [...] und die zur Stadt Rom und ganz Italien gehörenden Provinzen, Orte und Städte übertragen und ihm und seinen Nachfolgern die Gewalt und Botmäßigkeit übergeben. [...]

18. Wir haben es deshalb für richtig gehalten, unsere Herrschaft und unseren Regierungssitz in den Osten zu verlegen, in der Provinz Byzanz an einem geeigneten Platz eine Stadt mit unserem Namen zu erbauen und dort unser Kaisertum zu errichten. Denn es ist nicht richtig, dass der weltliche Kaiser da regiert, wo der himmlische Kaiser [imperator] die Vorherrschaft über die Priester und das Haupt der christlichen Religion eingesetzt hat.

Übersetzt nach dem lateinischen Text bei Carl Mirbt: Quellen zur Geschichte des Papsttums und des römischen Katholizismus, Tübingen [5]1934, S. 110-112.

Hinweise für den Unterricht

Bei der Besprechung der beiden Bilder sollte auf den gesamten Zyklus und die Silvesterlegende verwiesen werden. Die Bilder können im Zusammenhang mit der Konstantinischen Schenkung (unter Einbeziehung der Textquelle) eingesetzt werden oder als Beispiel für die Auseinandersetzung zwischen Kaiser und Papst zur Zeit Friedrichs II. und damit als frühes Zeugnis politischer Bildpropaganda dienen.

Literatur

Leo Bruhns, Die Kunst der Stadt Rom. Ihre Geschichte von den frühesten Anfängen bis in die Zeit der Romantik, Wien 1951.

Walther Buckowiecki, Handbuch der Kirchen Roms, Bd. 3, Wien 1974, S. 677-706.

Werner Goez, Ein Konstantin- und Silvesterzyklus in Rom, in: Helmut Altrichter (Hg.), Bilder erzählen Geschichte, Freiburg/Brsg. 1995, S. 133-148.

Abb. 1

Abb. 3

Abb. 2

Abb. 4

Abb. 1 = 21 r (Ldr. III 60 § 1 Satz 1, Bild 11,5,cm breit, 7,7 cm hoch) ; Abb. 2 = 5 v (Lnr. § 20, 5, Satz 2, Bild 11,5, cm breit, 7 cm hoch); Abb. 3 = 2 v 2 (Lnr. 5 § 1, Satz 1, Bild 11 cm breit, 6,1 cm hoch); Abb. 4 = Blatt 1 v 3 (Lnr. 3, Bild 11 cm breit, 5,4 cm hoch) aus „Der Sachsenspiegel", Heidelberger Bilderhandschrift (Cod. Pal. Germ. 164), ca. 1300-1330, Aufbewahrungsort: Universitätsbibliothek Heidelberg.

Belehnung im Sachsenspiegel

Beschreibung und Erläuterung

Die Großbuchstaben in den einzelnen Bildern beziehen sich auf den dazugehörigen Satzanfang. Die Farbe des Buchstabens stimmt jeweils mit der im Text verwendeten Farbe überein.

Abb. 1: In der Mitte sitzt erhöht ein Mann in einem langen roten Gewand mit längeren blonden Haaren und einer sich nach oben verbreiternden Kopfbedeckung auf einer Art Thron. In der Rechten hält er einen langen Stab, der oben in einer stilisierten Blume endet. Ein Mann in einem langen grünen Gewand mit einer Mitra auf dem Haupt und neben ihm eine Frau mit einem langen gelben Gewand und Schleier umfassen beide mit der Rechten den Stab. Mit der Linken hält der in der Mitte Thronende drei Fahnen. Etwas tiefer als Mann und Frau zur Rechten des Sitzenden stehen drei Männer, die ein kürzeres grünes Gewand und jeweils eine Krone tragen. Auch sie umfassen mit ihrer Rechten die Stangen, an denen die Fahnen befestigt sind.

Dieses Bild illustriert folgenden Satz (Ldr. III 60 § 1, Satz 1): „Der Kaiser belehnt alle geistlichen Fürsten mit dem Szepter, alle weltlichen Fahnlehen verleiht er mit der Fahne." Da nach der Heerschildordnung die Rangunterschiede genau festgelegt sind, wird verständlich, dass nicht allein der Kaiser bzw. der König als oberster Herrscher erhöht sitzt, sondern dass der durch die Mitra gekennzeichnete Bischof sowie die Äbtissin höher stehen als die drei weltlichen Fürsten.

Abb. 2: Links sitzt ein gelb gekleideter Fürst auf einem gepolsterten Sitz. Er trägt über seiner Kopfbedeckung eine Krone. Links vor ihm ist sein Wappenschild zu sehen. Mit der Rechten macht er den Zeigegestus, in der Linken hält er einen Stab, an dem oben Zweige mit Blüten zu sehen sind. Auf der rechten Seite sitzt auf einem vergleichbaren Polstersitz ein grün gekleideter Fürst mit gleicher Kopfbedeckung und ebenfalls mit Krone. Er hat ein identisches Wappenschild wie der gelb gekleidete Fürst. In seiner Linken hält er eine Stange mit Fahne. Überdies hat der Zeichner ihn noch mit weiteren zwei Armen ausgestattet, die er dem in der Mitte knienden Mann hinstreckt und mit seinen Händen dessen ausgestreckte Hände umfasst. Der Mann in der Mitte hat ein Gewand an, das auf der einen Seite grün, auf der anderen rot ist. Er wendet seinen Kopf dem links sitzenden Fürsten zu.

Die Fürsten links und rechts sind gleichrangig, was aus dem ihnen jeweils beigegebenen gleichen Wappenschild hervorgeht. Aber nur der rechts Sitzende hat ein Fahnlehen zu vergeben. Daher verschmäht der Vasall das Lehensangebot des gelb gekleideten Fürsten, indem er ihm den Rücken zuwendet und sich nur nach ihm umschaut, womit er seine Ablehnung bekundet. Zugleich leistet er dem Inhaber des Fahnlehens „Mannschaft", indem er vor seinem sitzenden Lehnsherrn kniet und seine gefalteten Hände von ihm umfassen lässt.

Die entsprechende Bestimmung des Lehnsrechtes lautet: „Wer von einem Fürsten belehnt wird, der Fahnlehen hat, der braucht das Lehen von niemand anzunehmen, der kein Fahnlehen hat, mag er auch ein geborener Fürst sein." Ein Fahnlehen bezeichnet ein besonders qualifiziertes Lehen, wonach die Belehnung durch den König mit einem Fahnlehen als Voraussetzung für die Angehörigkeit zum Fürstenstand angesehen wurde. Worin aber die Besonderheit des Fahnlehens gegenüber dem normalen Lehen bestanden hat, ist unklar.

Abb. 3: Rechts steht ein Mann in einem grünen Gewand, eine Krone auf dem Haar. Er umfasst mit seinen Händen die ausgestreckten Hände der beiden vor ihm stehenden Männer, die beide mit einem gelb-rot quergestreiften Gewand bekleidet sind. Einer der beiden Männer streckt zusätzlich einen Arm nach hinten, mit dem er vier Halme mit Ähren hält. Unterhalb der Hände ist ein Kreis, in dem sich Ähren befinden.

Hier handelt es sich um die Belehnung von zwei Männern mit demselben Gut. Da der Lehnsherr steht, stehen auch die Vasallen. Nur wenn der Lehnsherr saß, kniete der Lehnsmann. Der eine bekommt den Besitz, was durch die vier Ähren, die er umfasst, zum Ausdruck gebracht wird. Der andere erhält die Anwartschaft auf das Lehen, falls derjenige, der das Lehen in Besitz hat, ohne entsprechende Erben stirbt. Die Anwartschaft auf ein Lehen wird das „Gedinge" genannt. Dies wird immer so dargestellt, dass der künftige Besitz durch einen Kreis umschlossen wird. Die dazugehörige Bestimmung lautet folgendermaßen: „Der Herr kann zwei Mannen mit einem Gut in der Weise belehnen, dass der eine den Besitz, der andere eine Anwartschaft darauf für den Fall erhält, dass der, der es im Besitz hat, ohne Lehnerben stirbt. An der Anwartschaft gibt es keine Lehnsfolge. Lässt es der, der es im Besitz hat, aus den Händen, dann ist die Anwartschaft damit erloschen, es sei denn, dass jener, der es aufgegeben hat, es wieder empfängt und im Besitz des Gutes stirbt."

Abb. 4: Links kniet ein Mann in einem rot-gelben Gewand. Mit der Rechten berührt er einen Gegenstand, der auf einem Fuß steht, dann rechteckig wird und schließlich mit einem runden Aufbau mit Dach endet. Ihm zugewandt sitzt ein Mann in grünem Gewand mit gekreuzten Beinen, auf dem Haupt eine hutförmige Kopfbedeckung, darüber eine Krone. Die rechte Hand hat er erhoben und leicht geöffnet. Rechts daneben befinden sich zwei Pfosten, die durch eine Art Dach verbunden sind. Im Gebäude rechts außen steht ein grüngekleideter Mann mit Krone auf dem Haupt, der mit seiner Linken den rechten Pfosten umfasst, die Rechte hat er zeigend erhoben. Hinter ihm steht ein Mann im rot-gelb gestreiften Gewand, der ebenfalls die Rechte erhoben hat, mit der Linken berührt er den ihm Vorangehenden leicht an der Schulter.

Der Lehnsherr trägt den Richterhut und repräsentiert somit das Lehnsgericht, vor dem der Lehnsträger, nachdem er „Hulde getan", nun Zeuge sein kann. Deshalb schwört er – durch Handauflegen – auf den Reliquienschrein. Rechts befindet sich der Lehnsherr in seinem Hause, was er dadurch zum Ausdruck bringt, dass er den Pfosten mit der Hand umfasst. Der Lehnsträger lässt seinen Lehnsherrn zum Zeichen der Ehrerbietung vorangehen und deutet durch seinen erhobenen Schwurfinger sowie den Aufmerksamkeitsgestus seine Ergebenheit an. Die entsprechende Bestimmung lautet: „Der Mann ist verpflichtet, seinem Herrn den Huldigungseid zu leisten und zu schwören, dass er ihm treu und ergeben sei, wie ein Mann von Rechts wegen seinem Herrn sein soll, solange er sein Mann sein und sein Gut haben will. Solange er das nicht tut, kann er niemandes Zeuge vor dem Lehnsgericht

sein. Er muss seinen Herrn auch mit Worten und mit der Tat ehren, wenn er bei ihm ist, und vor ihm aufstehen und ihn vorangehen lassen."

Der Sachsenspiegel

Der Sachsenspiegel ist kein Gesetzbuch, sondern die Privatarbeit des anhaltischen Ritters Eike von Repgow aus dem ersten Drittel des 13. Jahrhunderts. Der Verfasser wollte das sächsische Stammesrecht darstellen. In einem Land- und in einem Lehnrechtsteil sind in erster Linie Rechtsgewohnheiten aufgezeichnet, allerdings ohne strenge Systematik. Rechtssätze privatrechtlichen, strafrechtlichen, öffentlich-rechtlichen und verfahrensrechtlichen Inhalts werden aneinandergereiht. Zur Begründung werden zum Teil historische, biblische oder religiöse Argumente verwendet.

Der Verfasser, der sich nach dem Dorf Reppichau in der Nähe von Dessau nennt und dort wohl zwischen 1180 und 1190 geboren ist, schrieb den Sachsenspiegel zuerst in lateinischer Sprache und übersetzte ihn später auf Veranlassung seines Lehnsherrn, des Grafen Hoyer von Falkenstein, ins Niederdeutsche. Das Rechtsbuch wurde rasch verbreitet. Es wurde ins Mittel- und Oberdeutsche, aber auch ins Holländische, Polnische, Tschechische übertragen und es gibt einige Rückübersetzungen ins Lateinische. Einige dieser Handschriften, von denen bis zum Zweiten Weltkrieg 200 vollständige Exemplare neben Fragmenten existierten, zeichnen sich durch Bilderschmuck aus. Darunter sind vier, in denen die Mehrzahl der Rechtssätze von farbigen Bildern begleitet wird, von denen der Sinn des Textes mit zeichnerischen Mitteln umschrieben wird. Diese vier Handschriften sind als die Heidelberger, die Dresdner, die Wolfenbütteler und die Oldenburger Bilderhandschrift des Sachsenspiegels bekannt. Sie werden auf einen gemeinsamen, heute verlorenen Urtyp zurückgeführt, der vermutlich im letzten Jahrzehnt des 13. Jahrhunderts vielleicht im Bistum Halberstadt oder in der Mark Meißen entstanden ist.

Die Heidelberger Bilderhandschrift, der Codex Palatinus Germanicus 164, gilt als die älteste der erhaltenen Bilderhandschriften und steht dem Urtyp offensichtlich am nächsten. Nach neuerer Ansicht dürfte der Heidelberger Codex zwischen 1300 und 1330 entstanden sein, vermutlich bald nach 1300. Allerdings haben lediglich 30 von ursprünglich 92 Blatt der Handschrift überdauert. Aller Wahrscheinlichkeit nach kam die Handschrift 1567 mit der Bibliothek des Ulrich Fugger aus Augsburg nach Heidelberg und wurde 1584 durch Testament der bekannten Bibliotheca Palatina einverleibt. Nach der Eroberung Heidelbergs durch Tilly wurde diese 1623 in die Bibliothek des Vatikans überführt. 1816 wurden die deutschsprachigen Handschriften und damit auch die Heidelberger Handschrift des Sachsenspiegels nach Heidelberg zurückgegeben, wo sie seitdem in der Universitätsbibliothek aufbewahrt werden.

Interpretation

Welche Funktion die Bilder haben, ist umstritten. Sicher ist davon auszugehen, dass im 13./14. Jahrhundert nicht alle Richter lesen konnten. Von daher besteht die Auffassung, die Bilder sollten dem Leseunkundigen die Schrift ersetzen. Allerdings werden lediglich einige Rechtssätze durch die Bilder veranschaulicht. Andere Wissenschaftler sind dagegen der Meinung, die Bilder seien Ersatz für eine Glosse, die den geschriebenen Satz erläutern soll. Walter Koschorreck, der die erste Faksimileausgabe der Heidelberger Bilderschrift 1970 besorgte, hob die mnemotechnische Bestimmung der Bilder hervor. Leseunkundige brauchten, so seine These, zunächst einen Schriftkundigen, der ihnen die Rechts-

sätze vorlas. Somit konnten diejenigen, die nicht lesen konnten, den Text in die richtige Beziehung zu den Bildern setzen. War das geschehen, so konnten sie – so Koschorreck – die Bilder als Gedächtnisstützen nützen und mussten sich beim Nachschlagen und Wiederholen nicht der Hilfe anderer bedienen. Diese These wurde dahingehend modifiziert, dass vom Fachbuchcharakter des Sachsenspiegels ausgegangen wird: Die Bilder dienten daher einer Konkretisierung und Akzentuierung ausgewählter Textstellen, die dadurch die Funktion eines Registers erhielten.

Es ist klar, dass der Illustrator nicht alle Rechtssätze und nicht alle darin enthaltenen Inhalte illustrieren konnte. Er hat, um seiner schwierigen Aufgabe gerecht zu werden, nicht allein Bildsymbole übernommen, sondern auch Zeichen erfunden. So wurde z.B. die Farbe der Gewänder in das Zeichensystem miteinbezogen. Der König wird immer mit einem roten Gewand bekleidet dargestellt. Grün ist die bevorzugte Farbe zur Bezeichnung lehnsrechtlicher Beziehungen. Auch Kopfbedeckungen dienen häufig zur Kennzeichnung.

Bildzeichen werden verwendet, um den im Text geschilderten Tatbestand bildnerisch umzusetzen. So fügt der Illustrator ohne Rücksicht auf anatomische Richtigkeit noch einen Arm hinzu, wenn er beispielsweise darstellen will, dass der Belehnte die „Mannschaft" leistet, indem er beide Hände in die des Lehnsherrn legt und zugleich das Symbol für das Lehnsgut umfasst, um den Gegensatz zur Belehnung mit dem „Gedinge" auszudrücken. Weiter bediente sich der Illustrator vor allem der Ausdrucksfähigkeit der Hände, um die Aussagefähigkeit seiner Bilder zu erweitern. Nicht allein der Zeigegestus spielt eine wichtige Rolle, sondern auch die Gebärde der Ehrerbietung. Die „sprechenden" Hände sind besonders groß und exakt gezeichnet, während ruhende oder mit einer Nebentätigkeit beschäftigte Hände nachlässiger ausgeführt sind. Kleidung und Gegenstände haben im Großen und Ganzen die Formen, die sie zur Entstehungszeit der Bilderhandschrift besaßen. Doch man sollte dabei beachten, dass die Zeichnungen zum Teil sehr summarisch und eher ungenau sind. Wüsste man nicht aus anderen Darstellungen, dass es sich auf dem hier abgebildeten vierten Bild um einen Reliquienschrein handelt, so ergäben sich bei der Deutung Schwierigkeiten.

Das Lehnswesen

Das Wort Lehen bedeutet „etwas Geliehenes", auch wenn es im heutigen wissenschaftlichen Sprachgebrauch mit dem adligen oder vasallitischen Lehnswesen verbunden wird. Ursprünglich wurde es auch im bäuerlichen sowie im städtisch-handwerklichen Bereich verwendet. Das althochdeutsche „lehan" bzw. das mittelhochdeutsche „lehen" wird im Lateinischen mit „feudum", „beneficium" oder „praedium" wiedergegeben. Der Lehnsmann wird auch als „vassus" oder „vasallus" bezeichnet, was vom keltischen Wort „gwas" (Knecht) abgeleitet wird. Das Einlegen der gefalteten Hände in die offenen Hände des Herrn ist ein typischer Ritus der Verknechtung. Diese Kommendation in der Gestalt des Handgangs wurde auch dann noch beibehalten, als die Vasallität die Erinnerung an die unfreie Herkunft abgeschüttelt hatte, was sich in der Ablegung des Treueides seit Mitte des 8. Jahrhunderts zeigt. Seitdem gibt es die für das vasallitische Lehnswesen typische Verbindung von Kommendation, Treueid und Investitur mit dem Lehen.

Hinweise für den Unterricht

Ehe die Belehnung anhand der entsprechenden Bilder des Sachsenspiegels betrachtet wird, sollte die Bedeutung des Lehenswesens für das Mittelalter im Unterricht behandelt worden sein. Es bietet sich an, die abgebildeten Gesten und Szenen von den Schülern nachahmen bzw. nachspielen zu lassen. Auf diese Weise erhalten sie einen ganzheitlicheren Zugang zu den sonst doch eher abstrakten Rechtsvorschriften. Je nach dem Interesse der Schüler lässt sich die Frage, weshalb die Gesetzessammlung mit Bildern versehen wurde, erörtern.

Literatur

Der Sachsenspiegel. Die Heidelberger Bilderhandschrift Cod. Pal. Germ. 164. Kommentar und Übersetzung von Walter Koschorreck. Neu eingeleitet von Wilfried Werner, Frankfurt am Main 1989.

Walter Koschorreck, Die Heidelberger Bilderhandschrift des Sachsenspiegels. Faksimile und Kommentar, Frankfurt am Main 1970.

Ruth Schmidt-Wiegand, Text und Bild in den Codices picturati des `Sachsenspiegels´ – Überlegungen zur Funktion der Illustration, in: Text - Bild - Interpretation. Untersuchungen zu den Bilderhandschriften des Sachsenspiegels, Text- und Bildband, hrsg. v. Ruth Schmidt-Wiegand, München 1986.

Federzeichnung aus der Bilderchronik zum Romzug Kaiser Heinrich VII. (S. 3 unten), um 1340, Gesamtseite 24 x 34 cm, Bild (Innenspiegel) 15,3 x 11,3 cm, Koblenz, Landeshauptarchiv 1 C, Nr. 1.

Das Bild der Kurfürsten im „Codex Balduini"

Beschreibung

Das Bild befindet sich auf der unteren Hälfte einer Seite und hat keinen inhaltlichen Bezug zu der Miniatur darüber (feierliches Mahl Balduins nach seiner Wahl zum Bischof). Beide Bilder werden durch breite Randleisten eingerahmt. Auf der Leiste, die beide Bilder trennt, steht die Unterschrift, die zur ersten Abbildung gehört. Die Bildunterschrift zum zweiten Bild befindet sich auf der unteren Leiste und lautet (unter Auflösung der Abbreviaturen): „Septem electores eligunt henricum comitem lutzillimburgensem in regem romanorum frankofortie XXVII die novembris" („Die sieben Kurfürsten wählen in Frankfurt am 27. No-

vember den Grafen Heinrich von Luxemburg zum König der Römer."). Der Satz passte nicht ganz auf die untere Leiste und wurde auf der rechten Seite fortgesetzt. Zwischen der unteren Randleiste und dem Bild gibt es eine schmälere Leiste, die durch ein Ornamentband aus Ringen geschmückt ist.

Das Bild zeigt einen Innenraum, der oben durch einen Obergaden mit acht kleinen rundbogigen Fenstern und unten durch einen rostbraunen Fußboden abgeschlossen ist. Darunter verläuft ein Fries aus sieben verzierten gotischen Bögen, die sieben an der Wand befestigte Wappenschilder einrahmen. Auf einer nicht sichtbaren Bank sitzen sieben Männer mit jugendlichen bartlosen Gesichtern. Die vier Männer auf der rechten Seite haben lange blonde Haare, die drei anderen tragen rote Käppi. Alle tragen ein langes hemdartiges Gewand und darüber einen Umhang, der bis über die Knie fällt, aber die Arme frei lässt. Dieser

---

Umhang wird durch einen Überwurf über den Schultern zusammengehalten. Während die beiden langen Gewänder farblos sind, hat dieser Überwurf blaue Streifen. Bei der Fußbekleidung fällt auf, dass die drei Männer, die rechts sitzen, karierte Schuhe tragen.

Die Männer führen offensichtlich ein lebhaftes Gespräch miteinander. Jeweils zwei sitzen dem anderen zugewandt, haben eine Hand auf den Oberschenkel oder das Knie gelegt und die andere Hand erhoben. Nur der am weitesten rechts sitzende Mann hat keinen Gesprächspartner, sondern wendet sich ebenfalls nach links zu seinen beiden Nachbarn.

Interpretation

Die Bildunterschrift bezeichnet die sieben Männer als die sieben Kurfürsten. Sie haben sich in Frankfurt versammelt, um nach dem Tod Albrechts I. (1308) einen neuen König zu wählen. Das Bild hält offensichtlich eine Aussprache unmittelbar vor der Wahl fest. Die einzelnen Männer sind so wenig individuell gemalt, dass man sie ohne die Kopfbedeckungen und die Wappen kaum zuordnen könnte.

Die drei linken Männer sind die geistlichen Königswähler, die über ihrer Tonsur eine Kopfbedeckung tragen: Heinrich von Köln, Peter von Mainz und Balduin von Trier, der durch sein kräftiges rotes Käppchen auch auf anderen Bildern der Handschrift zu erkennen ist. Die vier weltlichen Kurfürsten sind Pfalzgraf Rudolf, Herzog Rudolf von Sachsen, Markgraf Waldemar von Brandenburg und Herzog Heinrich von Kärnten als König von Böhmen.

Das Bild ist die älteste Darstellung der sieben Kurfürsten. Eine ältere Darstellung aus dem Sachsenspiegel (um 1291/95) zeigt nur sechs Kurfürsten und lehnt das Wahlrecht des böhmischen Königs ausdrücklich ab. Vielleicht wurde er hier dargestellt, um die vollständige Zahl der sieben Kurfürsten festzuhalten, kurz bevor sie in der Goldenen Bulle verbindlich

festgelegt wurde. Die Darstellung entspricht allerdings nicht ganz der historischen Wirklichkeit, denn bei der Wahl Heinrichs von Luxemburg war Herzog Heinrich von Kärnten nicht anwesend.

Der Codex Balduini

Die Bildchronik, die hauptsächlich den Italienzug Kaiser Heinrichs VII. zwischen 1310 und 1313 behandelt, ist eine Arbeit, die Heinrichs Bruder Balduin (1285-1354) in Auftrag gegeben hat. Balduin, der jüngere Sohn des Grafen von Luxemburg, wurde 1307 zum Erzbischof von Trier gewählt. Zusammen mit dem Mainzer Erzbischof Peter von Aspelt setzte er ein Jahr später die Wahl seines Bruders zum deutschen König durch. Er begleitete ihn auf dem Italienzug, bevor er im März 1313 von Pisa aus nach Deutschland zurückkehrte, um Verstärkung zu holen. Wenige Monate später starb Heinrich in Buonconvento bei Siena.

Die wichtigsten gemeinsamen Jahre der Brüder sind in der Bilderchronik festgehalten, die mit dem Tod Kaiser Heinrichs endet. Die Handschrift besteht aus 18 Doppelblättern und einem Einzelblatt, auf denen jeweils nur die rechten Seiten bemalt sind. Für die linke Seite war kein Text vorgesehen. Die ersten 14 Seiten enthalten die Wappen von Trierer Burgmannen, die aber keinen Bezug zur Chronik haben. Jede Seite ist zweigeteilt, wobei zwischen den Bildern selten ein inhaltlicher Zusammenhang besteht. Lediglich das Schlussbild (Grab Heinrichs mit Engeln) nimmt eine ganze Seite ein. Die Bilder einer Seite werden durch einen Rahmen begrenzt, auf dem die Erklärungen in gotischer Minuskel stehen.

Die Ähnlichkeit vieler Bilder im Aufbau und in Details lässt auf einen einzigen Maler schließen, der aber wahrscheinlich bei der Ausführung von Helfern unterstützt wurde. Eine persönliche Teilnahme des Künstlers am Italienzug ist auf Grund mancher Ungenauigkeiten

(Kronen, italienische Wappen) nicht anzunehmen. Vielmehr scheint er sich auf schriftliche oder mündliche Berichte gestützt und verschiedene Vorlagen benutzt zu haben. Einige Bilder der Handschrift wurden von Balduin selbst kommentiert.

Die Bilder sind als Federzeichnungen auf Pergament ausgeführt und mit Wasserfarben laviert. Einzelheiten wie Wappen oder Balduins Käppchen wurden durch Deckfarben betont. Eine Seite (10) ist vollständig, eine andere (22 unten) teilweise in Deckfarben gestaltet. Doch wirken diese Seiten durch die Fülle der Personen überladen und unübersichtlich, so dass bei den anderen Bildern wahrscheinlich bewusst auf eine Ausmalung verzichtet wurde. Viele der 73 Bilder wirken durch die ähnliche Komposition (Zug von Rittern und Schlachtszenen) stereotyp, andere sind dagegen ausdrucksstark gestaltet. Die Chronik als Ganzes ist ein einzigartiges Zeitdokument, in dem viele typische Ereignisse (Bischofsweihe, Festbankette, Königs- und Kaiserkrönung, Gericht, Privileg für eine jüdische Gemeinde, Turnier) und alltagsgeschichtliche Details (Kleidung, Waffen und Ausrüstung, Tafelgeschirr) sehr anschaulich wiedergegeben sind.

Die Bilderchronik wurde einem Urkundenkopiar Erzbischof Balduins vorgebunden, das in vier unterschiedlichen Fassungen überliefert ist. Drei davon befinden sich heute im Landeshauptarchiv in Koblenz (1 C, Nr. 1, 2, 3). Die Bilderchronik, die Teil von Nr. 1 war, wurde inzwischen aus konservatorischen Gründen herausgelöst und wird getrennt aufbewahrt.

Die Entstehung des Kurfürstenkollegiums

Die älteste Überlieferung einer Königswahl stammt von Widukind von Corvey (um 925 bis nach 973) und berichtet über die Wahl und Krönung Ottos I. (936). Der Wahl ging die Designation durch Ottos Vater Heinrich I. vor-

aus. Er wurde im Aachener Dom von den versammelten Fürsten und Herzögen gewählt, worauf das anwesende „Volk" durch Akklamation zustimmte. Im Lauf des 11. und 12. Jahrhunderts verringerte sich der Kreis der Königswähler, wobei die Ursachen dafür sehr kontrovers erörtert werden. Im Sachsenspiegel tauchen sechs Kurfürsten erstmals namentlich auf, dabei wird der Anspruch des böhmischen Königs auf die Kurwürde ausdrücklich zurückgewiesen.

Endgültig geregelt wurde das Wahlrecht durch die Kurfürsten in der Goldenen Bulle. Von 1356 an waren es sieben Kurfürsten, wobei der Erzbischof von Trier die erste Stimme besaß und der Erzbischof von Mainz die letzte, mit der er die Wahl entscheiden konnte. Das Wahlrecht der Kurfürsten verlor seit dem 15. Jahrhundert durch die Dominanz der Habsburger an Bedeutung („Erbwahl"), blieb aber bis zum Ende des Alten Reiches erhalten. Zwei Veränderungen erfolgten im 17. Jahrhundert: Die pfälzische Kurwürde fiel 1623 an das Herzogtum Bayern und am Ende des Dreißigjährigen Krieges wurde für die Pfalz eine achte Kurwürde geschaffen. Im Jahre 1692 erhielt Braunschweig-Lüneburg eine neunte Kurwürde, die 1708 offiziell anerkannt wurde. 1777 erlosch die bayerische Kur durch das Aussterben der bayerischen Wittelsbacher, 1803 verschwanden die bisherigen geistlichen Kurfürstentümer und wurden durch neue Kurwürden (Regensburg, Großherzogtum Toskana, Erzstift Salzburg, Württemberg, Baden, Hessen-Kassel) ersetzt. Durch den Rheinbund und der Verzicht Kaiser Franz II. auf die Kaiserkrone verlor die Kurwürde endgültig ihre Funktion.

Kaiser, Kurfürsten und andere Reichsfürsten in der „Weltchronik" des Hartmann Schedel von 1493.

Zusätzliches Material

Die Königswahl nach der „Goldenen Bulle"
Nachdem aber die mehrgenannten Kurfürsten oder ihre Gesandten in die Stadt Frankfurt eingezogen sind, sollen sie sogleich bei Anbruch des folgenden Tages [...] in vollzähliger Anwesenheit die Messe „de Sancto Spiritu" singen lassen, damit der Heilige Geist ihre Herzen erleuchte und ihren Verstand mit dem Licht seiner Kraft erfülle, auf dass es ihnen gelinge, mit seinem Beistand einen gerechten, redlichen und tüchtigen Mann zum römischen König und künftigen Kaiser zu wählen zum Heil der Christenheit. Wenn nun diese Messe zu Ende ist, sollen alle Kurfürsten oder deren Gesandte an den Altar herantreten [...]; allda sollen die geistlichen Kurfürsten vor dem Evangelium Johannes „Am Anfang war das Wort!", das daselbst vor sie hinzulegen ist, mit Ehrfurcht ihre Hände auf der Brust kreuzen, die weltlichen Kurfürsten aber sollen das besagte Evangelium leiblich mit ihren Händen berühren; sie sollen aber dort allesamt mit ihrem ganzen Gefolge unbewaffnet zugegen sein. Und der Erzbischof von Mainz wird ihnen die Eidformel vorsprechen [...]: „Ich, ... Erzbischof von Mainz, des heiligen Reiches Erzkanzler in Deutschland und Kurfürst, schwöre auf diese hier gegenwärtig vor mir liegenden heiligen Evangelien Gottes, dass ich gemäß der Treue, zu der ich gegen Gott und das heilige römische Reich verpflichtet bin, nach all meinem Verstand und meiner Einsicht mit Gottes Beistand der Christenheit ein weltliches Oberhaupt wählen will, das heißt einen römischen König und künftigen Kaiser, der hierzu geeignet ist, so wie mein Verstand und meine Einsicht mich leiten und gemäß der obbesagten Treue, und dass ich meine Stimme und meinen Wahlentscheid abgeben werde ohne alle Verabredung, Belohnung, Entgelt oder Versprechen oder wie immer dergleichen genannt werden mag – so wahr mir Gott helfe und alle Heiligen."
Wenn nun die Kurfürsten [...] diesen Eid geleistet haben, sollen sie zur Wahl schreiten und

Das Bild der Kurfürsten im „Codex Balduini"

fortan die ehgenannte Stadt Frankfurt nicht verlassen, bevor die Mehrzahl von ihnen der Welt oder Christenheit ein weltliches Oberhaupt gewählt hat, nämlich einen römischen König und künftigen Kaiser. Falls sie dies jedoch binnen dreißig Tagen, vom Tage der Eidesleistung an gerechnet, noch nicht getan hätten, sollen sie von da an, nach Verlauf dieser dreißig Tage, fortan nur Wasser und Brot genießen und keinesfalls aus besagter Stadt weggehen, bevor sie oder die Mehrzahl von ihnen einen Herrscher oder ein weltliches Oberhaupt der Gläubigen gewählt haben, wie oben steht. [...]

Sooft und wann aber künftig das heilige Reich ledig ist, alsdann soll der Erzbischof von Mainz die Befugnis haben, [...] die übrigen ehgenannten Kurfürsten, seine Genossen bei besagter Wahl, durch Briefe zu berufen, und wenn sie alle [...] sich am Wahltag versammelt haben, soll besagter Erzbischof von Mainz und kein anderer diese seine Mitkurfürsten einzeln um ihre Stimme befragen in folgender Reihenfolge: Zuerst soll er den Erzbischof von Trier fragen, dem wir die erste Stimme zuerkennen, [...] zweitens den Erzbischof von Köln, dem die Würde und Pflicht zukommt, dem römischen König zuerst die Königskrone aufzusetzen, drittens den König von Böhmen, der unter den weltlichen Kurfürsten vermöge der Hoheit königlicher Würde mit Recht und nach Gebühr den Vorrang behauptet, viertens den Pfalzgrafen bei Rhein, fünftens den Herzog von Sachsen, sechstens den Markgrafen von Brandenburg; all diese soll besagter Erzbischof von Mainz in obiger Reihenfolge um ihre Stimme befragen. Wenn das geschehen ist, sollen ihn seine Mitkurfürsten ihrerseits befragen, damit auch er seinen Willen ausspreche und ihnen seine Stimme kundgebe.

Geschichte in Quellen, Bd. 2 (Mittelalter), bearbeitet von Wolfgang Lautemann, München 1972, S. 774-776.

Seit dem 14. Jahrhundert ist die Darstellung des Kaisers und der Kurfürsten ein beliebtes Motiv in der Kunst. Eine volkstümliche Variante ist das „Männleinlaufen", ein Glockenspiel der Nürnberger Frauenkirche, bei dem die Kurfürsten an Kaiser Karl IV. vorbeiziehen. Das Uhrwerk schuf Jörg Heuss von 1506 bis 1509, die Figuren stammen von Sebastian Lindenast d. Ä.

Hinweise für den Unterricht

Das Bild kann von den Schülern anhand der Personen (Kleidung, Haltung und Gestik) und der Wappen erschlossen werden. Der Lehrer sollte darauf hinweisen, dass hier die älteste Darstellung der sieben Kurfürsten vorliegt, und die gesamte Bilderhandschrift kurz charakterisieren. Eine Weiterführung des Themas (Entwicklung der Königs- bzw. Kaiserwahl) ist durch einen Rückgriff auf die Beschreibung der Wahl Ottos I. und durch die Goldene Bulle, aber auch mit Hilfe der anderen Bildquellen möglich.

Literatur

Franz-Josef Heyen: Kaiser Heinrichs Romfahrt. Die Bilderchronik von Kaiser Heinrich VII. und Kurfürst Balduin von Luxemburg 1308-1313, München 1978.

Il Viaggio di Enrico VII in Italia, Città di Castello 1993.

Die Ebstorfer Weltkarte

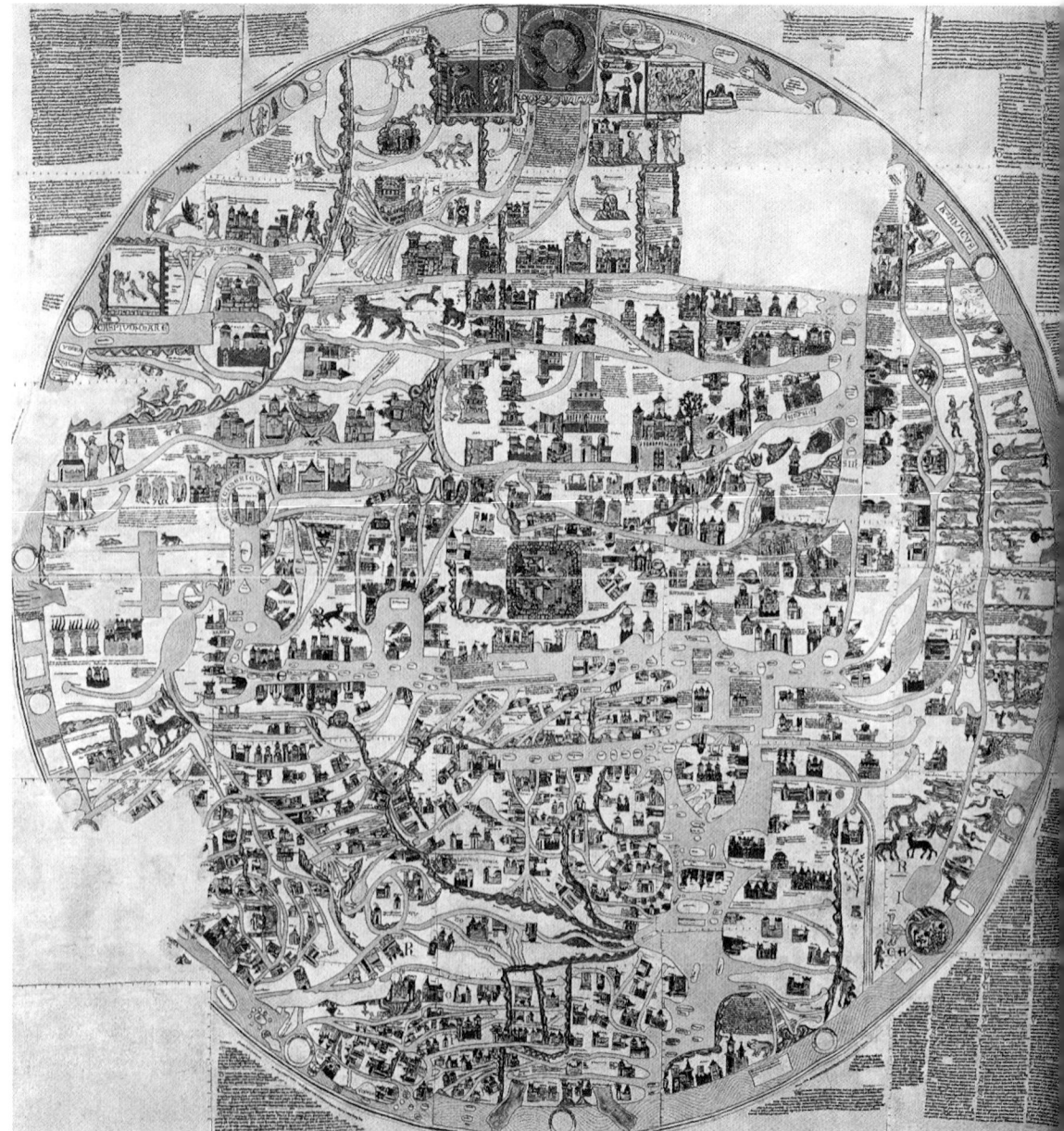

*Die Ebstorfer Weltkarte, um 1300, (verbranntes) Original Pergament, 358 x 356 cm; originalgetreue Nachbildung
auf der Plassenburg bei Kulmbach, im Kloster Ebstorf und im Museum Lüneburg.*

Beschreibung

Eine vollständige Beschreibung ist bei mehr als tausend Eintragungen – Einzelsymbole und Texte – nicht möglich. Sie beschränkt sich deshalb auf die wichtigsten Aspekte.

Die runde, ostorientierte Karte zeigt oben das Haupt Christi, auf beiden Seiten seine Hände und unten seine Füße. Das feste Land (hellbraune Farbe) ist vom Ozean umgeben und außerdem durch Meere in drei Erdteile gegliedert: Asien (oben links), Europa (unten links) und Afrika (rechts). Die Mitte der Karte wird durch Jerusalem bestimmt, das durch ein gerahmtes Bild des thronenden Christus besonders herausgestellt ist. Zwischen den Erdteilen liegt das Mittelmeer, das einen Winkel bildet. Der in Ost-West-Richtung verlaufende (senkrechte) Balken trennt Europa und Afrika. Auffällig ist hier die herzförmige Insel Sizilien, links davon ist die Adria zwischen Italien und Griechenland zu erkennen. Als waagrechter Arm erstreckt sich das östliche Mittelmeer von der Mündung des Nils bis zum Schwarzen Meer, das nach oben abknickt. Asien und Afrika werden durch das Rote Meer und den Persischen Golf getrennt.

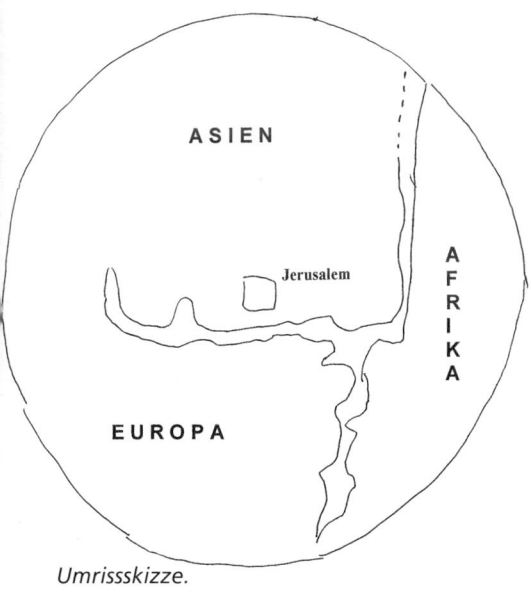

Umrissskizze.

In die Meere münden zahlreiche Flüsse, von denen einige leicht zu erkennen sind: in Europa die Donau (mit vielen Nebenflüssen) und der Rhein, in Afrika der Nil, in Asien Euphrat und Tigris sowie der Indus mit zehn Quellflüssen (der allerdings „Ganges" genannt wird). Die wichtigsten Gebirge sind durch einfache Wellenlinien und die braune Farbe dargestellt, in Europa Alpen, Pyrenäen und Apennin, in Asien Kaukasus und Himalaya. Ländernamen wie Germania, Galilea oder Assuria wurden in roter Farbe eingetragen. Siedlungen erscheinen als einzelnes Haus oder eine Gruppe von Gebäuden, wobei die Größe und Bedeutung des Ortes berücksichtigt wurden. Menschen und Tiere, die in fremden Erdteilen vorkommen, sind vor allem in Asien und Afrika eingezeichnet, während sie in Europa weitgehend fehlen. Zahlreiche längere oder kürzere Texte dienen zur Erklärung der Karte, sie stehen in der Karte selbst oder am Rand.

Ausschnitt 1 zeigt den Süden und Westen Deutschlands. Alpen und Schwarzwald („Nigra silva") gliedern das Gebiet in Ost-West-Richtung. Der östliche Teil des Ausschnittes wird von der Donau beherrscht, die aus fünf Quellflüssen entsteht. Von Süden her erreichen sie fünf Nebenflüsse: Iller („Ilara"), Lech, Isar („Pisara"), Inn („In") und ein weiterer Fluss ohne Namen, mit dem wahrscheinlich die Enns gemeint ist. An Städten eingezeichnet sind zum Beispiel Ulm („Villa olma"), wo eine Brücke über die Donau führt, Kempten („Campidona"), Augsburg („Augusta"), Freising („Vrisinga"), Regensburg („Ratisbona"), Passau („Pattauia") und Wien („Wena"). Von den linken Nebenflüssen ist nur die Naab („Naba") berücksichtigt.

Westlich der Donau schließen sich der Bodensee („Lemanus Lacus") und der Rhein an. Dieser besitzt drei Quellflüsse und umrundet die Insel Reichenau mit ihren drei Klöstern Mittelzell („Monasterium Sancte Marie"), Oberzell („Cella Ste. Georgii") und Niederzell („Cella"). Zwischen der Reichenau und den Quellflüssen

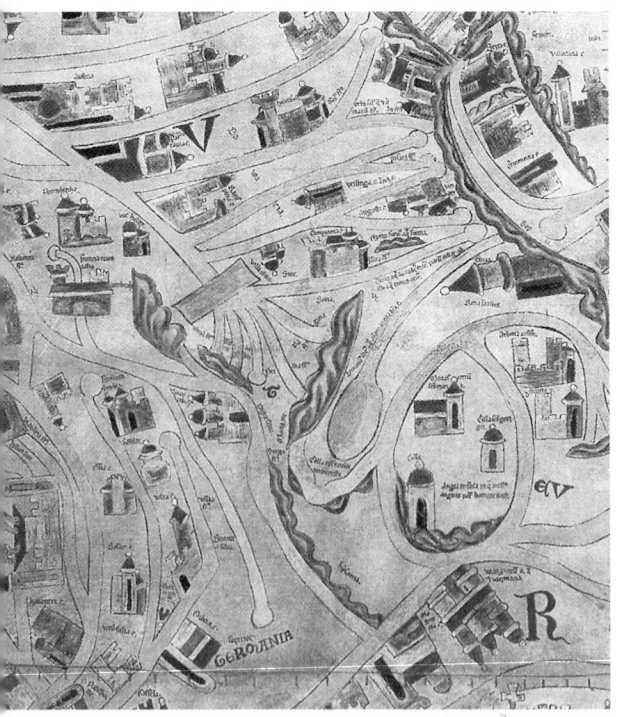

Ausschnitt 1: Süden und Westen Deutschlands.

Türme wahrscheinlich durch Goldfarbe besonders betont wurden. Im Inneren der Stadt ist nur das geöffnete Grab Christi mit zwei Grabwächtern zu sehen. Aus ihm erhebt sich der Auferstandene mit einer Fahne in der rechten Hand. Ein Gebirgszug trennt Jerusalem von der Küste des Mittelmeeres. Unter den Küstenstädten fällt besonders das mit mehreren Türmen befestigte Akkon („Accaron") auf. Südlich von Jerusalem sind der Berg Zion („Mons Syon"), die Quelle Siloah („Syloa fons"), Kana („Chana Galilea", zusätzlich gekennzeichnet durch sechs Tonkrüge), das Tal Josaphat („vallis Josaphat"), Bethanien („Bethania") und Emmaus („Emaus") eingetragen. Östlich davon teilt der Jordan Galiläa, hier liegen Damaskus („Damascus civitas") und Nazareth. Als charakteristisches Tier der Region ist neben Jerusalem ein großes Kamel eingezeichnet.

liegen Arbon („Arbona") und Konstanz („Constancia"), flussabwärts Worms („Wormacia"), Mainz („Mogoncia") und Koblenz („Confluencia"). Der Main („Moin") verläuft parallel zur Donau. Zwischen den beiden Flüssen liegen die Plassenburg („Blassenburc"), Nürnberg („Nurenberch"), Forchheim („Vorchelem") und Bamberg („Pavenborch"). Bei dem Fluss, dessen Namen nicht lesbar ist, handelt es sich um die Regnitz.

Die übrigen Flüsse, von denen einer mit dem Main verbunden ist, gehören zur Weser. Es sind die Fulda („Wlda"), die namenlose Werra und die Innerste („Indistria"). Auch hier ist eine Reihe von Städten eingezeichnet, darunter Fulda („Wlda"), Essen („Essia"), Paderborn („Padelborne"), Kassel („Cassela") und Hannover („Honouere")

Ausschnitt 2 zeigt Palästina und die angrenzenden Gebiete. Im Mittelpunkt liegt das viereckige Jerusalem, dessen Mauern, Tore und

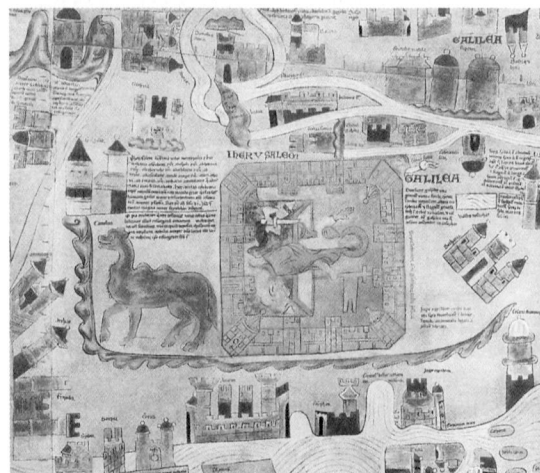

Ausschnitt 2: Palästina und die angrenzenden Gebiete.

Ausschnitt 3 zeigt Afrika, das durch zwei Flüsse gegliedert wird: durch den nördlich gelegenen Nil, der ins Mittelmeer mündet, und den parallel dazu verlaufenden „Juba-Nil" (weißer Nil), der in einem Binnensee endet. Südlich des Nils sind eine Reihe von verschiedenartigen Menschen und missgestalteten Monstern wie in Käfigen eingezeichnet: ein Wesen mit Bockshörnern und Klauen

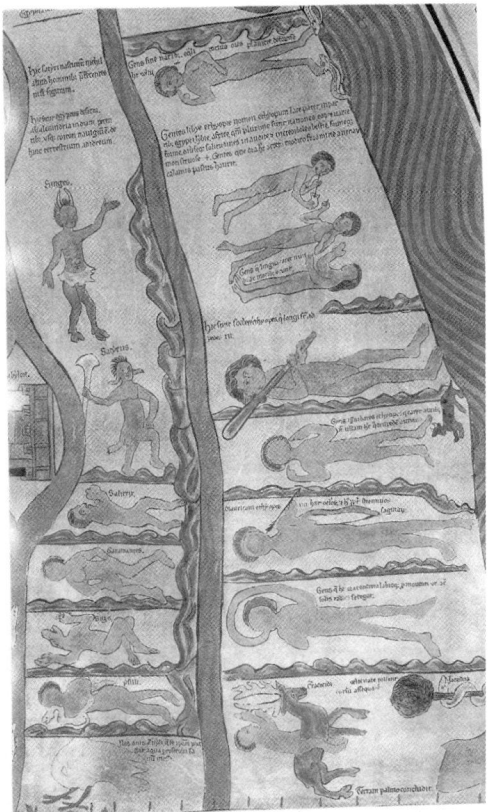

Ausschnitt 3: Afrika.

(„Singes"), ein weiteres mit herunterhängenden Ohren und Schwanz („Satyrus"), Menschen, die auf einem Hirsch reiten oder mit Keule und Pfeil bewaffnet sind, ein Paar, das sich in Gebärden unterhält und ein Mann, der mit einem Halm aus einem Gefäß trinkt. Den Abschluss bildet eine Reihe von Fabelwesen.

Interpretation

Im Gegensatz zu modernen Landkarten hat die Ebstorfer Weltkarte nicht die Absicht, die bekannte Welt möglichst genau wiederzugeben, sondern sie bietet eine Sammlung historischer, theologischer, naturkundlicher und mythologischer Einträge. Ihre Grundlage war ein religiös geprägtes Weltbild. Dies zeigt schon der Rahmen mit Haupt, Händen und Füßen Christi. Sie umgeben die Erde, die dadurch zu seinem Leib wird. Ihr Mittelpunkt ist Jerusalem mit dem auferstandenen Christus.

Gleichzeitig war die Ebstorfer Weltkarte eine Erdbeschreibung, die sich auf die Bibel und auf Legenden ebenso stützte wie auf antike und mittelalterliche Enzyklopädien oder Reiseberichte. Dabei wurden die drei Erdteile unterschiedlich behandelt. In Europa finden sich fast ausschließlich topografische Eintragungen wie Berge, Flüsse und Städte. Dafür wurden vermutlich Itinerare oder unmittelbare Erfahrungen verwendet. Einen Schwerpunkt bilden die Orte mit kirchlicher Bedeutung. Von den 75 Ortsnamen im Deutschen Reich sind 33 Bischofssitze und 13 Klöster. In Asien überwiegen die heilsgeschichtlichen Stätten, darunter das Paradies, der Berg Ararat mit der Arche Noah, Orte aus dem Neuen Testament und die Gräber der Apostel Bartholomäus und Thomas. Eine wichtige Quelle für Asien war auch der Alexanderroman, auf den an 17 Stellen Bezug genommen wird. Afrika enthält an der Küste des Mittelmeeres und des Roten Meeres sowie am Nil eine Reihe von Städten, während im Süden exotische Tiere und Fabelwesen überwiegen. Sie stammen zum größten Teil aus dem Werk von Solinus („Collectanea rerum memorabilium", um 630 n. Chr.), der hauptsächlich Plinius d. Ä. benutzte, und aus Isidor von Sevillas „Etymologiae".

Die Entstehung der Ebstorfer Weltkarte

Die Ebstorfer Weltkarte ist die größte erhaltene Karte des Mittelalters. Sie bestand aus dreißig unterschiedlich großen Pergamentblättern, die zuerst in mehreren senkrechten Bahnen zusammengenäht und dann zu einem großen Quadrat zusammengefügt wurden. Anschließend erfolgten die Bemalung und die Beschriftung. Die Karte wurde 1830 im nieder-

---

Die Ebstorfer Weltkarte

sächsischen Benediktinerkloster Ebstorf entdeckt und gelangte 1845 in den Besitz des Historischen Vereins für Niedersachsen und Hannover. Bei einem Bombenangriff am 8./9. Oktober 1943 wurde sie vernichtet. Alle Rekonstruktionen basieren auf zwei frühen Abbildungen, einer Fotografie und Nachzeichnung, die Ernst Sommerbrodt herausgegeben hat (Hannover 1891), und einer Lithografie von Konrad Miller (Stuttgart 1896).

Die Karte setzt die Tradition spätantiker Weltkarten fort. Ihre unmittelbare Vorlage war vermutlich eine angelsächsische Karte, die auch von Richard von Waldingham für die Hereforder Weltkarte (um 1280, 134 x 165 cm) verwendet wurde. An der Arbeit waren zwei Maler und mehrere Schreiber beteiligt. Durch Vergleich mit Miniaturen und Schriften ist die Entstehung der Karte – entgegen der bisherigen Forschung – auf die Zeit um 1300 zu datieren (Wilke). Damit entfällt der Bezug zu Gervasius von Tilbury (um 1152 bis nach 1220), dem Autor eines enzyklopädischen Werkes für Otto IV. („Otia imperialia liber de mirabilibus mundi"), in dem die ältere Forschung den für Ebstorf nachgewiesenen Probst Gervasius sehen wollte. Auch die Interpretation der Karte als „welfisches Herrschaftszeichen" für die Zeit um 1240 (Armin Wolf, in: Kugler (Hg.), Ein Weltbild vor Columbus) muss zumindest korrigiert werden. Die Wappen bei den Stadtsignaturen Lüneburg und Wien verweisen vielleicht auf den Welfenherzog Otto den Strengen und seine Hochzeit mit Mechthild, der Tochter des bayerischen Herzogs Ludwig II. im Jahre 1288. Seine Schwiegermutter Mathilde war eine Tochter König Rudolfs I., woraus eine enge Beziehung zu den Habsburgern entstand. Als Auftraggeber kommt Propst Albert (1293-1307 in Ebstorf) in Frage, der die Ebstorfer Weltkarte im Kloster anfertigen ließ. Die Arbeit lässt sich mit der Herstellung einer Bilderhandschrift vergleichen, die etwa 300 Seiten im Folioformat umfasst hätte. Der Wert einer solchen Handschrift, etwa 10 bis 15 Mark Silber,

entsprach dem Jahreseinkommen eines niedrigen Adligen. Damit konnte sich auch ein Kloster eine solche Karte leisten, um sie zum Beispiel im Unterricht einzusetzen. Für Ebstorf ist 1307 eine Klosterschule nachgewiesen.

Zusätzliches Material

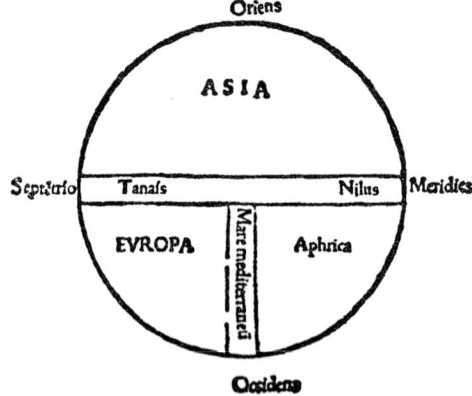

T-Schema einer mittelalterlichen Karte. Holzschnitt in Zacharias Lilius: Orbis breviarium, Florenz 1493.

Hinweise für den Unterricht

Für den Einsatz der Ebstorfer Weltkarte im Unterricht sind eine gute Reproduktion und sehr viel Zeit erforderlich. In der Mittelstufe wird sich der Lehrer darauf beschränken, die Karte vorzustellen und an ihr wesentliche Merkmale mittelalterlicher Karten zu zeigen (religiöses Weltbild, enzyklopädische Absicht). Eventuell kann ein Ausschnitt (Süden und Westen Deutschlands) genauer besprochen und dann auf der Karte lokalisiert werden. Eine Arbeit mit der Karte als Quelle dürfte der Oberstufe vorbehalten sein. Auch hier empfiehlt es sich, nicht nur mit der ganzen Karte, sondern auch mit Ausschnitten zu arbeiten. Eine erste Orientierung kann mit Hilfe des T-Schemas erfolgen, wobei zum Vergleich eine moderne Karte der Alten Welt geostet werden sollte, um so die veränderte Ausrichtung der Erdteile zu verdeutlichen. Eine Auswertung des dargestellten Europa ist am ehesten mit Hilfe der Flüsse (Donau, Rhein) möglich.

Eine weiterführende Möglichkeit ist der Vergleich der Ebstorfer Weltkarte mit historischen Karten, die der geographischen Orientierung dienten, mit mittelalterlichen Seekarten („Portulane") oder Straßenkarten des 16. Jahrhunderts. Hier bietet sich neben der „Romwegkarte" des Nürnberger Kartographen Erhard Etzlaub (um 1500) die „Carta itineraria europae" von Martin Waldseemüller an (entstanden 1511).

Literatur

Birgit Hahn-Woernle, Die Ebstorfer Weltkarte, Ebstorf 1987 (Gute Faksimile einzelner Ausschnitte).

Hartmut Kugler (Hg.), Ein Weltbild vor Columbus: die Ebstorfer Weltkarte. Internationales Colloquium zur Ebstorfer Weltkarte 1988, Weinheim 1991.

Gerald Sammet, Der vermessene Planet. Bilderatlas zur Geschichte der Kartographie, Hamburg 1990 (Faksimile historischer Karten, z.B. Portulane und die Karte von Waldseemüller).

Jürgen Wilke, Die Ebstorfer Weltkarte. Text- und Tafelband, Bielefeld 2001 (Veröffentlichungen des Instituts für Historische Landesforschung der Universität Göttingen, Bd. 39; sehr gutes großformatiges Faksimile [68 x 68 cm]).

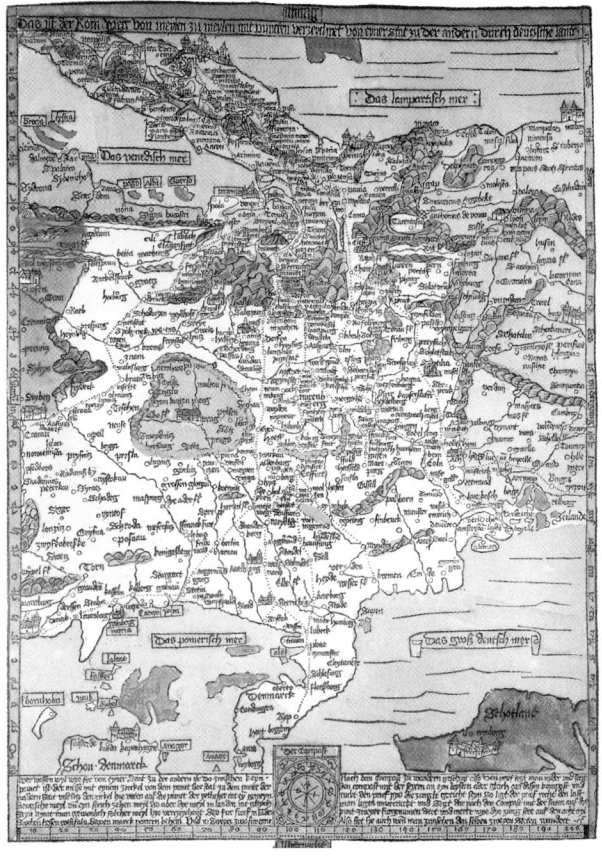

„Romwegkarte" von Erhard Etzlaub, Nürnberg, um 1500.

Stadt und Umland: ein Monatsbild aus dem Adlerturm in Trient

Beschreibung

Das Bild ist an den Seiten durch gedrehte Säulen, oben und unten durch einen breiten weißen Strich gerahmt. Am oberen Rand steht eine weiße Sonnenscheibe mit einem Flammenkranz, die durch die Inschrift „Sol in Capricorno" erklärt wird. Das Bild selbst lässt sich in drei Felder gliedern.

Der rechte obere Teil zeigt eine Gebirgslandschaft, vor deren kahlen Felsen einige dünne Bäume stehen. Mehrere Bäume sind bereits geschlagen und nur noch ihre Stümpfe zu sehen. Fünf Männer arbeiten hier, der eine fällt gerade einen Baum, der andere teilt einen Stamm in kürzere Stücke. Drei Männer sind mit dem Transport des Holzes beschäftigt. Einer trägt Stämme zusammen, ein zweiter hat einen Schlitten beladen und zieht ihn aus dem Wald, ein dritter verknotet zwei Seile, mit denen die Ladung auf einem Leiterwagen zusammengehalten wird. Zwei Männer sind bereits mit ihren Fuhrwerken auf dem Weg in die Stadt. Beide Wagen werden jeweils von zwei Ochsen gezogen, die unter einem Genickdoppeljoch aus Holz an die Deichsel gespannt sind. Auffällig bei allen drei Wagen sind die Räder mit vier parallelen Speichenpaaren. Die Arbeiter tragen kurze Röcke, Beinkleider und Schuhe, die meisten auch Hüte oder Tücher auf dem Kopf. Lediglich die beiden, die mit Beil und Axt arbeiten, sind barhäuptig.

Die Stadt, durch deren Tor gerade der erste Wagen fährt, erstreckt sich teilweise auch auf das vorherige Monatsbild (November). Sie ist von einer höheren und einer niedrigeren Mauer umgeben, zwischen denen nur ein schmaler Gang bleibt. Während die niedrige Mauer aus glatt gehauenen Steine gebaut ist,

*Monatsbild für den Monat Dezember. *Fresko eines unbekannten Malers, 1404-1407, 3,05 x 1,98 m, Adlerturm des Castello del Buonconsiglio in Trient.*

ragen aus der höheren einige Steine heraus. Breite Zinnen bekrönen beide Mauern. Sie werden von zwei hohen und schmalen Toren unterbrochen. Zwischen ihnen ist ein kleines Holzhaus so auf die Mauer gesetzt, dass es fast mit seiner gesamten Fläche nach außen ragt und durch zwei geschwungene Balken an seiner Unterseite gegen die Mauer abgestützt wird. Der Zugang ist auf der Innenseite von einem schmalen Wehrgang aus. Um die Mauer fließt ein Bach, der auch eine aus Holz gebaute und mit Stroh gedeckte Mühle antreibt. Aus einer hölzernen Rinne fällt das Wasser oberschlächtig auf die Schaufeln, die außen an einem Holzrad befestigt sind.

Durch das zweite Tor verlassen drei Reiter die Stadt. Zwei von ihnen sind weiß gekleidet. Ihre Pferde haben bereits den Bach erreicht und trinken daraus. Der dritte, der gerade aus dem Tor kommt, reitet über eine Holzbrücke ohne Geländer, die hier über ein weiteres schmales Gewässer führt.

Die Stadt ist so gemalt, dass man teilweise von oben in sie hineinschauen kann. Ihr Inneres ist geteilt in eine Häuserzeile und eine Burg, dazwischen liegt ein freier Platz. Sechs Häuser unterschiedlicher Größe und Ausstattung sind parallel nebeneinander gebaut. Das größte Haus steht neben dem Tor, aus dem der Reiter kommt. Es ist aus drei verschieden hohen Teilen zusammengebaut, der Giebel des höchsten Teiles ist durch drei Türmchen geschmückt. Auch das Haus daneben setzt sich aus verschieden großen Teilen zusammen. An zwei gleich hohe Bauten mit Treppengiebeln ist ein sehr viel kleinerer Anbau angefügt. Dieses Haus hat auch flache und sehr viel größere Ziegel als die anderen Gebäude. Die anderen vier Häuser sind etwa gleich groß, wobei hinter ihnen noch der Giebel eines Querhauses erkennbar ist. Das letzte Haus ist durch eine Mauer, die über das Dach ragt, ebenfalls geteilt.

Vor der Burg führt ein Mann in einem grünen Rock einen hellgrauen Esel, der auf seinen Flanken zwei Holzfässer trägt. Von einem zweiten hellbraunen Esel dahinter ist nur ein Teil des Kopfes sichtbar. Die Burg liegt an der Ecke der Stadtmauer, die sie weit überragt. Sie ist auf einer Seite durch eine Zinnenmauer geschützt, auf die ebenfalls ein Holzhaus gesetzt ist und an die sich ein Wehrgang anschließt. Das schmale Burgtor hat zwei Fenster und einen Schornstein, was auf eine Wohnung über dem Tor schließen lässt. Von dem Gebäude neben dem Tor ist nur das Dach sichtbar. Der krönende Abschluss ist ein hoher runder Turm, dessen oberstes Geschoss weit über die Mauer auskragt und wahrscheinlich aus Holz gebaut ist. Es besitzt große Fenster und endet in einem spitzen Dach.

Interpretation

Das Fresko ist das Monatsbild für den Dezember, in dem das Sternzeichen des Steinbocks beginnt. Es zeigt eine jahreszeitlich bedingte Arbeit, das Fällen von Bäumen und den Transport der Stämme in die Stadt. Ob es sich bei den Männern um Bürger handelt oder um Bauern, die Fronarbeit leisten, ist nicht erkennbar. Die Stadt ist durch ihren Mauerring deutlich von ihrer Umgebung abgegrenzt, aber bei der Versorgung von Rohstoffen auf das Umland angewiesen. Die verschiedenen Gebäude in der Stadt weisen auf eine soziale Differenzierung hin, wobei der Burg eine Sonderstellung zukommt. Zu ihr gehören wahrscheinlich die drei Reiter, die nicht an den Arbeiten beteiligt sind, sondern nur zu ihrem Vergnügen ausreiten.

Das Fresko unterscheidet sich von anderen Monatsbildern durch sein Thema, da Waldarbeiten und Holztransport selten dargestellt werden. Zu den häufigen Motiven des Monats Dezember gehörten das Schlachten von Tieren oder die Jagd. Einmalig sind auch die vielen realistischen Details, die der Maler wiedergibt: Geräte wie Beil und Axt, Schlitten, Leiterwagen und Esel als Transportmittel, die Befestigung der Stadt und ihre verschiedenen Gebäude, aber auch der lebendige Gesichtsausdruck der Männer. Ob es für die Szene ein konkretes Vorbild gab – vielleicht Trient selbst und seine Umgebung – ist umstritten.

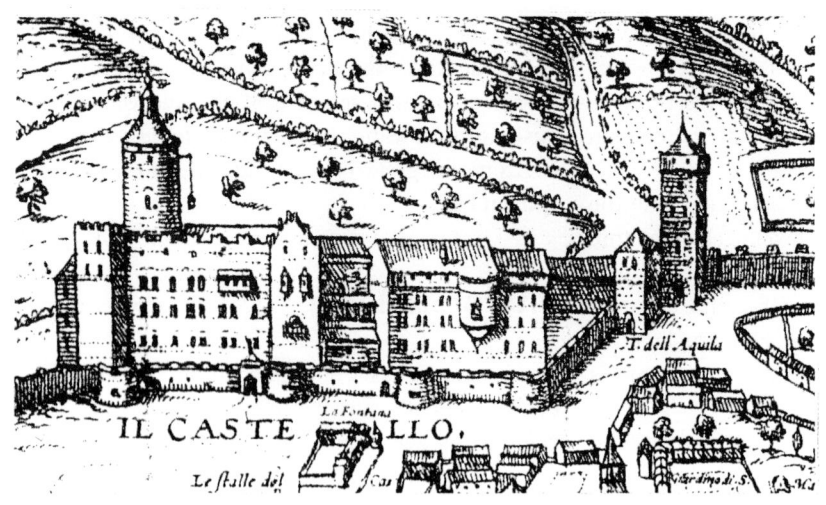

Das Castello del Buon-consiglio nach einem Stich von Frans Hogenberg, 1588.

Das Castello del Buonsigilio und die Fresken des Adlerturmes

Die befestigte Residenz der Trienter Fürst-bischöfe liegt am Nordostrand der Altstadt und war im Mittelalter Teil der Stadtbefesti-gung. Das älteste Gebäude, das Castelvecchio, wurde zu Beginn des 13. Jahrhunderts um einen Rundturm erbaut und in der 2. Hälfte des 15. Jahrhunderts durch eine Loggia im Obergeschoss erweitert. Der Adlerturm war ursprünglich ein Torturm und wurde von Bischof Georg von Liechtenstein zwischen 1404 und 1407 als Wohnturm ausgebaut und durch einen 100 m langen Gang innerhalb der Mauer mit dem Schloss verbunden. Obwohl der Bischof nach einem Aufstand der Bürger von Trient den Turm der Stadt zurückgab, blieb dieser ein Teil der Schlossanlage.

Während des 16. Jahrhunderts ließ Fürst-bischof Bernardo Cles im Süden des Castel-vecchio den Magno Palazzo als reich ausge-statteten Renaissancebau errichten. Am Ende des 17. Jahrhunderts wurden die beiden Bau-ten miteinander verbunden, wodurch der Pa-last seine heutige Form bekam.

Die Fresken stammen aus der Bauzeit des Adlerturmes. Ursprünglich besaß der Raum zwölf Bilder, je zwei an der Ost- und West-wand (Januar/Februar und Juli/August), drei an der Südwand (April bis Juni) und vier an der Nordwand (September bis Dezember). Das Bild für den Monat März befand sich an der Außenwand der Wendeltreppe, die zwischen Ost- und Südwand in das Obergeschoss führt. Dieses Bild wurde später entfernt. Auf den anderen Bildern sind folgende Szenen darge-stellt:

Januar: verschneite Landschaft mit einem Schloss, das als Stenico identifi-ziert wurde (dieses bischöfliche Schloss liegt im Val d'Algone, ca. 35 km westlich Trient); zwei Jäger mit Hunden und Adlige, die eine Schneeball-schlacht (!) machen

Februar: vier Ritter kämpfen in einem Tur-nier, junge Damen beobachten sie von der Ringmauer einer Burg aus; Schmiedewerkstätte

April: ein Dorf mit Kapelle und Mühle; eggende und pflügende Bauern;

Mai: ein Bauer mit Ochsenkarren; zwei (adlige?) Damen in einem Garten, zwei Damen bei einem Spaziergang (Anschluss an das nächste Bild)

Mai: Stadt mit Mauer und Kirche; zwei Paare an einem gedeckten Tisch im Freien neben einem Brunnen; eine adlige Gesellschaft auf einer blühenden Wiese

Juni: eine Stadt, die gerade zwei Adlige verlassen; Holzhütten, zwischen denen Bauern Kühe melken und Butter machen; Musikanten, die fünf Paaren zum Tanz aufspielen

Juli: bäuerliche Holzhäuser, eine kleine und eine große Burg; Bauern bei der Heuernte und beim Fischen; eine Dame bekommt einen Jagdfalken geschenkt; zwei Männer, die auf Holzgestellen Falken tragen

August: eine Burg und ein Dorf (mit Kapelle und Kloster); Bauern, die Getreide ernten und einfahren; drei Adlige mit Falken

September: ein Bauernhaus und ein Heuschober; Bauern beim Pflügen und Hacken eines Feldes und bei der Rübenernte; Adlige auf Falkenjagd

Oktober: Almhütte; Bauern bei der Weinlese und beim Keltern; zwei adlige Damen

November: Stadt mit Mauer, in die Schweine getrieben werden; Treibjagd auf Bären.

Außer dem Bild des Monats Februar besitzen alle erhaltenen Fresken denselben Hintergrund. Sie enden in einer Landschaft aus Wald und bizarren Felsen. Von einer Bemalung der Wände im dritten Turmgeschoss haben sich nur Fragmente erhalten. Der Künstler der Fresken stammte wahrscheinlich nicht aus Italien, weil seine Bilder noch keine Perspektive kennen, sondern die einzelnen Szenen übereinander anordnen. Auch war die Verwendung von Pferden beim Pflügen für das mittelalterliche Italien untypisch – hier verwendete man Ochsen. Vielleicht stammte der Maler aus Böhmen; dort hatte die Familie des Bischofs große Besitzungen. Eine Identität mit einem Meister Wenzeslaus (Wenzlaff), der als Hofmaler des Bischofs erwähnt wird, lässt sich nicht belegen. Die Fresken, die einen Einfluss der zeitgenössischen Buchmalerei erkennen lassen, sind Meisterwerke der höfischen Gotik.

Monatsbilder

Die Monatsbilder des Mittelalters gehen auf antike Darstellungen der Jahreszeiten zurück, die auf Münzen, Mosaiken oder Reliefs den jahreszeitlich bedingten Wandel der Natur zeigten. Bilder vom Ablauf eines Jahres anhand seiner zwölf Monate finden sich erstmals in einem astrologisch-chronologischen Sammelband, der im Jahr 818 im Raum Salzburg entstand. Dabei werden den einzelnen Monaten Szenen aus dem Alltag der Bauern (Wärmen am Feuer, Schlachten eines Schweins), ihre Arbeiten (Pflügen, Gras- und Getreidemähen, Säen), aber auch adlige Beschäftigungen (Jagd mit Greifvögeln) zugeordnet.

Im Mittelalter wurden die Monatsbilder zu beliebten und oft variierten Motiven. Einfachere Darstellungen finden sich als Reliefs in romanischen Domen wie Chartres oder Amiens, detaillierte Darstellungen vor allem als Miniaturen in Stundenbüchern wie dem „Très riches heures", den die Brüder Limburg zu Beginn des 15. Jahrhunderts für den Herzog von Berry anfertigten, oder in Simon Benings „Breviarium Grimani" um 1510. Diese Bilder bieten in mehrfacher Hinsicht einen Einblick in das Welt- und Menschenbild des Mittelalters.

Der Jahresablauf bildete für den mittelalterlichen Menschen einen wichtigen Zeitabschnitt.

Die Witterung im Ablauf der einzelnen Monate war entscheidend für die Agrarproduktion und damit eine Frage des Überlebens. Deshalb zeigt die Mehrzahl der Szenen Arbeiten der Bauern. Auf eine weitere Abhängigkeit weisen die Sternkreiszeichen. Zwar glaubte man nicht an ein Horoskop, wohl aber an den Einfluss der Planeten und Sternzeichen auf den Charakter eines Menschen („Planetenkinder"). Außerdem brachte man sie mit Körperteilen, Krankheiten und bestimmten medizinischen Behandlungsmethoden wie dem Aderlass in Verbindung.

Die Monatsbilder zeigen aber nicht nur den Alltag der Bauern. Knapp die Hälfte der Bilder ist dem Leben der Adligen gewidmet. Das Nebeneinander des bäuerlichen und adligen Jahreslaufs spiegelt eine gottgewollte ständische Ordnung wieder: „Nur so kann die adlige Sicht auf die bäuerliche Arbeit zum ästhetischen Vergnügen werden, das zugleich dem Bauern bei seiner Arbeit eine selbstverständliche Würde lässt" (Seltmann).

Hinweise für den Unterricht

Für die Arbeit mit dem Monatsbild „Dezember" ist eine gute Reproduktion des Freskos erforderlich. Die lebendige und detailreiche Darstellung bietet sich für eine genaue und ausführliche Beschreibung an (Landschaft, Arbeiten, Stadt), die Schüler der Mittelstufe weitgehend selbstständig leisten können. Eine Weiterarbeit ist in zweifacher Hinsicht möglich: die Betrachtung des gesamten Zyklus oder der Vergleich mit Darstellungen des Monats Dezember in einer andere Bildfolgen (karolingische Handschrift, romanisches Relief, Stundenbuch). In der Oberstufe sollten die Monatsbilder als Darstellung einer gottgewollten natürlichen und gesellschaftlichen Ordnung interpretiert werden.

Literatur

Enrico Castelnuovo, Il ciclo dei mesi di Torre Aquila a Trento, Trient 1987.

Giuseppe Šebesta, Il lavoro dell'uomo nel ciclo dei Mesi di Torre Aquila, Trient 1996.

Ingeborg Seltmann, Zwischen Schneeballschlacht und Schweineschlachten. Mittelalterliche Monatsbilder als Quellen, in: Praxis Geschichte 15 (2002) H. 2, S. 16-19.

*Fresko an der Ostwand der Kapelle im Palazzo Medici-Riccardi, Florenz, gemalt von Benozzo Gozzoli, 1459/60, ca. 2,70 m breit, ca. 2,10 m hoch.

Der Zug des Königs Balthasar

Beschreibung

Im Vordergrund reitet ein reich gekleideter junger Mann mit einer Krone geschmückt auf einem Schimmel mit rot-goldenem Saumzeug ungefähr von der Bildmitte nach rechts, das Gesicht dem Betrachter zugewandt. Vor ihm haben zwei Reiter bereits die Richtung geändert und scheinen auf den Betrachter zuzureiten. Der äußere rechts trägt ein erhobenes Schwert in der Rechten; infolge des Bildrandes

ist sein linker Arm und sein Pferd nicht mehr ganz zu sehen. Der Reiter neben ihm trägt in der erhobenen Rechten ein goldenes pokalartiges Gefäß mit dicker Fußplatte, Balusterschaft, gerader Kuppa und einem spitz zulaufenden Deckel. Neben dem königlichen Reiter gehen ihm voran zwei Pagen, der eine ist durch das Pferd weitgehend verdeckt. Außerdem wird der Reiter von zwei Lanzen- und zwei Armbrustträgern begleitet. Dann folgt ein Reiter auf einem Schimmel, dem ein älterer Mann gegürtet mit Kurzschwert und einen Hut in der Hand vorausgeht, daneben reitet ein anderer auf einem braunen Maultier. Ihm zur Seite geht ein junger Farbiger mit einem Langbogen in der Hand, dem zwei Reiter unmittelbar folgen. Dahinter schließt sich eine dicht gedrängte Menge von Reitern und Begleitern an, wobei bald nur noch Köpfe, keine Pferde mehr zu sehen sind. Viele haben eine rote, teilweise unterschiedlich geformte Kopfbedeckung auf, aber es gibt durchaus eine breite Variation an Kopfbedeckungen. Die Kleidung auch der Begleiter ist farbenreich und kostbar. Im Hintergrund erstreckt sich ein tief eingekerbtes Felsengebirge, das stark schematisch gezeichnet ist. Auf dem Gipfel erhebt sich eine befestigte Burg mit Zinnen. Von dort aus verläuft der Serpentinenweg durch die Felsen nach unten, auf dem sich der lang gezogene Reiterzug bewegt. Unter den weit entfernten Reitern kann man auch zwei Damen sowie einen Reiter in Rüstung entdecken. In die Felsenlandschaft ist eine Jagdszene eingefügt, in der ein Reiter, gefolgt von einem Mann und zwei Hunden, eine Hirschkuh jagt, die gegenüber dem Reiter überproportional groß ist. Bäume und Büsche sind im Gegensatz zu der Felsenlandschaft differenziert und genau dargestellt, so lässt sich z.B. erkennen, dass es sich bei dem Busch, vor dem sich der Kopf des Königs abhebt, um einen Lorbeer handelt.

Selbstporträt von Benozzo Gozzoli, 1459/60, Detail des Freskos an der Ostwand der Kapelle im Palazzo Medici-Riccardi, Florenz.

Wer war der Maler des Bildes?

Benozzo di Lese di Sandro, später Gozzoli genannt (wohl 1420-1497), wurde in Florenz geboren, arbeitete an der Paradiestür des dortigen Baptisteriums mit und war Schüler und Mitarbeiter Fra Angelicos. Nachdem er unter anderem in Rom und Montefalco gearbeitet hatte, kehrte er nach Florenz zurück, wo er beauftragt wurde, die Hauskapelle im Palast der Medici auszumalen. Es ist überliefert, dass er im Juni 1459 begann und nach nur ungefähr 150 Tagewerken die drei Wände mit dem Zug der Heiligen Drei Könige bzw. der Weisen aus dem Morgenland ausgemalt hatte. Das ist eine sehr kurze Zeit, auch wenn vermutlich manches von Gehilfen übernommen wurde. Den Entwurf und die Skizzen hatte Gozzoli sicher vor Beginn der Arbeit fertig gestellt, denn es handelt sich um einige Porträts von Zeitgenossen, darunter auch sein Selbstporträt, aber auch um Typen wie z.B. den jungen Farbigen. Später arbeitete er unter anderem in San Gimignano und in Pisa.

Der Auftraggeber

Piero de' Medici war der Auftraggeber. Er stammte aus dem reichen Kaufmanns- und Bankiergeschlecht der Medici und war der älteste Sohn Cosimos (1389-1464), genannt der Ältere, der nach seiner Rückkehr aus einjähriger Verbannung aus Florenz (1433) die unumstrittene Kontrolle über die Stadtregierung ausübte, jedoch die republikanisch-demokratischen Umgangsformen respektierte. In seiner

Der Zug des Königs Balthasar

Regierungszeit erlebte Florenz einen unerhörten künstlerischen Aufschwung. Piero folgte seinem Vater nach (1464-1469), dann erreichte die Stadt unter seinem Sohn Lorenzo dem Prächtigen (1469-1492) ihre größte politische Macht und kulturelle Blüte. Um 1457 war der Palast der Medici, den Cosimo bei dem Architekten Michelozzo in Auftrag gegeben hatte, in der heutigen via Cavour (ehemals Larga) fertig. Bereits 1422 hatte Papst Martin V. Cosimo das seltene Privileg erteilt, einen privaten tragbaren Altar für sein persönliches Gebet aufzustellen. Dieser fand nun seinen Platz in der kleinen Kapelle in dem neuen Palast. Piero de' Medici erteilte Benozzo Gozzoli den Auftrag, die Kapelle auszumalen. Briefe des Künstlers an seinen Auftraggeber belegen, dass Piero auf die Ausmalung durchaus Einfluss nahm. Die prächtigen Gewänder zeigen den Hang zum Luxus, den Piero bereits an den Tag gelegt hatte, ebenso deuten die Porträts der Zeitgenossen, insbesondere der Familienmitglieder der Medici, auf die beabsichtigte Selbstdarstellung hin.

Das Bildprogramm der Kapelle

Die Kapelle war nicht allein für private Gebete bestimmt, sondern diente auch als Empfangsraum für Würdenträger und für Audienzen, bis Cosimo I. 1540 in den Palazzo della Signoria umzog. Außerdem war sie mit doppelten Wänden ausgestattet, so dass sie als Versteck dienen bzw. die Flucht erleichtern konnte. Die Doppelwandigkeit erklärt den guten Erhaltungszustand der Fresken, da sie so vor Feuchtigkeit geschützt waren. Die Kapelle besteht aus einem fast quadratischen Hauptraum und einem durch eine Stufe erhöhten ebenfalls beinahe quadratischem Altarraum. Zwei korinthische Pfeiler trennen die beiden Räume voneinander. Der Zug der Heiligen Drei Könige ist

auf den Wänden des Hauptraumes dargestellt, er bewegt sich auf die Altartafel zu, einst das Original der Anbetung des Kindes von Filippo Lippi (um 1457-1504), heute eine Kopie. Das Altarbild zeigt aber auch die Heilige Dreieinigkeit, der die Kapelle geweiht ist. Auf den Seitenwänden sind Engelschöre zu sehen, die das Kind anbeten.

1659 erwarb die Familie Riccardi den Palazzo Medici und nahm einige Umbauten vor, darunter auch eine Vergrößerung des Palastes. Wegen des Einbaus einer Freitreppe wurde der Eingang der Kapelle verlegt und in der Südwestecke eine in den Raum hineinragende Mauerecke geschaffen. Auf ihr wurden die zuvor aus der Darstellung auf der Westwand entfernten Teilstücke wieder montiert.

Interpretation

Die Heiligen Drei Könige werden nach der Tradition als Caspar, Melchior und Balthasar bezeichnet. Häufig werden die Könige in der christlichen Ikonographie als alter, mittlerer und junger König bezeichnet, wobei manchmal Caspar, manchmal Balthasar als jüngster bzw. ältester König bezeichnet wird. Auf der Westwand ist der Zug des ältesten, auf der Südwand der Zug des mittleren und auf der Ostwand der des jüngsten Königs abgebildet. Bei diesem Zug sind auch die Porträts der wichtigsten Angehörigen der Medici-Familie enthalten. Bei allen Königen handelt es sich um Bildnisformeln, wie sie auch bei Engelsköpfen eingesetzt werden. An der Spitze hinter dem jüngsten König Balthasar reitet Piero de' Medici (1416-1469), der Auftraggeber für die Ausmalung der Kapelle. Ihm zur Rechten reitet Cosimo auf einem Maulesel, was auf seine Bescheidenheit und Wahrung der demokratischen Formen verweist. In der hinteren Reihe der Reiter (über den Pferdeköpfen) ist ein Jugendlicher zu erkennen. Es handelt sich nach allgemeiner Überzeugung um den bei der Entstehung des Bildes zehnjährigen Lorenzo de' Medici, den Sohn Pieros. Darüber neben dem alten Mann mit dem zweigeteilten Bart hat sich Gozzoli selbst porträtiert. Um jeden Zweifel auszuschließen, hat er auf den unteren Rand seiner Filzkappe „opus Benottii" geschrieben. Die Platzierung und die Schrift deuten auf sein Selbstbewusstsein. Zusätzlich hat er sich nochmals auf der Westwand dargestellt. Es ist bezeichnend, dass die wichtigsten Mitglieder der Familie im Zug des jungen Königs auftreten. Die Jugend soll Symbol für den Aufstieg der Medici sein. Weshalb der Zug, nicht aber die eigentliche Anbetung des Christuskindes durch die Heiligen Drei Könige dargestellt wird, hängt auch mit der Prozession der Heiligen drei Könige zusammen, die in Florenz jährlich begangen wurde und bei der die Medici eine wichtige Rolle spielten.

Zur Technik des Malers

Der Begriff Fresko umfasst alle Malereien auf nassem Putz. Die Vorbereitung der Malfläche beginnt damit, dass Löschkalk mit Sand zu Mörtel vermischt wird. Auf das Mauerwerk werden drei Mörtelschichten aufgetragen. Auf die oberste Schicht, Raupputz, wird als eigentliche Malschicht ein Frischputz aufgetragen, der innerhalb eines Tages bemalt werden muss (Tagewerk). Darauf wurden Vorzeichnungen (Sinopien) aufgetragen. Gozzoli hat bei der Ausmalung der Medicikapelle nicht nur al fresco gemalt, sondern er benützte auch Farben mit Bindemitteln wie Kasein oder tierische Leime, die sich nur für die Trockenmalerei (al secco) eignen.

Hinweise zum Unterricht

So traditionell das Thema „Der Zug des Königs Balthasar" anmutet, so ist die Art der Darstellung für die Mitte des 15. Jahrhunderts

doch sehr modern, weil sich Mitglieder der Familie Medici in dem Zug porträtieren ließen und somit ihr Selbstbewusstsein zum Ausdruck brachten. Diese Verbindung zwischen Heiligem und Profanen wird dadurch verstärkt, weil die Hauskapelle zugleich als Audienzraum diente, von dem aus die Medici die Geschicke der Stadt Florenz leiteten. Dass sich der Maler der Fresken, Gozzoli, auf dem besprochenen Bild selbst porträtierte und in dem ganzen Zyklus zweimal, spricht ebenfalls für sein Selbstbewusstsein. Im Rahmen der Behandlung der Renaissance kann dieses Bild allerdings entsprechend dem Alter der Schüler auch in Verbindung mit dem Kunstunterricht in der Mittel- und in der Oberstufe besprochen werden. Für die Mittelstufe bietet sich nach der Betrachtung und Besprechung ein Rollenspiel an, in dem ein jugendlicher Teilnehmer einer Audienz in der Kapelle seinen ungläubig staunenden Freunden berichtet, was er auf dem Bild alles entdeckt hat.

Literatur

Diane Cole Ahl, Benozzo Gozzoli, New Haven 1996.

The Chapel of the Magi. Benozzo Gozzoli's Frescoe in the Palazzo Medici-Riccardi Florence, ed. by Cristina Acidini Luchinat, London 1994.

Mario Opitz, Benozzo Gozzoli 1420 - 1497, Köln 1998.

Federzeichnungen eines unbekannten Malers um 1450, Illustrationen zu einer Handschrift von Ulrich Richentals „Chronik des Konstanzer Konzils", f. 58v und 59r, je 29 x 39 cm, Rosgarten-museum Konstanz.

Die Hinrichtung des Jan Hus auf dem Konstanzer Konzil

Beschreibung

Die Geschichte von der Hinrichtung des Jan Hus wird in vier Bildern erzählt. Im ersten Bild steht Hus mit einem traurigen Gesichtsausdruck zwischen zwei Bischöfen, die mit Mitra, Tunika und Kasel bekleidet sind. Sie legen gerade die Hände an seine Kasel. Auf beiden Seiten knien zwei weitere Geistliche mit Tonsur, die über ihrer Tunika einen Umhang tragen. Sie halten Vortragekreuze, und der linke hält außerdem in der Hand eine erloschene Kerze.

Auch im zweiten Bild steht Hus in der Mitte. Er trägt jetzt eine dunkle Kutte und auf dem

Kopf eine runde Haube, auf die zwei Teufel gemalt sind. Geleitet wird er von drei bewaffneten Männern. Dieser Gruppe folgen einige Männer zu Fuß und mehrere Reiter, während am rechten Rand ein Mann steht und das Geschehen beobachtet.

In der dritten Szene ist Hus wiederum der Mittelpunkt des Bildes. Er steht vor einem viereckigen Pfahl und um ihn sind mehrere Lagen Holz aufgeschichtet. Seine Hände hält er wie zum Gebet gefaltet und sein Mund ist geöffnet. Die Kopfbedeckung zeigt jetzt das Wort „herisy archa" (Erzketzer). Aus dem Scheiterhaufen schlagen die Flammen, die schon bis zu seinen Schultern reichen. Auf jeder Seite steht ein Knecht, der mit einer zwei- bzw. dreizinkigen Gabel das Feuer schürt. Hinter ihnen beobachten mehrere Männer den Vorgang, darunter rechts ein Mann auf einem Pferd, links ein Geistlicher mit Tonsur und Kutte und ein Bewaffneter mit Dolch und Hellebarde.

In der Mitte des vierten Bildes sieht man einen großen dunklen Aschehaufen. Zwei Männer werfen mit schmalen und unten eingekerbten Schaufeln die Asche in einen einachsigen Handkarren, der schon zur Hälfte gefüllt ist. Einer der beiden hat lange Haare und sein Gesicht ist durch die Krempe seines Hutes teilweise verdeckt.

Interpretation

Die vier Bilder illustrieren den Text von Ulrich Richentals „Chronik des Konstanzer Konzils". Auf dem ersten Bild wird Hus degradiert, indem man ihn seiner geistlichen Gewänder entkleidet. Die erloschene Kerze ist Zeichen für die Exkommunikation. Anschließend wird er von der weltlichen Obrigkeit zur Hinrichtung geführt, wobei die Papierhaube den Grund für seine Verurteilung zeigen und ihn gleichzeitig verspotten soll. Hus stirbt auf dem Scheiterhaufen, seine Asche wird gesammelt und in den Rhein gestreut.

Die Bilderfolge ist sorgfältig aufgebaut. Dem eher ruhigen ersten und letzten Bild, in dem nur wenig Personen dargestellt sind, stehen zwei bewegte Szenen mit vielen Personen gegenüber. Der Mittelpunkt der ersten drei Bilder ist jeweils Hus, im ersten Bild wird er durch die vier Geistlichen und die beiden Vortragekreuze eingerahmt. Im vierten Bild ist an seine Stelle der Aschehaufen getreten. Der Höhepunkt ist das dritte Bild, das den betenden Hus unmittelbar vor seinem Tod zeigt.

Ulrich Richental und seine Chronik

Ulrich (von) Richental (um 1365-1437) stammte aus einer Konstanzer Familie, die aus dem Dorf Richental im Kanton Luzern zugewandert war. Sein Vater war der Konstanzer Stadtschreiber Johannes Richental. Ulrich war für den geistlichen Stand vorgesehen und hatte die niederen Weihen erhalten, setzte aber seine kirchliche Laufbahn nicht fort. Ein eindeutiger Beruf über eine längere Zeit ist bei ihm nicht nachweisbar, er übte unterschiedliche Verwaltungs- und Schreibarbeiten für den Rat seiner Vaterstadt und für Teilnehmer der Konzils aus, darunter die Zählung der während des Konzils tätigen Prostituierten. Vielleicht hatte er seinen Wohlstand auch durch den Handel mit Immobilien erworben. Er bewohnte das „Haus zum goldenen Bracken" und besaß einen Weingarten, in dem er sogar König Sigismund bewirtete.

Seine wichtigste Tätigkeit in der Zeit von 1420 bis 1430 war die Abfassung der Chronik, für die kein Titel überliefert ist und für die Ulrich Richental wahrscheinlich auch keinen offiziellen Auftrag besaß. Die Grundlage für das Werk waren eigene tagebuchartige Aufzeichnungen. Seine Informationen erhielt er durch zahlreiche persönliche Kontakte zur Stadtverwaltung und zu Konzilsteilnehmern oder deren Bediensteten. Auch offizielle Dokumente wie Akten und

Urkunden wurden in die Chronik aufgenommen. Die theologischen oder politischen Fragen des Konzils interessierten ihn nur am Rand, im Mittelpunkt seines Interesses stand das Konzil als herausragendes Ereignis seiner Vaterstadt. Mögliche Adressaten waren die Teilnehmer des Konzils und Konstanzer Bürger.

Die zwei verschiedenen Fassungen (ausführlicher Text in der Ich-Form und kürzere, auktorial verfasste Darstellung) stammen von Ulrich Richental selbst. Die Überlieferung setzt um 1460 ein, neben acht erhaltenen deutschen Handschriften gibt es eine Übersetzung ins Lateinische. Die Chronik wurde drei Mal gedruckt (Augsburg 1483 und 1536, Frankfurt 1575) und von vielen späteren Autoren verwendet oder zitiert. Eine Bebilderung war von Anfang an geplant, wie zahlreiche Verweise vom Text auf die Bilder zeigen. Die unbekannten Maler orientierten sich stilistisch an Miniaturen in historischen Handschriften ihrer Zeit, zum Beispiel in der Weltchronik des Rudolf von Ems oder der Toggenburger Weltchronik.

Jan Hus und das Konzil

Jan (Johannes) Hus (um 1371-1415) studierte an der Universität Prag, war seit 1396 Magister, wurde 1400 zum Priester geweiht und wirkte seit 1402 als Prediger an der Prager Bethlehemskapelle. Seine Lehre war vor allem durch den Oxforder Theologen John Wyclif (ca. 1330-1384) geprägt, aber auch von national-tschechischen Ideen beeinflusst. Hus kritisierte zunehmend die Missstände der Kirche, die Verweltlichung des Klerus und den Ablasshandel. Im Verlauf seines Konfliktes mit der Kirche lehnte er deren Autorität ab und berief sich auf das Gesetz Gottes und Christus als höchsten Richter. Trotz seiner Exkommunikation und des gegen ihn ausgesprochenen Kirchenbannes konnte er durch den Schutz Königs Wenzels bis 1412 predigen und lehren. Dann musste er

sich nach Südböhmen zurückziehen, wo er der Landbevölkerung predigte und mehrere seiner theologischen Schriften in tschechischer Sprache verfasste.

Auf das Konzil, das auch wegen seiner Lehren 1414 nach Konstanz einberufen worden war („causa fidei"), wurde er vorgeladen. Er glaubte, er könne seine Lehre dort rechtfertigen, wurde aber trotz eines königlichen Geleitbriefes eingekerkert. Als er sich weigerte, seine Lehren zu widerrufen, wurde er in dreißig Punkten als Ketzer verurteilt und am 6. Juli 1415 auf dem Scheiterhaufen verbrannt. Sein Tod war eine der Ursachen der Hussitenkriege. Die Richtstätte „Brühl" lag außerhalb der Stadt zwischen Gärten. Ein Gedenkstein für Hus und Hieronymus von Prag, der nach dem Tod von Hus freiwillig nach Konstanz kam und 1416 verbrannt wurde, befindet sich wahrscheinlich nicht an der ehemaligen Richtstätte.

Zusätzliches Material

Ulrich Richental: Die Hinrichtung von Jan Hus

Da er [Hus] zum Priester geweiht war, sollte man ihn zuerst degradieren und ihm seine Weihe nehmen. Da standen der Erzbischof Nikolaus von Mailand, zwei Kardinäle, zwei Bischöfe auf. Sie kleideten ihn als Priester, rissen ihm die Kleidung unter Gebeten herunter und entkleideten ihn seiner Würde. [...] Wie das geschehen war, verurteilten sie ihn als einen Ketzer, der wegen seiner Schlechtigkeit bestraft werden müsse. Sie übergaben ihn den weltlichen Richtern und baten den König, ihn nicht zu töten, sondern ihn gefangen zu halten. Da sprach der König zu Herzog Ludwig: „Da ich der bin, der das weltliche Schwert führt, so nehmt ihn, lieber Oheim Herzog Ludwig, unseres und des heiligen Römischen Reiches Kurfürst und unser Erztruchsess, und tut ihm, wie einem Ketzer gebührt, an unserer Stelle." Da rief Herzog Ludwig den Vogt von

Konstanz und sprach: „Vogt, nimm ihn hin und verbrenne ihn als einen Ketzer." Dieser rief die Ratsknechte und den Henker herbei, damit sie ihn hinausführten, um ihn zu verbrennen. Sie durften ihm aber nicht das Gewand nehmen oder abziehen. Daran hielt man sich auch. Er hatte zwei gute schwarze Röcke von gutem Tuch und einen silbernen Gürtel. Er trug eine weiße Bischofsmütze auf seinem Kopfe, auf der waren zwei Teufel gemalt und zwischen beiden stand Heresiarcha, d.h. soviel als „Erzketzer". Die von Konstanz führten ihn mit mehr als 1000 gewappneten Männern hinaus, und die Fürsten und Herren waren auch gewappnet. Zwei Diener Herzog Ludwigs führten Hus, der eine zur Rechten, der andere zur Linken. Dieser war nicht gefesselt. [...] Infolge des großen Gedränges musste man einen Umweg machen, und es wurden immer mehr der gewappneten Leute, gegen 3000, ohne die Unbewaffneten und die Frauen. Auf der Brücke am Geltinger Tor musste man die Menschen zurückhalten, nur truppenweise wurden sie über die Brücke gelassen, weil man befürchtete, dass die Brücke zusammenbräche. Man führte ihn auf das kleine äußere Feld in die Mitte. Während er hinausgeführt wurde, betete er beständig: „Jesu Christe, fili dei vivi, miserere mei." Als er auf das äußere Feld kam und das Feuer, Holz und Stroh bemerkte, fiel er dreimal auf seine Knie und sprach laut: „Jesu Christe, fili dei vivi, qui passus es pro nobis, miserere mei." Darnach fragte man ihn, ob er beichten wolle. Er sprach: „Gern, obgleich es hier sehr enge ist." Es war ein Priester da, Ulrich Schorand, Kaplan zu St. Stefan im Auftrag des Konzils und des Bischofs. Dieser ging zu Hus hin und sprach zu ihm: „Lieber Herr und Meister, wollt Ihr dem Unglauben und der Ketzerei, um derentwillen Ihr leiden müsst, entsagen, so will ich gern Eure Beichte hören. Wollt Ihr das aber nicht tun, so wisst Ihr selbst wohl, dass in den geistlichen Vorschriften steht, dass man keinem Ketzer die Beichte hören soll." Da erwiderte Hus: „Es ist nicht

nötig, ich bin kein Todsünder." Als er darauf anfangen wollte, deutsch zu predigen, wollte das Herzog Ludwig nicht leiden und befahl, ihn zu verbrennen. Da ergriff ihn der Henker und band ihn in seinem Gewand an einen Pfahl. Er stellte ihn auf einen Schemel, legte Holz und Stroh um ihn herum, schüttete etwas Pech hinein und brannte es an. Da begann er gewaltig zu schreien und war bald verbrannt. Als er selbst schon verbrannt war, war doch noch die Bischofsmütze ganz. Diese zerstieß der Henker, und da verbrannte sie auch. Es entstand aber der schlimmste Gestank, den man je riechen konnte, denn der Kardinal Pankratius hatte ein altes Maultier, nachdem es gestorben war, dort begraben lassen. Infolge der Hitze tat sich die Erde auf, so dass der Gestank herauskam. Dann führte man alles, was man von der Asche fand, in den Rhein. An fünf Tagen nach der Hinrichtung hielt man Prozessionen zum Wohl der Kirche ab.

Ulrich von Richental: Chronik, f. 56v und 57r; dt. von Michael Müller.

Petrus de Mladenovic:
Die Hinrichtung von Jan Hus
Petrus de Mladenovic (um 1390–1451) war als enger Vertrauter von Hus auf dem Konstanzer Konzil und wahrscheinlich Zeuge seiner Hinrichtung:

Danach legte er [Hus] auf Geheiß von sieben Bischöfen, die bei seiner Degradierung dabei waren, die Altargewänder an, als ob er eine Messe feiern wollte. [...] Als der Magister bereits so angekleidet war und von jenen Bischöfen aufgefordert wurde, zu widerrufen und abzuschwören, erhob er sich, stieg auf jenen Tisch, vor dem er sich anzog, und sagte unter Tränen und schmerzerfüllt zur Menge gewendet: „Seht, diese Bischöfe fordern mich dazu auf, dass ich widerrufe und abschwöre. Ich fürchte es zu tun, um nicht ein Lügner zu sein im Angesicht des Herrn, und auch, um

Die Hinrichtung des Jan Hus auf dem Konstanzer Konzil

nicht gegen mein Gewissen und gegen Gottes Wahrheit zu verstoßen. [...]

Als aber der Magister von genanntem Tisch herabstieg, begannen ihn die genannten Bischöfe sogleich zu degradieren. Zuerst nahmen sie ihm den Kelch aus seinen Händen und sprachen folgendes Fluchwort: „Du verfluchter Judas, warum hast du den Rat des Friedens verlassen und hast Rat gepflogen mit den Juden? Wir nehmen von dir diesen Kelch der Erlösung." [...] Und in der Folge nahmen sie die anderen Kleidungsstücke von ihm: die Stola, das Messgewand und andere, und bei den einzelnen Teilen stießen sie nach ihrer Weise eine Verfluchung aus. [...] Bevor sie aber eine Schandkrone aus Papier auf sein Haupt setzten, sprachen sie unter anderem zu ihm: „Wir überantworten deine Seele dem Teufel!" [...] Die Papierkrone aber war rund und ungefähr eine Elle hoch. Es waren drei schauerliche Teufel darauf gemalt, wie sie gerade die Seele mit ihren Krallen zerren und festhalten wollen. Und auf dieser Krone war der Titel seiner Prozesssache aufgeschrieben: „Dieser ist ein Erzketzer." [...] Fast die ganze Bürgerschaft der Einwohner aber war in Waffen und geleitete ihn in den Tod. Als der Magister zur Hinrichtungsstätte kam, beugte er die Knie, betete mit ausgebreiteten Händen und mit zum Himmel empor gerichteten Augen inbrünstig Psalmverse. [...] Die Hinrichtungsstätte aber war auf einer bestimmten Wiese zwischen Gärten, wenn man aus der Stadt Konstanz heraus gegen die Burg Gottlieben geht, zwischen den Toren und den Vorstadtgräben der genannten Bürgerstadt. [...] Als sie ihm sein Gewand ausgezogen hatten, banden sie ihn mit Tauen an eine Säule, wobei er mit den Händen rückwärts an die genannte Säule gefesselt war. [...] Die Säule aber war ein dicker Balken von der Stärke ungefähr eines halben Fußes. Man hat sie an einem Ende zugespitzt und in die Erde, in die genannte Wiese eingerammt. Unter die Füße des Magisters aber hat man zwei Bund Holz gelegt. Der Magister trug noch seine Schuhe und eine Fessel an den Füßen, als er an den Pfahl gebunden war. Die genannten Holzbündel, die mit Stroh vermischt waren, legten sie überall rings um den Körper des so dastehenden Magisters bis an sein Kinn. An Holz aber waren es zwei Fuhren oder Wagen. [...]

Dann zündeten die Henker den Magister an. Er sang darauf mit lauter Stimme zuerst: „Christus, Sohn des lebendigen Gottes, erbarme dich meiner"; zum zweitenmal: „Christus, Sohn des lebendigen Gottes, erbarme dich meiner!" Und beim dritten Male: „Der du geboren bist aus Maria, der Jungfrau." — Und als er zum dritten Male begonnen hatte zu singen, schlug ihm alsbald der Wind die Flamme ins Gesicht, und also in sich betend und Lippen und Haupt bewegend, verschied er im Herrn. [...]

Als das Holz der genannten Bündel und Taue verbrannt war und immer noch eine Körpermasse dastand, die an der genannten Kette um den Hals hing, stießen darauf die Henker die genannte Masse zusammen mit der Säule zu Boden, belebten das Feuer weiter, und zwar mit einer dritten Holzfuhre und verbrannten die Masse vollständig. [...] Und so luden sie zusammen mit den einzelnen genannten Aschenteilen der Holzscheite alles auf einen Wagen und versenkten es im nahen Rheinfluss daselbst und zerstreuten es.

Hus in Konstanz. Der Bericht des Peter von Mladoniowitz, Übersetzt, eingeleitet und erläutert von Josef Bujnoch, Graz 1963, S. 250-257.

Conrad Ferdinand Meyer:
Hussens Kerker (1892)

1　Es geht mit mir zu Ende,
　　Mein Sach und Spruch ist schon
　　hoch über Menschenhände
　　Gerückt vor Gottes Thron,
5　Schon schwebt auf einer Wolke,
　　Umringt von seinem Volke,
　　Entgegen mir des Menschen Sohn.

　　Den Kerker will ich preisen,
　　Der Kerker, der ist gut!
10　Das Fensterkreuz von Eisen
　　Blickt auf die frische Flut,
　　Und zwischen seinen Stäben
　　Seh ich ein Segel schweben,
　　Darob im Blau die Firne ruht.

15　Wie nah die Flut ich fühle,
　　Als läg' ich drein versenkt,
　　Mit wundersamer Kühle
　　Wird mir der Leib getränkt -
　　Auch seh ich eine Traube
20　Mit einem roten Laube,
　　Die tief herab ins Fenster hängt.

　　Es ist die Zeit zu feiern!
　　Es kommt die große Ruh!
　　Dort lenkt ein Zug von Reihern
25　Dem ewgen Lenze zu,
　　Sie wissen Pfad und Stege
　　Sie kennen ihre Wege -
　　Was, meine Seele, fürchtest du?

Conrad Ferdinand Meyer, Sämtliche Gedichte nach der historisch-kritischen Ausgabe, Bd. 1, hg. von Hans Zeller, Stuttgart 1994, S. 235f.

Ulrich Schacht:
Hus in Konstanz

1　Dumpf brodeln die Stimmen, flüssig
　　gemachtes Pech, und

　　Prag und
　　Oxford sind weit. –
5　Wer hier? Die Weiber,
　　der Henker!

　　Sie tragen Reisig zusammen:
　　das Pech soll brodeln, soll
　　heiße Blasen
10　werfen –
　　den Mund zu verkleben,

　　DER SPRICHT UND SPRICHT
　　UND MUND UND MUND BLEIBT.

　　Die blutroten Herren
15　greifen zum Pergament: Da wird
　　die Sonne dunkel vom Rauch
　　der niederträchtigen Flammen,

　　die brennen und brennen. Ach Gott!
　　Wer hilft? Wer hilft?

Ulrich Schacht, Traumgefahr, Pfullingen 1981, S. 55.

　　　　　　Die Hinrichtung des Jan Hus auf dem Konstanzer Konzil

Hinweise für den Unterricht

Bilderfolge und Texte sind frühe Beispiele einer realistischen Darstellung historischer Ereignisse, an denen Ulrich Richental und Petrus de Mladenovic als Augenzeugen teilgenommen hatten. Anhand der Bild- und Textquellen lässt sich das Geschehen erzählen, das als exemplarisches Verfahren gegen Ketzer gelten darf. Die detailreichen Darstellungen können als Anregung für eigene Texte und Bilder (Zeitungsbericht) oder Spielszenen dienen, wobei sich die Zuschauer als sprechende oder handelnde Personen anbieten.

Eine Erweiterung des Themas ist in zweifacher Hinsicht möglich. Hus und seine Lehre war mehrfach Thema von bekannten und heftig diskutierten Historienbildern des Malers Carl Friedrich Lessing (1808-1880; „Hus vor dem Konzil in Konstanz"; „Die Hussitenpredigt"). Für eine fächerübergreifende Behandlung lassen sich die zwei Gedichte von Conrad Ferdinand Meyer und Ulrich Schacht (*1951) mit sehr unterschiedlicher Aussage einsetzen.

Literatur

Michael Richard Buch, Ulrichs von Richental Chronik des Constanzer Concils 1414 bis 1418, Stuttgart 1882 (Neudruck Hildesheim 1971).

Wilhelm Matthiessen, Ulrich Richentals Chronik des Konstanzer Konzils, Diss. München 1984.

Ulrich von Richental, Chronik des Konstanzer Konzils 1414-1418. Mit Geleitwort, Bildbeschreibung und Textübertragung in unsere heutige Sprache von Michael Müller, 2. ergänzte Auflage, Konstanz 1984 (Reproduktion der Konstanzer Handschrift).

Das „Dreiständebild"

Beschreibung

Die zentrale Figur ist der auferstandene Christus mit Bart, Wundmalen, Heiligenschein und ausgebreiteten Armen. Er sitzt auf einem Regenbogen und hat die Füße auf einen zweiten, kleineren Regenbogen gestellt. Bekleidet ist er mit einem Umhang, der seine beiden Oberarme bedeckt und so herabfällt, dass er den Oberkörper frei lässt, und einem Rock, der die nackten Füße fast bedeckt. Von Christus, der größer als die übrigen Figuren ist, gehen auch die Befehle aus, die über den einzelnen Gruppen stehen: „Tu supplex ora. Tu Protege. Tuque labora." („Du bete demütig; Du beschütze; Und du arbeite.").

Neben Christus steht auf jeder Seite eine etwa gleich große Gruppe von Männern (drei bis vier Personen), von denen nur die vordersten gut erkennbar sind. Die Gruppe auf seiner rechten Seite sind Geistliche. Der am nächsten bei Christus stehende Mann ist der Papst mit Krone (Tiara) und Doppelkreuz. Er ist bekleidet mit einem langen, mit Ornamenten bestickten Mantel. Die Person hinter ihm trägt einen einfacheren Mantel mit sehr weiten Ärmeln und eine Haube.

Auch die Gruppe auf der anderen Seite ist an der Kleidung erkennbar: Die Männer tragen lange Mäntel und Kronen, der erste eine Kaiserkrone, der andere eine Königskrone (Blätterkrone). Der Mann gegenüber dem Papst hält in der linken Hand ein Szepter, den rechten Unterarm hat er abgewinkelt und richtet ihn auf Christus. Bei den beiden dunklen Spitzen im Hintergrund könnte es sich um Schwerter oder Speere handeln, vielleicht sind auch noch ein Schild (zwischen den beiden Köpfen) und eine Fahne (links neben dem Kopf des Königs) angedeutet.

Im Vordergrund arbeiten zwei Bauern. Sie sind sehr viel einfacher gekleidet, haben Hosen und

*„Dreiständebild", *Holzschnitt von Hans Hesse in der „Pronosticatio in Latino" des Johannes Lichtenberger, Heidelberg 1488, 20,0 x 14,5 cm, Aufbewahrungsort: Staatsbibliothek München.*

einen knielangen Rock, der in der Hüfte gegürtet ist. Auf dem Kopf tragen sie ein turbanartig gewickeltes Tuch und eine Kapuze, bei dem linken sind Stiefel erkennbar. Sie halten zweizinkige Hacken („Karst") mit beiden Händen. Der eine holt gerade zu einem Schlag aus, die Hacke des anderen steckt mit den Zinken in der Erde.

Interpretation

Das „Dreiständebild" zeigt vereinfacht einen traditionellen Aufbau der mittelalterlichen Gesellschaft in Geistlichkeit, Adel und Bauern, die auf Grund ihrer Aufgaben auch als „Oratores", „Bellatores" und „Laboratores" bezeichnet wurden. Diese funktionale Gliederung löste seit dem 11. Jahrhundert ein älteres, auf Augustinus zurückgehendes Schema der „tria genera hominum" (Laien, Kleriker, Mönche) ab. Gerade in der Zeit des Umbruchs am Ende des 15. Jahrhunderts wird dieser Zustand von Lichtenberger idealisiert und seine Wiederherstellung gefordert. Dabei gilt die Dreizahl – entsprechend der Dreifaltigkeit – als vollkommen. Die Ordnung geht von Christus aus, er gibt die Befehle. Geistlichkeit und Adel scheinen auf den ersten Blick gleichberechtigt, doch stehen die Geistlichen auf seiner (bevorzugten) rechten Seite. Die Stellung der Bauern ist deutlich tiefer, und sie sind die einzigen, die sichtbar arbeiten. Lichtenbergers Darstellung ist statisch und konservativ, der dritte Stand besteht nur aus Bauern, während andere soziale Gruppen (Bürger) fehlen.

Die Christus-Darstellung besitzt mehrere biblische Bezüge. Er ist als auferstandener Christus der Weltherrscher des Jüngsten Gerichts („Und ein Regenbogen war um den Stuhl", Offb. 4.3). Gleichzeitig ist der Regenbogen ein Zeichen des Bundes zwischen Gott und den Menschen (1. Mos. 9, 12f.) und seine Farben verkörpern die Trinität. Die Kugel vor dem linken Fuß Christi ist eine verkleinerte Weltkugel.

Johannes Lichtenberger und sein Werk

Das „Dreiständebild" ist einer von 45 Holzschnitten aus der kleinen Schrift „Pronosticatio in Latino" des Astrologen Johannes Lichtenberger. Der Autor wurde als Johannes Grünbach um 1440 in der Pfalz geboren und starb 1503. Sein Hauptwerk, die „Pronosticatio in Latino", erschien anonym in Heidelberg 1488 und wurde kurz darauf ins Deutsche übersetzt („Prognostica zu theutsch"). Auf Grund von Planetenkonstellationen und Kometenerscheinungen gab Johannes Lichtenberger eine Vorhersage künftiger Ereignisse bis zum Jahr 1576. Sein entworfenes Zukunftsbild ist – entsprechend der Zeitstimmung – düster, und er übt

an Kirche, Kaiser, Fürsten und Laien heftige Kritik. Das Buch erlebte zahlreiche Nachdrucke und Neuauflagen und wurde auch ins Italienische übersetzt. Die Holzschnitte der ersten Ausagen stammen von einem Künstler, der mit „h" signierte und als Hans Hesse aus Kaldenbach (Caldenbach) identifiziert wurde, der 1467 erstmals erwähnt wird und 1503/04 in Frankfurt starb.

Das Bild der Erstausgabe war keineswegs „kanonisch", sondern erlebte in späteren Ausgaben mindestens acht Varianten und Neubearbeitungen (Wohlfeil, S. 285-295). Außerdem beeinflusste es ein Stifterbild von Bartholomäus Bruyn dem Älteren (Köln, 1530 - 1540).

Zusätzliches Material

Die drei Stände bei Adalbero von Laon

Adalbero (um 947-1030), war seit 977 Bischof von Laon (Nordfrankreich). In einem Gedicht, das dem französischen König gewidmet ist, beschreibt er die gottgewollte Gesellschaft:

Dreifältig ist Gottes Haus und doch dem Glauben nur eins,
Nun aber beten die einen, andere kämpfen und andere arbeiten,
Dreierlei sind sie und dulden doch keine Trennung.
Für den Dienst des einen stehen die Werke der beiden,
Jeder für den anderen bereiten sie die Trostmittel für alle.
Ein Ganzes ist nämlich diese dreifältige Verknüpfung;
So galt das Gesetz, die Welt ruhte damals im Frieden.

Carmen ad Rotbertum Regem, in: J.P. Migne, Patrologia Latina 14, Sp. 781f.

Die drei Stände im Werk mittelhochdeutscher Dichter

Der mittelhochdeutsche Dichter Freidank (zwischen 1170/80 und 1230) verfasste die erste deutschsprachige Sammlung von Epigrammen, aus der der folgende Spruch stammt:

Got hât driu leben geschaffen:
gebûre, ritter unde pfaffen.
Daz vierde geschuof des tiuvels list,
daz dirre drîer meister ist:
daz leben ist wuocher genant,
daz slindet liute und lant.

(Gott hat drei Stände geschaffen: Bauern, Ritter und Geistliche. Den vierten Stand, der ein Herr dieser drei ist, schuf die List des Teufels: Dieser Stand heißt Wucher. Er verschlingt Land und Leute.)

Freidanks Bescheidenheit, mhd./nhd., hg. von Wolfgang Spiewok, Greifswald 1996, S. 22.

Der fränkische Dichter Hugo von Trimberg (ca. 1235 – 1313) unterzog in seinem Lehrgedicht „Der Renner" (um 1300) die ihn umgebende Ständegesellschaft einer scharfen Kritik:

Got hât sînem namen ze lobe geschaffen
Bûliute, ritter und pfaffen:
Die ritter süln bûliute vertreten
Mit schirme, sô süln die paffen beten
Üm aller kristenheit heil:
Des sol in ouch daz zehende teil
Alles ihres guotes werden,
Daz in wehset ûf der erden.
Swer uber reht arme liute twinget
Und si ze grôzem schaden bringet
Mit bete, mit ungelte und mit stiure
Des sêle gâhet ze dem hellischen fiure.

(Gott hat zum Lob seines Namens Bauern, Ritter und Geistliche geschaffen. Wie die Ritter für den Schutz der Bauern verantwortlich sind, so sollen die Geistlichen für das Heil der gesam-ten Christenheit beten. Dafür soll ihnen der Zehnte von allen Gütern gehören, die auf der Erde wachsen. Wer aber arme Leute mehr als Recht ist mit Abgaben und Steuern belastet und ihnen dadurch großen Schaden zufügt, dessen Seele wird ins Höllenfeuer kommen.)

Der Renner von Hugo von Trimberg, hg. von Gustav Ehrismann, Tübingen 1908, S. 92.

Die drei Stände bei Petrarca

Im Gegensatz zu dem statischen Dreiständebild bei Lichtenberger gibt Petrarca in seiner Schrift „De remediis utriusque fortunae" (entstanden 1517-1520, gedruckt 1532) ein dynamisches Bild der Stände:

Es gibt einen Ursprung aller Menschen, einen Vater des Menschengeschlechtes, eine Quelle, die manchmal trüb und manchmal klar ist und alle erreicht. Denn sie unterliegt dem Gesetz, dass das, was vorher hell war, dunkel wird, und das Dunkle wird hell. [...] Deshalb wird einer, der gestern gepflügt hat, heute als Ritter kämpfen. Und wer gewohnt war, mit goldenem Zaum auf einem feurigen Ross mitten durch die Stadt zu reiten, der wird träge Ochsen mit einem einfachen Stock über das schlammige Feld treiben. [...] So gibt es einen ständigen Wechsel, und der Zustand des Menschen ist wandelbar und unbeständig. [...] Deshalb wundere dich nicht, wenn aus einem Bauern ein Ritter wird oder ein Ritter zum Pflug zurückkehrt. Gewaltig ist das Rad der menschlichen Angelegenheiten, und weil seine Bewegung langsam ist, kann das kurze Leben sie nicht wahrnehmen. Wenn es anders wäre, würde man die Hacken in der Hand der Könige und die Kronen auf dem Kopf der Bauern erkennen. [...]"

Francesco Petrarca, De remediis utriusque fortunae, zit. nach Hans-Joachim Raupp, Bauernsatiren, Niederzier 1986, S. 12.

Der „Ständebaum". Umzeichnung eines Holzschnitts des „Petrarca-Meisters" aus Francesco Petrarcas „De remediis utriusque fortunae".

daran die vereinfachte, gottgewollte Ständeordnung des Mittelalters erkennen. Dies ist auch im Vergleich mit dem Gedicht von Adalbero von Laon möglich. Wird das Bild erstmals oder erneut für das ausgehende Mittelalter herangezogen, ist ein Hinweis auf seine Entstehung (prognostische Schrift Lichtenbergers) sinnvoll. Als handlungsorientierter Umgang mit dem Bild ist eine zeichnerische Ergänzung (z. B. Handwerker, Kaufleute, eventuell auch Frauen) möglich, vielleicht auch eine Collage, in der dem Dreiständebild die heutige Gesellschaftsordnung gegenübergestellt wird.

Durch den Vergleich mit dem Text Petrarcas und der fast gleichzeitigen Illustration lässt sich eine völlig andere, dynamische Ständeordnung zeigen. Weitere Möglichkeiten für einen Vergleich ergeben sich aus Varianten des „Dreiständebildes" in späteren Auflagen der „Pronosticatio". In der 8. und 9. Jahrgangsstufe kann beim Einsatz von Karikaturen zur Ständegesellschaft des Ancien régimes oder des zaristischen Russlands auf das „Dreiständebild" zurückgegriffen werden.

Hinweise für den Unterricht

Die Beschreibung des Holzschnitts ist auf Grund der klaren Struktur und der einfachen Symbole nicht schwierig. Die Schüler sollten die zentrale Rolle von Christus (im Mittelpunkt, größer, höher gestellt; von ihm stammen die Befehle), die Zusammengehörigkeit der Stände, die höhere Stellung von Geistlichkeit und Adel und die Besonderheiten bei der Darstellung der Bauern erkennen (Tätigkeit, Kleidung, Geräte).

Wird das Bild zu Beginn der Behandlung des Mittelalters eingesetzt, so können die Schüler

Literatur

Dietrich Kurze, Johannes Lichtenberger (+ 1503). Eine Studie zur Geschichte der Prophetie und Astrologie, Lübeck 1960.

Heike Talkenberger, Sintflut. Prophetie und Zeitgeschehen in Texten und Holzschnitten astrologischer Flugschriften 1488-1528, Tübingen 1990.

Rainer und Trudl Wohlfeil, Verbildlichungen ständischer Gesellschaft. Bartholomäus Bruyn d. Ä. – Petrarcameister, in: Ständische Gesellschaft und soziale Mobilität, hg. von Winfried Schulze, München 1988, S. 268-331.

*Feder- und Pinselzeichnungen im Hausbuch der Mendelschen Zwölfbrüderstiftung, Band 1, f. 40v, 1425/36, 20 x 29 cm und f. 144r, 1533, 20,5 x 29 cm, Nürnberg, Stadtbibliothek.

Der Drahtzieher als mittelalterlicher Handwerker

Beschreibung

Das erste Bild besitzt die Inschrift: „Der LXXXVII bruder der do starb hieß Dyetrich Schockentzyeher". Der Innenraum ist mit einer hellen Wand und einem dunklen Fußboden angedeutet. Ein bartloser, glatzköpfiger Mann, bekleidet mit einer hellen Kutte, einem dunklen Umhang über den Schultern und einfachen Schuhen, sitzt auf einer Schaukel, die mit zwei doppelt geführten Seilen an einer waagrechten Stange aufgehängt ist. Die Befestigung der Stange an der Wand oder an der Decke ist nicht eindeutig erkennbar. In die unteren Enden dieser Seile sind zwei kürzere Seilschlingen einge-

hängt. Sie laufen jeweils durch zwei Löcher an den Enden eines einfachen Brettes. Der Mann hält mit beiden Händen eine Zange mit langen Backen und zieht mit ihr Draht von einer Rolle durch eine der sieben Ösen eines großen, flachen Eisens. Dieses Eisen ist mit seinem spitzen Ende in einen großen Holzklotz geschlagen, der auf dem Boden steht. Der bereits gezogene Draht liegt in Schlingen auf dem Fußboden aufgerollt. Daneben liegt eine weiterer Drahtbund, die durch einen dünneren Draht zusammengehalten wird.

Das zweite Bild enthält folgende Unterschrift: „Auff 12 aprilis ano 1529 starb Eberhart P[...] dratziher". Es zeigt einen Innenraum mit unverputzten Wänden, einer Bretterdecke und einem Boden, der mit großen runden Kacheln gefließt ist. Das dreiteilige Fenster ist durch einen gemauerten Rundbogen und eine steinerne Brüstung von der Wand abgetrennt. Das Licht fällt durch zwei lange Rundbogen und eine runde Öffnung. In der Mitte steht ein ein-

Der Drahtzieher als mittelalterlicher Handwerker

facher Holztisch, an dessen Enden zwei Trommeln mit aufgewickeltem Draht befestigt sind. Hinter dem Tisch sitzt ein älterer Mann mit Vollbart und einer gedrungenen Figur. Er trägt eine Kutte aus grobem Stoff, einen dunklen Umhang, einfache Schuhe und einen hohen Hut mit gewölbter Krempe. Mit der rechten Hand dreht er an der einen Kurbel, mit der er den Draht aufwickelt. Dieser läuft von der anderen Kurbel durch ein Locheisen mit verschiedenen Ösen, das in der Mitte des Tisches befestigt ist. Mit der linken Hand führt der Mann den Draht und unterstützt damit dessen Bewegung. Die Wand hinter ihm ist durch ein *Sims oder ein Wandbrett unterteilt, auf dem zwei weitere Trommeln und eine verschlossene runde Spanschachtel stehen. Darunter hängt ein Drahtbund, das von einem dünnen Draht zusammengehalten wird.

Interpretation

Die beiden Männer sind alte Handwerker, die in die Mendelsche Zwölfbrüderstiftung in Nürnberg aufgenommen wurden und in ihrer früheren Tätigkeit gezeigt werden. Die Bilder zeigen eine wichtige technische Innovation des Mittelalters, das Drahtziehen. Dabei wurde der geschmiedete Draht durch die Ösen eines Locheisens gezogen, wodurch sich sein Durchmesser zunehmend verringerte und seine Länge zunahm. Der Mann auf der Schaukel ist ein „Schockenzieher" (Schock = Stoß, Schaukel), der dickere Drähte bearbeitete. Mit Hilfe der Schaukel konnte er sein Körpergewicht einsetzen, indem er bei der Rückwärtsbewegung den Draht zog. Dünnere Drähte konnte der „Leirenzieher" (Leier = Kurbel) herstellen. Er benutzte dazu zwei Trommeln, die sich mit Kurbeln drehen ließen. Dabei wurde der Draht gleichzeitig aufgewickelt und konnte abwechselnd von einer Trommel zur anderen gezogen werden.

Die Mendelsche Zwölfbrüderstiftung

Im Jahre 1388 errichtete der Nürnberger Patrizier Konrad Mendel d. Ä. (+ 1414) die „Zwölfbrüderstiftung" (nach den zwölf Jüngern Christi) und stattete sie durch großzügige Geldzuwendungen aus. Diese Stiftung an der Ecke Kartäusergasse und Kornmarkt war bestimmt für jeweils zwölf alte und kranke Nürnberger Handwerker, die sich nicht mehr durch ihre eigene Arbeit ernähren konnten. Über die Aufnahme entschied der Rat der Stadt. Unter Marquard Mendel, dem vierten Pfleger und Enkel des Stifters, wurde ein „Hausbuch" angelegt, das nicht nur die Namen der Handwerker verzeichnete, sondern ab 1426 auch ihre frühere Tätigkeit abbildete. Die 26 Bildgruppen stammen von verschiedenen Künstlern. Die mehr als dreihundert Bilder des ersten Bandes (1426 bis 1546) stellen eine einzigartige Quelle für das Handwerk am Ende des Mittelalters dar. Band zwei (1550 bis 1791) enthält ebenfalls mehr als 250 Handwerkerdarstellungen, oft auch von mehreren Personen auf einem Bild. Auch Frauen in ihrer Tätigkeit als Köchinnen sind abgebildet. Seit der Mitte des 17. Jahrhunderts lösen sich die Szenen auf und beschränken sich auf Halbfiguren oder die Andeutung des Handwerks mit Hilfe einer charakteristischen Merkmals. Die Porträts des 18. Jahrhunderts sind mit Ölfarben gemalt. Die Stiftung bestand als selbstständige Einrichtung bis 1807. In diesem Jahr wurde sie mit dem Heilig-Geist-Spital vereinigt. Das Hausbuch, Eigentum der auch heute noch existierenden Stiftung, befindet sich seit 1844 in der Stadtbibliothek Nürnberg.

Die Technik des Drahtziehens

Das Drahtziehen war zwar schon in römischer Zeit bekannt, stellte aber im Mittelalter eine wichtige technische Neuerung dar. Draht aus verschiedenen Metallen (Eisen, Kupfer, Silber, Gold) war der Rohstoff für unterschiedlichste Produkte wie Nägel, Nadeln, Ösen, Haken, Ketten, Saiten, Drahtringe für Panzerhemden oder Wirkfäden.

Das Ausgangsprodukt waren geschmiedete oder gegossene dünne Metallstäbe („Zain"), aber auch Bleche, die in Streifen geschnitten und gedreht wurden. Anschließend musste der Draht gezogen werden. Als Locheisen verwendete man Eisen- oder Stahlplatten, in die trichterförmige Löcher mit unterschiedlichem Durchmesser gestanzt waren. Üblich war bei Grobdraht eine Verringerung des Durchmessers um 8 % mit jedem Ziehen, wobei jeweils ein Widerstand von ca. 24 kg überwunden werden musste, bei Feindraht 15 %. Der Schockenzieher, der die gröberen Drähte bearbeitete, schaffte mit jeder Bewegung einige Zentimeter, während der Leirenzieher mit geringerer Körperkraft feinere Drähte durch kontinuierliches Drehen herstellen konnte. Beim Ziehen wurde der Draht dünner und länger und durch die Veränderung der mikrokristallinen Struktur der Metalle nahm der Widerstand ab, so dass das Ziehen leichter wurde. Gleichzeitig nahm aber die Härte des Metalls zu, so dass der Draht spröder wurde und nach mehrmaligem Ziehen erneut geglüht werden musste.

Seit dem 14. Jahrhundert war man in der Lage, die Wasserkraft für das Drahtziehen zu nutzen. Dabei leistete eine durch ein Wasserrad angetriebene Pleuelstange die Arbeit. Von ihr lief ein Seil oder ein Lederriemen zu einem Ring, der die Backen der Zange schloss. Ein Mann auf einer Schaukel öffnete und führte die Zange. Die älteste Drahtziehmühle entstand 1351 in Augsburg. In Nürnberg begannen einige Drahtziehermeister ab 1401 mit Versuchen für eine wasserbetriebene Drahtmühle, die ab 1416 von dem Patrizier Rudolf Steiner betrieben wurde. Zwischen 1418 und 1421 entstanden zehn weitere Drahtmühlen. Dies hatte einen beachtlichen Aufschwung der Nürnberger Metallverarbeitung und des Exportes ihrer Waren zur Folge: „Seit 1422 verdrängten die Nürnberger Drahtwaren, vor allem Nadeln und Heftzwecken, auf den damaligen Weltmärkten die entsprechenden Erzeugnisse anderer europäischer Zentren der Drahterzeugung." (Schmidtchen).

Zusätzliches Material

Von den Zieheisen

Der Mönch Theophilus Presbyter verfasste zwischen 1100 und 1140 sein Lehrwerk „De diversis artibus" („Über verschiedene Künste und Handwerkstechniken"), das sich direkt an die Handwerker richtete. Es beschreibt Techniken der Malerei, der Glastechnologie, des Goldschmiedens und der Metallbearbeitung. Darin findet sich auch die älteste Quelle für das Drahtziehen im Mittelalter:

Zwei Eisenwerkzeuge, drei Finger breit, sind oben und unten verjüngt, im Ganzen flach und in drei oder vier Reihen durchlocht. Durch diese Löcher werden die Drähte gezogen.

Erhard Brepohl, Theophilus Presbyter und die mittelalterliche Goldschmiedekunst, Leipzig 1987, S. 68.

*Drahtziehmühle. *Holzschnitt aus Vannoccio Biringuccio, De la pirotechnia, Venedig 1540.*

Der Drahtzieher als mittelalterlicher Handwerker

Hinweise für den Unterricht

Die Bilder der Drahtzieher bieten verschiedene Ansätze für den Unterricht. So kann die Entstehung der Bilder, die in ihrer Art einzigartig sind, die Rolle mittelalterlicher Stiftungen und im Falle der Mendelschen Stiftung die religiöse Symbolik der Zahl zwölf erläutert werden. Auf der Grundlage der Bildbeschreibungen lässt sich die Bedeutung des Drahtes und die Technik des Drahtziehens erklären, eventuell anhand eines Versuches (in Zusammenarbeit mit dem Fach Physik). Schließlich war das handwerkliche Drahtziehen eine wichtige technische Innovation, die zur Weiterentwicklung herausforderte (Drahtmühle, maschinelle Drahtherstellung) und wesentlich zur wirtschaftlichen Bedeutung der Stadt Nürnberg beitrug.

Literatur

Das Hausbuch der Mendelschen Zwölfbrüderstiftung zu Nürnberg. Deutsche Handwerkerbilder des 15. und 16. Jahrhunderts, hg. von Wilhelm Treue, Karlheinz Goldmann, Rudolf Kellermann, Friedrich Klemm, Karin Schneider, Wolfgang von Stromer und Heinz Zirnbauer, Text- und Bildband, München 1965.

Volker Schmidtchen, Drahtziehen, in: Karl-Heinz Ludwig und Volker Schmidtchen, Metalle und Macht, Propyläen Technikgeschichte, hg. von Wolfgang König, Bd. 2, Frankfurt a. M., Berlin 1992, S. 376-384.

Wolfgang von Stromer, Innovation und Wachstum im Spätmittelalter. Die Erfindung der Drahtmühle als Stimulator, in: Technikgeschichte 44 (1977), S. 89-120.

Exkursionstipp

Deutsches Drahtmuseum, Fritz-Thomée-Str. 12, 58762 Altena/Westfalen.

Glossar

A

Aedikula

(Lat. Häuschen). Ursprünglich ein kleiner Tempel oder eine Nische mit zwei Säulen, Gebälk und Giebel zur Aufnahme eines Götterbildes. Später verwendete man die Form als architektonischen Rahmen, um Wandöffnungen zu verzieren und gleichzeitig Wandflächen zu gliedern.

Altar

(Lat. *altaria:* Aufsatz auf einem Opfertisch). Altar bezeichnet eine erhöhte Opferstätte, wie sie in vielen Religionen vorkommt. In der Antike gab es neben Brandopfer- und Aschenaltären auch Steinaltäre, zu denen Stufen hinaufführten. In der christlichen Kirche wurden die Opferaltäre durch Tische ersetzt, die auch als Kasten- oder Blockaltäre gestaltet sein konnten. Seit dem frühen Mittelalter wurde die Tischplatte (Mensa) oft mit einem Baldachin überdacht (Ziborium) und erhielt später eine Rückwand, aus der sich die gotischen Flügelaltäre entwickelten.

Amoretten

(Lat. *amor*). Liebesgötter in der römischen Kunst. > Eroten.

Apsis

(Gr. Rundung, Bogen). Die Apsis ist ein halbrunder oder polygonaler Raum, der einem Hauptraum angefügt und mit einer Halbkuppel überwölbt ist. Sie wurde aus der römischen Architektur von der frühchristlichen > Basilika übernommen, wo sie die Kirche meistens im Osten abschloss, und diente als Raum für den > Altar und die Geistlichen. Im frühen Mittelalter erweiterte man die Apsis zum Chor. Auch Seiten- und Querschiffe konnten in Apsiden enden.

B

Basilika

(Gr. Königshalle). Die antike Basilika diente als Markt- oder Gerichtshalle und bestand meistens aus einem Mittelschiff und zwei durch Säulen abgeteilten Seitenschiffe. Als Grundform der christlichen Kirche wurde sie durch einen Altarraum (>Apsis) und eine Vorhalle (> Narthex) erweitert.

Bildteppich

Teppiche mit Ornamenten oder figürlichen Bildern, die nicht gewebt, sondern gewirkt wurden. Dabei fügte man die Schussfäden in verschiedenen Farben nicht über die ganze Breite, sondern nur zwischen einer bestimmten Zahl von Kettfäden ein. Gewirkte Teppiche gab es bereits in Ägypten. Besonders im Mittelalter waren Bildteppiche als Wandbehänge beliebt. Auch gewebte Stoffe, die anschließend bestickt wurden, bezeichnet man als Bildteppiche.

Bronzeguss

Die Verarbeitung von Bronze, eine Kupfer-Zinn- oder Kupfer-Zink-Legierung, war seit dem 3. Jahrtausend vor Christus bekannt. Die Bronze wurde erhitzt und in eine vorgefertigte Form gegossen. Die Gussmodelle waren meist aus Ton modelliert und oft im > Wachsausschmelzverfahren hergestellt worden. Bronzestatuen wurden meist in Einzelstücken als Hohlgüsse um Kernformen gefertigt und anschließend zusammengefügt. Der Bronzeguss ist seit der Antike ein wichtiges Verfahren für die Herstellung von Statuen.

Buchdeckel

Die Antike kannte längere Schriften nur in der Form von Rollen. Seit der Herstellung von Handschriften in Buchform (Codex) wurden die zusammengehefteten Blätter durch einen Einband aus Holz oder Leder geschützt. Entsprechend dem Wert einer Handschrift wurden die Einbände durch Metalle, Edelsteine oder Elfenbein verziert. Vorbild war dabei das antike Diptychon, ein zusammenklappbares Paar von Holz- oder Elfenbeintäfelchen.

Buchmalerei > Miniatur

Büste
(Ital. *busto*: Brustbild). Plastisches Teilbild eines Menschen bis zu den Schultern oder bis zur Körpermitte, meist aus Stein oder Erz gearbeitet. Die Büsten entwickelten sich seit dem Hellenismus und waren vor allem in der römischen Kaiserzeit sehr verbreitet.

D

Diwan
(Türk.). Ursprünglich bezeichnete der Begriff einen Empfangsraum in einem vornehmen türkischen Haus, der mit Polsterbänken oder Sitzkissen ausgestattet war. Später wurden auch Polsterbänke als Diwan bezeichnet.

E

Eierstab
Architektonische Zierleiste, die aus einer Reihe von eiförmigen Körpern oder nach außen gewölbten Blättern besteht und häufig durch Perlschnüre eingerahmt ist. Der Eierstab entstand als Verzierung von Bauten im ionischen Stil und war auch später ein beliebtes Ornament.

Email
(Frz. *émail*, romanisierte Form von „schmelzen"). Glasmasse, die durch Metalloxyde ihre Farbe erhält und zur Verzierung auf Metall aufgeschmolzen wird. Die Verwendung von Email erlebte einen ersten Höhepunkt bei den Kelten im 1. bis 3. Jh. n. Chr. und wurde seit dem 10. Jh. häufig verwendet. Bei Zellen-

schmelz (frz. *émail closonné*) werden Stege auf die Metallplatte aufgelötet und die dabei entstandenen Zellen mit Email von unterschiedlichen Farben ausgegossen.

Ereignisbild
Das Ereignisbild ist eine Sonderform des Historienbildes. Es stellt geschichtliche Ereignisse dar, die gerade geschehen oder noch unmittelbar gegenwärtig sind. Damit besitzen Ereignisbilder einen hohen Grad an Authentizität. Aber auch bei ihnen wird das Geschehen bewertet, überhöht oder verfälscht.

Eroten
(Gr. *erotes*). Geflügelte Liebesgötter, meistens die Söhne und Begleiter der Aphrodite. Seit dem Hellenismus wurden Eroten als geflügelte Kindergestalten dargestellt. Die mittelalterliche Kunst ersetzte die Eroten durch Engel, seit der Renaissance lebten sie als >Putten weiter.

Evangeliar
Buch oder Handschrift mit dem vollständigen Text aller vier Evangelien. Als liturgische Bücher wurden Evangeliare durch kostbare Einbände (>Buchdeckel) und >Miniaturen geschmückt.

Exedra
(Gr.: draußen gelegener Sitz). Halbrunde oder rechteckige Gebäudenische mit erhöhten Sitzgelegenheiten im Freien oder eine zum Sitzen bestimmte Nische innerhalb eines Saales. Die Exedra wurde in der frühchristlichen > Basilika zur > Apsis.

Erzguss > Bronzeguss

F

Federzeichnung
Seit der Antike verwendete man Federn (Kiel- und Rohrfedern, seit dem 19. Jahrhundert auch

Metallfedern) und Tinte oder Tusche, um auf Papier zu zeichnen. Die Federzeichnung erlaubt nicht nur einfache Skizzen, sondern durch unterschiedliche Strichführung auch ausdrucksstarke Werke. Die Wirkung von Federzeichnungen konnte durch „Lavieren" (Verwaschen oder Verreiben von aufgetragenen Farben) gesteigert werden.

Fresko

(Ital. *al fresco muro*: auf die frische Wand gemalt). Wandmalerei, die im Gegensatz zur Secco-Malerei mit Kalkfarben auf den frischen, noch feuchten Putz aufgetragen wird. Dieser bildet beim Trocknen zusammen mit der Farbe eine harte, wasserunlösliche Schicht. Vorzeichnungen werden meistens auf Karton in Originalgröße angefertigt. Die Freskomalerei war seit der Antike bekannt und seit dem Spätmittelalter für Wand- und Deckengemälde sehr beliebt.

Fries

(Frz. *frise*: krause Verzierung). Horizontaler Streifen mit Ornamenten oder figürlichen Darstellungen zur Gliederung oder zum Schmuck einer Wand. Ein beliebter Fries war der > Eierstab.

G

Gesims > Sims

Goldschmelztechnik > Email

Grabmal

Als Grabmal bezeichnet man den Grabbau und das künstlerisch gestaltete Denkmal für den Verstorbenen. Seit der Mittel- und Jungsteinzeit schuf man aufwändigere Grabbauten für reiche oder bedeutende Verstorbene. Zu den verschiedenen Formen gehören Höhlen-, Kammer-, Schacht- und Kuppelgräber. Neben Einzelgräbern wurden oft Gräberfelder und -straßen (Nekropolen) angelegt. Als Denkmäler verwendeten die Römer Grabsteine, die mit Reliefs – oft Porträts der Verstorbenen – und Inschriften versehen waren.

H

Historienbild

Auf Historienbildern sind geschichtliche Ereignisse dargestellt, die länger zurückliegend und deshalb als „historisch" empfunden werden. Dabei erfolgt keine klare Abgrenzung zu Themen aus Mythologie, Sage, Legende oder aus dem Alten Testament, die ebenfalls als historisch empfunden wurden. Historienbilder versuchen entweder eine möglichst genaue Wiedergabe der Ereignisse oder sie idealisieren und heroisieren die Geschichte. Die meisten Historienbilder waren für die Öffentlichkeit bestimmt, so dass man große Formate und Techniken wie >Mosaik, >Fresko, Tafel- oder Ölbilder bevorzugte. In der Neuzeit wurden viele Historienbilder zusätzlich durch die Druckgrafik verbreitet. Für die Historienmaler der frühen Neuzeit lieferte die Geschichte vor allem moralische Exempel für antike oder christliche Tugenden, während sie seit der Französischen Revolution zur politischen oder nationalen Sinnstiftung beitragen sollte.

Höhlenmalerei

Höhlenbilder wurden als Zeichnungen, Ritzungen oder Malerei an den Felswänden von natürlichen Höhlen angebracht. Die ältesten Bilder dürften in der jüngeren Altsteinzeit vor ca. 27 000 Jahren entstanden sein. Am meisten verbreitet sind Handnegative und Tierdarstellungen. Höhlenbilder gibt es auf allen Erdteilen. In Europa liegt der Schwerpunkt in Südfrankreich und Nordspanien. Ältere Deutungen (Jagdzauber) werden in der modernen Forschung in Frage gestellt.

Holzschnitt

Der Holzschnitt ist ein Hochdruckverfahren, das seit dem Beginn des 15. Jahrhunderts zur Vervielfältigung von Bildern verwendet wurde. Der Entwurf wird spiegelbildlich auf das geglättete Holz gezeichnet oder gepaust. Die Stellen, die weiß bleiben sollen, werden mit Schneidemessern oder Hohleisen entfernt. Anschließend wird die Druckfarbe aufgetragen. Der Druck erfolgt mit einer Handpresse oder durch das Abstreichen mit einer Bürste. Die meisten Holzschnitte erlauben nur eine begrenzte Anzahl von einigen hundert Abzügen. Seit der Erfindung des Buchdrucks dienten Holzschnitte zur Illustration von Büchern und Flugschriften, und sie sind bis heute als Druckverfahren bei Künstlern beliebt.

K

Kapitell

(Lat. *capitellum:* „Köpfchen"). Aufgesetztes Kopfstück einer Säule oder eines Pfeilers, der das darüber befindliche Bauelement trägt. Kapitelle vergrößern die Auflagefläche, dienten aber vor allem zum Anbringen von Schmuck. In der ägyptischen Kunst gab es Kapitelle, die aus Pflanzenformen (Lotus, Papyrus) entwickelt worden waren. Die Kapitelle der griechischen Säulen (dorisch, ionisch, korinthisch) werden bis in die Gegenwart verwendet. Im Mittelalter entstanden seit dem 11. Jahrhundert Würfelkapitelle und Figurenkapitelle mit vollplastischen Darstellungen von Pflanzen, Tieren, Menschen oder Fabelwesen.

Kartusche

(Frz. *cartouche:* Rolle, Einfassung). Aus der barocken Baukunst stammende Zierform, in der eine Fläche durch einen reichen Ornamentrahmen eingefasst ist. Die Fläche wird dabei meist für Inschriften oder Wappen verwendet. Bei Kupferstichen enthalten Kartuschen oft Erklärungen oder Beischriften.

Kassettendecke

(Frz.: Kästchen). Decke, die aus vertieften und eingerahmten Feldern zusammengesetzt ist. Die einzelnen Kassetten können viereckig, rund, oval oder polygonal sein. Durch sie wird die Deckenlast verringert. Der Boden der Kassetten und die Einrahmungen bieten Möglichkeiten für eine Ausschmückung. Kassettendecken gibt es seit der griechischen Antike, wo sie aus Stein gefertigt wurden. Im Mittelalter konstruierte man Kassettendecken meist aus Holz.

Kenotaph

(Gr. *kenotaphion:* leeres Grab). Grabdenkmal, das keine Überreste eines Toten enthält. Es wurde schon zu Lebzeiten errichtet oder diente zum Gedächtnis an einen Toten, dessen Leichnam an anderer Stelle ruhte (z.B. für einen Gefallenen).

Konsole

(Frz. *console* aus *consolateur:* Gesimsträger, Stütze). Aus der Wand herausragendes Bauelement aus Holz, Metall oder Stein („Trag-", „Kragstein"). Konsolen dienten als Stützen für Gesimse und Bögen oder zur Aufstellung von Figuren und wurden wie die > Kapitelle häufig verziert.

Kupferstich

Der Kupferstich ist die älteste Tiefdrucktechnik. Die Vorzeichnung wird seitenverkehrt auf eine dicke geschliffene Kupferplatte aufgetragen. Anschließend werden die Linien oder Punkte mit einem Stahlstichel aus der Platte herausgeschnitten. Flächen erhält man durch Schraffuren aus vielen feinen Linien. Nach dem Stechen wird die Platte mit Druckfarbe eingewalzt und so poliert, dass die Farbe nur in den Vertiefungen bleibt. Von einer Platte sind etwa tausend Abzüge möglich. Der

Kupferstich entstand etwa zeitgleich mit dem Holzschnitt und war besonders im 17. und 18. Jahrhundert sehr beliebt. Im 19. Jahrhundert wurde er von der Lithographie und dem Holzstich abgelöst.

Kymation

(Gr. *kyma*: Welle). Schmale horizontale Zierleiste zur Gliederung oder Verzierung einer Wand. Eine beliebte Form in der Antike war der >Eierstab.

L

Lavieren > Federzeichnung

Lünette

(Frz. *Lunette*: kleiner Mond). Halbkreisförmiges Bogenfeld, das auf eine rechteckige Wandöffnung (Tür, Fenster) aufgesetzt ist. Sie ist ornamental gestaltet oder mit Figuren verziert und war vor allem in der Renaissancearchitektur beliebt.

M

Medaillon

(Frz. große Medaille, Schaumünze). Als Medaillon bezeichnet man ein rundes eingefasstes Bild, das Malereien oder Reliefs einrahmt. In der Architektur diente es als Wandschmuck, zierte aber auch Geräte und Möbel. Medaillons nennt man auch Schmuckstücke, die an einer Kette getragen werden und oft ein kleines Porträt enthalten.

Miniatur

(Lat. *minium*: Mennig). Malerei in einer Handschrift oder in einem Buch. Miniaturen dienten zur Illustration des Textes, in den sie eingeschaltet waren oder den sie durch Bildseiten ergänzten. Sie konnten als Federzeichnungen ausgeführt sein, wurden aber häufig durch Wasser- oder Temperafarben ausgemalt oder mit Blattgold verziert.

Mosaik

(Herkunft ungeklärt, gr. oder arab. Ursprung). Flächendekoration, die durch das Zusammenfügen kleiner verschieden farbiger Teile (Steine oder Glas) entsteht. Sie werden mit Mörtel oder Kitt auf dem Boden, an der Wand oder an Gewölben befestigt. Mosaiken gibt es seit dem 3. Jahrtausend in Mesopotamien und Ägypten. Sie sind bis heute eine beliebte Bildtechnik.

Moschee

(Arab. *masğid*: Haus, wo man sich zum Gebet niederwirft). Gotteshaus, in dem sich Muslime zum Gebet und zum Gottesdienst versammeln. Vorbild für die Moscheen war das Haus Mohammeds in Medina. Aus ihr entwickelte sich die „Hofmoschee" aus Betsaal und vorgelagertem Hof mit Brunnen und Umfassungsmauer. Im Laufe der Geschichte bildeten sich unterschiedliche Formen heraus (z.B. Kuppelmoscheen). Moscheen enthalten keine Bilder, dafür aber einen reichen Schmuck aus Ornamenten, kalligraphischen Sprüchen und prunkvollen Lampen.

Münzbild

Münzen aus Gold, Silber oder Kupfer gab es seit dem 7. Jahrhundert v. Chr. Durch Prägestempel erhielten sie Bilder mit religiösem oder politischem Inhalt. Die griechischen Stadtstaaten prägten Göttersymbole oder Wappen auf ihre Münzen. Seit Dareios I. (522 - 486 v. Chr.) verwendete man Münzen auch für die Porträts von Monarchen und politische Botschaften. Auf Grund ihrer Verbreitung waren Münzen ein ideales Mittel zur politischen Propaganda.

N

Narthex
(Gr. *narthex*: Büchse, Kästchen). Vorhalle einer > Basilika, die sich über die gesamte Breite des Kirchenschiffs erstreckt und von ihm durch Säulen oder Mauern getrennt ist.

Niellotechnik
(Ital., von mittellat. *nigellus*: schwärzlich). Verfahren der Gold- oder Silberschmiede, bei dem eine in das Metall eingravierte Zeichnung mit einer Mischung aus Silber, Kupfer, Blei, Schwefel und Borax gefüllt und verschmolzen wird. Diese Form des Dekors ist seit dem 2. Jahrtausend bekannt und wurde im Mittelalter häufig verwendet.

O

Oktogon
(Gr. *okto*: acht und *gonia*: Ecke). Grundriss eines achteckigen Zentralbaus, der zwischen Quadrat und Kreis steht. Die Zahl Acht galt seit der Antike als vollkommen, so dass man im Oktogon eine ideale Grundform sah und vor allem im Mittelalter oft verwendete (Pfalzkapelle in Aachen, Baptisterium in Florenz).

P

Panneau
(Frz. Platte, Schild, Feld). In der Höhlenmalerei Bezeichnung für ein Bildfeld.

Pfeiler
(Ahd. *pfilari* von lat. *pila*: Pfosten). Senkrechte Stütze mit rechteckigem oder vieleckigem Grundriss. Im Gegensatz zur Säule verändern Pfeiler ihren Durchmesser nicht. Sie können alleine stehen oder aus der Wand heraustreten. Flache Wandpfeiler bezeichnet man als Pilaster. Strebepfeiler hatten in der mittelalterlichen

Architektur die Aufgabe, den Seitenschub des Gewölbes aufzufangen.

Porphyr
(Griech. *Porphyros*: purpurfarbig). Vulkanisches Ergussgestein, meist in rötlichen Farben, das sich leicht polieren lässt. Der „Porfido rosso antico" wurde im Altertum zwischen dem Nil und dem Roten Meer gebrochen und vor allem unter Diokletian und Konstantin I. für repräsentative kaiserliche Bauten und Kunstwerke verwendet.

Portikus
(Lat. Halle, Säulengang). Selbstständiger Bau mit geschlossener Rückwand, häufig aber ein offener Vorbau aus Säulen, Gebälk und Dach, der einer Hausfassade vorgelagert ist. Die antike Form wurde seit der Renaissance häufig nachgeahmt.

Porträt
(Frz. *portrait*: Bildnis). Gemaltes oder gezeichnetes Bildnis eines Menschen, das die Individualität des Dargestellten berücksichtigt und sich meistens auf das Gesicht oder Oberkörper („Brustbild") beschränkt. Eine vollplastische individuelle Darstellung wird auch als Porträtbüste bezeichnet (> Büste).

Presbyterium
(Gr. *presbyteros*: älter). Priesterraum der Kirche im Unterschied zum Gemeinderaum, meist mit der Altarnische (Apsis) identisch. Seit der karolingischen Zeit war der Kirchenchor den Priestern vorbehalten.

Punze
(Ital. *punzone*: Stempel, Prägestempel). Stahlstift, in dem zur Verzierung Vertiefungen in Metall, Leder oder Holz geschlagen werden. > Ziselieren.

Putto

(Ital. Knäblein zu lat. *putus*: Knabe). Kleine, meist nackte Knabenfiguren nach dem Vorbild der antiken >Eroten, die seit der Renaissance an die Stelle der mittelalterlichen Engel traten. Besonders in der Kunst des Rokoko waren Putten sehr beliebt.

R

Relief

(Frz. *relief* von *relever*: aufheben, in die Höhe heben). Kunstwerk aus Stein, Erz, Holz oder Ton, bei dem die Figuren aus einer Fläche herausgearbeitet sind. Tritt weniger als die Hälfte des Körpers aus der Fläche hervor, bezeichnet man sie als Flachrelief, anderenfalls als Hochrelief. Im Altertum wurden vor allem Tempelwände, Grabmäler und Triumphbögen oder -säulen durch Reliefs geschmückt.

S

Sarkophag

(Gr. *sarkophagos*: Fleischverzehrer). Prunksarg zur Bestattung vornehmer Toter. Die ältesten Sarkophage aus Holz entstanden in Ägypten in Kasten- oder Menschenform. Sie wurden von zahlreichen Völkern des Mittelmeerraumes nachgeahmt, z.B. von Karthagern und Etruskern. Als in Rom im 2. Jahrhundert v. Chr. Körperbestattungen an die Stelle von Einäscherungen traten, wurden große Steinsarkophage üblich. Sie waren oft mit Reliefs verziert, die Szenen aus Mythologie oder Kult enthielten. Mit veränderter Symbolik lebten sie im Christentum weiter.

Sims

(Lat. *simatus*: platt gedrückt). Als Sims oder Gesims bezeichnet man einen Bauteil, der aus der Mauer heraustritt. Er kann dazu dienen, eine Wand zu gliedern oder sie zu verzieren.

Auch die Bekränzungen an Fenstern oder Türen nennt man Simse.

Sockel

(Frz. *sock* von lat. *soculus*: kleiner, leichter Schuh). Sockel (oder Postament) heißt der vorspringende Unterbau eines Gebäudes und der Fuß eines Standbildes oder einer Säule. Er trennt das Bau- oder Kunstwerk vom Boden. Der Sockel setzt sich meistens aus mehreren Teilen zusammen.

Statue

(Lat. *statua*: Standbild). Vollplastische Einzelfigur eines Menschen oder eines Tieres, die meistens auf einem Sockel steht. Eine Sonderform ist das Reiterstandbild, das es seit der Antike gibt und das meistens als Denkmal für einen Herrscher diente (Mark Aurel, Friedrich II. von Preußen).

Statuette

Kleine > Statue, meist aus Stein, Elfenbein oder Bronze. Statuetten dienten im Altertum als Weihegaben und erlebten seit der Renaissance eine Blütezeit als eigenständige Kunstwerke.

Stele

(Gr. *stele*: Säule, Pfeiler, Grabstein). Freistehende, meist rechteckige Stein-, Holz- oder Metallplatte, die Bilder oder Inschriften enthalten. Stelen dienten vor allem als Grabdenkmäler und Weihereliefs. Ihre Vorbilder sind wahrscheinlich Menhire oder bearbeitete Holzpfähle, wie sie seit dem Neolithikum verwendet wurden.

T

Toreutik

(Gr. *toreuein*: treiben). Technik des >Ziselierens und >Treibens von Metallblechen.

Totenbuch

Seit dem 2. Jahrtausend vor Chr. wurden mumifizierten Toten lange Papyrusrollen (bis 37 m) ins Grab mitgegeben. Sie enthielten Spruchsammlungen über die Gefahren des Jenseits, über das Totengericht und das Weiterleben der Seele. Der Text wurde durch Illustrationen, einfache Umrisszeichnungen oder kunstvolle Bilder in lebendigen Farben ergänzt. Sie begleiteten ihn am Rollenrand, später fügte man sie bei der entsprechenden Textstelle ein.

Treiben

Treiben bezeichnet man die Bearbeitung von Metallblechen (Gold, Silber, Kupfer) auf kaltem Weg durch Hämmern. Dabei wird das Metallblech auf einem Holzkern oder einem Amboss durch dicht nebeneinander gesetzte Schläge gedehnt und geformt. Das Treiben war als Technik der Metallbearbeitung bereits in Ägypten und Mesopotamien bekannt.

V

Vasenmalerei

Bemalte Keramik gibt es seit dem 4. Jahrtausend vor Christus. Die griechische Vasenmalerei begann mit Ornamenten im „geometrischen Stil", die durch stilisierte Pflanzen, Tiere oder Menschen ergänzt wurden. Seit dem 7. Jahrhundert v. Chr. entwickelte sich die figürliche Malerei. Bei der schwarzfigurigen Malerei wurde das Gefäß poliert, die Umrisse eingeritzt und das spätere Bild in fein geschlämmtem „Glanzton" aufgetragen. Beim Brennen färbte sich das Gefäß rot, die aufgetragenen Bilder schwarz. Im 6. Jahrhundert bildete sich daneben die rotfigurige Malerei aus, bei der man die Bilder unbehandelt ließ und auf das übrige Gefäß Glanzton auftrug. Ihren Höhepunkt erreichte die Vasenmalerei im 5. Jahrhundert. Vasenbilder, die oft von den Künstlern signiert wurden, umfassen alle erdenklichen Themen und sind eine unerschöpfliche Quelle für die griechische Geschichte.

Vignette

(Frz. *vigne*: Weinranke). Ornament aus Weinranken, mit dem Texte und Bilder in mittelalterlichen Handschriften begrenzt und verziert wurden. Vignetten als Schmuckform wurden von Buchdruck und Druckgraphik übernommen und erlebten in der Buchkunst des 18. Jahrhunderts ihre Blüte.

W

Wachsausschmelzverfahren

Bei diesem Verfahren für Metallguss wird das Kunstwerk in Wachs modelliert und mit einer Tonschicht umgeben. Beim Brennen des Tones schmilzt das Wachs, so dass die Hohlform übrig bleibt und mit Metall gefüllt werden kann. Da die Form anschließend zerschlagen werden muss, nennt man diese Technik auch der „Verfahren der verlorenen Form".

Z

Ziselieren

(Frz. *ciseau*: Meißel). Sammelbegriff für die Metallbearbeitung mit Meißeln, >Punzen oder Sticheln. Es wurde zum Einprägen von Ornamenten, aber auch zur Nachbearbeitung bei Metallguss verwendet.

Nachschlagewerke

Der Brockhaus Kunst. Künstler, Epochen, Sachbegriffe, 2. Auflage, Mannheim 2001.

Allgemeines Lexikon der Bildenden Künstler, hg. von Ulrich Thieme und Felix Becker, 37 Bde., Leipzig 1907-1950.

Kindlers Malereilexikon, 6 Bde., Zürich 1964-1971.

Heijo Klein, DuMont's Kleines Sachwörterbuch der Drucktechnik und der grafischen Kunst, 7. Auflage, Köln 1988.

Lexikon der Kunst, 7 Bde., Leipzig 1987-1994 (Verlag E. A. Seemann).

Lexikon der Kunst, 12 Bde., Freiburg 1987-1990 (Herder).

Lexikon der Weltarchitektur, hg. von Sir Nikolaus Pevsner, Hugh Honour und John Fleming, München 1999.

Saurs Allgemeines Künstlerlexikon. Bisher erschienen Band 1-37 (bis Féjerváry), München 1983-2003.

Saurs Allgemeines Künstlerlexikon. Bio-bibliographischer Index, 20 Bde., München 1993-2000.

Bildnachweis

Antikenmuseum und Skulpturenhalle Basel/Foto D. Widmer (1), Archiv Claus Hausmann, München (1), Archiv für Kunst und Geschichte, Berlin (1), Badisches Landesmuseum, Karlsruhe (1), Bardo Museum, Tunis (1), Bayerische Staatsbibliothek, München (1), Bibliothèque Nationale de France, Paris/Münzkabinett (1), Bildarchiv Foto Marburg (1), Bildarchiv Hirmer, München (2), E. Böhm, Mainz (1), Johannes Breyer, Weiden i.d. Oberpfalz (2), British Library, London (1), British Museum, London (1), Centre Guilliaume le Conquérant, Bayeux (2), Peter Conolly, The Greek Armies, London 1977, S. 26f (1), Ole Crumlin-Pedersen (1), Deutsches Archäologisches Institut Rom (1), Deutsches Archäologisches Institut Rom, Inst. Neg.: 75,1716 B (1), Deutsches Archäologisches Institut Athen (1), Domschatzkammer, Aachen (1), Edition Mazenod, Paris (1), Herzog-August-Bibliothek, Wolfenbüttel (1), Kopenhagen, Nationalmuseet (1), Kunsthistorisches Museum, Wien (5), Landeshauptarchiv Koblenz (1), Landesmuseum Mainz (1), Frank Lepper/ Sheppard Frere, Trajan´s Column. A new edition of the cichorius plate, Gloucester 1988, Tafel XIV (2), Heinz Kähler, Rom und seine Welt, München 1958, Tafel 33 bzw. 263 (2), Metropolitan Museum of Art, New York (3), Musée de l`Armée, Paris (2), Musée National du Louvres, Paris (2), Museo Arqueologico Nacional, Madrid (1), Museum der schönen Künste, Boston (1), Nürnberg, Stadtbibliothek (1), Rheinisches Landesmuseum, Bonn (1), Rheinisches Landesmuseum Trier (1), Scala, Florenz (5), SS. Quattro Coronato, Rom (2), Staatliche Münzsammlung, München (2), Staatliche Museen zu Berlin, Antikensammlung (1), Staatsbibliothek Bamberg (1), Staats-bibliothek Preußischer Kulturbesitz Berlin, Kartensammlung (Foto: J. Liepe) (1), SYGMA/Corbis (2), Thermenmuseum, Rom/Foto: Anderson (1), Universitätsbibliothek Heidelberg (4), Universi-tätsbibliothek Jena (1), Vatikanische Museen, Rom (1), Verlagsarchiv (36), Paul Zanker, Trajansforum, In: Archäologischer Anzeiger 1970, Heft 4, S. 537 (1), ZEFA, Rom (1)